The Circle of Security Intervention
Enhancing attachment in early parent-child relationships

依恋创伤的预防与修复
——安全感圆环干预

[美] 伯特·鲍威尔（Bert Powell）
格伦·库珀（Glen Cooper）
肯特·霍夫曼（Kent Hoffman）
鲍勃·马文（Bob Marvin）
著

刘剑箫 陈昉 / 译

中国轻工业出版社

图书在版编目（CIP）数据

依恋创伤的预防与修复：安全感圆环干预／（美）伯特·鲍威尔（Bert Powell）等著；刘剑箫等译.—北京：中国轻工业出版社，2019.4（2025.1重印）

ISBN 978-7-5184-1785-8

Ⅰ.①让… Ⅱ.①伯…②刘… Ⅲ.①亲子关系–家庭教育 Ⅳ.①G781

中国版本图书馆CIP数据核字（2017）第311997号

版权声明

Copyright © 2014 The Guilford Press
A Division of Guilford publications, Inc.
Published by arrangement with The Guiford Press.

保留所有权利。非经中国轻工业出版社"万千心理"书面授权，任何人不得以任何方式（包括但不限于电子、机械、手工或其他尚未被发明或应用的技术手段）复印、拍照、扫描、录音、朗读、存储、发表本书中任何部分或本书全部内容，以及其他附带的所有资料（包括但不限于光盘、音频、视频等）。中国轻工业出版社"万千心理"未授权任何机构提供源自本书内容的电子文件阅览、收听或下载服务。如有此类非法行为，查实必究。

责任编辑：戴　婕　　　　责任终审：杜文勇
策划编辑：戴　婕　　　　责任校对：刘志颖　　　　责任监印：吴维斌

出版发行：中国轻工业出版社（北京鲁谷东街5号，邮编：100040）
印　　刷：三河市鑫金马印装有限公司
经　　销：各地新华书店
版　　次：2025年1月第1版第5次印刷
开　　本：710×1000　1/16　印张：27.25
字　　数：288千字
书　　号：ISBN 978-7-5184-1785-8　　定价：88.00元
读者热线：010-65181109
发行电话：010-85119832　　010-85119912
网　　址：http://www.chlip.com.cn　　http://www.wqedu.com
电子信箱：1012305542@qq.com
版权所有　侵权必究
如发现图书残缺请拨打读者热线联系调换
242063Y2C105ZYW

推荐序
从母爱抱持到母婴相互滋养

一打开本书,就让人耳目一新,精神为之一振,因为它告诉我们,安全型依恋是可以塑造和培养的,只需要母亲通过大约20次左右的"安全感圆环(the circle of security)"的培训,就可以有显著的提升。

这些不是作者们信口胡说的,而是连续做了三个实验研究的结果,其中一个还是随机对照试验,而且最吸引我眼球的,是他们研究发现,在工薪阶层的母亲身上,这个方法也取得了较好的效果。

正好,我同时在看《社会阶层和精神分析》(Class and psychoanalysis)一书,其中就谈到,精神分析逐步演化成了中产阶层的特权,造成了精神分析适用范围的缩小(Ryan,2017)。所以发展出这种短程高效、可操作性的动力学疗法,实在是非常必要的。我甚至幻想这个方法可以推广到所有的幼儿园、托儿所和早教中心。

安全感圆环的基础理论是复杂的,包括了依恋理论、主体间理论以及波士顿小组的精神分析理论等。但在实际操作上,这20次的治疗过程,实在非常简单。关键就在于本书第18页的"安全感圆环图",母亲需要提供两种"抱持空间"和四种"更加体验"给婴幼儿们。

两种抱持空间分别是安全基地和安全港湾。

安全基地,是支持婴幼儿探索外在世界的、让婴幼儿感受到被抱持的四种体验,分别是:(1)我被看护好了;(2)你因我喜悦;(3)你能帮助我;(4)你和我一起享受。

安全港湾,是当婴幼儿探索回来,朝母亲奔跑的时候,母亲们提供的体验，分别是：（1）你能保护我；（2）你能安慰我，（3）你因我喜悦；（4）你能整理我的感受。

在提供这八种抱持体验（其中"你因我喜悦"，名称相同，但是有细微差异，一种是为孩子成长离开自己去探索世界而喜悦，另一种是因孩子回到自己身边寻求安慰和保护而喜悦）的过程中，母亲们要变成"四更新人"——"更高大，更强壮，更智慧、更和善"。

在具体的操作中，则主要是通过母婴互动录像来促进母亲们的反思和共情感应的能力，把以前用于培养治疗师的婴儿观察的招式用到了婴幼儿的身上。

根据既往精神分析发展心理学在中国推广的情况，本书的阅读和推广，势必会强化以下信念：（1）育儿是家庭生活的核心和焦点；（2）育儿的主体是慈爱与好学的母亲；（3）慈爱好学的母亲不是天生的，而是后天学习练就成的。

这三大信念本来就广泛存在于中国这一代母亲中，尤其是心理咨询师中。

但是这些信条也有阴暗之处。首先，育儿是苦乐相伴的，但育儿的艰辛和痛苦往往被否认、忽视了，更糟糕的是，随着母亲被投射为全能慈爱的圣母，她似乎必须一个人有能力养育儿童，而且还得养得合乎各种发展心理学和儿科医生的期望。

好多人，包括我，都会以为在中国这种母爱崇拜的国家，这样一些镜映、互动的母爱抱持，应该不在话下，所以，母亲们如果不会这些技术方法，大约是她们母性缺失了吧。

换句话说，我们面对的也许不是母性的缺席，共情的、镜映的、抱持的、心理化的母婴关系，不是自然而然的，而是正在塑造、呼唤、教育出来的，因为专家们都觉得这种母爱是最好的，应该大力提倡，就像专家们曾经提倡过的蛋白质饮食和戒酒戒烟戒油盐一样。

但是我们也有必要反思，为何专家眼中的"婴儿"都是如此脆弱、如此需要母爱抱持？难道专家们看到的婴儿，没有夹杂他们自己内心"婴儿原型"的投射吗，正如分析师 Jacoby 所言：

如果女人们，并不是天生就具有强大的共情抱持、安全依恋育儿法的能力，而是比较容易共情疲劳的话，就像我们治疗师一样，那么，如何保证母亲们得到支持和滋养，从而能够推行安全依恋育儿法，就是值得整个家庭思考的。

一个家庭的支柱，是金钱、性爱、孩子，它们是家庭的快乐来源，也是家庭的痛苦根源。（Jacoby, 1999）

一个能够履行安全依恋育儿观的母亲，显然是需要丈夫、公婆、父母、保姆、月嫂等人，提供性爱与金钱的安全感和快乐感给她。要不然，她难免会陷入"丧偶育儿"的孤独和绝望中，问题是，这个丈夫、这个父亲，怎么就死了？是自杀，是他杀，还是他还没有出生？

这都是我们这一代中国的咨询师需要和来访者深入探索的家庭叙事。最后，特别感谢陈昉和她的女儿刘剑箫共同完成此书的翻译，此书翻译起来并不容易，陈昉这么多年一直坚持做这方面的工作，造福了众多中国家庭，这次又给同行献上了这份大礼，希望这样扎实、优秀的咨询师能越来越多！

李孟潮
精神科医生，个人执业

译者序
于无声处起婆娑

这本书里的很多场景，描述的都是孩子和家长之间日常的互动：或真正无言，只有背影、表情、眼神、动作；或在话语声中暗流涌动，像无声电影一般透过文字展现在我们面前，那个瞬间中所包含的情感却是那么充满张力，让我们依稀看到亲子间依恋的舞蹈，虽难以言传却令人怦然心动，这样的舞蹈几乎每天、每时甚至每刻都千百次地在我们的家庭中翩然而至，泛起舞者五味杂陈的各种情感体验却不知所往、不知所终。而这本书却透过安全感圆环这个工具，把这种人类最基本的情感互动转化成了可视、易懂、可操作且界面友好的路径图，让我们得以走进彼此的内在世界，有机会真正在一起。

本书是我参与翻译的第二本书，和《情感依附——为何家会影响我的一生》一样都与依恋理论密切相关。《情感依附》讲述的是一项跨越了三十几年的研究，我迄今依然记得在通读这本书的时候，对研究者们油然而生的敬意，以及自己被其中内容深深吸引而至废寝忘食，常常会读了很久起身休息时，才想起自己忘了做翻译。自那以后，我一直对依恋理论及其临床应用充满兴趣，感觉到这与我发愿要从事的儿童心理健康早期干预和预防工作关系密切。所以当中国轻工业出版社"万千心理"的戴婕女士邀请我翻译《依恋创伤的预防与修复——安全感圆环干预》这本书的时候，我无比欣喜。

翻译本书的过程，于我而言更多的是欣喜、兴奋，有很多忘情而难以自抑的时刻。因为我从中看到的很多故事都和我在现实生活中、工作场景中看到的一样，所以安全感圆环所提供的路径经常如电光火石般，让我对与我一起工作的来访者、家长或孩子更多了一些理解。翻译的过程不仅仅是语言上的转换，更多的是全面地学习到了安全感圆环在实际中的体现和应用。本书能够让家长发现自己在养育过程中的问题，并且了解到自己的养育方式是如何形成的，虽然认识到问题却不会增加家长的愧疚感。在翻译本书的过程中，我尝试着把安全感圆环图示以公益讲座的方式分享给很多的家长。令我非常欣喜的是，虽然只是简单的讲解和解释，很多家长表示颇为受益，这使他们能退后一步，去思考孩子真正的需要是什么，而关于核心敏感性的部分，让家长能够且愿意去更好地理解自己，就像一位家长说的那样："这个圆环很好懂且很有用，虽然暂时我还不能做到，但看着它就好像知道正确的方向，更重要的是还有了地图。"所以，我有理由相信，这本书一定会让广大的家长学会如何从细微处陪伴孩子，促进安全亲子依恋的形成。

非常有趣的是，在开始翻译这本书以后，我常常在专业培训中与安全感圆环不期而遇。对于专业工作者来讲，安全感圆环干预提供了一个真正以关系为媒介进行干预的方式，可以帮助我们在咨访关系中更加细腻地感受来访者，譬如同样是流泪，来访者是在圆环顶部正在试着探索自己一直不敢碰触的脆弱情感，亦或在圆环底部正在因为脆弱情感的涌起而感到无助和羞耻，这需要咨询师给出的回应显然是不一样的。因此，每当安全感圆环被提出的时候，有幸一起学习的同行们总是反响热烈，我相信书的出版将会被同行们奉为福音。

美国杜兰大学医学院医学博士 Charles H. Zeanah 在为本书写的"序"中指出，本书对于核心敏感性的看重让他着迷，对此我深有同感。作为一名普通的家长，在阅读这本书的时候，我常常会想起女儿成长的过程当中，我所做出的那些回应，真的会发现很多时候孩子会发出假性信号，原来是因为自己的核心敏感性先向孩子发出了假性信号，而这一点在我与儿童及其家长所开展的工作中，真是比比皆是，几乎每个家长都认为自己的反应是由孩子的行为引发的，而难以认识到自己先前做了什么引发了孩子的反应，所以这本书，在这一点上，会对我们有着意义非凡的帮助。就像在翻译的过程中，我们一家人常常一起讨论，我们各自的核心敏感性是什么，这样的讨论和思考本身似乎也给了我们更多"在一起"的机会，包括和自己。相信读者在阅读这本书的时候，也会与自己深刻地相遇，从而对自己有更多的理解，这份理解又会再次经由安全感圆环的路径图，创造更多与孩子在一起的时刻，书写更多爱的故事。

接手翻译的时候，我从曾经任职的大学刚刚辞职不久，开始专心从事儿童心理健康的早期预防与干预工作，女儿刘剑箫从美国爱荷华大学毕业，获得生物、心理两个学士学位的她对儿童早期发展有着浓厚的兴趣，她没有随即报考研究生，打算回国间隔两年（Gap Year）。她申请到一份在某早教机构的工作，每天和很多2—5岁的孩子在一起。我们每天看到很多亲子互动的场景，也经常在一起讨论我们分别在工作场景里所看到的那些安全感圆环的呈现——无数次的破裂和修复，令人遗憾的是，太多的时候只有破裂在不停地发生，却几乎看不到修复。我们在激烈的讨论里面，常常会感慨，也对本书更加赞许不已，一致觉得应该把安全感圆环做成家喻户晓的科普片，惠及千家万户。

这是一本将依恋理论进行实践运用的书，而本书由我和女儿一起翻译，其中女儿翻译了前言、第一章的部分内容及第二章—第十一章，我翻译了其他部分并负责了最后的审校工作，这对我来说也是别有一番意义。"跟妈妈翻译的感受就是思维方式不同会带来矛盾和争吵，也会带来思想碰撞的火花"，女儿如是说。对我而言，在我们母女之间，因为这本书的翻译而发生了很多次的破裂和修复，换言之，我们以成年人的方式，再一次体会到了安全感圆环的存在，而且在翻译这本书的过程当中，因为我们不断的破裂和修复，也使得我们感受到了更深厚、更亲密的情感联结，我们彼此之间的关系似乎也因此变得更加厚实和宽广了许多。今年5月份，我开办了我的幼儿园，心心念念地觉得促进亲子依恋应该是幼儿园义不容辞的责任。8月份，女儿再次赴美，去哥伦比亚大学攻读硕士学位，专业是早期儿童教育，服务于0—8岁的孩子。10月份，我邀请好友钟雨洁女士将她的工作室落户青岛，她采用录制视频、视频回放的方式指导0—6岁的亲子互动并促进婴幼儿的健康发展，已经有十余年的历史了。有幸和她一起工作的经历，让我见证了书中反复强调的家长想为孩子做到最好的积极意图以及未被充分运用的力量，而这是安全感圆环干预能够取得成功的基础和前提。我相信安全感圆环因素的加入，会让她的工作更加富有成效。令我感到欣慰的是，我们从事心理健康早期预防与干预的善行虽然道路漫漫，却因为安全感圆环的出现，又多了几许光明。

因此，我首先想向大洋彼岸的同行、本书的工作团队致以深深的感谢和敬意，没有他们坚持不懈的努力和极富创造性的工作，我们便无缘读到这本书，更没有机会共享及传播其研究成果。

了解到李孟潮老师受邀为本书写推荐序，我真是喜出望外，我对他一直心存感激之情。2012年春天的武汉，我参加中美高级精神分析治疗师连续培训项目，是高级一组的学员，李孟潮老师亲自担纲我们组的翻译，Nathan老师精彩睿智的督导、李老师精准传神的翻译，令我们小组的人着实兴奋不已。正是因为他的引荐，让我有机会参与翻译了《情感依附——为何家会影响我的一生》一书，也是他的引荐，让我认识了"万千心理"的戴婕女士，才有了本书的翻译。或许他已经不记得了，在最初着手翻译本书的时候，也是他帮我确定了安全感圆环的名称。从2012年至今，虽少有联系，但每次向李老师请教，他从来都是认真及时地给予我指导，这份对同行的承担，自然不止是对我，令我感佩不已！

感谢第一届中美高级精神分析师连续培训项目高级一组的全体同行好友，六年多以来，我们彼此之间所形成的情感联结，我们彼此深深的牵挂、支持和祝福，让我对安全感圆环所呈现的探索系统和依恋系统，有了更加深刻的体会。尤其是我们不论经历了什么，都始终不忘初心，坚守职业伦理，在专业发展道路上孜孜以求、各自精进，作为你们的伙伴，我深以为荣。

尤其要感谢的，是在近30年的工作历程中，我直接或间接教过的中学生、大学生，和我一起工作的学龄儿童、学龄前儿童、婴幼儿以及他们的父母，曾经走进我咨询室的来访者，感谢他们那么坦诚地把他们的亲子互动、心路历程，呈现在我的面前，允许我走进他们的生命故事。没有他们，我很难有反复斟词酌句的坚持,谢谢你们给我的感动和力量。

最后要深深地感谢我的家人,是你们给了我亲密的安全感圆环,我想,我对于安全基地和安全港湾的理解,是得益于你们的爱。

相信这本书,会带给我们的读者,很多的益处。愿这本书,带给你不一样的洞察力,让你能够穿越"大白鲨之音",看见自己本来就有的情感智慧,更好地成为自己的、爱人的、孩子的或者朋友的安全基地和安全港湾,能够创造更美好的关系,并且在关系中得到滋养和发展!

陈昉

2018年12月15日于青岛西海岸新区

序

在过去的三十多年里，依恋理论和研究引起了心理健康从业者极大的兴趣。通过把幼儿特定的行为与具体的动机联系起来，该理论在临床上至少有两个层面是令人满意的。首先，该理论源于婴儿如何组织其行为，并且给出了婴儿组织其行为的意义：为了感到更加安全而亲近其依恋的人。其次，这一研究表明，行为衍生并诉诸于心理表征，心理表征操纵个体对依恋人物的体验和回应以及之后对他人的回应。这些表征，约翰·鲍尔比（John Bowlby）称之为内部工作模型，寓意着复杂的过程，我们借此感知、解读并回应亲密关系中的他人。依恋理论同时关注可观察的行为以及这些行为的深层意义，这对许多人产生了独特的吸引力，他们被心理动力学理论的丰富内涵所吸引，却对成人记忆的由来没有耐心。该理论假设，当幼儿与他们生活中的重要成人互动时，人们可以观察幼儿的行为并对他们的动机、情感状态及社会规则做出有意义的推论。此外，人们可以对此进行发展性追踪。

依恋理论衍生出了很多研究，如 Mary Ainsworth 和她的同事们关于安全型、回避型、抗拒型依恋的开创性工作（Ainsworth, Blehar, Waters, & Wall, 1978），以及后来 Mary Main 与她的同事关于混乱型依恋（Main & Solomon, 1990）和成人依恋访谈（Main, Kaplan, & Cassidy, 1985）的研究。令从业者更加兴奋的是，如果把诸如移情和强迫性重复等备受重视的临床结构锚定在某些可观察的行为范式中，就有可能被理解甚至被检验。在20世纪80年代，随着成人与婴儿依恋研究的蓬勃发展，我们似乎快要直接从这项工作中获得实际的治疗处方了。

但这并没有发生。在一个又一个陈述、一篇又一篇文章中，对于下面这个问题似乎无一不是隔靴搔痒："这项研究对儿童和成人的临床治疗意义何在？"从业者被这项工作所吸引，激动于它为了解决关系问题而恰当地聚焦在关系方法上，但仍然不确定有什么以及如何可以精确地应用于临床。在鲍尔比（1988）职业生涯的后期，他写了《安全基地：依恋理论的临床应用》（*A Secure Base: Clinical Applications of Attachment Theory*），但这本书也非常欠缺路径图。别人写的书在前，鲍尔比的这本书紧随其后，每一次都或多或少成功地把丰富而有意义的发展研究转化为实际的临床应用，但都没有真正充分地回答如何在临床情境中应用婴幼儿和成人依恋的相关知识这一问题。大量的干预措施要么兼容了依恋理论，要么从依恋理论派生而来，但似乎都没有充分地体现依恋理论和研究。在我看来，安全感圆环（Circle of Security，简称为COS）是让这一切发生改变的方法。衍生于依恋研究和Masterson的客体关系理论，这种干预方法对依恋研究进行了比以往我们见过的任何干预都更有意义且更加直接的转化。

COS方法首先打动我的是，对幼儿家长来说，它以非凡的方式把抽象的理念变得栩栩如生。多年来，我做过很多专业报告，指出幼儿的安全基地和安全港湾行为——走出去冒险探索及回归到养育者那里寻求关怀——可以很容易在孩子与其养育者互动的任何地方观察到。然而我还没有迈出合乎逻辑的下一步，向与我一起工作的家长清晰且直接地解释互动情境中的依恋行为。通过认真甚至是字斟句酌地研究依恋理论，COS已经使之比以往任何时候更容易被理解。

COS的另一个优势在于其促进家长参与的创造性方法。它超越了业已成为主流的一般的互动视频回顾方法，并且还提供了大量的直观教具、讲义、"大白鲨之音"、"美丽的录影带"及其他方法，与养育者产生共鸣，增强他们对自己与孩子的关系的理解。这些努力使依恋的故事更易于理解和令人着迷，我反复地见证了其魅力。并非所有的具体方法适用于每个人——不论是从业者还是来访者，但COS重视将之转化为易于被家长理解，从而使得COS在各种各样的应用中颇具吸引力和重要性。

然而，真正令我无法抗拒的是COS对核心敏感性的看重。这为该项目增添了双重的价值：首先，通过阐述不同的内在体验可能蕴藏在看似相同的互动之下隐含着不同的意义，从而对依恋的代际传播有了更深的理解；其次，诞生了一种我们以往从依恋的视角不曾见过的更复杂的心理治疗方法，包括基于我们对核心敏感性的理解量身定制的策略方法的启示。当然，在依恋理论之上增加敏感性对于评估的可操作性和标准化提出了更高的要求。这样做不仅会增强COS治疗成功的希望，而且将增强我们对发展过程的理解。

本书清晰且富有说服力地把COS的案例作为概念模型、父母教育的方法和一种心理治疗技术。我希望，COS终将激励更多后续的研究，从而能够评估其疗效、界定其范围，并提供材料证明其成功之处。

Charles H. Zeanah，*医学博士*
美国杜兰大学医学院

前　言

> 在社会和情感发展的领域，依恋理论是最清晰且最具实证基础的概念框架。
>
> ——Jude Cassidy and Phillip Shaver（2008）

四十多年前，约翰·鲍尔比写道，"一个人的生活以对其他人的亲密依恋为中心。"仅仅 5 年前，Cassidy 和 Shaver 在《依恋手册：理论、研究和临床应用》(*Handbook of attachment: Theory, Research, and Clinial Applications*，第二版)的序言中提出了上述观点，他们把依恋理论称为"20 世纪（以及 21 世纪）心理学界最广泛、最深刻、最有创意的研究之一"（2008）。直觉上，很少有人会怀疑父母或其他主要照顾者对于年龄非常小的孩子的重要性。然而，最早的亲密关系对我们的滋养一直在持续讨论中：我们是否仅仅需要父母来确保我们在可以照顾自己之前得以存活？不知为何，尽管有越来越多的研究证明安全依恋更有利，但是，将理论付诸实践的努力却显得非常滞后。健康心理发展的行为研究法盛行了几十年，实际很大程度上是由于测量行为似乎比测量亲密关系或一个人的内部工作模型容易得多。那么，资金掌控者们倾向于支持行为研究就不足为奇了。当然，所有的行为研究也都得到了回报：曾经，包括现在，行为研究的结果都很容易应用于临床，那些收到过星状图或学过如何使用暂时隔离和激励的父母都可以证明这一点。有资格的教师、社会工作者或家庭治疗师都可以确认，至少对于管理行为来说，这些古老而经典的行为管理技巧是有效的。但是，涉及健康儿童的发展，行为的管理并不是结束，而是开始。

一个行为被管理得更好的孩子就可能完全实现其幸福吗？技巧和自我控制一定能带来童年期最理想的心理发育和成功吗？刺激和强化能帮助孩子对抗不良的家庭动力而弥补脆弱的亲子联结吗？即使一个孩子的行为和情绪问题看似得到了解决，他成年后是否能免于代际困扰的循环？

简而言之，人类不仅仅是行为的总和。就像依恋理论提出的，我们是彼此间存在亲密联结的生命体，通过这些联结，我们感受到自己的存在，感到被理解。从出生的那一刻开始，我们便无比强烈地依赖着充满爱的依恋关系，乃至这个星球所能提供的所有食物和庇护所，都依然无法保证我们可以在没有亲密关系的情况下茁壮成长。

鲍尔比提出具有标志性转折意义的理论之后数年，我们很幸运地获得了能够支持我们直观思维的数据。研究人员已经清楚地表明，依恋不仅在儿童心理发育和幸福中起着举足轻重的作用，而且也是成年人一生中情感健康的重要一环。在帮助塑造成年人方面，依恋有助于决定他们将会变成什么样的父母，并如何影响他们孩子的心理发展。

> 十多年前，Sroufe（1989）大胆地宣布，虽然生命前三年的临床症状令人心酸地表现为孩子的行为问题，但被概念化为关系障碍更为有效。随着这个观点被不断强调，婴儿与父母的关系正在成为大多数婴儿心理健康干预和预防措施的目标（Zeanah, Larrieu, Heller, & Valliere, 2000）。

Sroufe 在二十多年前就发表了这个革命性的言论，但在今天，大多数儿童保育中心仍然主要聚焦于管理孩子的行为，却几乎不重视孩子的关系需求。通过全世界发展领域数百个研究人员的努力和贡献，在对养育者和儿童进行早期干预的临床工作领域中，依恋理论已经成为 21 世纪一个可靠、有效、细节丰富的资源。但到目前为止,大多数精神卫生专业人士和儿童保育工作者,最多也仅仅做到大概了解依恋理论及依恋关系在生活中的重要作用而已。

经过近十年临时走廊会议、电子邮件、深夜会议以及临床经验的共享,我们得出了不可回避的结论,是时候消除依恋研究和临床实践之间的鸿沟了。这本书中描述的安全感圆环(COS)干预是我们做出的尝试,该尝试展示了:

- 幼儿的大部分行为和情感问题如何能够追溯到与主要养育者的依恋问题。
- 如何教导这些养育者增强依恋关系,以促进儿童健康发展并赋予儿童在成年后和自己的孩子形成安全依恋的能力。
- 在关系中感到有安全感的儿童如何能够在探索他们的世界时变得更加坚定有力。

虽然养育者几乎普遍希望能够为他们的孩子竭尽所能,但实际上他们与孩子互动的方式,至少在一定程度上取决于他们从儿童时期被照料的经历中发展出的自己的潜意识表达、信条、做法和策略。COS 方法假定,通过觉察和反思支配亲子互动的内在模式,能够提高养育者改善这个问题模式的能力。

为了使依恋理论更容易被理解,我们开展了一个项目,创作了一张图解来说明安全依恋的显著特点,并称之为安全感圆环(COS),它成为了我们干预的基础。

通过一项联邦儿童启蒙研究拨款,我们把 COS 图整合到早期干预治疗方案中。COS 方案是一个 20 次会面的小组模型,父母每周见面,回顾一些经过编辑的他们与孩子互动的视频。

我们已经发表了三项关于 COS 方案科研结果的研究。第一个研究总结了初始儿童启蒙研究的结果,这项研究检验了 COS 小组干预(Hoffman, Marvin, Powell, & Cooper, 2006)是否被证明对减少紊乱型和不安全依恋是有效的。结果表明,从干预前到干预后,紊乱型依恋和不安全依恋都有显著降低,分别从 60% 降低到 25%、从 80% 降低到 46%。这本书描述的正是这种干预模式(Hoffman et al., 2006)。

第二个研究总结了一个 COS 家访干预随机对照实验,实验对象为易怒的新生儿及其有经济压力的母亲（Cooper, Hoffman & Powell, 2000）。结果表明，对很多有着明显不安全依恋风险的婴儿和母亲来说（例如，一个忽略／回避型妈妈和极其易怒的婴儿），干预显著地降低了不安全依恋的风险（Cassidy, Woodhouse, Sherman, Stupica, & Lejuez, 2011）。

第三个研究总结了COS模型对监狱分流项目中的婴儿的作用（Cooper, Hoffman & Powell, 2000）。结果表明，在项目结束时，接受治疗的母婴中，安全型依恋的比例显著高出（70%）在高风险母亲样本中通常观察到的安全型比例，并与代表性低风险中产阶级样本的安全依恋比例基本持平（Cassidy et al., 2010）。

初始COS小组方案的成功催生了各种各样的版本。在斯波坎市、华盛顿市，COS治疗方法是"儿童方舟"（为参与"儿童保护服务"的父母儿童提供的日间治疗项目）的基础。COS也被一家当地收容所当作主要方法来帮助没有工作但已为人父母的青少年。它还被用于以下项目：早期儿童启蒙家访项目，以提高课堂中师生关系为目标的儿童启蒙项目，旨在帮助那些在主流学校中不顺利、有行为问题的学生的初高中项目。一项全社会的活动整合了幼儿评估、治疗和法院的相关服务，并已经把COS方法吸收了进来。此外，一些斯波坎的社会服务机构正在使用COS治疗方法来与婴儿、幼儿、学龄儿童和青少年一起工作。

在美国弗吉尼亚州和挪威，COS的方法分别在全州和全国范围的基础上被应用来与养父母开展工作。在这两个地方的住宅治疗中心，COS被整合和协调，用于对治疗过程中及治疗完成后的儿童和家长提供照顾。在挪威，COS教养干预正在被全国各地使用。在加拿大安大略省，一个专门的评估治疗中心正在用COS方法来为省内其他中心和机构的成员进行培训和咨询。在日本，它被用于亲子治疗。在德国，它是一个研究项目的一部分，该项目将COS方案用于治疗被诊断有严重精神障碍的母亲。

在美国马里兰州，COS的方法已被用于家访项目，同时也是一个社区住宅项目的核心，这个项目准许被监禁的母亲与她们的宝宝生活在一起。在澳大利亚，该方法被用于亲子治疗和家长教育，并有几个项目将安全感圆环纳入儿童保健设施。COS 是依恋理论大学课程中的一部分，并在很多国家开展了专题讨论会，其中包括英国、爱尔兰、法国、意大利、葡萄牙、德国、以色列、澳大利亚、加拿大、南非、挪威、新西兰、瑞典、丹麦、日本、西班牙和整个美国。

随着社会中青少年儿童早期干预压力越来越大，婴幼儿依恋关系的概念在该领域的决策者和专业人士中已越来越受到欢迎。COS 的方法得到了广泛的支持，因为它使依恋理论更具用户友好性：以一种直接清晰的方式向我们展示了应该如何创建至关重要的基础，以确保儿童的成长是健康、快乐且适应良好的。

然而，可以预见的是，当"依恋"成为一个流行词时，错误的信息和混淆比比皆是。因此，在这本书的开篇，第一部分用一章来回顾依恋理论的细节，包括核心术语和概念。考虑到转变育儿方式的所有要求，COS 的治疗方法蕴涵着大量的复杂性，尽管 COS 图形看似很简单。第一部分剩余的内容讨论了儿童对于安全感圆环的需求，养育者对于安全感圆环的回应，儿童健康心理发展的需要，依恋模式是如何在孩子和养育者的互动中形成的，以及不安全依恋的循环和紊乱的心理发展如何能被 COS 干预打破。第二部分详细介绍了 COS 方案，包括各种 COS 方法能够被传播的方式。第三部分提供了三个详细的案例。

简单来说，图 P.1 解释了 COS 干预是如何工作的。

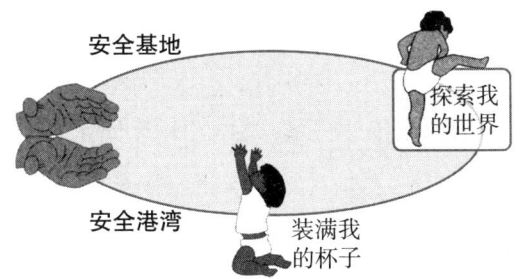

图 P.1　安全感圆环：家长照料孩子的需要

不论是面对养育者无法避免的缺陷，还是要应对严重的儿童期虐待或忽视,儿童都会创造出行为策略,来与养育者保持足够的亲近以使自己能够存活下去。这些策略基于儿童的本能,这些本能告诉他们怎么做是足够亲近但不过于亲近,什么时候要靠近或是后退,以及什么会引发养育者的接纳或抛弃。这些策略是儿童在语前期发展出来的,这个时候儿童非常脆弱,能否与人保持联结是涉及生死问题的关键。那么,即使到了成年期,要在这些无意识的、非语言的、性命攸关的策略中做出基本的改变也是很复杂的任务,这一点就不足为奇了。

核心关系策略往往隐藏于人类的互动和情绪的复杂性中,COS治疗方法把这些策略带入意识中来。然而,即使当养育者意识到他们的核心关系策略时,一旦要对那些仿佛要维持终生的策略反其道而行之,对他们而言仍然是非常艰难的任务。它就像走在梯子上,洒了盐或打碎了镜子,即使你不相信迷信,你知道自己是安全的,你的身体仍然可能会因为警觉而有所反应。当成年人不遵从他们自童年期就已经形成的保护性依恋策略时,他们就会收到一个微妙的情绪警报,告诫他们不要踏出从前学到的这些策略。COS能应对这个警觉和防御的过程,因为它能对关系以及教养能力产生深远的影响。

一旦养育者了解到维持这些策略的方法和防御措施,COS便会有助于他们观察到,过往这些问题信条和问题行为的保持使他们自己和孩子付出了怎样的代价。当养育者既有意识又有动机时,他们就能够明智地选择是保持还是改变他们的互动模式。

通过提高养育者对满足孩子依恋需求的互动模式的选择能力,COS主要采用两种方式帮助发展安全依恋关系:用COS图形指导养育者回顾视频,与养育者展开反思性对话。由于儿童的基本能力在安全依恋的背景下能够得到最好的发展,所以COS可以被看作一种帮助养育者创造健康环境的方法,这种健康环境有利于促进孩子的社交、情感、身体和认知发展,以及培养他们最终作为成年人的自主性。

然而,与他人的安全依恋和自主性共同组成了一个情感健康的人的经纬,这是理解COS方法的关键前提。儿童需要发展的是关系内的自主性和自主性内的关系。物理世界就是如此，看上去很明显，一个人要么与他人在一起，要么独自一人。当然，并没有这样明确的二分法。即使没有他人在场，个人也不是离散的个体。即便独自一人，与他人在一起的这种内在感觉也不可避免地交织在人们的生活体验中。

当儿童从心里感觉到他们的养育者是关心他们的，对他们是有兴趣的，并且一旦需要就会出现时，他们的自主性就能得到发展。如果儿童缺乏这样的联结，他们为了实现完全的自给自足而做出的努力就往往是一种绝望的行为，而不是真正的自主性。真正的自主性是在安全依恋中实现的。自给自足并不是一种情感力量或心理健康的标志，甚至不是一个真正的选择。自我与他人的心灵发展和谐关系的潜力才是人类意识的核心。"婴儿感受到自己是被他人感受着的"（Beebe等，2010）。从生到死，概莫能外：作为人类，我们需要感受到自己是被他人所感受着的，需要被理解并且感觉到足够的安全，只有如此，我们才能成为自己并探索世界。

由于上述原因，婴儿依恋研究不仅在专业上博大精深，而且带有深邃的个人体验性。正是这样的事实推动了依恋科学的发展：好也罢，坏也罢，我们都是通过我们最初的依恋关系来了解这个世界的。依恋科学之所以对我本人充满吸引力，是因为依恋是爱的故事。而且，依恋何止是爱的故事，更确切地说，依恋是我们最初的爱的希望、爱的成就以及爱的心碎。

带着不容妥协的诚实和紧迫感，依恋研究把你我彼此的故事植入生命，其中一部分原因是诸多学习是以通过视频观察养育者和孩子之间的互动为基础而实现的。观看远古的人类依恋过程在一个个家庭中展开，可能是令人振奋的，也可能是难以承受却无法逃避的，因为我们自己过往的体验会在观察亲密互动的过程中被激活。有些时候，看到孩子们得到了我们曾经渴望却不曾得到的妥善的照顾，我们会感到痛苦；而另外一些时候，看到婴儿经历着我们也曾经历过的最大的痛苦和最糟糕的恐惧，我们同样感到心碎。不过最美好的是，对婴儿依恋的研究使我们对孩子的需求敞开了心扉。我们希望它将成为你爱的故事，因为它已经成为我们爱的故事。

致 谢

本书的写作经历了几乎十年的走走停停、重新开始以及差点要从努力中抽身而退的决定。在整个过程中，Guilford 出版社的 Seymour Weingarten、Kitty Moore 和 Rochelle Serwator 一直支持并鼓励我们完成。为了确保本书的顺利完成，他们派出了才华横溢的作家和编辑 Christine Benton，为我们提供指导和非凡的技能。虽然我们有经验使用视频来说明用作依恋及客体关系理论教学的临床案例，但我们需要 Christine 智慧而巧妙的写作专长来帮助把我们的方法见诸笔端，我们对她的感激无以言表。过去三年里与 Christine 和 Kitty 的密切合作简直是一种乐趣。

不言而喻，这本书的每一页上都有 John Bowlby 与 Mary Ainsworth 的指纹。此外，我们想要对无数的依恋研究者及儿童发展研究者们表达我们一直以来的无比感激之情，我们是站在他们的肩膀上前行的。

我们非常感谢 Jude Cassidy，她的科学严谨、持续的指导、坚定不移地致力于 COS，以及最重要的是她的友谊，所有这些都使这项工作成为可能。

我们深深感谢 Dave Erb 用码头和船的隐喻种下了 COS 图示的种子。他与人"在一起"的能力持续成为我们工作的榜样。

我们也非常感谢 James Masterson 和 Ralph Klein，他们向我们介绍了对心灵内在结构的系统认识，这成了 COS 的核心敏感性的蓝本。我们也感谢 Ralph 的临床督导，他向我们示范了居于客体关系理论中心地位的关系智慧，感谢他超越人们的防御和病理看到了它们的内在价值。

我们将永远感谢 Susan McDonough，他运用视频进行干预的创举为 COS

模型提供了最初的灵感。

我们感谢Sandra Powell，她对家庭坚定不移的关注激发了那么多的灵感，我们的工作才得以生成。她致力于为难以治疗的父母、婴儿与儿童提供高质量的治疗，她的奉献在这些年里一直帮助并指导着我们。

我们要感谢Charles Zeanah，在他的帮助和坚定的鼓励下，我们克服了写作障碍，使这些材料得以出版。他对COS重要性的信念激励着我们走向远方。

我们也要感谢在我们的临床工作中教导、启发我们的很多同事、老师和导师们：Susie Amundson, Katherine Bair, Kathryn Barnard, Beatrice Beebe, Lisa Ber-lin, Neil Boris, Mary Dozier, Karla Clark, Robert Emde, Milton Erick-son, Linda Gilkerson, Douglas Goldsmith, Mary Clare Heffron, Andrea Karfgin, Frank Kimper, Roger Kobak, Julie Larrieu, Karlen Lyons-Ruth, Salvador Minuchin, Susan McDonough, David Olds, David Oppenheim, Allan Schore, Phillip Shaver, Daniel Siegel, Bill Silvers, Arietta Slade, Susan Spieker, Alan Sroufe, Howard Steele, Miriam Steele, Daniel Stern, Susan Woodhouse, Yair Ziv.

感谢斯波坎研究协会，他们在COS研究的早期开发和实施中志愿奉献了他们的时间和专业知识：Steve Balberg, Pam Barnes, Jennifer Backlund, Mary Brandt, Monica Becket, Polly Carlson, Judy Cooke, Mary Davis, Lisa Estelle, Patsy Etter, Beth Fergin, Jean Fredrickson, Devon Greyerbiehl, Sandra Higman, Diane Hermanson, Sarah Hesslink, Lisa Koch, Suzanne Kolbe, Molly Kretchmar-Hendricks, Clare Lucas, Elizabeth Mann, Janet Mann, Sandy Powell, Beth Raleigh, Michael Roberts, Harry Rosenkrantz, Jennifer Sparr, Katie Wisenor, Nancy Worsham.

我们特别感谢班克罗夫特学校的教职工、家长和孩子们，斯波坎启蒙项目／早期启蒙项目，斯波坎美国—人行横道的志愿者们，和儿童方舟的Janet及Paul Mann，是他们为COS方案提供了最初的实验基地。我们还要感谢电影《谍影疑云》制作团队的Dave Tanner与Megan Schuyler，社区意识企业的

Dan Baumgarten，感谢他们的帮助与支持。

除了已经提到的那些，我们还要感谢许多同事，他们在世界各地继续扩大和发展COS的使用：Gizem Arikan, Erin Atkinson, Michelle Ball, Neil Boris, Ida Brandtzæg, Kevin Burns, Mike Chewning, Joe Coyne, Robyn Dolby Harris, Mary Hood, Anna Huber, Jo Hussey, Stine Lier, Cami Maianu, Francesca Manaresi, Soledad Martinez, Pia Risholm Mothander, Megumi Kitagawa, Tim Page, Italia Parletta, Jenny Peters, Elizabeth Puddy, Deidre Quinlan, Brigitte Ramsauer, Kate Dent Rennie, Cindy Roberts, Ando Satoko, Avi Sagi-Schwartz, Charlie Slaughter, Stig Torsteinson, Sally Watson, David Willis, Danette Wallersheim, Caro-line Zanetti.

我们每天都感谢国际安全感圆环的Gretchen Cook、Kaaren Goeller Bloom与Mary Davies的重要贡献。没有他们的付出、坚持和善良，我们真不可能有能力提供这种干预。我们也深深地感激Jim Sheehan在斯波坎建立社区大楼的愿景。他慷慨地为国际安全感圆环提供办公室和实验室空间，他在持续提供社区支持中发挥了重大作用，使我们能够继续发展COS，并为斯波坎从事早期干预工作的许多同事和机构提供支持。

我们衷心感谢所有参与最初的COS研究的家长们。我们希望通过在这本书中重述他们的经历，向他们的勇气和对COS发展的贡献致以敬意。我们相信，他们愿意分享自己的故事，这将对未来几代孩子的安全感做出贡献。

最后，我们要把强烈而持久的感激献给自己的家人，不论是在写作本书的过程中还是在我们的生活中，他们一直鼓励我们并坚定地与我们同在。Sandy, Chelsea和Travis, Christine, Erin, Sara, Scott, Benjamin和Zachary, Kim和Kai，还有Cherri——你们构成了我们最亲密的安全感圆环，甚至可以说是你们的关怀和奉献才使我们能够开始考虑从事一项基于安全与爱的事业。

作者注

使用安全感圆环®商标的材料

我们很高兴你发现了对我们工作的介绍。我们希望将继续与全球各地的家长和专业人士分享和使用此材料。需要免费下载安全感圆环®及其他信息，请前往 www.circleofsecurity.com。我们只要求你遵循与分享材料相关的参数，在资源表下方的讲义页上有所描述。

我们希望本书中的信息不仅介绍了我们的工作，也提供了能够推进你自己工作的组织框架。然而，我们都知道，文字不能代替培训和督导，我们并没有隐含或支持这样的想法：阅读本书将为你提供安全感圆环®干预做好充分的准备。

维护好安全感圆环®方案的忠实性，这对我们是非常重要的。为此，安全感圆环的名称及图示均已注册商标。在任何促销资料中，或者为了研究和直接服务的目的，要获得许可使用安全感圆环®的名称，请访问我们的网站。我们感谢你帮助保护安全感圆环®的忠实性，并代表孩子和家庭感谢你所做的工作。

性别特异性的代词

养育者既有男性又有女性，而依恋是一个奇妙的中性现象。因此，在讲述养育者时，我们选择了交替使用男性代词与女性代词。本着相同的原则，我们使用了"父母（家长）"和"养育者"这样两个词，对不是生身父母的许多养育者做出的贡献致以敬意。

案例研究

书中的例子取自案例材料,但是修改了所有的鉴别信息,以保护这些家庭的隐私。

目 录

推荐序 ··· I
译者序 ··· V
序 ·· XI
前 言 ·· XV
致 谢 ··· XXIII
作者注 ·· XXVII

第一部分　早期教养关系中的依恋

第一章　隐藏于眼前 ··· 3
第二章　安全感圆环 ·· 24
第三章　在一起 ·· 39
第四章　受限的圆环 ·· 60
第五章　大白鲨之音 ·· 87
第六章　完成圆环 ··· 113

第二部分　安全感圆环干预

第七章　观察关系 ··· 133
第八章　互动评估 ··· 169
第九章　通过核心敏感性理解心理状态和防御过程 ············ 197
第十章　家长知觉评估 ·· 224

第十一章　治疗原则及计划……………………………………272
第十二章　安全感圆环方案……………………………………295

第三部分　案例

第十三章　劳拉和阿什莉…………………………………………335
第十四章　安娜与萨姆……………………………………………354
第十五章　谢利与雅各布…………………………………………376

参考文献……………………………………………………………395

PART 1

早期教养关系中的依恋

第一章

隐藏于眼前

安全依恋的至关重要性

如果你要描述一个婴儿,你会发现你在同时描述一个婴儿和一个别的什么人。

——Donald W. Winnicott (1964/1987)

你认为你理解了一,就能理解二,因为一和一在一起就等于二。但要真的弄明白二,你必须先理解"和"。

——Sufi Wisdom Saying

一位黑发女士,年龄大概25岁左右,双腿交叉坐在沙发上,看着她3岁的女儿在离她约40厘米远的地方玩堆叠玩具。她离开了几分钟,刚刚回到房间里,看见女儿正在往支撑杆上安装形状不同的圆圈,她立刻开始小声地发出直接的指令,中间穿插着各种问题:"那个是什么颜色?"还有"那个蓝色的是什么形状?"甚至于是"六边形在哪?"

这个小女孩绕着地毯爬来爬去，跟随着妈妈的引导，但是她却不转过身来面对妈妈。几分钟之后她捡起一个医生的工具包，拿着走到妈妈身边，试着要爬到妈妈的膝盖上。妈妈温柔地把小女孩推回到地板上，说："你还没有装完所有的圈圈呢。看，那个……还有那个！"她的女儿尽职尽责地回到堆积玩具旁边，又添加上一个圆圈。然后，她拿起医生的工具包再次回到妈妈旁边。这次她爬到了妈妈膝盖上，检查妈妈的耳朵，直到妈妈指出她还没组装完所有的堆叠玩具。小女孩没有理会妈妈的提醒，用玩具听诊器听妈妈的心跳，试图引起妈妈的兴趣。妈妈没有看小女孩，而是望着地毯上那些散落的玩具零件。最后，小女孩从妈妈腿上滑下来，回到玩具旁边，背对着妈妈，把圆圈都放回了它们原本在的那个支撑杆上。

非正式的观察会把这个过程标识为一般年轻妈妈与学龄前儿童之间的典型互动，但这并不是这个女人和她女儿在生活中的一个自然瞬间。劳拉和阿什莉刚刚参加了 Mary Ainsworth 广受赞誉的"陌生情境"研究计划，该研究计划旨在展示幼儿与其养育者之间的依恋模式。这位妈妈表达能力很好，很显然她对女儿非常投入，她之所以来寻求帮助是因为她想要获得更多的"养育技巧"。虽然她相信自己已经是一位"很优秀的母亲"，她觉得从堪称"育儿通"的人那里学到更多的东西没有什么坏处。劳拉加入了一个"安全感圆环"小组，这个小组由我们其中一位带领，进行为期20周的干预，到第12周时她看了上述的互动视频。她在项目刚开始的时候看过这个视频，她当时表示这个视频让她看到女儿有多可爱，并让她看到了平常看不到的细节。这一次，她看着这个视频，慢慢地流下了眼泪。她表情很悲伤，向下看着自己的膝盖说："我把所有的时间都浪费在把她推开上，可那个时候她只是想让我抱一下。"

劳拉正在看见的是曾经对于她来说隐形的东西：在她和她的小女儿之间那些最重要的"和"。在这段普通的母女互动中蕴涵着不平凡的真相，即与主要养育者的关系在儿童心理发展中发挥着至关重要的作用。然而，由于"精神性盲视"防止我们看到那些我们无法忍受的东西（Shaker，2004），劳拉在与女儿互动时没办法认识到那些真相。她看不到孩子有些瞬间需要安抚，有些瞬间需要鼓励探索，而且儿童以一天内数百次的频率在这两种需要之间切换。她看不到，家长经常更乐意满足其中的一个需求而不是另一个。她并不知道，家长在回应孩子需要时所感受到的舒适或不舒适，是被他们自己儿时的需要被满足或不被满足的方式强烈影响着的。而且她意识不到，即便是很小的孩子也能明白什么东西会让养育者不舒服，而为了努力保持与养育者的联结，孩子们会用一系列混淆的行为（我们称之为"假性信号"）来隐藏他们对那些东西的需求。

COS 干预以及围绕 COS 干预设计的图示就是为了帮助养育者提高觉察孩子需要的能力，并帮助他们进一步觉察到自己的回应能否满足孩子的需要。随着这些觉察能力的提高，家长便能够在需要的时候去扩展日常生活中所选择的教养方式。问题依恋模式会代代相传，能危害到孩子一生中的健康关系，而打破问题依恋模式之限制的可能性，恰恰蕴藏在从精神性盲视到看见隐藏于眼前的真相这一转变中。

安全感圆环的进化：完美风暴

COS 的发展是这样一个故事，四位心理治疗师愉快地发现自己站在了能够创造完美风暴的大气条件汇聚处。首先，越来越清楚的是，儿童早期干预非常必要且可行。同时，关系在人类健康和发展中的重要性正在更加完善地得以确立，婴儿与成人的内在世界正在被揭示。与此同时，大量的研究也都正在确立依恋在上述所有内容中的基础作用。

早期干预的必要性

- 婴儿心理健康领域愈发重要和成熟起来，这得益于像"零到三"

这样的倡导组织以及精神病专家的兴趣，并且该领域在19世纪80年代和90年代得以继续发展和壮大（J. Cassidy，私人交流，2011）。

- 发展心理病理学领域的出现。在19世纪80年代中期，科学家们开始有意识地努力，提出了这样的问题："关于心理病理，正常的发展能告诉我们什么？关于发展，心理病理又能告诉我们什么？"（C. H. Zeanah，私人交流，2011）

从实验室到客厅，这些发展处处都在发生。通过每天与成年人的工作，我们意识到聚焦于早期干预的必要性，这些成年人向我们展示了儿时发生的事情是多么持续且深刻地影响着每个人以后的生活。我们观察到，家长通过给自己的孩子造成痛苦的模式，把自己儿童时期所受的痛苦见诸行动，这一点确认了早期童年经历的核心重要性。从19世纪70年代开始，不论是为无家可归的成年人做咨询，与寄养家庭开展工作，还是在家庭治疗和个人治疗的设置中，我们所看到的一切都证实了这一点。快速发展的婴儿心理健康领域展示出，毫无疑问，幼儿甚至最小的婴儿的心理健康状况都是可观察、可测量的，因此具有成为干预和预防目标的潜力。但是，该如何进行早期干预？准确地说，我们怎样才能确保婴幼儿心理发展处于适应性轨道上，并达到防止成年期问题产生的目的？

早期干预聚焦于关系的必要性

> 婴儿与父母的关系正在成为大部分婴儿心理健康干预和预防努力的目标。
> ——Charles H. Zeanah, Julie A. Larrieu, Sheryl S. Heller, and Jean Valliere (2000)

我们的临床经验同样证明了家庭行为治疗的主要原则，即一个人的行为问题根植于家庭关系的背景之中。当孩子们从混乱的家庭中被带走，放到一个高质量的寄养家庭中时，这一点呈现得尤为突出。孩子们会茁壮成长，问题行为会慢慢减少，直到儿童保护服务机构认为他们的问题已经解决，并将他们送回他们原本混乱的家庭里。之后，那些问题行为很快便会重新出现。

家庭治疗的框架提供了很多答案，但这个治疗角度上仍然存在分歧。虽然 Salvador Minuchin 声称历史永远存在于瞬间中（Minuchin, 1980），并且早在 20 世纪 50 年代 Murray Bowen 便开始探索原生家庭对当前关系的影响，但总体上来看家庭治疗领域很少脱离环境去关注人的内在体验。

早期干预聚焦于内部工作模型的必要性

- Selma Fraiberg 于 1975 年发表了一篇具有里程碑意义的论文——《幼儿园中的魔鬼》（*Ghosts in the Nursery*），着眼于创伤对于婴儿的代际影响，并且在三十多年后促使 Alicia Lieberman 写出了对应的《幼儿园中的天使》（*Angels in the Nursery*），后者探索了良好亲子关系的有益影响。

- 继 Louis Sander 等很多其他发展科学家的研究之后，Daniel Stern 于 1985 年出版了《婴儿的人际世界》（*The interpersonal World of the infant*）一书，以此为开端，他一直认为教养关系能够改变一个孩子的发展过程，并影响他在未来建立健康的适应性关系的能力。一个孩子的发展命运，不再像老旧的"红线"及发展停滞的精神分析理念那样，被看作是由塑造性格的关键事件决定的。

- 成人依恋访谈（The Adult Attachment Interview，简称为 AAI）为观察家长教养模式提供了标准工具，成为至关重要的技术性突破（Main & Goldwyn, 1984; George, Kaplan & Main, 1984）。AAI 所产生的原理和信息引起了治疗师们极大的兴趣，因为这些原理和信息使得成人的内部工作模型有可能被研究和编码（C. H. Zeanah, 私人交流，2011）。

- 在 1985 年发表的文章《婴儿、儿童及成年期的安全感》(*Security in Infancy, Childhood, and Adulthood*) 中，Main、Kaplan 和 Cassidy 表示 AAI 编码的家长类别和他们对待自己孩子的依恋类别密切相关。这代表了"这个领域研究方向的重要转折点"(Hesse, 1999)。依恋理论的关注点发生了转移，之前主要关注儿童或养育者的行为，后来主要关注整合依恋导向的家长心理表征的质量与这些表征预测儿童依恋行为的方式（Main, Kaplan & Cassidy, 1985）。

不论是研究工作还是我们的临床工作，都清楚地表明家长会把性格特点从一个情境带到另一个情境中，这意味着，除了他们当下的环境以外，还有更多的东西在发生作用。同样清楚的是，当时最流行的观点也很少把一个孩子的"见诸行动"仅仅解释为简单的行为强化。朱尼尔总是大喊大叫，看起来似乎是因为只要他尖叫的声音够大，爸爸就会给他他想要的，但事情并非仅仅如此。儿童的行为似乎不只是他们生活的家庭系统中互动质量的瞬时呈现，也不像行为学家认为的那样是由奖励和惩罚塑造出来的无意义反射。相反，儿童的行为是遵循本能的。实际上，行为是孩子表达先天需要的方式。问题行为似乎是在家长长期无法满足那些需要时出现的。

在临床实践中，我们见证了孩子清晰地展示出他们对于被安慰的需要却被充满爱的妈妈们忽略，然而这些妈妈实际上是把孩子的兴趣放在第一位的。我们同样见证了一些孩子极其渴望探索周围的环境，而家长却坚持要搂着他们。尽管家长心存最美好的意愿，他们却仍然没有满足孩子的需要。这情形就好像我们正看着一个隐形的木偶操纵师，操控着每一对挣扎中的家长与孩子的互动。

去理解"布帘后的人"的渴望，以及把这种理解融入到早期干预中的渴望，引领我们中的三个人接受了额外的精神分析培训。最开始是在 1985 年，我们中的一位将 James Masterson 邀请到斯波坎举办了一场工作坊，该工作坊面向斯波坎社区精神健康中心的二百名员工以及专业人员团体。我们学到的东西与我们的临床观察如此一致，于是在 1986 年，我们之中的两位开始参加 Masterson 研究所的远程学习，并获得了精神分析治疗的研究生认证。

Masterson 关于发展客体关系理论的观点，使我们寄希望于精神分析可能会为早期干预提供钥匙。但精神分析仍然根植于"红线"及发展—停滞理论，这两者与我们的观察并不符合。我们观察到，家长的功能障碍源于婴儿时期，而导致功能障碍的条件在整个儿童至成年时期都很稳定。有观点认为，人格是某单一事件的结果，该事件改变了此后的一切；还有一种观点认为，人格是某特定的关键年龄所发生的事件的结果。相比而言，下面这一观点具有更强的解释力：人格是通过在整个童年时期对永久性主题进行回应而发展起来的。

在 1989 年为期一周的研讨会上，Daniel Stern 多次重申了他对发展—停滞理论的看法，并给出了一样的答案：关于婴儿发展，那是一种狭隘的、有局限的观点，没有充分地考虑到儿童幼儿时期内在体验的可信性，该研讨会后来被视为 COS 发展的重要基石。在 Masterson 研究所的培训中，另一种视角巩固了我们对于内在体验重要性的兴趣，那就是依恋理论的视角。

对依恋进行干预的必要性

- Mary Ainsworth 发现了依恋类型，她称之为安全型、焦虑—回避型以及焦虑—矛盾型，二十年之后，Mary Main 和 Judith Solomon 增加了混乱型依恋的分类（Main & Solomon, 1986, 1990）。这一类型的增加使得依恋理论向临床界迈进了一大步，这样依恋理论就能在临床上对那些被虐待的孩子或者那些饱受精神疾病及其他严重问题折磨的家长的孩子发挥重要的作用（Solomon & George, 2011; C. H. Zeanah，私人交流，2011）。

- 1989 年，我们接触到了 Susan McDonough 的研究，她将视频技术应用到很难参与治疗的家庭中。她的短程心理治疗模型非常成功，她采用了与家长一起回顾视频的方法，支持家长与孩子的积极互动，这个模型启发了我们，使我们认识到创造以视频为基础的个性化方法是可行的。
- 拍摄不再那么昂贵。一个由娱乐价值驱使的科学技术上的提高，却能够为临床治疗的飞跃奠定基础，这看起来可能有点奇怪。但是 VCR 快速得到消费者青睐的事实，确实推动了低价设备的开发，并且促进了观察研究的发展（J. Cassidy，私人交流，2011）。
- 1990 年，Robert Kare 发表于大西洋月刊的文章《依恋的形成》*（*Becoming Attached*）将枯燥无味的儿童发展概念翻译成用日常用语表述的容易理解的概念。这篇文章后来扩展为一本书，于四年后出版（1994），吸引了很多读者。该书用迷人的非小说的形式呈现了依恋理论的发展历史，包括不断升温的辩论、对抗以及对于发现的顿悟瞬间。这是依恋理论第一次被大部分公众所了解。
- 1993 年，我们之中的三人在斯波坎有幸见到了 Jude Cassidy，她是一位依恋理论学家和研究者，后来成为我们最重要的资源，并引导我们在理解依恋理论的路上探索得更远。起初两年，她每周通过电话对我们进行指导，到现在一直与我们保持联系。借此，依恋理论和科学成为我们关注的焦点。

依恋理论提供了一个总体架构，有助于我们理解对家庭关系及内部工作模型进行早期干预的必要性。这使我们更有针对性地理解关系的重要性及其作用，它确认了我们的感觉，即行为出自本能而非反射，因此行为是有意义的；儿童对永久性主题而非特别的事件或者发展停滞做出回应；儿童的行为反应是以维持依恋关系为目标导向的适应性反应。从来没有人像 Judith Viorst 在《必要的丧失》（*Necessary Losses*）中那样，把依恋本能描写得如此动人，她在书中讲述了一个重度烧伤的婴儿的故事，这个故事痛苦却真实：

一个小男孩躺在病床上。他吓坏了，也很疼。烧伤覆盖了他小

---

* 本书已由中国轻工业出版社"万千心理"策划出版。

小身体上超过 40% 的部位。有人往他身上泼了酒精，然后要放火烧他。

他哭着要妈妈。

是他妈妈放的火。

一个孩子失去的是什么样的母亲，或者沉溺于母亲的存在会有多么危险，似乎都无关紧要。她是伤害还是拥抱也无关紧要。与母亲分离，比他在母亲怀里时有炸弹爆炸更加糟糕。与母亲分离，有时候甚至于要比与本身就是炸弹的母亲在一起更可怕。

因为母亲——我们的母亲——的存在，代表着安全。害怕失去她，是我们知道的最早的恐惧。（p.22）

在这个令人痛苦的故事中，Viorst 从一个稍有不同的角度总结了依恋理论的基本主题，COS 的工作就是基于依恋理论而建立的。在人生最初的几个月到几年里，我们和主要养育者的关系何止是重要的，那是我们情感的必需品。我们总是想办法留在关系中，不管是积极还是消极的，安全还是不安全的关系。这并非一个为了方便起见的插件，如果觉得适合或者有利就选择它，不适合就置之不理。无论是通过 Harry Harlow、鲍尔比与 Mary Ainsworth 的工作（在他们的实验中，猴子更喜欢"布妈妈"而不是提供食物的"金属妈妈"），还是通过 Viorst 所讲述的这对很可怕的母子，关系都是以情感必需品出现的，就好像氧气对于身体一样重要。

然而，依恋理论并不是仅仅确认联结的重要性。就像鲍尔比当初设想的那样，依恋理论为儿童早期干预工作提供了框架。鲍尔比提出了内部工作模型的概念，依恋则有助于孩子建立关于自己的内部工作模型以及关于最亲密关系中的人的内部工作模型。安全依恋会使儿童沿着健康发展的道路茁壮成长，直至成年。在建立起安全工作模型的基础上，他们可以在关系中茁壮成长，并与他们自己的孩子建立同样的安全联结。这可能非常有助于打破心理挑战的循环，而这种循环通常会代际传播。

依恋理论简史

早在 1940 年,鲍尔比以对适应不良的儿童所开展的志愿工作为基础,传播了一个革命性的观点:儿童和养育者的关系在心理健康中发挥着重要作用。鲍尔比的理论和弗洛伊德的理论很不一样,后者认为孩子的心理内部受到性与攻击两种基本驱力以及努力解决俄狄浦斯情结的驱动。1944 年,鲍尔比发表了一项研究,叫作"四十四个少年盗窃犯"。在这项研究中他写道,在他的取样中,最紊乱的少年犯都有与母亲分离的经历。这样的发现让鲍尔比毕生都走在了研究儿童与主要养育者之间依恋关系的道路上。

鲍尔比的观点如此激进,以至于当他开始研究依恋的时候,他发现"在 1920 到 1940 年间欧洲或美国期刊上的论文,只有 27 篇涉及母亲的照看与心理健康之间的相关性"(Blum,2002)。从那时候开始出现了数千篇关于依恋的论文,最早的是鲍尔比自己那本被广泛传阅的《母性关怀与心理健康》(*Maternal Care and Mental Health*),于 1951 年由世界卫生组织出版(这部专著售出 400000 本!)。在这部著作中,他表达了革新性的、以实验证据为基础的观点:为了让一个儿童心理健康,"婴幼儿应该体验与母亲(或长期的母亲替代者)之间温暖、亲密、持续的关系,在关系中母亲和孩子都能感受到满足与快乐"(Bowlby & Ainsworth,1951;Bretherton,1992)。

这个观点遭到了医生、精神分析师以及社会学习理论家等 20 世纪中期的儿童护理专家的反对。从医疗角度来讲,人们越来越多地理解了讲卫生的必要性,这使得当时最好的儿科医生 Luther Emmett Holt(1855—1924)建议成年人应该避免与孩子接触,甚至要避免爱抚,尤其要避免亲吻。从儿童心理的角度来讲,美国行为学之父 John B. Watson 博士(1878—1985)提出,拥抱和宠爱婴儿会伤害到孩子的心理健康,以及孩子的人生会被过度触摸给毁掉,哪怕只有几天。他接着说,"母爱是一种危险的手段"(Blum,2002,p.37)。在弗洛伊德的观点中,持续依赖双亲中的一位是过度依赖的迹象。

Mary Ainsworth 出场了。她碰巧回复了一则广告,这则广告要寻找的是与鲍尔比一起工作的研究人员，研究童年早期与母亲的分离以怎样的方式影响着儿童的人格发展。儿童对家长的安全依赖在其自主性的发展中具有重要作用，Ainsworth 对此很感兴趣，她不仅将此兴趣注入到该研究工作中，还带来了她在方法论上令人印象深刻的经验。她在 20 世纪 50 年代和鲍尔比一起工作，当时鲍尔比正着手创建一种理论来论述儿童与主要养育者之间依恋关系的重要性。虽然 Ainsworth 大体上同意鲍尔比思考的方向，但她仍然对行为学（比如关于印刻效应的理论）如何能够解释儿童对母亲的需要持怀疑态度。在另一次令人开心的意外中，她和她的丈夫于 1953 年返回乌干达，她获得了为行为学概念的相关性（以及发展心理学和其他鲍尔比引用的领域）寻找实证依据的机会。通过在自然的环境中观察母亲和孩子，她发现自己收集到很多证据，这些证据支持一个尚未形成的理论，而该理论直到五年以后才被提出。Ainsworth 的发现促使她将婴儿分为安全依恋、不安全依恋以及无依恋三个类型，但她同时也注意到了如下的相关性：拥有最安全依恋的孩子——那些总体上感到满足，沮丧时容易被安抚，以及与妈妈在一起时愿意去探索的孩子的妈妈，通常对于孩子的需要信号最敏感。这个相关性后来成为 COS 干预方法的基础。

鲍尔比花了接下来的十年写了著名的三部曲，关于依恋、失去和分离，建立了依恋理论的基础，"将成为 20 世纪（以及现在的 21 世纪）最广泛、最深远以及最有创造力的研究之一"（Cassidy & Shaver, 2008）。同时，Mary Ainsworth 开始了另一项重要的自然主义研究，这项研究涉及巴尔的摩地区的母亲和婴儿，她在那里招募孕妇，并观察她们的母婴关系，一直到孩子 1 岁生日后。当时还是大学生的 Bob Marvin 继续从事这个项目。到 20 世纪 70 年代初，Mary Ainsworth 也已经完成了其革新性研究方法的设计，叫作陌生情境，这是 COS 母婴互动视频制作的关键。本书的第二部分将对陌生情境展开更加详细的介绍，它使得研究人员可以通过短暂的分离与团聚来观察养育者和婴幼儿之间的依恋关系。当 Mary Ainsworth 将这个方法应用于巴尔的摩实验时，她发现分离总体上会引发预料中的反应（紧张，更少探索性的玩耍）。

然而，让她惊讶的是一些孩子对于妈妈返回的反应。有些孩子——即便在妈妈离开房间时，他们表现出非常想要妈妈——却没有在妈妈回来后表现出放松或开心。有的表现出攻击性——打或者踢妈妈。另外一些转过头背对妈妈或者表现得很冷漠。令 Ainsworth 更加激动的是，这些反应与母子在家中更加不和谐的二元关系呈相关性。

通过这些工作，Ainsworth 推理出更加细化的依恋关系分类：安全型（分离时感到痛苦，团聚时易于被安抚，并很快准备好重新开始主动探索），不安全矛盾/抗拒型（打人者），以及不安全回避型（冷漠的家伙）。[1] 陌生情境作为一种研究方法非常吸引人，关于依恋关系的分类也非常具有启发性，以至于依恋理论这个新领域的方向似乎远离了鲍尔比支持的临床应用，而朝着研究的方向发展，甚至也远离了那些在自然环境中能学到的东西，譬如 Ainsworth 的乌干达和巴尔的摩实验。

到 20 世纪 80 年代，数千次通过陌生情境方法进行的依恋关系研究，巩固了依恋关系分类的效度及其不同依恋类型在养育者—儿童互动中的行为表现，并且已经开始激发更深入的研究，试图发现依恋关系问题和孩子成熟后展示出来的情感问题之间的关联。因此，依恋理论在发展心理学的广泛领域中得到了越来越多的信任。虽然鲍尔比自己在 20 世纪 80 年代重新像起初那样致力于把依恋理论发展为干预手段，探索如何把依恋理论应用到心理治疗中，但是依恋的研究焦点几乎还是完全在于研究本身。通过之前列举的其他"大气条件"的发展，创立了令人兴奋的早期干预的可行性，这些发展转而也为 COS 的概念化打下了基础。

由于这一系列事件的发生，到 20 世纪 90 年代早期，与依恋理论相关的探索在不断拓宽的领域中正在展开——从不同文化的角度；在其他的二元关系中（两个成年人，兄弟姐妹，父子）；纵向的；与心理病理学的发展相联结；

---

[1] 多年来很多标签都被用于描述依恋类型。正如本章之前提到的那样，Mary Main 随后提出了第四个类型——混乱型，并为 Mary Ainsworth 所接受。本书将在第四章完整地讨论这些类型。

以及与 COS 的最终发展最具相关性的代际间的研究。

聚集的"云"形成了圆环

依恋理论明确了这样的事实：儿童的基本需要不仅是食物和住所，还有情感温暖、安慰、自尊及独立自主的发展，儿童需要感觉到人类世界是一个积极的场所。依恋理论还确认了，奠定日后心理健康或缺失的基础的不是某个瞬间或某个问题，而是在每天上万个事件中养育者心理状态的代际传递，因为孩子们会逐渐适应这个心理状态，并发展出相应的策略。换句话说，要理解一个孩子，我们必须理解一个家长和一个孩子。主要养育者和孩子之间依恋关系的质量就是"和"，这个"和"有助于我们理解二，从而帮助一（见本章开篇的引文）。

依恋理论证实了成人的回避/接近策略从根本上源于他们所受的教养。它展示了这些家长的策略有多容易使孩子的需要变得混乱，孩子的需要包括靠近家长寻求安慰的需要和离开家长自信探索世界的需要。这些像程序般根深蒂固的策略如何表现为养育者的行为，如何影响养育者回应孩子对亲密或探索的需要，解释了为什么好心的家长经常给孩子提供他们不需要的东西。依恋理论表明，当孩子认为他真正的需要并不能被家长接受的时候，我们多么容易被小孩子的假性信号所愚弄。

家庭治疗的基本焦点是背景，背景塑造并组织了困扰家庭的症状，理解这个背景的共同愿望便是创造 COS 的最初动力。我们相信依恋模式在形成家庭以及决定儿童情感健康的过程中扮演着有力的角色。但是我们如何能够使抽象复杂的依恋理论与研究变得易于理解，能够被应用于治疗中，从而帮助家长处理那些解决不了的问题呢？

经过十年的发展，突然间，在 1998 年的一个电话后，COS 开始了。我们中的三人 Bert Powell、Glen Cooper 和 Kent Hoffman，已经在斯波坎给当地的儿童启蒙项目做了很多年咨询。我们和弗吉尼亚大学的 Bob Marvin 一起萌发了将依恋理论应用于实践的想法，并开始在启蒙项目中引入这些想法。斯波坎儿童启蒙项目主管的行政助理偶然发现了美国健康与人类服务署一项大学—儿童启蒙合作的拨款申请，她去找了主管 Patt Earley，说道："这难道不就是我们正在做的事情吗？如果是的话，我们为什么没有资金？"主管给我们带来了拨款申请，问了我们同样的问题。我们打电话给 Bob，问他弗吉尼亚大学是否有意向成为斯波坎儿童启蒙项目的大学合作方。在填写资金申请的过程中，COS 慢慢成型了，并在进行第一个实验研究时收到了拨款。自此以后，COS 以前所未有的速度持续发展着。

我们的基础目标一直以来是通过改善养育者与孩子之间的关系质量进行干预，以防止成年问题早在童年期便生根发芽。要使关系有所不同，其媒介是改变家长。但是通过对成人依恋的研究，我们发现，比起简单地改变家长的行为，根据依恋关系改善家长的心理状态更为重要，因为行为的改变不一定会改变家长根本的关系策略。依恋理论揭示，家长的改变会带来孩子的改变，因为孩子有强烈的动机去适应家长的关系策略，不论是好是坏，以此维持与家长的联结，这个联结对于他们的安全、成长和生存都无比重要。我们知道，为了家长能够改变，我们需要处理防御的问题，根据精神分析理论，这些防御可能是家长难以满足孩子需要背后的原因。我们知道，我们可以通过两个人在陌生情境实验中的视频来使家长参与到关于自己策略的反思性对话中，尤其是那些既不能满足孩子需要又对家长实现为孩子做到最好的目标毫无帮助的互动模式。

改善家长心理状态的最佳方式是治疗关系中的反思性对话，反思性对话是一个让来访者和治疗师一起体验的过程，体验那些治疗师希望孩子能从来访者那里感受到的东西。COS 的每一个方面都是基于同一个论点，关系的本质即改变的介质，或者就像 Jeree Pawl 说过的那样，"你希望别人怎么对待你，你就怎么对待别人"（Pawl & St. John, 1998）。家庭治疗强调平行过程的重要性，在这个过程中，为了产生期待的改变，治疗师要把家长需要给予孩子的东西提供给家长。从温尼科特的"抱持性环境"到科胡特对于共情、镜映以及"转变性内化"的强调，精神分析认定如果来访者感受不到治疗师的存在及真诚的关怀，就什么都不会改变。在开始和很小的孩子及他们的家长一起工作之前，我们已经看到了这些被长期和短期治疗所证实的真相。

我们现在已经有了早期干预的媒介（家长积极的动机），帮助家长看见通常隐藏于眼前的真相的工具（视频），帮助我们理解家长心理状态以及依恋冲突的手段（改版的 AAI 与陌生情境实验），以及促进艰难却是渴望中的改变发生的途径（与一位充满关心和支持的治疗师之间的关系）。我们欠缺的是通过某种方法把孩子对他们的需要展示给家长看——包括很年轻的家长、弱势群体家长、受教育程度低下的家长。我们需要的是一张儿童依恋需要的地图。

COS 图就是我们得出的东西（见图 1.1）。我们花了超过十年的时间开展了大量的讨论，向依恋理论与客体关系理论方面的专家进行咨询，依据我们在治疗实践中所学到的不断地起草与修改，才得出了该图示。在我们不断的设计和重新设计中，COS 图逐渐成型，最终简单地呈现出孩子对安全港湾与安全基地的需要之间的相互关系。

在 USDHHS 大学 – 儿童启蒙项目合作拨款项目的研究中，我们提出的干预包括为养育者播放经过精心挑选与编辑过的视频，视频内容是他们和孩子在陌生情境实验中的互动，并鼓励养育者：

- 提高对于孩子所发信号的敏感度，并更加恰当地回应那些信号，那些与孩子离开去探索世界以及回来寻求安抚相关的信号。
- 提高他们反思自己以及孩子与其依恋 – 养育互动有关的行为、思想以及感受的能力。
- 反思自己的成长经历对于现在养育模式的影响。

1998 年 11 月，我们四个人开始一起工作，同时接受 Bob Marvin 关于实施陌生情境实验的培训。1991 年 1 月前，我们已经招募并评估了 18 位家长，开始了三个为期 20 周的小组干预，其中包括每周 75 分钟和精神分析师一起回顾视频，这些编辑好的视频是在干预前的评估中拍摄的。治疗师引导整个心理教育和治疗讨论，旨在帮助家长达成上述三个目标。在这 20 周的最后，再一次拍摄亲子互动的视频，让家长看到通过干预他们和孩子之间的关系发生了怎样的改变。我们对依恋模式进行评定，并用这些数据分析了随后三年拨款期间的另外 75 对参与者。

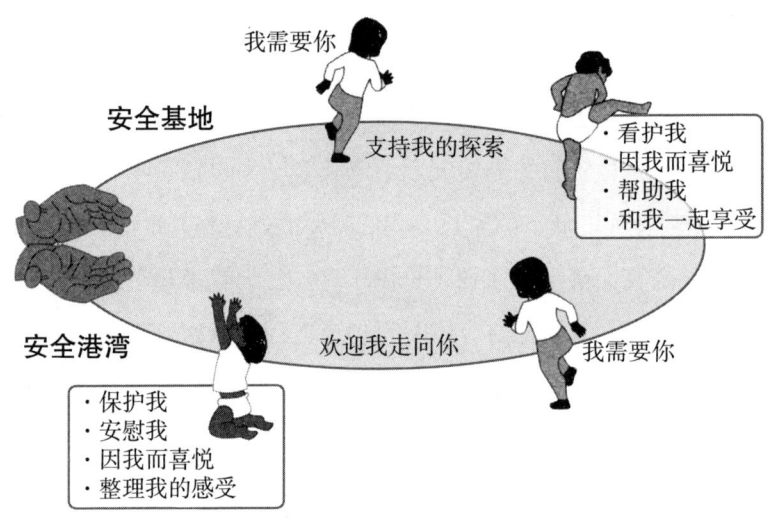

图 1.1　安全感圆环：家长关照孩子的需要

安全感圆环怎样改善依恋关系

由儿童启蒙项目拨款支持的研究，能够证明主要养育者和儿童之间的依恋关系可以通过干预得以改善。当我们开始研究时，我们希望发现的是，一些评定为混乱型的参与者，也就是问题最严重的依恋类型，能够逐渐变为不安全型（回避型和矛盾型），然而我们惊喜地发现，很多家庭径直转变为安全型依恋关系。在实验结束时，当所有 75 对参与者完成了评分，只有 25% 属于混乱型，而干预前混乱型占 60%。46% 属于不安全型，而在 20 周项目之前，不安全型却占了 80%。但是这些结果对于这些家庭的未来意味着什么呢？

从我们的角度来看，并不夸张地说，这些结果就是满足成长中孩子的需要的核心。不论我们有没有安全感，我们都是被安全感所定义的。亲密的联结掌握着健康发展、成人自信、令人满意的爱情以及很多其他事情的钥匙。依恋关系同水和食物一样，都是婴儿的基本必需品。在这个事实得到充分理解之前，是很难开始干预的，哪怕是为了婴儿的利益。

简单地说，COS 把养育者作为工作目标，无论是父母、外祖/祖父母、养父母，还是孩子会最先去找的其他成人，从而促进孩子和主要养育者之间的安全依恋。依恋关系具有很强的可塑性。即使是出身于最不安全、最危险背景的家长，也能够"挣得"安全感——通过以后人生中形成的安全关系，通过创造新的内部工作模型，克服童年的不安全感的自我反思过程。同样的可塑性也发生在孩子身上：当家长改变方式，回应孩子对照顾与自信的需要时，与家长形成不安全依恋甚至混乱型依恋的孩子会慢慢改变。

养育者才是关键，我们相信 COS 是有效的，因为它利用了家长天生想要为孩子做到最好的愿望。COS 干预并不是要告诉糟糕的家长他们的养育方式很差，它是对家长的赞扬。对那些困境中的家长、不堪重负的家长以及困惑的家长，尤其是对于那些同教育程度底下、贫穷、虐待或者忽视、社会支持缺乏甚至是边缘化等不利条件进行斗争的家长来说，这是一个机会，让他们成为他们曾经渴望拥有的那种家长。我们已经见证了那些拥有最少资源的最高危家长——包括那些 15 岁无家可归的妈妈，被监禁的妈妈，有药物滥用史的家长，有家庭暴力、躯体虐待、性虐待经历的家长，接受过儿童保护服务的家长，等等——当他们成为家长时，他们向自己的孩子展示出积极的意向。也许他们仍然在寻找所有婴儿从出生的瞬间起就在寻找的那张面孔，并期待能够在孩子的眼中看到，自己就是这样的映像。

最重要的是，COS 的成功源于家长自我反思的能力，能够反思自己的体验，也能够反思孩子的体验。家长对于自己体验的讲述需要足够连贯，这样他们才能发展出必要的反思能力，从依恋行为的视角观察并逐渐理解自己与孩子之间的互动。通过心理教育、心理咨询及小组中其他养育者的支持，他们不仅需要有能力理解孩子的信号，也要能够理解孩子的假性信号。我们惊喜于家长的勇敢，他们愿意看到那些没有满足孩子需要的地方，就像他们愿意看到那些满足了孩子需要的地方一样。COS 不仅帮助他们最终看到了那些隐藏于眼前的真相，而且能够改善他们的反思能力，所以他们现在能够看到他们与孩子的互动，以及孩子高于一切的对于他们的需要和爱，而这是他们以前从未看到的。

COS 对于大部分参与者来说都是有效的，似乎是因为它利用了与生俱来的渴望，这种渴望对于家长和依赖他们的婴儿是一样的，不仅自然而且不可抗拒。巧妙地搭建起舞台，仔细地选择好视频片段，突出地呈现出家长在回应孩子需要时做得对的事以及一件——我们称之为关键点（linchpin）——"错"的事，这些视频似乎是通过这些家长对孩子深刻的爱及想要做好的愿望而对他们起作用的。COS 干预的焦点不是技术而是心理状态，而对技术的关注在很多方法中依然盛行。

真正产生影响的是，家长向孩子做出了共情性的转变，并深深理解亲子之间不变的纽带。对于那些可能早已学会不再期待爱和接纳的家长来说，COS 揭示了一个事实，在每一次互动中，孩子都在对他们说，"对我来说，你是那么的美好"。一旦他们真正理解了孩子对他们的爱之深及需要之切，那么如何行动几乎就是发乎自然了。

为什么安全感圆环干预如此重要

> 他人对孩子做了什么，孩子就会对这个社会做什么。
> ——Karl Menninger

童年早期的安全依恋并不仅仅可以改善成年期的亲密关系和令人满足的友情，尽管大量证据显示安全依恋能做到这些，但是，依恋关系的益处绝非止步于此。从 20 世纪 90 年代开始，一组研究人员做出了一个有助于解释早期行为问题的模型，包括四个危险因素中的依恋关系质量（Greenberg, Speltz,

& DeKlyen, 1993; Greenberg, Speltz, DeKlyen, & Jones, 2001）。虽然四个因素中任意一个领域都不能单独预测儿童疾病的发展，但当分析两个领域时，安全依恋被发现能够在极高的婴儿负性事件存在时起到保护作用，而不安全依恋则确实能够预测以后的行为问题。当使用不安全依恋以及高危养育这两个领域并结合第三个领域时，不论是多问题家庭生态，还是极高的婴儿负性事件，预测儿童严重问题行为的可能性都上升了（Keller, Spieker, & Gilchrist, 2005）（见专栏 1.1）。

专栏 1.1　历史中的依恋关系

有趣的是，可能从有历史记载以来，人们就不断地将与养育者早期依恋关系的质量和随后的发展——甚至活下来——联系起来：

罗马皇帝腓特烈二世，在 13 世纪，曾试图研究在没有被教授其他语言时，儿童会不会自发地学会讲上帝教给亚当和夏娃的语言，他要求一组养育者照顾一组婴儿，但是不能讲话或做手势。根据一位修道士对于这个实验的编年记载，"然而徒劳无功，因为孩子无法在没有鼓掌、手势、欣喜的表情和甜言蜜语的情况下活着。"（Coulton, 1906）

Deborah Blum 在她的书《孩子怎样爱你才对》（*Love at Goon Park*）中引用了几个实验，这些实验表明，即使有很好的卫生和照顾，没有与主要养育者建立依恋关系的弃儿却有着惊人的高死亡率：1931 年，10 个弃儿家庭中死亡率高达 30%，1945 年，弃儿家庭中的 88 个孩子，死亡 23 个，与此形成对比的是，那些妈妈在监狱中但是能通过庞大混乱的护理学校接触到妈妈的孩子中，无一人死亡。

1952 年，James Robertson 与 John Bowlby 协力拍摄了一个 2 岁孩子住院的视频，这个孩子因病住院十天，家长只能每隔一天来待大概半个小时（在当时很普遍）。每天早上在同一时间都要给这个孩子拍摄，短片显示，没有妈妈的照顾，这个孩子逐渐从欢快活泼变得易怒、尿床、乱扔玩具，最后变得沮丧消沉。在十天的住院期间，这个孩子仿佛枯萎了。这个短片改变了整个英格兰的住院政策，允许家长有更多的"探视时间"陪伴自己生病的孩子。

虽然不安全依恋并没有被证明能够清楚地预测未来的疾病,尤其是在影响儿童生活的其他领域没有问题的情况下,但混乱型依恋关系却能够预测问题。根据 van IJzendoorn、Schuengel 和 Bakermans-Kranenburg(1999)所说,混乱型依恋与下列心理病理结果相关:

- 学龄儿童不断严重的攻击问题
- 经历压力事件后难以平静
- 青少年时期上升的分裂症状风险
- 情绪调节困难
- 学习困难
- 低自尊
- 被同伴排挤

即便是婴儿期的不安全依恋都能导致难以控制的行为、愤怒、学前及以后糟糕的同伴关系(Carlson & Sroufe, 1995; Sroufe, Egeland, Carlson, & Collins, 2005)。

在保护方面,依恋行为系统——儿童藉此做一些需要的事情,以启动或保持与养育者之间的亲密关系——被描述为一种心理免疫系统,对心理压力因素起着缓冲作用(Lyons-Ruth et al., 1998)。五十年的研究表明,依恋关系更安全的儿童具有以下特点:

- 和家长在一起享受到更多的幸福感
- 对于家长感受到较少的愤怒
- 能更好地跟朋友相处
- 有更牢固的友谊
- 能够和朋友一起解决问题
- 和兄弟姐妹关系更好
- 自尊更高
- 知道大部分问题都会有答案

- 相信好的事情总会发生
- 相信他们爱的人
- 知道如何善待身边的人

在 COS 干预过程中，通过观看视频片段以及在小组中学习依恋理论，劳拉最终意识到，阿什莉试图爬到她腿上，不只是她女儿在分离过后需要安抚的表达，同样也是关于她的小女儿需要她时，她是否在的问题。她能意识到，无论阿什莉到底需要什么，她都倾向于提供给女儿教导和鼓励探索，因为提供这些令劳拉感到舒服。她能意识到，她的女儿选择背对她——以及甚至试图通过带来一个益智玩具以"贿赂"妈妈抱抱她——就是阿什莉以自己的方式，绝望地试图把她认为妈妈需要的东西带给妈妈，所以妈妈才会跟她待在一起。最后，劳拉能够把她儿时与其家长的依恋碎片拼凑在一起，并理解这些模式是如何以她与女儿互动的方式发挥作用的——再一次，隐藏于眼前。

在为期 20 周的 COS 干预接近尾声时，3 岁的阿什莉再一次接受了陌生情境评估，并被评定为安全型。她现在能够在失落时将妈妈当作安全港湾来获得安慰，也能将妈妈当作安全基地，出发去探索世界。当被问到参与该干预最有价值和最困难的地方是什么时，劳拉答道，最有价值的是看到阿什莉是多么需要妈妈，尽管她表现得那么独立。最困难的部分就是看着自己推开女儿。朋友和家人问起她从 COS 中得到了什么时，她说："完全大开眼界，但是你很难去解释。你没法解释如何读懂孩子脸上的一个表情，或者一次声音的提高，或者她的肢体语言。你很难对人解释如何读懂那些。"

第二章

安全感圆环

理解儿童对安全港湾与探索之安全基地的需要

小猪皮杰从后面悄悄走向小熊维尼。"维尼!"他小声说。

"怎么了皮杰?"

"没事儿,"皮杰握着维尼的爪子说道,"我只是想确认你在这里。"

——A. A. Milne,《小熊维尼》

图 1.1 是一个路径图,旨在向家长展示与年幼的孩子建立安全依恋关系的路径,在第一章中介绍过,这是我们在 COS 干预项目中对家庭开展工作的核心。它将儿童发展的深刻真理简化为基本的术语:有一位主要养育者能持续同时提供安抚(安全港湾)和鼓励(从中出发去探索的安全基地),从而使儿童成长为这样的成年人的可能性最大化——既能够依靠自己,也能够依赖他人,并成功地行涉人世间。

COS 图示的简单本质并非要表述家长的智力。相反,和我们一起工作的那些家长展示出了令人震惊的对亲子关系的洞察力。像第一章中介绍过的劳拉那样的家长,他们不相信自己有能力在孩子的人生中扮演正确的角色,但通过将 COS 作为出发点，作为自己不确定时可以返回的大本营，他们似乎有能力把依恋关系的力量转化为语言和行为。我们花了将近十年的时间才找到这样的方法，用图像来总结安全感的核心，而这样的图像能够让家长立刻理解。我们的目标是提供一个科学合理而且在直观上可理解的图示。

安全感圆环图示帮家长将复杂的依恋理论简单化；有些家长很难把孩子的行为理解成孩子对于基本需要的表达，这个图示在治疗上能够帮到这些家长。对于那些和孩子建立了安全依恋关系的家长来说，可能不需要什么图示；孩子对于安全感和自信的需要对他们来说比较明显。但是那些没能和孩子建立健康依恋关系的家长，仿佛一定程度上被自己那些未满足的需要遮住了视线，在这种心理状态下，孩子对于安全感最基本的需要对于他们来说好像是不可接受的，甚至是危险的。

所有的家长都或多或少会误解孩子的需要：宝宝因为冷而哭泣，妈妈却给他喂奶；婴儿因为饥饿而哭泣，爸爸却轻轻摇晃他。但是如果家长还在摇篮里就了解到，他们不能相信有人会为了他们而在那里，以及某些需要可能是无法忍受的，那么孩子发出的关于那些特定需要的信号就可能在翻译中被遗漏。同样，孩子的需要得到满足的机会也就没有了。在这个绝望的时候，孩子会把这种关于需要的原始信息加密成一种顺从的策略，来保护自己免受家长的不喜欢或回避，孩子希望这个假性信号能够使他和能保护他的家长更亲近一些，能让他感觉到与家长有联结且足够安全，从而得以活下来。家长通常会接受这个假性信号，发展出一种使孩子最深处的需要一直无法被满足的互动模式。养育者和孩子之间没有形成信任与相互关爱的联结，而是越来越宽的裂缝，就好像行为和共情的语言被雕刻在遗失了关键词语的罗塞塔石碑上。

本章指出，健康的依恋关系能够使孩子在整个人生中本能地深刻理解到家长或其他养育者有多重要，因此当孩子成长为成年人之后，不仅能够理解自己对于孩子有多重要，也能理解他们多么有能力为孩子提供所需。COS 将家长描绘为温暖有力的一双手，这双手时刻准备着，愿意而且有能力去抱持孩子。家长是圆环上的一双手，这个生动的画面唤醒了家长与生俱来的认知，即他们对于孩子来说多么重要，以及作为家长他们可以多么有效。在这个过程中，那些妨碍家长重新学习使用依恋语言的防御和自责得以消解。抱持性环境的力量，或者我们称之为"在一起（Being-With）"（见第三章）的状态，是 COS 最精华的部分。如果没有这双手与孩子同在，就没有安全感圆环。

寻找关怀、给予关怀与探索

"在一起"需要对基本依恋理论有所理解，无论是内隐地了解到，还是在后来的人生中学习到的。保持足够亲密以避免成为头脑简单的人，同时发展出成年后所必需的技能，这项任务其实很难。然而，这一平衡做法为所有新生儿确立了最初的目标。达到此目标需要三个依恋系统的相互关联，这三个依恋系统由鲍尔比阐明，并在 COS 中得到概括：

- **寻找关怀（依恋）**：向能够安抚、保护、并且/或者组织自己感受的特别的人寻求亲近的本能
- **给予关怀（联结）**：关注某个特别的人，在必要时安抚、保护并且/或者组织其感受的本能
- **探索**：在感到安全时跟随自己天生的好奇心和征服欲的本能

当主要养育者能够意识到什么时候孩子需要来自安全港湾的安抚和保护，什么时候需要安全基地给予的鼓励和自信时，孩子就能形成安全的依恋关系。幼儿的需要会不断地在这两种基本需要中切换，甚至能达到一天上百次。他们在这两者之间随机变换，没有任何提醒。COS 图示中的圆环旨在传递给家长这样的信息：孩子常常会从一组需要转换到另一组需要，却没有任何交通信号灯的开关，告诉你其实他们现在需要的是和一分钟以前不一样的东西。他们跑来跑去，不断地探索发现，然后跑回来寻求安慰和保护。孩子用重建的自信装满自己的杯子，然后再一次飞奔出去。所以，就像我们之前

注意到的一样，他们快速变化的需要就隐藏在眼前，因此那些自己的需要不曾得到过满足的家长就需要一张路径图。

依恋行为的作用：安抚和保护。

探索行为的作用：学习和征服。

依恋行为和探索行为二者间是互相抑制的关系。想象一个跷跷板，一边是依恋行为，一边是探索行为。当孩子感到不安全时，或者感到自己被难以理解的感受淹没时，依恋行为就开始活跃起来，探索行为停止。跷跷板慢慢倾斜，依恋行为上升，探索行为下降。当孩子感觉到足够安全时，依恋行为就会停止，并开始探索行为，那么跷跷板就会往另一个方向倾斜（见图2.1）。

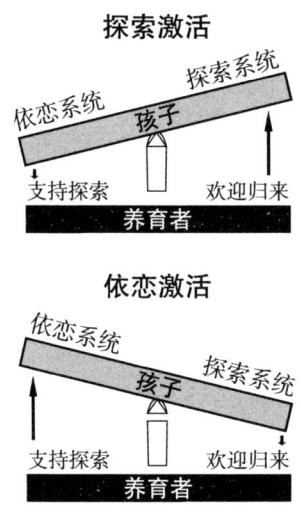

图 2.1　探索（顶部）激活与依恋（底部）激活

当然，幼儿并不能理解互相抑制这个概念，通常他们也不明白为什么有时候自己玩着玩着就会突然感觉到需要安抚、需要安全感。或许他们的养育者没打招呼就突然不见了，这可能是看上去毫无威胁性的情况，譬如只是去接了个电话（见专栏2.1）。但是这个分离可能就会激活孩子的依恋系统，在这个时刻孩子唯一感兴趣的就是做一些事情，重新建立与养育者的联结，无论什么事。想象一下，爸爸刚把浴室的门关上，学龄前的孩子就猛敲浴室门。或者正学走路的孩子和妈妈一起在院子里，妈妈刚开始和邻居聊天，宝宝就开始拽妈妈的裤子。当孩子哭出来时，他们在表达，他们需要知道依恋对象会在他们需要时陪伴和回应他们，这样他们才能再次感受到被保护，不会遭受暂时断开的联结所激发的难以言说的恐惧。令家长感到困惑（以及愤怒）的是，当孩子寻求再次联结的心终于引起养育者注意时，孩子却无法回答"你想要什么"这个问题，因为准确的答案是"根据鲍尔比所说的，当你看上去好像不在我身边时，我那种与信任的特定养育者保持亲密的本能，激活了我的依恋系统，引发了依恋行为（比如哭泣）。谢谢你再次成为那个我信任的、在我身边的养育者。"

小宝宝们无法清晰地表达，也无法控制他们变来变去的需要。自己有一天成为有责任感的养育者，是孩子们成长的必然之路，而在发展这种技能的道路上，对我们这个物种来说，幸运的是，孩子们有一个固有的帮助者。我们把这个帮助者叫作妈妈。妈妈的责任就是满足孩子的需要，弄明白孩子需要的是什么——保护、安抚、愉悦、帮助组织感受——终止依恋激活，从而使孩子能够去探索。一旦孩子开始探索，责任就变了：现在养育者的任务就是看顾好孩子，在他们需要的时候提供帮助，享受孩子的探索并为之喜悦。

专栏2.1 · 为什么依恋对象暂时不在会带来这么大的伤害

达夫妮告诉姐姐薇姬，她第一次去看结婚礼服，将由她们中间的妹妹而不是薇姬陪她一起，薇姬一听到这个消息就挂了电话。达夫妮很无语。斯坦在没有被预先告知的情况下就被解雇了，当导师说没时间跟他谈这件事时，斯坦感到很难过，他对自己那么难过感到很困惑。敏子不再跟最好的朋友说话，因为朋友忙于照顾年迈的母亲，所以"这些天她都没有时间跟我在一起"。

仅仅看这些信息，很多人会认为薇姬、斯坦和敏子太小题大做了，甚至表现得很不理智。他们可能会指责薇姬有嫉妒心，斯坦太需要关爱，敏子太自私了——就像家长有时候看待孩子的方式一样，孩子会在家长暂时不在时（接电话，回复重要邮件，甚至是去洗手间），表现出强烈的情感反应，家长会认为这些反应是"捣乱"、"幼稚"或者"脾气差"的标志。我们很多人都能够回想起这样的瞬间，就像斯坦一样，连我们自己都会感到诧异，当一个与我们联系紧密的人不在时，我们居然会对有些事情反应那么强烈，而任何通情达理的成年人都会觉得那些事情其实微不足道。

事实上，与依恋及养育者不在有关的情感，远比实际情况中理性上会引发的情绪更强烈，因为这些情感与存活/保护的来源有关。但是，依恋包含的并不只是保护孩子远离捕食者。存活及培养竞争力需要很多能力，都和与他人的联结相关，所以最重要的他人不在所引发的感受，其强烈程度关乎生死，这一点不足为奇。薇姬有被剥夺的感觉，因为她一直以来都充当着达夫妮妈妈的替代者，希望自己能够在达夫妮即将到来的婚姻中为她的快乐而快乐。斯坦因为雇主的辞退感到受伤和震惊，他并不是要求导师为了他放下所有事，只是在这个瞬间他比以往更需要这个一直以来给了他很多自信的人能鼓励他一下。敏子不是很容易建立起亲密友谊的人。她花了很多年才能足够信任某人，将其视为"最好的朋友"，即便她知道自己在朋友有压力时的冷落行为并不理智也不公平，但当朋友几乎都无法跟她在电话里聊几分钟或是悠闲地吃顿午餐时，她还是无法克制地感受到被抛弃。

这种不在给人的感觉就像是存活受到了威胁一样，理解这一点有助于家长做出共情性转变，满足孩子在圆环上的需要。

养育者识别并满足这些需要的熟练程度，在决定依恋行为和探索行为之间关系的流动性，以及最终决定儿童向成年期发展的轨迹中发挥了重要作用。然而要成为一个敏感、有悟性的家长，毫无疑问是一项壮举。当孩子在寻求回应却无法表达清楚他究竟想从妈妈那里得到什么时，很多聪明的、抱有善意的家长会将这种场景误解为"我的孩子只是需要关注"。当这种误解形成模式之后，就会带来一些后果，我们会在第四章对此进行讨论。第五章将对阻止家长意识到事实上"我的孩子需要联结"的障眼物展开讨论。

当进展顺利的时候，依恋、探索和关怀行为之间的相互作用能够让孩子同时得到保护并获得技能，比任何一类行为单独能提供的进化优势都更大。能够熟练读懂并满足孩子需要的家长，即安全依恋儿童的家长，其特点就是对亲密以及分离都能提供相对程度上平静的安抚。对安全依恋的孩子来说，两点之间直线最短。也就是说，家长和孩子之间建立了非常好的直接交流渠道。如果孩子需要与养育者亲近或者分离，家长允许他坦率地表达出来。受伤就是受伤，想要就是想要，愤怒、开心、请求，是什么就是什么，不添也不减。无论孩子需要身体接触，还是需要独处，她知道养育者可能出现并回应自己朝向亲密或疏远这一连续体上的所有需要。

所以，在高度安全的亲子关系中，存在着一种轻松的感觉，充满自主和快乐的氛围，也存在着大量面对面的交流及身体的抱持。这样的家长有一个关键的特点，他们能够自如地表达内心深处对孩子的喜悦与真实的愤怒。这种清楚直接的情感表达成为交流的基石。

当孩子到了自主运动的年龄，这些家长会支持并鼓励孩子运用他们新的躯体分离能力进行探索的需要。孩子自信他们可以离开养育者，因为他们确信养育者会在需要时出现。这个反馈回路树立了孩子的自信，相信自己可以追随天生的好奇心和征服欲，信任养育者会与自己同在。

在陌生情境实验（Strange Situation Procedure，简称为 SSP）中，这些孩子会一边探索环境，一边定时回来确认养育者的存在。每当孩子出去探索并发现养育者一直在，孩子都会更加愿意并能够参与进一步的探索。在 SSP 中，家长会被要求离开房间，和孩子有一段短暂分离的时间。当家长回来时，安全型依恋的孩子会很自如地向养育者寻求安慰及帮助其组织因分离而产生的情绪。在团聚时刻，对有回应的、接纳的养育者的这种信任，绝非所有孩子都拥有的馈赠。然而，在安全依恋儿童的案例中，一到团聚时就呈现出这种能力是常态。这样的孩子镜映了家长对亲近与差异感到舒适，也对与养育者亲密及分离需要的真实表达感到舒适。

解读安全感圆环路径图

图 1.1 旨在告诉养育者和专业人士，只要有可能，养育者就需要跟随孩子的需要，而只要有必要，养育者便要掌控局面。圆环上半部分代表孩子探索时的需要："看顾好我"，"因我而喜悦"，"帮助我"，以及"和我一起享受"。下半部分代表了依恋行为被激活时孩子的需要："保护我"，"安慰我"，"因我而喜悦"，以及"整理我的感受"。我们前面已经解释过，养育者不止需要满足这些需要，也要高度关注从依恋行为到探索行为的过渡需要（"支持我的探索"），以及从探索行为到依恋行为的过渡需要（"欢迎我走向你"）。孩子判断探索世界是否安全，依据的是养育者给出的即时信号，譬如微笑或点头，但也会把过去从养育者对他们探索世界的欲望所做出的反应中学到的那些纳入他们的考虑之中。养育者对于分离的不适可能教会孩子在终止依恋需要和激活探索之间犹豫不决。同样，孩子在探索时感到累了、饿了、受伤了，或者感到沮丧了，会寻求由养育者发出的迎接信号，譬如共情的表情、张开的双臂，但孩子也会根据以前养育者是否愿意给予安慰，来决定要不要寻求安慰。养育者对于身体或情感上亲密的不适，会使孩子在需要时反而回避寻求安慰。

圆环上的大部分需要基本都不需要解释，但还是有几个问题需要阐明。圆环上半部分"因我而喜悦"与"和我一起享受"是有区别的，"和我一起享受"指的是共同探索时分享积极情绪的过程，比如一起玩游戏。"因我而喜悦"指的是就孩子本身是谁而感到喜悦，而不是与孩子一起享受某个活动。喜悦同样也出现在圆环的下半部分。我们将此包含进来，是为了强调喜悦这个情绪总体上有多么重要，同时也指出，当孩子的依恋行为被激活时因他们而喜悦的能力，与探索行为被激活时因他们而喜悦的能力，这二者是不同的。"帮助我"指的是在探索过程中提供支持（见第三章专栏 3.5）。我们告诉家长，只要给孩子足够的帮助就可以了，这样孩子才能独立完成。

圆环下半部分关于"安慰我"和"整理我的感受"的概念也很容易令人混淆。"安慰我"指的是当孩子精神紧张时要给孩子回应（比如，当他们摔倒磕到膝盖的时候）。"整理我的感受"指的是在孩子们无法理解自己感受的时候帮助他们。有时候孩子需要家长帮助他们组织难以应对的内在体验。大部分家长能够理解，孩子可能需要他们帮着应对外部世界或处理自己的行为，但对于很多家长来说，他们从来都不知道，孩子也需要帮助学习如何处理情感世界。当孩子累了、饿了、失望、受惊吓、悲伤、受挫，诸如此类的时候，他们可能需要别人帮助处理他们的内在体验。无论是什么原因所致，孩子都需要家长的帮助，因为从发展的角度来讲，他们的能力还不不足以让他们独自处理。家长帮助孩子识别、命名、赋予意义并处理内在体验，正是通过这个过程的反复发生，孩子才逐渐有能力处理自己的和关系中的感受。

第二部分会聚焦于治疗，我们会深度讨论治疗师如何能够识别家长正在满足还是不满足圆环中的特定需要。

更高大、更强壮、更智慧，而且和善

在履行这个角色——圆环上的手的时候，接受 COS 干预的家长被鼓励要始终更高大、更强壮、更智慧，而且和善。"更高大、更强壮、更智慧，而且和善"一开始作为一个警句，给家长提供一些他们能坚持并记住的东西，都是鲍尔比用来描述家长角色的术语（Bowlby，1988）。Baumrind 关于高期待和高情感的研究也影响了我们（Baumrind，1967）。我们想要跟那些苦于无法掌控局面的家长以及纠结于情感的家长展开对话。一个小组中的一位母亲讲了一个故事，令我们很激动。有一天她坐在公交车的最后面，看到了另一个小组中的一位母亲在前面与 2 岁的儿子争执。小孩在乱跑，搞得司机和其他乘客都很不开心。这个妈妈突然跳了起来，脱口而出："等一下。我更高大、更强壮、更智慧，而且和善。"她很快就掌控了局面，她的孩子也以坐回她的腿上回应了她。我们不断听到家长把这组短语当作咒语来用的故事。

通过无数次和家长的对话，我们越来越清楚，他们当中的很多人并没有一个更高大、更强壮、更智慧并且和善的角色典范。很多人都提到自己见过更高大更强壮的家长，但却并不和善，其他人提到了和善但是并不高大强壮的家长。有一些人说到了过于和善的家长，过于强大的家长，或者在这两个极端中不断切换的家长。这些类型都是有问题的，我们会在第七章中讨论到。我们后来发现，要找到有足够智慧，能以和善平衡高大/强壮的家长榜样其实是很困难的。我们还发现，需要澄清的是，更高大更强壮这两者并不仅仅意味着要设定规则。温柔地抱住被吓坏了的孩子与发号施令同样是更高大更强壮的一部分。

为了帮助明确孩子在任何时候都需要家长更高大、更强壮、更智慧并且和善的感觉，哪怕是睡着的孩子或者学龄前的孩子，我们加入了一个词——"始终"。为了更加详细地阐述这条规则，我们补充道，"只要可能，跟随你孩子的需要。"我们需要澄清的是，我们并不是在谈论孩子想要的东西或是一时的兴致，而是这个圆环上的需要。比如说，一个孩子正很开心地玩着，处在圆环顶上"看顾好我"的时刻，但现在该去托儿所了。即使家长这时拒绝了孩子的需要，家长仍然是更高大、更强壮、更智慧且和善的。

我们担心这条法则会被误当作放纵养育的格言，为了消除这种忧虑，我们补充了一条，"在任何必要的时候，掌控局面"（见图2.2）。家长有时需要掌控局面，因为到时间该去托儿所了，而孩子往往只是需要知道他们的家长能够掌控局面。孩子需要知道有人会负责，并会保证他们的安全。当家长不愿意承担这个角色的时候，孩子就被放在了易受伤害的位置上。从孩子的角度来看，如果家长没有强大到让3岁的孩子上床睡觉，这个家长就不够强大。这个家长当然也就不会提供很多保护来对付那些在晚上作怪的东西。

孩子通常通过打破规则取得控制权来告诉家长，他们需要从家长那里获得安心的感觉。如果家长将孩子打破规则的行为解读为孩子需要更多自由或更多选择的话，接下来就会更混乱。这就好像一个孩子在问，"这安全吗？你在掌控吗？"家长却拒绝回答这个问题，而是给了孩子另一个玩具或饼干。家长越拒绝回答，孩子就会越大声地提问。

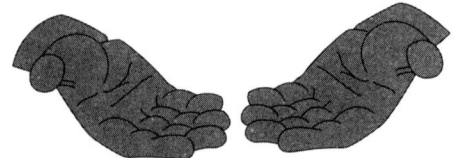

始终：更高大，更强壮，更智慧，而且和善
任何可能的时候：跟随孩子的需要
任何必要的时候：掌控局面

图 2.2 手

我们要记住，孩子有时会通过协商一些事情来打破规则（比如，睡觉前多讲一个故事），这一点很重要。如果孩子是以适龄的方式来协商并接受了协议（比如，家长多读了一个故事，孩子就比较配合地上床睡觉了），那么这个孩子就不是在询问家长是否能掌控。然而，如果孩子不接受任何解决办法，很重要的便是要考虑一下孩子是不是需要确定家长能够掌控。

能够满足（大部分时候能满足）婴儿长大过程中各种需要的家长，就是在给孩子创造安全感圆环 COS，这是一个意义深远的礼物，将伴随孩子的整个人生。在陌生情境实验中被评定与主要养育者建立了安全依恋的孩子，能够表达出自己的需要，无论是什么，他们并不担心这样会把养育者赶跑而落得独自被扔下。这样的孩子和家长或者其他主要养育者互动可能会是下面故事中描述的那样，尽管很重要的是，要知道完美是永远不可能的，也是不值得渴望的：

> 巴勃罗今年两岁半，和爸爸一起待在操场上。在仅仅 10 分钟的过程中，这个小男孩在圆环的顶部和底部来来回回切换了至少十二次。一开始他坐在爸爸腿上，爸爸坐在一条长凳上。当他满怀兴趣地环视操场四周时，爸爸轻轻地抱着他，看着他的脸。巴勃罗看到沙箱的时候，眼睛亮了起来，爸爸微笑着轻轻地说，"那个看起来很整洁哦？"巴勃罗抬头看了看爸爸，好像在问能不能去沙箱那里玩，爸爸再次微笑并点了点头，然后让宝贝从腿上滑到了地上，巴勃罗就跑向了沙箱。他到了之后，把头转向爸爸，像是确认爸爸还在那

里一样。爸爸的眼神从未离开自己的儿子,他微笑着鼓励儿子,又点了点头。巴勃罗转向沙箱,爬了进去。他爬着穿过沙箱,爬向了另一个小男孩,那个小男孩有一个玩具卡车,还有几把铲子。当巴勃罗要去拿其中一个玩具的时候,那个孩子尖叫着表示抗议,把玩具拽了回去。巴勃罗看起来吓坏了,跑回爸爸身边。

爸爸等着,直到巴勃罗跑回长凳旁,然后伸出了手臂,但是在巴勃罗朝爸爸伸出胳膊之前,爸爸并没有抱巴勃罗。爸爸把巴勃罗抱了起来,给了他一个大大的拥抱,说道,"你不喜欢他不让你玩。是不是有点吓人?我们应该带一些卡车来的。下一次,好吗?可能过一会儿他就会和你分享了。"接着爸爸牵着儿子走回沙箱,并且询问那个小男孩的妈妈,巴勃罗能不能和她的儿子一起玩。妈妈同意了,从带来的玩具袋子里拿了一个玩具给巴勃罗。巴勃罗谨慎地开始玩起了卡车,一声不吭,也没有松开爸爸的手,所以爸爸就坐在了沙箱边上,偶尔说一句"卡车真不错",以及"哇,你真的让卡车在沙地里开起来了",在巴勃罗松开手之前,爸爸一直待在那里,直到儿子回头看了爸爸几次,并终于对着爸爸微笑了起来。爸爸回到了长凳上,继续看着自己的儿子,无论什么时候,只要巴勃罗回头看他的时候,他都会微笑、点点头,或者说一些鼓励的话,巴勃罗回头看爸爸仿佛是在询问他能不能信任爸爸。

巴勃罗表现出来的是,他可以直接发出需要安抚或者恢复信心的信号,这很可能是因为,他从经验中知道他能从爸爸那里得到自己需要的东西。当巴勃罗对沙箱表现出兴趣,而沙箱对他而言是新环境,巴勃罗的爸爸帮助他完成了从圆环底部到顶部的转换,平静并且温柔地鼓励他——更高大、更强壮、更智慧,而且和善。对于儿子正在做的事情,爸爸表现出了喜悦。当巴勃罗回头看以确认爸爸还在的时候,爸爸的目光已经停留在他身上,强化了爸爸更高大更强壮的角色。当巴勃罗因为其他男孩的"小排斥"而沮丧的时候,爸爸欢迎巴勃罗回到爸爸腿上，帮助巴勃罗组织他的感受，但是爸爸没有冲向巴勃罗把他抱出沙箱，而是选择等到巴勃罗自己想要被抱起来——家长不仅要更高大更强壮，而且要更智慧，这就是一个很好的例子。当儿子需要帮助来协商跟别的孩子一起玩的时候，爸爸掌控了局面，爸爸从容仔细地读懂了孩子的信号，有方法把信号翻译得相当准确，了解并预测了儿子的需要，然后再选择提供安全港湾还是安全基地。这意味着反思功能具有很强的能力（见专栏2.2）。

专栏2.2　反思功能

将自己和他人看作有自己思想的独立个体的能力，被赋予了很多名称，如"第七感"（Siegel，1999），心理感受性（Meins等，2002），反思功能（Fonagy, Steele, & Steele，1991），或心智化（Fonagy, Gergely, Jurist, & Target，2002），还有心理理论（Premack & Woodruff，1978）。每个术语都强调了发展反思意识的不同方面，建立情感上的安全关系需要这种反思意识。我们使用"反思功能"这个术语，指的是感知、理解自己和其他人的心理状态的能力，心理状态包括感受、信念、意图以及欲望。如果养育者不仅仅能较为准确地表达孩子可能看到或感受到什么，而且能用语言表达出养育者充分理解不同的心智如何工作，反思功能便得以发展。

没有人能够真正地知道，在某个特定时间段其他人看到了什么，在想什么，感受到了什么，或者理解了什么。通过他人给我们的线索，我们可能会善于猜测，但在得到确认之前，我们永远无法确切地知道。"我认为"是独立的心灵，我只能够猜一下你可能感受到了什么"。通过猜测和推测来确认猜测的准确性或不准确性，我们各自的心灵可以联结起来，共同体验到"在一起"的感觉。猜测能够非常准确，以至于被体验为真实的感受，但是当有足够的反思能力时，养育者不会忽略婴儿是独立个体的事实。不可避免地，有时这种真实的感受也会完全不准确。

当养育者在提供观点时习惯性地不准确，并反复坚持自己的观点总是对的，

> 或者不断地说自己比婴儿本人更明白他心里在想什么时，会发生什么呢？基本上婴儿会学着不相信自己的看法，并渐渐相信"你"和"我"之间是没有区别的。最终，婴儿站在他人角度上看问题的能力就会被削弱，这将导致出现共情问题，并影响友情和亲密关系的质量。同时，也会影响他们关注自体，用对自己来说有意义的语言组织内部体验的能力。

这是一个非常简单也非常熟悉的场景，却说明了与养育者之间能建立起安全感圆环的互动，在某种特定的环境中看起来是什么样子。这个圆环可以在很多不同类型的互动中建立起来，而这些互动在不同的亲子关系和不同种类的互动中看起来也会大不相同。为此，在对孩子的依恋安全性进行评估时，治疗师必须足够严谨，要依赖"看见"（敏锐地观察行为）而非"猜测"（根据先入为主的观念进行推断）。

看见 vs 猜测

大脑作为一个学习机器非常有效，以至于我们很难看到大脑中已经形成并存储在记忆中的联系。因此，我们观察到的东西通常都基于我们预先建立的结论。对于治疗师来说，无论我们多么训练有素，这都是无法避免的，当然，对于家长来说这也是无法避免的。在早期依恋关系中形成的表征，不论好坏，都强烈影响着我们自己养育孩子时的态度。需要更多的训练才能将我们的结论建立在实际观察的基础上——以摆脱先入为主的观念的束缚——而不是仅仅看到已经得出的结论。但所有的家长都有与生俱来的智慧和渴望，要给自己的孩子提供安全感。大部分家长，甚至是那些因巨大的生活压力以及非支持性的养育而遭受严重挑战的家长，都能够被激发出积极性，去做需要做的事，从而超越自己糟糕的依恋史的蒙蔽。

为了从实际观察中得到结论，家长需要一个基本结构来组织观察，即我们称之为 COS 的路径图。所有的人类行为都有意义，该圆环的设计就是为了打开家长的双眼,让他们看到这些意义,让他们看到孩子所有的"不良行为"背后都隐藏着孩子合理的需求。COS 的目标是促进家长改变,从"这个孩子想从我这里得到什么"变为"哇,我看到她需要什么了!"通过这个圆环,家长不仅能够逐渐理解孩子的情感,而且能够追踪并调节自己对于孩子情感的认知,以及对此做出的情感回应——我们称之为听到他们的"大白鲨之音",换句话说,是他们自己童年依恋的遗产,我们将在第五章中继续讨论。COS 干预要发展的有助于养育者实现这一转变的能力就是反思功能(见专栏 2.2)。

这个引人瞩目的转变是如何发生的,现在还并不完全清楚。通过重新巩固,治疗师在 COS 干预中对于来访者的抚慰,可能会为家长长期与依恋相关的记忆增加新的篇章,使他们能够在治疗之外自我安抚,这是他们从自己的家长那里不曾学到的。家长在小组会谈中反复高强度地接触安全依恋行为的概念和意象,加上舒缓的音乐以及旨在软化其防御的视频片段(软化片段),藉此,某种形式的安全感启动效应可能会为家长对待自己孩子的新行为开启一扇大门,从而改进家长的内部工作模型。这些过程才刚刚开始进行研究,其效力与潜力还远不能确定。

我们确切地知道,COS 似乎是通过创造抱持性环境而引发改变的,抱持性环境让家长觉得足够安全稳妥,从而使他们能够看见那些他们在过去保持精神性盲视的东西。COS 干预的目标是帮助家长发展在整个圆环中都与孩子"在一起"的能力,不管孩子的需要和情绪是什么,同样的,治疗师的任务就是当家长开始从事直面来自过去的幽灵这一令人痛苦的工作时与家长"在一起",这些幽灵正在侵扰他们在当下照顾孩子的能力。

当治疗师成功地创立了抱持性环境,COS 的结果则在很大程度上是家长勇气与付出的直接产物,即大部分孩子都被评定为安全型依恋。下一章中将讨论"在一起"的关键力量。

第三章

在一起

通过关系满足孩子的需求

我在这里，而且你值得。

——Jude Cassidy

"在一起"这个词语看起来很简单，却代表了一个强烈的需要，如果这个需要被回应了，就能为一生的良好关系打下基础，为完成大量发展性任务以及获得成年人应具备的能力做好准备，为信任、自我调节甚至生理健康铺平道路。如果"在一起"的需要没有被满足，就变成了"不在一起（Being-Without）"，这不仅会使孩子在性格形成阶段完全丧失基本人际关系，而且也会使孩子失去在未来关系中茁壮成长以及作为（独立自主）成年人的无限潜力。在养育过程中，父母正是通过跟孩子"在一起"来做出及时的回应，这样也最有希望满足孩子在圆环中的需要。而治疗师也要通过跟父母"在一起"才能够给家庭带来改变。

"在一起"的体验

"在一起"始于人类生命最基本的事实：人之为人，唯关系而已。孩子来到这个世界时，天生就带着与能提供保护、安慰及必要互动的养育者"在一起"的需要。全球范围内一个又一个的研究都得到了同样的结果：如果养育者敏锐并仔细地关注孩子，孩子就会以信任和愉悦来回应。同样，如果没有这样的关注，孩子就会以反抗、绝望、甚至是最终的冷漠来回应。发展安全依恋的核心即孩子知道：在需要的时候，养育者能够在感情上与她"在一起"。

> *"在一起"意味着知道有一个人在圆环的任何地方都会在情感上与自己同在。*

英国儿童医生及精神分析学家温尼科特将"抱持性环境"解释为能够产生真正的、安全的归属感的养育关系，这种关系的特点就是"在一起"。孩子不断涌现出来的自体感往往会带来困难且令人困惑的体验，依恋感中的归属就意味着，有一个"他人"能够理解并感同身受地帮助自己调整这些体验。在无数次被安抚、被安慰、被小心激励，以及平静下来的体验中，就仿佛是孩子在不断地呼喊，而且得到的回应自始至终都是"你可以信任我"。

> *"在一起"意味着被理解。*

"在一起"也意味着孩子的需要都是可以被接纳的。可能这些需要并不总是被满足，没有家长能够做到完美，也没有哪个家长应该是完美的。但在抱持性环境中，孩子累积的大部分经验让他们确信，自己的需要是正常的，可以被分享，可以被理解，甚至是或者说尤其是，在孩子不理解并且觉得这些需要令人痛苦、难以忍受时。

"在一起"意味着孩子的需要被接纳了。

儿童生来就有感受并表达所有情绪的潜力。并不是所有的情绪都是舒服的，对小婴儿来说，大部分感受都是难以管理的。在孩子学会调节之前，这些感受很容易就会令人不知所措。在抱持性环境中，养育者会证明，人所有的情绪——愤怒、伤心、害怕、愉悦、羞耻、好奇等都是正常的，可接受的。和一个还没有发展出调节情感能力的婴儿"在一起"意味着要在圆环的每个位置和孩子的情感体验产生共鸣，并调整适应孩子的情感体验，这一章稍后会继续讨论（Stern，1985）。"在一起"意味着共情这些感受。（如果我们能听到孩子的需要的话，就会像是这样："有人陪我一起待在这些困难的情绪里，就能让我找到走出困境的办法"。）"在一起"意味着跟孩子待在一起，直到孩子的唤醒平息下来。（"请让我知道，你理解我的感受，而且你会和我一起等待事情变好。"）"在一起"意味着对情绪表达出来的需要做出回应，无论是需要温暖、安慰、食物、睡眠、鼓励，还是其他什么东西。

当孩子还很小的时候，"在一起"意味着替宝宝去管理并调节那些情绪，即组织感受。

在孩子的情绪中与她"在一起"并不仅仅是一个虚幻的比喻。最近的研究表明，所谓的镜像神经元是存在的，镜像神经元存在于大脑中，会对其他人脑中的神经元放电做出回应。"当我们觉察到别人的情绪时，这种（情绪）状态会自动无意识地产生在我们的脑中，"Daniel Siegel 和 Mary Harzell 说道（2004）。当妈妈对着宝宝开心地微笑时，在妈妈大脑中放电的这一类神经元也会在宝宝的大脑中放电，引起同样的体验。科学家们猜想，婴儿就是通过这样的神经元放电开始了解各种情绪，并开始将这些情绪看作自己体验中可接受的部分。V. S. Ramachandran（2009 年 11 月的 TED 演讲）——这个领域的先锋人物，非常恰当地将这种神经元称为"共情神经元"。Daniel Goleman将这种能力称为"神经 Wi-Fi"（Goleman，2006）。

在下面这对母婴互动中，我们可以感受到"在一起"的体验中镜像神经元的作用：

> 四个月大的切尔茜，正面对着妈妈丹尼斯坐着，打了一个哈欠闭上了眼睛。当丹尼斯用温柔慈爱的眼神看着宝宝的脸庞时，她用声音配合着宝宝打哈欠的节奏，和着宝宝点头的节奏说道，"啊，对。"切尔茜打完哈欠之后环视四周，你都能听到她呼吸的声音。丹尼斯随着宝宝呼吸说，"好长的下午，好长的下午啊。"切尔茜看着妈妈，妈妈看着自己的宝宝，对着宝宝微笑，并说道，"你是我的宝贝吗？"切尔茜看着妈妈的眼睛，慢慢地开始微笑，她的表情能融化每一个爸爸妈妈。作为回应，丹尼斯喜笑颜开，眼中闪烁着喜悦。切尔茜的微笑也变成了共同分享的喜悦。
>
> 很快积极情绪就越来越强了，切尔茜看向了别处。研究表明，当婴儿在某个时刻像这样转头看向别处，说明这个婴儿受到了过度刺激，正在试图冷静下来（下调）。如果允许孩子这样做，她会很快将情绪下调，重新开始和养育者互动。
>
> 丹尼斯坦然地接受了孩子片刻的离开，一直保持着积极的情感陪伴，等待着孩子回来继续与她互动。切尔茜东张西望了一会儿，然后重新转过头来看着妈妈，再次微笑了起来。丹尼斯也用微笑回应了她，互动中的积极情绪再次升温，母女两人再次一起沐浴在共同的喜悦中。当对切尔茜来说情绪变得太强烈时，她又一次把视线转移开，稍微地平静下来，这期间妈妈一直耐心地等待着她。接着切尔茜再一次回过头来，继续跟妈妈进行积极互动。

至此，在这一段互动中我们可以看到"在一起"中的所有元素：适应，共鸣，接纳，抱持，视情况来回应孩子的需要。这个场景描述的就是婴儿不仅开始学着和妈妈一起调节自己的情绪，而且开始学着自己独立调节情绪。同样，也强调了共情在这一关系以及延伸出来的其他关系中的重要性。

在发展以及保持成功的亲密关系中，共情是最基本的能力。没有共情，情绪体验就无法被分享、被理解。不被共情，我们如何了解自己的情绪状态？不去共情，我们怎么能够了解自己在乎的人？共情就是镜像神经元在起作用，在我们自己的体验中，对另一个人的体验产生共鸣。有了共情，我们伤害别人时会有一种基本的内疚感。当你因为伤害自己在乎的人而感觉糟糕时，你就已经准备去修复关系了，这样就能够维持关系的安全（在第六章和第十一章中会更全面地讨论"破裂和修复"的基本概念）。

孩子就是通过处在共情接收端，来学习、发展对自己、对他人共情的能力。共情既有情感部分又有认知部分，情感部分是在抱持环境中培养起来的，认知部分指的就是孩子从父母和他们"在一起"的过程中学着从他人的角度看待问题（见专栏3.1）。

专栏3.1 跟任何一个成年人"在一起"，都能让孩子受益吗？

当然。抱持性环境能提供的共情、接纳及其他好处，哪怕只有部分时间或是暂时的，都是好事。老师、保姆、教练、哥哥姐姐，还有其他出现在孩子生命中的人，只要能在这些关键方面适应孩子，就都能增强孩子的自尊和优势，也能让孩子知道在关系中什么是可能的，并获得在未来关系中寻求安全感的动力。事实上，和育儿方面（儿童看护，教育等）的专业人士谈话时，我们通常会说，为高危儿童提供真正的"在一起"的机会，可能就会给孩子的人生轨迹带来巨大的改变。对于一些孩子来说，遇到一个"北极星"（或南十字星座）一样的人可能是必要的："啊，我看到了，在所有的混乱背后，真的存在一个条理连贯的主题。通常情况下，我还不知道怎么能找到这个主题，但因为你，我会一直找，直到找到为止。"虽然可能这要花上几年甚至几十年的时间，但是遇到一个激活"在一起"模式的人能对孩子大有裨益。

部分时间的/暂时的"在一起"不足以建立起依恋联结，然而依恋关系对于孩子的健康发展、未来关系的建立，以及个人能力来说，却是至关重要的。依恋的驱力是寻求关爱，即从特定的人那里寻求安慰来帮助自己组织情绪的本能。处在有挑战性的环境中时，孩子对陌生人也会表现出依恋行为，但这并不能成为依恋关系。

在生命最初的七个月中，孩子会从任何愿意并有能力提供关爱和安慰的人那里得到这一切。当婴儿 6 个月大的时候，爷爷奶奶来看他／她，孩子会很开心地"迎接"他们，但仅仅一个月后（这个月龄会开始出现陌生人焦虑或分离焦虑），当爷爷、奶奶试图抱宝宝的时候，宝宝会尖叫。在大约七个月的时候，孩子更加偏爱主要养育者，并开始发展主要依恋关系。孩子会发展出一个层级：或许是妈妈、爸爸、奶奶，然后是保姆。需要的时候他们会依次走向这些人，但不在名单上的人并不会被孩子欣然接受。

孩子接触很多养育者，可能最终会在这个名单上再加上一个人，但这个名单总共会有多长就很难说了：四个，五个，或者可能六个，但少于一百？Mary Ainsworth 在乌干达发现（见第一章），参与进来的邻居也能成为依恋对象。在美国社会中，孩子可能没有这么多依恋对象。

就像 Hillary Clinton 说的那样，在有些国家"需要一整个村子的力量来养育一个孩子"。我们应该效仿这些国家吗？可能吧。人们的共识是，从生存和安全感的持续性角度来说，有"盈余"总是有好处的。

"在一起"的发展性获益

"在一起"的过程中发生的很多事情都是内隐的、非言语的。虽然婴儿还不会说话，依然在每次互动中了解人与关系、情绪与需要，学习如何交流以及期待他人做出哪种回应。和主要养育者的互动格外重要，因为这是婴儿密切关注的：这里有宝宝"要找的人"，是宝宝获得安慰、接纳与认可的最大潜在来源（C. H. Zeanah，私人交流，2004）。如前所述，和小孩子"在一起"

的过程中,家长传递出如下的言语与非言语信息:宝宝挺好的(即使不舒服),实际上宝宝很开心,妈妈或爸爸理解需要未被满足的可怕感受,以及宝宝在家长的帮助下不会压力太大而淹没在情绪的海洋里。

但是,"在一起"并不只是对孩子有利。提供一个真正的抱持性环境,要求家长有一定程度上的自我接纳。没有自我接纳,家长就不能真正满足孩子圆环上的需要。以"因我而喜悦"为例。那些(无意识地)觉得自己全是缺点的家长,往往把孩子理想化,提供僵硬、有限、限制性的爱,而非愉悦。愉悦来自于自我接纳,同时向孩子表明孩子也是被接纳的。某种程度上,婴儿正在习得家长的自体感,这增强了联结感以及在养育者身上体验到的安全感。

之前提到的丹尼斯和4个月大的切尔茜之间的"对话",举例说明了妈妈如何建立抱持性环境,怎样与自己的女儿建立安全依恋关系,并在这个过程中帮助切尔茜形成关于亲密关系如何运行的程序化内隐记忆[见专栏3.2以及第五章中关于内隐/外显信息在大脑中的加工,"未经思考的已知(unthought known)",以及程序化记忆的讨论]。就像学会骑自行车成为孩子长期肢体系统的一部分,阅读成为孩子认知系统的一部分一样,这种内隐关系认知(Lyson-Ruth,1998)将成为切尔茜人际系统的一部分:根据她学会用语言表达以前从妈妈那里以内隐方式所学到的东西,切尔茜慢慢地知道如何和生命中的重要他人建立关系。由于其内隐的性质,切尔茜不需要认识到自己是因为婴儿时期妈妈的陪伴而成为一个信任别人且乐于付出的自信的亲密伴侣、父母。因为程序化记忆的一个特点就是,它感觉像是你本来就知道的事情,而不是你记住的事情。这个程序化记忆会促使她长大的过程中对所有的关系充满期待。Salvador Minuchin所说的历史永远存在于当下,在某种程度上就是这个意思:我们不需要问成年人的成长史;我们要做的就是观察他们在亲密关系中的行为模式,这会揭露他们的成长史,即他们的内隐关系认知(Minuchin,1980)。

这些记忆以及因此而产生的对关系的期待,是从通过"在一起"学习情绪调节开始的。

> ### 专栏 3.2　大脑将信息整理进两个系统：内隐及外显
>
> 　　内隐记忆系统是在婴儿开始发展语言之前就形成的，因此它并不是靠语言组织的。从孩子习得语言之后开始，这一生中，信息仍会继续通过内隐形式被存储和减少，就像是骑自行车所需要的程序化信息一样。内隐信息的关键是，检索并使用这些信息不需要意识觉察；内隐信息有一种固有的特点，即"这就是事物运行的方式"。Karlen Lyons-Ruth 和波士顿变化进程小组（the Boston Process of Change Group）为如何和其他人一起做事的非符号编码信息设计了"内隐关系认知（implicit relational knowing）"这一术语（Lysons-Ruth，1998）。我们在语言发展之前就学会了如何协商自己的依恋需要，并在我们的头脑中将其编码为自己的内隐关系认知。
>
> 　　外显记忆系统以语言为基础，存储诸如事实及自传体记忆的信息。情节性记忆就是特殊自传体记忆的一个典型例子，与对多个事件的概括性描述相反，情节性记忆能提供足够多的细节，使倾听者在时间上穿越回去，在大脑中对当时实际发生的事有一个清晰的画面。

学习管理情绪：共同调节与自我调节

> 　　依恋是一种与生俱来的情感概念，指的是养育者和婴儿之间在生命的第一年和以后的日子中逐步形成的特殊关系。依恋不仅指家长与婴儿之间的"情感联结"，还具有适当调节婴儿情绪的特点。事实上，依恋是二元情绪调节的最高点，是第一年所有发展的顶点，预示着自我调节即将到来。
>
> ——L. Alan Sroufe（1995）

　　作为人类，我们必须学会管理情绪的方法：忧伤的时候找到安慰，开心、感觉好的时候允许情感发展，生气的时候想办法冷静下来，组织观点，对富有成效的自我主张做决定。换句话说，如果我们要选择恰当的外在行为，我们必须拥有处理内在体验的能力。一个人如果不能在生气时抑制攻击的冲动，没有能力创造快乐的时刻，很难想象他能拥有成功的亲密关系并且能高效地工作，而这两者通常被看作生活成功的基本标准。

在生命第一年的主要教养关系中，婴儿开始学习如何管理情绪。起初，养育者处理很多的婴儿早期体验，跟随并参与她的情绪，而不是尝试迫使她进入另外一种情绪，安抚遭受压力的孩子，当孩子受到过度刺激而转开头时依然跟孩子在一起——这都是 Denise 和 Chelsea 互动中存在的部分。当孩子慢慢长大，情绪状态越来越复杂时，孩子与养育者开始一起努力，互相调节情绪。这是温尼科特的"抱持性环境"（Winnicott, 1965b）的部分应有之义：养育者有意地抱持住孩子的情绪，通过言语及非言语的回应，给孩子一些关系空间来建设独立抱持情绪、调节情绪的能力。

> 通过共同调节情绪，孩子学会了自我调节。

自我依赖，而非完全自足

> 现在大家广泛认同大脑是一个自组织系统，但可能较少有人认识到这个事实：发展中大脑的自组织是在与另一个自体、另一个大脑的关系背景下发生的。另一个自体，即主要养育者，充当了婴儿神经系统的"体验依赖性"成长的外在心理生物调节器，在生命前两年大脑的飞速发展中，婴儿神经系统的组成部分不断迅速地组成、瓦解和重组。
>
> ——Allan N. Schore (1996)

调节自己情绪的能力是非常重要的（见专栏 3.3）。然而，如果此说法使人想起的是这样的画面，冷冰冰的独行侠，压抑着自己的愤怒和恐惧，独自战胜了坏人，然后（一个人）骑马奔向了夕阳，那我们就要再想一下了。与很多文化信仰相反，自我调节本身并不是最终目标，我们期望的目标是既能够共同调节也可以自我调节，这取决于人生每个情境中哪种调节能发挥最大作用。

> **专栏 3.3　行为调整 与 "在一起"**
>
> 　　15岁的卡尔因为长期的攻击性行为，现在来到行为干预教室。老师试图帮助他学习并掌握一个数学问题，当他正努力解题时，一个同学对他做了鬼脸，还嘲笑他的努力。卡尔发火了，骂着脏话，朝那个同学扔了一本书。卡尔似乎无法平静下来，老师没有办法，只好把卡尔从教室带到了暂停室，希望他在那里能冷静下来。老师想帮助卡尔在沮丧时选择另一种行为。即使选择更有益的行为是解决卡尔问题很重要的一部分，那也不是核心所在。
>
> 　　《从神经元到社区》(*From Neurons to Neighborhoods*)这本书由美国研究委员会医学研究所出版，总结了截止到2000年我们知道和不知道的儿童发展方面的知识，书中提到，"自我调节的能力是学习遵守内在和外在行为准则这一关键任务的先决条件"(Shonkoff & Phillips, 2000)。换句话说，在我们能完全调整外在行为之前，我们必须学着处理内在感受。如果我们被那些未经调节的情绪和感受淹没了，我们选择有益行为的能力就会迅速下降。
>
> 　　不幸的是，隔离在暂停室不可能教会卡尔调节自己的情绪，所以他无法做出有意识的行为选择。恐惧同样不可能教会他调节情绪。如果卡尔是在监狱里，同学是杀手，卡尔可能会因为太害怕而克制住自己扔东西的欲望。但要成为在社会上有用的人，卡尔显然不需要生活在难以承受的恐惧中。他需要更不害怕，而不是更害怕。你无法用恐惧来治愈情绪调节能力的缺陷，然而不幸的是，很多充满善意的人们一直在尝试这种方法，他们认为当威胁足够大的时候，像卡尔这样的孩子就会改变他们的行为。行为干预教室中全都是卡尔这样的学生，可他们仍然不知道如何管理自己的情绪。
>
> 　　学会调节情绪的过程用语言描述起来似乎很复杂。首先卡尔需要知道并能

表达出这一事实，他很沮丧，而且同学的取笑可能使他感到很受伤。要做到这一点，他需要足够长时间地暂停并抑制住扔东西的冲动，从而抱持并确认自己的情绪感受。从大脑的角度来看，他需要从原始的边缘回应转移到使用前额叶皮质来调节组织自己的感受。暂停与抑制需要足够的自我安抚，从而使情绪缓解到某种程度，使他能够反思到底发生了什么。如果他不能自我安抚，他需要找到一个信任的他人，比如老师，来帮助自己冷静下来。这个过程中意味着卡尔的反思性自我能够在内部与他讨论这个过程，并组织富有成效的观点。一旦他对于自己内心发生了什么有所理解并能表达出来，他就能够选择如何与同学协商。

难以言表却意义深远的内隐关系认知从日常平凡的亲子互动中发展而来，宛如野花在抱持性环境中自然绽放。如果卡尔曾经因"在一起"获益，他也许在很小的时候就得到过妈妈（或其他养育者）的安抚，帮助他能够在妈妈的陪伴下安抚自己，然后才能够在需要的时候自我安抚，因而也会懂得在什么时候使用每种能力，譬如在上述场景中向老师寻求帮助。

很多人认为，情绪管理是一种行为，是可以通过外显方式被教会的，比如通过行为调整（激励，剥夺特权等）的方式。我们认为情绪管理不仅仅是行为，还关系到孩子与自己的关系质量以及孩子与重要他人的关系质量。Allan Schore 成功地将依恋理论与大脑研究整合在了一起，Schore 认为共享的喜悦在孩子生命最初的一个月中非常重要，能促进大脑发育，为良好的情绪调节能力打下基础。Schore 指出，互相分享积极情绪能让孩子为调节成长过程中更难以应对的消极情绪做好准备。《发展心理学》（*Developmental Psychology,* Feldman, Greenbaum, & Yirmiya, 1999）中的一篇文章发现，在生命的第一年里，养育者和婴儿之间情绪的同步性越高，孩子在 2 岁时就会越遵从家长的要求，并且更容易根据要求延迟行为。换言之，孩子 1 岁前的情感联结越强，在成长过程中就会越听从和响应家长。

我们可以在各种环境中看到这样的益处。在东德的婴儿日间看护中心，孩子们即使受到惯例影响，更喜欢团体导向的行为管理，但还是会与共情的养育者建立更安全的依恋（Ahnert, Lamb, & Seltenheim, 2000）。

管理情绪的能力会产生管理行为的能力。

单独只使用一种能力不能带来最好的发展。想一想那样的成年人吧，他们在沮丧时会自己一个人待着，直到平静下来，他们相信向别人寻求帮助会使自己变得太脆弱。设法与重要关系隔离来让自己平静下来，会严重影响亲密关系的发展，并限制个人整合复杂情绪体验的能力。

那么，由于不能自我调节而不断寻求别人照顾的人呢？受困于共同调节的泥潭会影响他们的自主性和自我决断的发展。这会使人生不够丰富，选择严重受限。

我们相信，事实上并不存在自主性这样的东西，至少不是大家通常理解的那样。① 即使在独处时我们也会受到别人内部表征的影响。一个孩子健康发展之路的目的地并不是完全自足——我们没有人对于自己来说是充足的——而是在恰当时自我依赖的能力。"在一起"最重要的功能之一就是为孩子提供一种环境，他既能够从中学会自我调节、共同调节，又能够发展何时选择何种最佳策略的内隐认知。在 COS 项目中，这种平衡被描述为"关联性中的自主性"与"自主性中的关联性"（Hoffman，1937）。最终，这种能够与依恋对象分享各种情绪的体验将提高依恋关系中的安全感。相应地，自由体验各种情绪而不用害怕降低亲密度，是内在安全感的关键。

关联性中的自主性：和我在一起，我就可以自己搞定。

自主性中的关联性：在"我们"中保持"你"和"我"。

想象一下，刚会走路的宝宝朝妈妈走去，拽了拽妈妈的袖子，当妈妈关注他时，他说道，"我需要你看着我，这样我就能自己把这些事情都完成。"妈妈心里笑了，看着儿子搭了个乐高塔。这个互动就是 COS 上半部分所描绘的东西。可能你也会因为孩子明显的自我矛盾而笑出来：孩子怎么能够在需

---

① 韦氏大词典将自主性定义为独立与自由的意愿，并将独立定义为不受他人的影响。自主性的核心意义被误解了。

要别人参与的同时"全部自己完成"呢？因为只有在关系中才能达到自主，温尼科特将其称为"当别人在场时对独自一人的体验"（1965a）。这种别人在场时独自一人的体验，是一种持续一生的模式。成年人离开父母独立之后不是再也不需要他们了，而是将父母作为安全基地，离开他们去探索。自主性不是对需要别人的否定，而是借由这些需要被满足所获得的能力。

事实上，之前提到的被理解的感受，指的是自体永远不会从关系中彻底分离出来。就好像是孩子在说，"我是我，但我不只是我"，以及"你是你，但你不只是你"。儿童发展身份认同的重心在于父母。虽然这个重心慢慢地会分化，但永远不会彻底达到分离。这个正在形成中的"我"，就是关联性中自主性的体验……归属性中的唯一性……个性化与联结性的对立统一。

健康的自体只能在与重要他人的关系中发展，科胡特将此观点扩展为客体关系（Kohut，1977）的一种变化形式。科胡特在讨论自恋时第一次描述了我们对于依赖他人的需要，这种情况下治疗师试图为一个缺乏自尊的人的缺陷自体提供必要但缺失的共情。这种方法某种角度上意味着成年后仍然持续不断地努力满足个人需要是一种病理迹象。但是在健康的心理发展中，作为日后自我依赖的前身，从主要养育者那里获得共情发挥着镜映孩子价值的重要作用。科胡特非常清楚，对于这种联结的需要不会随着成熟而终止。实际上他相信，情感健康的成年人在整个人生中都需要重要他人的共情性支持。他同样清楚，这绝不是心理病理的标志。

重大的期待——对于别人，对于自己

- 除了自我调节的能力，"在一起"（通过依恋安全感和早期支持性照顾）还能为孩子培养基本的社会联结感以及对自己和他人的积极期待（Sroufe et al.，2005）。
- 提高儿童独立性和能力的最好方法是为孩子提供安全依恋："让孩子体验到敏感的、及时回应的照顾；父母一直陪伴孩子，随时准备提供安抚、支持和养育；以及之后对不同年龄所预期的能力措施的鼓励与指导"（Sroufe et al., 2005）。
- 有安全依恋历史的青少年在同伴关系中更有能力，他们不仅能够有效地协商，熟练地互动，也有很强的领导能力（Sroufe et al., 2005）。

对于在安全依恋中长大的孩子来说，上述这些仅仅是"在一起"能带给他们的一小部分礼物。与主要养育者的关系，在孩子心中形成了伴随其成长的内部工作模型或者对自体及他人的表征，从而产生了对他人、自己以及关系的持久期待（见专栏3.4）。拥有安全依恋的孩子，会表现得好像她亲密的人在需要帮助时是可以信赖的。她允许自己脆弱，允许自己以可能形成深刻亲密关系的方式依赖他人。她会要求自己遵循同样的标准，当自己在乎的人感到痛苦时，她会用共情和安慰予以回应。毕竟，这就是人类对待彼此的方式。我们习得的这种信任就有机会变成对人类的更广泛的信念，即一种态度：这个世界大体上是个安全的地方，足以让我们去探索并享受。

因为爸爸妈妈接纳她是谁，因她是谁而喜悦，所以这个孩子相信自己是有价值、有能力的。她对自己的期待将包括成为勇敢的、有修养的、成功人士的能力。安全依恋的青少年在同伴关系中显得更加灵活，而且往往在高中的数学和阅读中取得更高的分数，即使在控制智商变量的情况下（Sroufe et al., 2005）。有趣的是，最近一项关于婴儿的研究发现，拥有安全的、持续的抱持性环境的儿童，在未来人生中黏人以及过度依赖的可能性更低。小时候需要被满足且被恰当回应的孩子，通常很放松并建立起自信感，相信生活是安全的，关系是可以信任的。这可能会被认为是一种"核心自信"。发展理论学家得出结论，如果孩子能够信任主要养育者的在场性与敏感性，这种信任会逐渐整合进他们不断发展的自体感中。安全依恋的孩子在其发展自体的核心处拥有主要养育者提供的安全港湾与安全基地，由此带来的自信与安全联结的感觉被深深地内化，从而在他们以后人生的诸多体验中都始终如影随形。

> **专栏 3.4　情绪及内部工作模型**
>
> 　　很多客体关系理论学家包括 Otto Kernberg 都相信，将各种体验区分为积极的和消极的情绪状态——我们可以非正式地称之为"感觉不错"和"感到沮丧"——是婴儿大脑组织的第一层。该原始组织的目标是最大化感觉好的东西及最小化感觉不好的东西。
>
> 　　随着婴儿的发展，情绪渐渐与特别的情感状态记忆相关的内在表征——或者换个说法，Daniel Stern 所提出的，内化并普遍化的表征——产生联系（1985）。作为成年人，我们某种程度上是依据下面这两点来选择我们要怎么做的：我们期待他人对于我们的某种情绪做何反应（他人表征或客体表征），以及我们对自己感受到那种情绪有何想法（自体表征）。将感受和表述联系起来的这个过程一直在发生，虽然我们也许意识不到。这些情绪状态以及他人与自我表征为理解体验奠定了基石。
>
> 　　发展中的婴儿需要一种方法来理解并组织这些不同的基石，以便于他们能够学习到如何最大化带有积极情绪基调的体验，并且最小化带有消极情绪基调的体验。这就是为什么从养育者那里学会期待安抚的孩子会在未来人生中寻求亲密关系——亲密关系是与"感觉不错"（甚至是"感觉很棒"）联系在一起的。同样地，其养育者还鼓励并支持探索的孩子将会成为外向、求知若渴、乐于成长的人——这又是对持续"感觉不错"的追求。在孩子成长的过程中，主要养育者的内部工作模型形成了孩子的选择，因为那些模型代表着"感觉不错"或"感到沮丧"的可能性（见第四章对分裂概念的进一步讨论）。

围绕着圆环与婴儿"在一起"

　　COS 干预以及 SSP 只对 12 个月及以上的孩子才有效。但在生命的第一年，孩子正在学习基本的节奏，即如何以及何时依赖养育者，如何以及何时依靠自己的内在力量来管理各种不同的体验。因此，在圆环顶部与底部满足婴儿的需要和满足更大一点孩子的需要同样重要。就像这一章中讲到的那样，和婴儿"在一起"，很大程度上与情绪管理有关——为宝宝调节情绪，然后通过共同调节帮助宝宝学会自我调节。图 3.1 描绘的婴儿安全感圆环说明了上述对情绪调节的强调。父母如何通过"在一起"才能够使安全依恋生根，在很多环境中都非常重要，COS 在其中可以成为卓有成效的预防工具，譬如在"塔玛的孩子"这个项目中我们同监狱中怀孕的母亲所开展的工作（Cassidy 等，2010）。

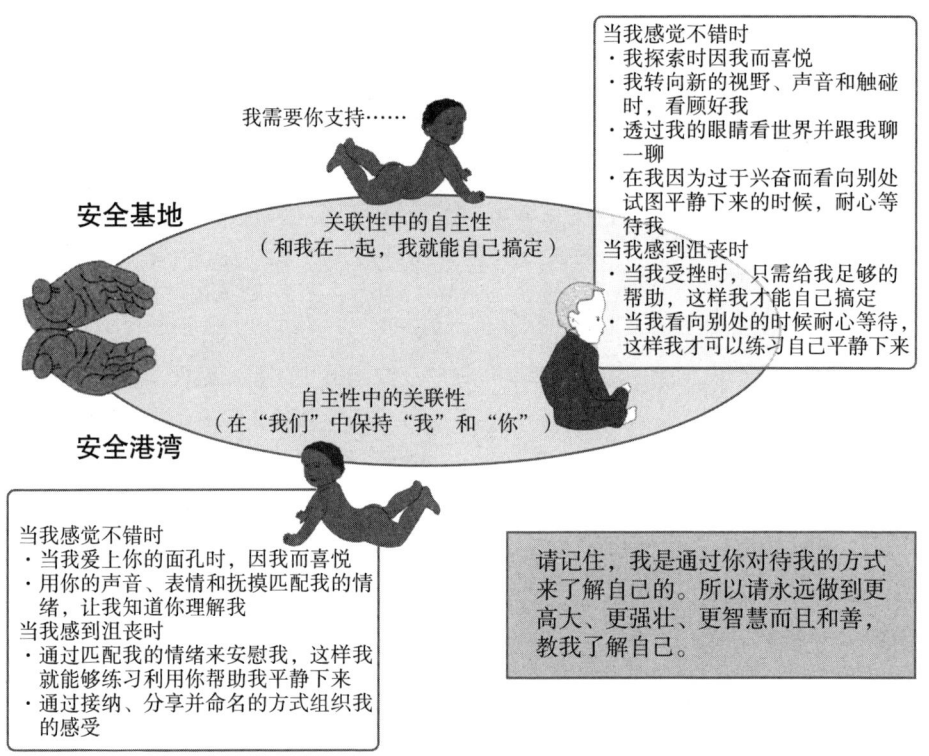

图 3.1 通过接纳并匹配我所有的感受（生气、难过、恐惧、欢乐、羞耻与好奇）创造安全感圆环

孩子何时需要关联性中的自主性：感觉不错时

- 当我探索世界时，因我而喜悦。在婴儿探索世界的时候因她而喜

悦，真是一个非常强有力的信息。当孩子冒险的时候，喜悦关乎婴儿本身，而不是家长因为孩子正在完成养育者头脑中的那些发展目标而有的骄傲。自尊——个人自体表征的总和——包含了这样的感觉：有人因你而喜悦，因为你是你而喜悦，因为你的存在而喜悦，而不仅仅是因为你做了什么，完成了什么。

- 当我转向新的视野、声音和触碰时，看顾好我。当孩子感到平静的时候，他们对世界的天然的好奇心就会涌现，他们想要将养育者当作探索世界的安全基地。转向新的视野、声音和触碰时，他们的探索通常以凝视的方式表现出来。通常婴儿对于养育者的全部需要，就是在探索的时候看顾好自己并随时准备好根据孩子的信号与他进行互动。有养育者的支持，会帮助孩子发展自己的兴趣感，从而在以后的岁月中获得优势与能力。

- 透过我的眼睛看世界并跟我聊一聊。当婴儿用自己的眼睛来探索世界时，他们还没有发展出方法，能够组织与其体验的复杂性相匹配的信息。婴儿对于头脑如何工作的理解是在养育者的帮助下提高的，养育者从婴儿的视角来看世界，并说说宝宝可能正在看到、听到或感受到什么，同时要承认养育者只能猜测婴儿大脑里正在发生什么。意思就是，不要说"你生我气了"，而要说"我认为你生我气了"。加上"认为"这个词很关键：即使养育者的猜测是准确的，做出猜测而不是陈述，强调了婴儿是独立个体的事实。这能够帮助孩子发展出站在别人的角度上看问题的能力，以及关注自身并用对自己而言有意义的语言组织内在体验的能力。

- 在我看向别处的时候耐心等待我，这样我才不会过于兴奋。就像这一章早些时候描绘的切尔茜和丹尼斯之间的互动那样，即使是伴随积极的情绪，婴儿也可能得到过多的好东西。挠孩子痒痒就是常见的一个例子，孩子的笑声会逐渐变得不适和痛苦。当婴儿扭头不再面对养育者的时候，孩子正努力让自己平静下来，他需要养育者等待并允许他自己处理。一旦兴奋平缓下来，孩子会转回头来继续跟养育者互动。扭头，自我平静，然后重新投入的能力是与生俱来的，是婴儿赖以发展足够的自我调节这一重要能力的早期基础的一部分。

孩子何时需要关联性中的自主性：感到沮丧时

- 当我受挫时，只需给我足够的帮助，这样我就能自己搞定。孩子有时会因为某个任务而受挫，却专注于任务，表现出自己想办法解决的欲望，不发出任何需要养育者帮助的信号。比如说，在孩子能完全自己坐着之前，家长可能会在孩子探索的时候支撑他的身体。在探索中，孩子伸手去够一个离他足够近可以抓到的玩具。家长不要给他把玩具拿过来，而是要让他努力一会儿去抓取玩具，让他体验自我掌控的感觉（见专栏3.5）。非常可能的是，宝宝正在尝试一些接近其发展能力极限的事。对任何一个养育者来说，这都是很困难的时刻：你是等着让孩子自己努力还是要帮忙？如果帮忙，你是替孩子做，还是试着帮他想办法自己完成？这些问题都没有简单的答案。如果养育者不能支持婴儿受挫，而总是跳进来并且接管所有的事情，婴儿永远学不会自己处理，也学不会利用受挫来学习新技能，这将限制孩子的学习潜能。如果养育者几乎从来不帮孩子，孩子将不断面临学习超出其发展水平的材料的需要，并且不会想到把他人当作学习的资源，这就会削弱他向别人学习的能力。

- 当我看向别处的时候耐心等待，这样我才可以练习自己平静下来。当婴儿把养育者当作安慰时，有时会突然转过头去，让交流中断一会儿，就像本章之前描述的切尔茜和丹尼斯之间的互动那样。研究表明，就在婴儿转头前的那个瞬间，她体验到了不断增强的唤起水平，而转头之后，唤起下降。就像上文所描述的那样，如果家长把转头理解为拒绝，他们就会拒绝为孩子提供学习自我安抚的机会。

> **专栏 3.5　脚手架**
>
> 　　脚手架是一个学习过程，与儿童能够独立完成的事情及他们依然需要协助的事情之间的差距有关。理想的养育者帮助婴儿或幼儿组织任务以使成功发生在儿童的发展能力范围内，同时支持孩子努力完成自己有能力做的事情。这一养育技能被称之为"脚手架"，是重要的教学工具。10个月大的艾丽正在尽最大努力迈出第一步。当她自己站着面对爸爸时，他不停地说："你能做到！是的，你可以！"爸爸的微笑和艾丽的一样，她再次尝试站起来，然后冒险前行。注意到她的平衡还不太能够完成任务时，她的父亲伸出手让她抓住。她坚持着，但几乎没有意识到他在帮忙，她在跌倒前向前走了五步。当她迎接父亲热情的微笑时，她眼中闪烁着胜利的光芒，似乎在说："看看我自己能做什么！"
>
> 　　当孩子被允许努力奋斗并学习他不知道如何去做的任务的各个方面时，有父母在需要时提供帮助，孩子会发展出掌控感和自信感，同时也体验到父母的支持（关联性中的自主性）。没有在每种情况下都适当的脚手架蓝图，因为所有的家长都努力地想知道应该恰好提供多少帮助。提供太少帮助的养育者使孩子处于一种境地，她正在努力做可能超出她发展能力的事情。提供太多帮助则减少了孩子的努力，并通过为孩子完成任务的方式来接管。这两种方式都不利于建立自信心。

孩子何时需要自主性中的关联性：感觉不错时

　　婴儿保持着恒定的节奏，不断靠近养育者寻求亲密与联系。他们用很多行为发出需要的信号，比如哭、吵闹、伸出手、靠近、凝视和喃喃低语。所有这些都向养育者发出信号，婴儿需要养育者靠他们更近一些。然而，如果联结的代价是丧失自主性，婴儿的发展将非常艰难。

- 当我爱上你的面孔时，因我而喜悦。婴儿喜欢观察养育者的脸，开心时在与养育者的关系中体验到安全港湾。这就是爱恋的一部分。在表现出快乐、好奇、欢喜时，婴儿从凝视家长的脸庞和眼睛开始了解到，这些积极情绪可以和亲密他人分享，并且会因这种分享而持久地保留。与家长一起为彼此感到喜悦就是成人与伴侣发展亲密关系的能力的核心过程。
- 用你的声音、表情和抚摸匹配我的情绪，让我知道你理解我。Daniel Stern（1995）把特定情绪体验的强度、时长、节奏、轮廓以及质量命名为"情绪形状"。看到并感受到养育者在所有维度上分享其情绪，能提高并拓宽婴儿与养育者以及自己内在积极状态的联结。欢乐、开心、喜悦以及其他积极情绪，如果不能被分享，就失去了让生活有价值的力量。

孩子何时需要自主性中的关联性：感到沮丧时

- 安慰我。孩子把养育者当作安慰的能力得以提高，是因为养育者表现出与婴儿相似的情绪形状并同时呈现出情绪稳定性。养育者通过将自己的面孔、发声的韵律、声音与身体的节奏，以及触摸的质量，和孩子的情绪匹配，向婴儿呈现出相似的情绪形状。但是，可能很难在试图传递共情性联结时不做得过火。养育者需要找到办法与婴儿的感受"在一起"，同时要表达清楚痛苦是婴儿自己的，养育者只是在和婴儿的体验产生共鸣。父母在分享体验的时候，必须保持"更高大、更强壮、更智慧，而且和善"，这就要求家长能够调节任何因为孩子的感受而引起的自己内心的痛苦。
- 通过接纳、分享并命名的方式整理我的感受。当养育者接受、分享并给这些感受命名的时候，情绪的组织和共同调节才成为可能。对养育者来说，第一步就是接纳婴儿的感受。父母不必喜欢，但很重要的是要接纳。并不是婴儿的每一种情绪都需要被完美地共同调节，但孩子需要知道养育者通常是能够接纳并分享婴儿的感受的。一旦感受被接纳和分享，给这些感受命名能帮助婴儿学会用语言来组织自己身上正发生着什么（见专栏3.6）。

专栏3.6　表达情绪的词汇

当被问到他们感觉怎么样时，很多成人都难以回答。在没有语言组织情绪体验的情况下，发现并传达清晰的观点是非常困难的。用准确的语言描述情绪有助于儿童与成人发展更强的自我调节能力。

当圆环上的需要没有被满足

目标不是成为完美的家长或其他主要养育者，我们再怎么强调这一点都不为过。目标是成为"足够好"的家长——经常能足够满足孩子或婴儿的需要，使得孩子可以自由地表达这些需要，因为这些需要可能会被满足，因为这些需要都会被看作是正常的、可接受的。我们将在下一章中讲到，破裂与修复——在某个特定时刻，家长没有满足孩子的需要，也许甚至根本就不允许孩子表达需要，接下来承认了自己的失误——同家长表现出来的可靠性模式一样重要。当孩子渐渐明白即使家长不完美，但"好"的家长会回来修复，这样的孩子不仅会建立安全依恋，也会建立起强大的自我接纳及对他人的接纳。

安全依恋的关键正是这个模式。正如第四章中所阐释的，当儿童一而再地发现，自己的某些需要既不会被满足，也不会被容忍，便无法顺利地绕着圆环前行，因为他们的圆环是不完整的，这就会导致不安全型或混乱型依恋。

第四章

受限的圆环

不安全感及适应的力量

> 每时每刻，成年人看上去最有能力的表象背后，他的整个童年世界都被小心翼翼地把持着，就像端着一杯快要溢出的水。
>
> ——Ted Huges (1986, In Reid, 2008)

14个月的科林弯着一条腿坐在铺着地毯的地上，一只手抓着活动中心的玩具，轻声哭着。他盯着紧闭的门，暂时提高了自己的音量，似乎试图吸引不在这里的妈妈的注意。不一会儿，走廊里传来了妈妈说"你好"的声音，接着妈妈打开了门。萨拉一边走进房间，一边说着"嗨……嗨……"科林看着妈妈，哭声很快变小，最后就只有微微气喘的抗议声，也不再流眼泪。萨拉经过科林走到躺椅处时，科林很快就转开了头，开始用手指在活动中心摸来摸去，萨拉坐到躺椅上，立刻将注意力转移到玩具上。

科林抬起头来看了妈妈两秒钟就立刻转头看向了玩具。这两个人完全没有眼神接触，他们都看着玩具。萨拉的声音变得活泼起来，她坐下来和科林一起玩玩具，说着"哇……哇……这个玩具太有意思了，不是吗？"科林喃喃了一声，像是表示同意，但还是没有看妈妈。

这个画面有什么问题吗？看上去没有什么不对的地方：妈妈回来了，孩子看上去平静了下来，现在两个人安静地靠在一起玩。而陌生情境实验（SSP）揭开的真相展示了截然不同的画面。上述视频片段是在SSP过程中录制的，目的在于评估萨拉和蹒跚学步的儿子之间的依恋纽带。SSP被设计为研究工具，事实证明其有效地帮助了发展心理学家理解大量亲子依恋模式并预测结果。COS干预运用这个评估帮助我们观察特定孩子和养育者之间的力量和挣扎，其目的是让我们设计出有针对性的干预治疗计划，从而帮助双方提高安全感。

如果萨拉和科林之间是安全依恋，当两人团聚时，我们期待看到科林展示出对妈妈的积极期待：孩子可能会一直哭着要妈妈回来，然后会到妈妈身边去，要妈妈把自己抱起来。（虽然这是12—18个月的安全型依恋婴儿对分离的典型回应，但其他的反应，包括少量的痛苦信号，也是可能存在的。）

他可能会看着妈妈的脸，来确定妈妈理解他由于妈妈的离开而感受到的痛苦，确定妈妈能够帮助自己组织情绪上的痛苦，直到这种痛苦消失为止。当他平静下来之后，他可能会微笑，见到妈妈似乎让他很开心，然后他会依偎在妈妈身旁，与妈妈保持短时间的亲密接触，直到他感到舒服而且安全。接下来他可能会表现出对刚才玩的玩具的兴趣，或是其他散落在地毯上的玩具，抑或是旁边堆放在网格箱里的玩具。他可能会指着一个玩具，看一看，然后再一次转向妈妈，等着妈妈发出信号：妈妈也觉得这个玩具很有趣，去探索这个玩具的各种玩法是安全的，而且妈妈愿意允许他离开妈妈腿上这个庇护所去探索。当他开始玩玩具的时候，他可能会时不时看向妈妈，确认萨拉是不是在看着他。他可能会微笑，或者喃喃低语，或是用整个身体表达只有最小的孩子才能表现出来的全身扭动的喜悦。

关于萨拉的部分，她会调整自己去适应科林每时每刻的需要和想法。一回到房间与儿子团聚，她就会看着儿子的眼睛，观察他有多难过。她会在孩子伸出手时将他抱起来，只要科林仍然黏着她或表现出低落，她都会一直抱着科林。当科林看起来平静稳定下来，并表现出好动、想四处转的迹象时，她会渐渐松开怀抱。总而言之，萨拉会表现出愿意尽可能地跟随科林的引导，让宝宝自己决定什么时候去探索，但当小男孩明显因分离而难过时，她会主动掌控局面去安慰孩子。

这不是在视频片段里能看到的画面。当然，上述描述是一幅用粗略笔触勾画的过度概括的画面，该画面没有公平处理真实生活中那些无法预设的混乱瞬间。养育者与安全型依恋的孩子之间的许许多多互动也远非如此美好。家长会分心或感到疲惫，无法从他们作为成年人的其他忧虑中走出来，像编程控制的保姆那样准确地满足孩子的需要。孩子饿了、冷了或者累了，而且哪怕妈妈就在身边拿着吃的、被子，或者唱着摇篮曲，孩子还是会烦躁吵闹，开始对最可能回应自己需要的那个人表达愤怒。妈妈把自己 2 岁的宝宝抱起来并紧紧抱在胸前时，可能会深深叹一口气。这个 2 岁的孩子可能已经一而再、再而三地试图让妈妈看自己搭建的积木塔——而她不断尝试，是因为她相信自己的努力会有回报。另外，大量的干扰事件、外界环境及性格特点等一系列因素，可能会使安全依恋第一眼看上去像是不安全型，反之亦然。最终真正重要的是，即使一路困难重重，孩子仍将家长当作安全基地和安全港湾，Susan Woodhouse 称之为"最终将工作完成"（私人交流，2009）。

孩子和养育者之间安全团聚的典型特点是联结中的镇定自如。

期待养育者和孩子之间能够有完美的互动，或者粗略看一眼就试图对依恋关系进行评估，这两者的危险性再怎么强调也不为过。这就是为什么研究人员在接受陌生情境实验操作时要观看数百个小时的案例，要学习如何进行精细的观察，就像微生物学家使用显微镜那样。因为进行陌生情境实验时，每对亲子研究人员都只有一次录制机会，所以精心进行的评估是非常关键的。在我们和养育者及孩子的工作中，我们用改版的陌生情境实验观察亲子互动，用安全感圆环访谈（COSI）理解家长的知觉，用我们和家长在团体会谈中的互动对其力量和挣扎进行评估，并且找到能够帮助养育者的最好方法，让他们成为圆环上有效的手。

就萨拉和科林的视频片段或任一养育者与孩子之间的视频片段而言，要得到任何准确的结论，我们可能都需要上述所有不同类型的信息，理解了这一点，那么，尽管表面上看起来一切都好，我们还是说这个男孩属于不安全型依恋。在陌生情境实验中（更多实验细节可见本书第二部分），孩子被留在房间里，里面有玩具和一个陌生人，陌生人安静地坐在一旁，在养育者离开房间后，陌生人会根据实验人员的指示跟孩子进行互动。虽然养育者只离开了很短的时间，但孩子像科林那样表现出分离的痛苦是完全正常的。

在研究方案中，评估亲子之间依恋联结的主要依据是养育者和孩子团聚时所发生的事情。如前所述，我们预期，安全型依恋的孩子看到养育者回来一般会感到放心、高兴，并且会表现出他期望自己被安慰，以解除痛苦。妈妈重新进入房间的时候，科林确实停止了哭泣；事实上，他表现出了惊人的自控力，几乎立刻就停止了哭泣。然而，他并没有爬向妈妈，也没有张开双臂让妈妈拥抱自己，他表现得似乎想继续回去玩玩具。

我们从研究中了解到，其实科林仍然很难过，因为虽然安全型依恋的孩子能够在团聚时被安抚，但在养育者回来后 1 分钟内，他们的心率依然较高（Sroufe & Waters，1977）。此外，下丘脑-垂体-肾上腺（HPA）系统会对可怕刺激带来的生理反应进行调节，婴幼儿有赖于此。这个 HPA 轴调节体内压力激素皮质醇的水平。越来越多的证据表明，儿童对压力反应的调节与儿童将养育者作为资源的能力直接相关（Lyons-Ruth，2007）。然而科林表现出了老兵般的坚忍，继续玩玩具，好像只在乎手头上的事。如果我们能看到科林的内心，我们也许会看到，不管是有意识还是无意识地，他正在努力不表现出对母亲的强烈需要，因为他感觉这样做会让萨拉感到不舒服，从而会把她赶跑。科林隐藏起自己对安慰的需要，试图紧靠一个具有保护性的成年人，使自己能够生存下来，避免感到被抛弃和不受保护（Main，1981）。

被抛弃的感觉即完全孤独的感觉，是温尼科特称之为"原始的痛苦（primitive agonies）"的内在焦虑之一。温尼科特将原始痛苦分类为"丧失存在感"，"失去定向感"，"与身体脱节"，"因没有任何交流而感觉到完全的隔绝"，"变成碎片"及"持续坠落"（1974）。与我们对他人形成依恋的原始需要相反，这种与抛弃相关的恐惧是一种特殊形式的痛苦，孩子正在发展中的心理对这种痛苦片刻都无法承受。"不在一起"的体验以及与其归属感来源切断联系的体验，会在孩子的关系需要未被满足时出现。

抛弃就是抛弃，唯此而已。

原始痛苦似乎对我们每个人来说都是特定的。"持续坠落"，"丧失存在感"，"完全的隔绝"，"变成碎片"等，这些主题是噩梦、童谣、恐惧和童话里的东西，可能与所有儿童（和成年人）有关。虽然对家长和孩子来说，依恋目标是建立内在信任和联结，但真相是婴幼儿将不可避免地体验到痛苦，而这些痛苦与家长对孩子高度敏感的特定需要缺乏适应相关。所有的家长都会失败。养育者是否会失败，永远都不是问题所在。更成为问题的是，那些实际上被孩子感知到的抛弃是以怎样的频率和强度而发生的。

安全依恋的真相是家长充当起圆环上的手，
足够经常地表现为更高大、更强壮、更智慧而且和善

这就是为什么即便形成安全依恋的亲子互动也不总是看起来很美好——甚至不总是看起来是安全的。对于孩子来说，需要养育者却体验到"不在一起"太痛苦了，所以他们很容易发展防御策略来保护自己。当个体的环境中被抛弃的威胁哪怕只是稍稍有所增加，孩子可能就会很好地做出反应，使关系看起来不安全。这也就是为什么评估个体依恋联结的人需要非常谨慎,不要根据些许显眼的证据笼统概括。

根据COS模型,依恋的本能不只是简单的对于亲密的渴望。如果是的话,令人失望的联结就仅仅是:令人失望但易于管理。但是当"在一起"被认定为关系中基础的必要元素时,实际上也的确如此,很明显,"不在一起"会导致痛苦失调的情感状态,从而威胁到我们对于生存的体验,而"在一起"恰恰就是关系中基础的必要元素。我们相信,这就是为什么不安全依恋关系可以导致系统机能障碍,使人终生对关系不满,使人挣扎于亲密关系与自我激活中,甚至极端情况下会导致人格障碍。这就是为什么我们认为帮助家长持续不断地认识到并修复圆环的断裂如此重要,而圆环上这些难以幸免的断裂是童年的一部分。

受限的圆环

当养育者能提供起码充足的支持,并足够经常地恰当回应COS列出的需要时,孩子会发展出安全依恋(Cassidy et al., 2011)。人们还在研究,究竟多少支持算充足,多么经常算足够,但根据陌生情境的研究数据,我们知道的是只有50%～60%的孩子形成了安全依恋(Cassidy, 2008)。

家长总是不回应圆环上(顶部、底部或手部)的特定需要时,就会形成一种模式,当这种模式出现时,圆环可以说是受限的,就像剪掉了一段弧,留下了一个缺口,导致了不安全的依恋模式。(然而,很重要的一点需要注意,在正常的一天当中,这种零星的小破裂会一遍遍出现:家长因为受挫而训斥了有些难缠的孩子,或是家长因为疲惫而忽视了提出各种要求的孩子。如果这些破裂没有形成模式,而且大部分都被恰当修复了,那么反而会使一段关系更牢固,就像第三章中提到的那样。)然而,发展不安全型依恋的核心,就是孩子了解养育者不会在情感上陪伴回应他,不能满足圆环上的特定需要。这也许就是指养育者没有帮助孩子调节不同需要引发的各种情绪,反而从根本上告诉孩子"不要有这种感觉。不要有这种需要。"对婴儿来说，如果在有些情绪状态中他们必定和养育者"不在一起"，他们便会越来越多地将这些情绪状态体验为痛苦，并且会防御这些情绪状态。

正如圆环图示中显示的那样（见第一章图 1.1），儿童在圆环底部和顶部中的需要都必须被满足——不论是孩子需要安抚的时候，还是孩子需要支持探索的时候。实际上，因为孩子会从需要安全港湾到需要支持探索的安全基地之间不断地发生变化，所以 COS 图示是一个循环的圆。家长自己的心理状态很大程度上都是小时候和养育者之间教养经历和依恋经历的产物，因此有些家长在满足这些需要上有很多困难，通常满足圆环一部分的需要比满足另一部分的需要更困难。

用圆环语言来讲，难过时不选择养育者作为安全港湾的孩子在圆环底部有困难。正如专栏 4.1 中提到的，依恋理论学家把这种情况称为"回避型依恋"。你可以这样想，孩子避免激活家长的养育系统，因为他们知道这样做会让家长不舒服。有些孩子很难与养育者分离去探索，这样的孩子在圆环顶部有困难。这被叫作"矛盾型依恋"。你可以这样想，孩子对于激活自己的探索系统感到很矛盾，因为那会让他们的养育者感到不适。

专栏 4.1　孩子回应家长的需要

当孩子请求家长帮助满足圆环上的需要，却不断地遭遇到家长的痛苦和消极回应时，孩子就不会再尝试让养育者直接来满足这些需要，而是会学着将家长的情绪稳定放在第一位。我们将这种转变称为"回应家长的需要"，因为婴幼儿正在被迫使着去照顾家长。比如，养育者对于分离感到不适，就会用消极情绪来回应孩子想要去探索的欲望，养育者发出的讯息就是孩子不应该有这些跟好奇、掌控或者自主性有关的感受，这种时候孩子就会学着抑制其探索的欲望，反而过度关注对与养育者之间亲密关系的需要，以此作为保持重要联结的方式。随着时间的推移，这种模式会与不安全依恋中的"矛盾型依恋"联系起来。同样地，对作为安全港湾提供安慰感到不适的养育者，表示孩子不应该有与需要安全和亲近有关的感受，会阻止孩子寻求关爱的行为，导致被称之为"回避型依恋"的建立。这两种依恋都是不安全的，在两种情况下孩子会限制自己体验亲近或分离的机会，也会有一种扭曲的感觉，以为情绪调节是为了保护家长。

显然，这些依恋模式会给孩子带来困难，但当一个养育者有意识或无意识地放弃自己更高大、更强壮、更智慧而且和善的家长角色时，孩子会处在无比害怕的状况中。家长放弃其角色的方式有很多，他们可能变得像孩子一般（也就变成了孩子的同龄人），可能要求孩子表现得像不需要家长的成年人一样（也就是让孩子变成家长的同龄人），或者可能将成年人的角色移交给孩子并要求孩子照顾自己。在所有这些情境中，主要养育者不再是一个发挥保护作用的成年人，这导致孩子变得无比脆弱，担心无人可以求助。角色扭曲和角色倒置都会导致最严重的依恋模式："混乱型依恋"。这三种类型的不安全依恋随后都会在本章中展开讨论。

回避型依恋关系

当我们和家长以及其他主要养育者讨论不安全依恋时，我们会给他们看几个图示，我们将这些图示称为受限的安全感圆环（或受限的圆环，见图 4.1 和图 4.2）。

根据 Mary Ainsworth 最初的计划，科林会被描述为与妈妈建立了回避型依恋。注意，根据科林在陌生情境中的表现，我们没有说科林是回避型儿童。将儿童描述为回避型并不准确，因为回避并不存在于家长身上或儿童身上，而是存在于关系中。回避和害羞或者拘谨的气质不一样，这些气质会出现在孩子身上，而害羞或拘谨的孩子可能会与主要养育者建立起安全依恋。另外，孩子可能和一个养育者建立起回避的关系，和另外一个养育者建立起安全型或者矛盾型关系。

依恋关系分类描述的是关系而非个体。

在 SSP 的团聚中，孩子的依恋被激活，但回避型亲子关系中的家长和孩子会表现得像什么事情都没发生一样。对孩子来说，这种假性信号在两个重要方面起到了自我保护作用："隐瞒消极情感，能同时保护婴儿免受抛弃与令人痛苦的恐惧，被抛弃的感觉通常是由她寻求联结的努力而导致的，而令人痛苦的恐惧往往源于赖以生存的依恋对象对自己的疏离"（Cassidy，1994）。这样的孩子走过去，递给家长一个玩具，他们所有的互动都是关于玩具的，就像萨拉和科林之间的互动那样。大多数回避型亲子会将所有的事情变成任务而非情感交流。如果玩具不是关注的焦点，我们可能会看到，妈妈忽视孩子，或者从事着一些养育"事业"，比如清理宝贝裤子上的绒毛，而没有进行眼神接触，没有爱抚，没有投入。

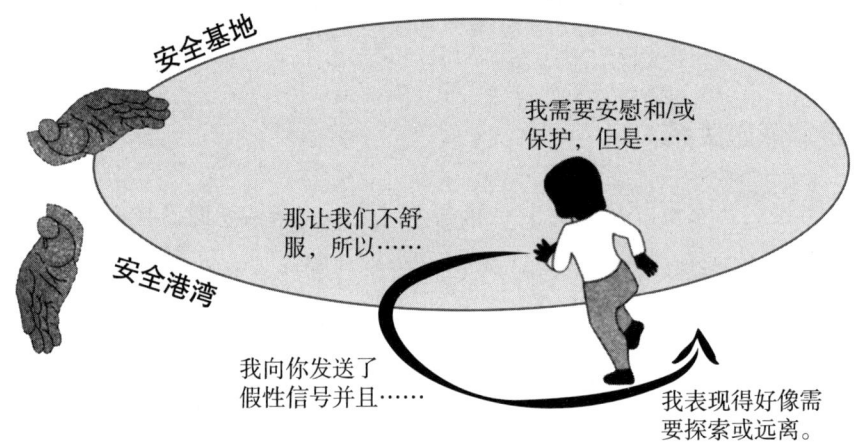

图 4.1　受限的圆环底部：儿童发送假性信号——回应养育者的需要

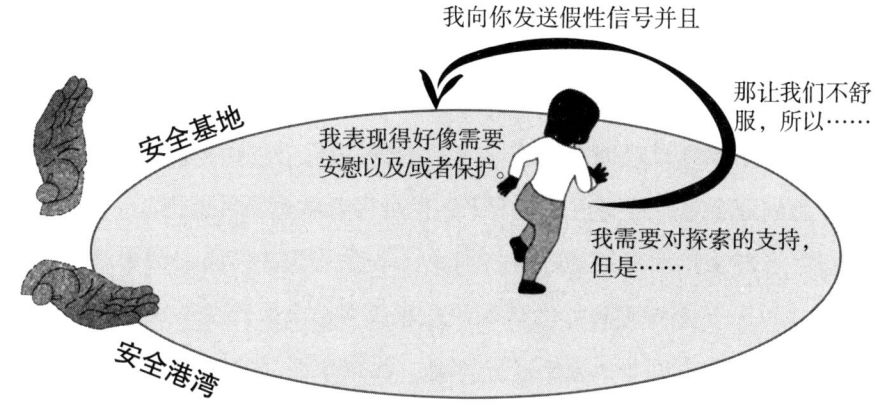

图 4.2 受限的圆环顶部：儿童发送假性信号——回应养育者的需要

在之前描述的视频片段中，发生在萨拉和科林之间仅仅 1 分钟时间内，我们就能看到以上所有行为。妈妈在房间外时，科林在哭泣，但在萨拉回来后 4 秒之内，科林就停止了流泪。（很多回避型依恋的孩子，甚至一些安全型依恋的孩子，当家长不在的时候，可能根本看不出明显的痛苦。）他立刻回到了玩具旁边，把陌生情境中大部分时间都用来在活动中心瞎玩，虽然大部分观察者都明显发现他的玩耍中并不存在愉悦或真正的乐趣。假设科林的行为和实验证据相关，虽然在与妈妈团聚的整个过程中，他没有表现出明显的痛苦迹象，但他的心率却加快了（Sroufe & Waters，1977）。

如果他们的关系一直保持回避型，科林可能长大之后会过度依赖自己而忽略关系，试图变得完全自足，然而这是不可能实现的。但是，他可能会失去真正的自主。婴儿期的回避型依恋通常与外化的问题（比如攻击和敌意）、品性障碍以及病理相关（Sroufe 等，2005）。这不是说大部分回避型关系的儿童都患有这些障碍，而是说有回避型依恋历史的孩子更可能有这些问题。有回避型依恋模式的成年人（指和依恋有关的忽视型的心理状态）倾向于隐藏自己的情感，否认痛苦的情绪，以及忽略痛苦的记忆或事件（Mikulincer & Florian，1998）。

矛盾型依恋关系

当我们向家长或者其他养育者描述矛盾型依恋关系时，我们会用图4.2来解释，孩子感到难过时会寻求与养育者的亲近，却无法平静下来。孩子经常会在感到舒服之前就要求被放下来，但是接着就想要再被抱起来。

在陌生情境实验的一段视频中，当贾马从房间出去的时候，18个月的儿子德韦恩面对门站着，哭着让爸爸回来。贾马回来的时候抱起德韦恩，抱着他走到椅子那边，把他举到了自己的肩膀上。德韦恩没有伸出手拥抱爸爸。贾马把儿子放在椅子里摇着，略带防御性地说："我得跟别人聊一下。"德韦恩还是在哭，于是贾马就用更加同情的语气重复了一遍刚才的话，并且一边摇晃着德韦恩一边开始说"没关系，没关系"。贾马弯下腰来，像是已经准备要把儿子放在地上了，但是德韦恩抬起手臂再一次环住了他的脖子。30秒之后德韦恩还在哭，贾马仍然抱着他，拍他的后背。

一直默默坐在房间另外一边沙发上的陌生人默默地起来离开了。德韦恩看上去对这个变化很感兴趣，目光一直跟着陌生人，他已经停止了哭泣。当门在陌生人后面关上时，德韦恩转过身来，对着贾马又哭了起来。贾马说道："怎么了？怎么了？"然后拿起手偶塞到德韦恩面前，用粗哑的声音模拟手偶说道："你为什么哭呢？"

德韦恩伸出手指着沙发。他还在哭，但是听起来开始有一些不自然了。贾马说着"哦，好的，去玩吧，去玩吧"，就把儿子放了下来。德韦恩走到沙发旁边，背对着爸爸，捡起来一个玩具锤。贾马轻轻笑了，听上去有一点不舒服，他说："没关系。"德韦恩立刻放下玩具，转过身哭了起来，然后回来用胳膊抱着爸爸的膝盖。贾马再一次把他抱起来，摇晃着，拍着儿子的背，一遍又一遍地说着"没关系"。

德韦恩一直待在爸爸的腿上，直到终于平静下来。贾马把他放了下来，小家伙开始玩起了散在地上的玩具。贾马默默地看着儿子大概 15 秒钟，然后贾马也坐到了地上，拿起来一个奶嘴，问德韦恩想不想要，而德韦恩一直没有看他。德韦恩规规矩矩地放下玩具，摇摇晃晃地走到爸爸身边，拿过奶嘴放进了嘴巴里。

德韦恩与父亲的依恋关系被评定为矛盾型。"矛盾型依恋"这个术语指的是如下这种模式：孩子在还明显难过且心率仍然较快时就要求养育者把自己放下来（Sroufe & Waters，1977），然后接着要求养育者再把自己抱起来。德韦恩体验到的这种矛盾包含两部分，想要探索以及想要养育者陪伴自己，却害怕自己的探索会让养育者不再陪伴自己。尝试解决这种困境会导致孩子既黏着养育者又推开养育者。这种起起伏伏的行为在任何一个受挫或过度疲惫的孩子身上都可能看得到，但当这种行为总是延长依恋行为而破坏探索行为时，就是矛盾型依恋的标志。

你从他们的互动中可以看到，贾马看上去几乎不跟随儿子的引导，他会在不恰当的时刻用不恰当的方式来掌控局面。比如，德韦恩看着陌生人离开时停止了哭泣，这时他的爸爸把一个手偶塞到他面前，询问他："你为什么哭呢？"这不是安慰孩子的姿态。不一会儿，德韦恩下来了，开始玩玩具，在德韦恩根本没有表现出任何需要安慰或确认的信号时，贾马却对儿子说"没关系"。这似乎触动了德韦恩，他转过身来又开始哭，回到了贾马的腿上。在这一片段的最后，德韦恩再次下来开始玩，贾马又出人意料地问他，"你想不想要奶嘴？"德韦恩立刻走过去，把奶嘴拿了过来。在小组里给贾马看这个视频时，问他为什么会觉得德韦恩可能需要奶嘴，贾马的回答解释了这一潜在过程，他说："我感到孤独。"

矛盾型依恋关系似乎源于几个潜在原因。根据我们在 SSP 中所观察到的，我们会将贾马称为"我需要你需要我"的家长。在这种情况下，家长和孩子一起努力，通过激活依恋系统保持亲密。Jude Cassidy 解释道，"家长可能会在无意识层面上意识到，持续的消极情绪会使孩子一直缠着她，阻止孩子离开她去探索环境"（Cassidy，1994）。Mary Ainsworth 的最初陈述是这样的，矛盾型依恋是由于家长没有始终如一地陪伴孩子，而孩子用依恋行为让养育者陪伴自己。有些家长即便是在完全没有危险的情况下也会全神贯注于孩子的安全，因此他们会让孩子待在自己身边，在这样的亲子关系中我们也会看到矛盾型依恋。"这个世界太危险了"的观点和"我的孩子太宝贵了"的观点紧密相关，后者会导致家长"盘旋于"孩子身边。

我们也与几个这样的妈妈一起工作过，她们非常忽视孩子，但她们的孩子却形成了矛盾型依恋。随着我们对于她们的家庭以及社区的暴力现状有了更多的了解后，我们同意了这些妈妈的观点：她们的世界的确太危险了，她们需要让孩子待在自己身边。治疗的主题就是解决家长的忽视型心理状态（George 等，1984），这样他们才能结束让孩子"待在我身边但不需要我"的策略，转而开始在安全关系的背景中密切监护自己的孩子。

与回避型依恋一样，有矛盾型依恋历史的人，结果往往也会有问题。然而，回避型依恋关系与内化的问题而不是外化性问题有关，特别是焦虑障碍（Sroufe 等，2005）。成年之后，回避型依恋关系策略与更加被动、更专注于情绪的应对策略相关，包括更加情绪化及自信心受限。

圆环一半的不安全感会影响圆环的另一半

虽然回避和矛盾分别被视为主要集中在半个圆环上的挣扎，然而实际上这些养育者在圆环的顶部与底部都很挣扎。虽然贾马很明显地挣扎于让孩子离开他身边去探索，但是他同样也挣扎于底部，因为德韦恩并没有在爸爸腿上平静下来。贾马把手偶塞到儿子面前，让手偶问德韦恩为什么哭，这同样也不是一个有技巧的安慰姿态。这个孩子让自己的依恋系统保持过度激活，他寻求着应该让他平静下来的安慰，但接下来却拒绝平静，因为在前语言水平上他理解爸爸由于他足够平静能去探索而感受到的不舒服。

这个矛盾的孩子会长时间地感到难过，在想要被放下和想要被抱起来之间不断摇摆。家长可能会觉得自己非常成功地"满足了需要",却没有意识到,未能识别自己让孩子待在身边的需要,这对于真正的亲密(自主性中的关联性)和真正的探索(关联性中的自主性)具有多么强的破坏性。

处在矛盾关系中的孩子陷入了困境:他们没有培养足够的情感调节能力,因为他们一感到平静就想要去探索,但是那会发出心理预警,警告说他们的这个行为对妈妈或者爸爸来说可能是有威胁的,他们应该继续表现出需要安慰的样子。令人难过的是,他们的探索与情感调节都受到了阻碍,而这个事实意味着他们自体的发展也会受到阻碍。这会使他们终生都将习惯性地过度关注别人,除非他们的依恋策略发生改变。

同样地,回避型的孩子会使自己的依恋系统不够活跃,但这并不意味着回避型关系中的亲子在圆环顶部就没有问题。底部的不适会渗透到顶部的活动中,感觉就像是支持探索的安全基地并不真实存在,因为安慰和联结在需要的时候都是不被允许的。因此在没有安全基地的情况下,真正去探索可能不够安全。这会剥夺孩子丰富多彩的探索,而丰富多彩的探索则得益于孩子哪怕在独处时也会觉得养育者与自己"在一起"的感觉。孩子在玩耍时,家长没有充满愉悦地看顾他,孩子发出邀请时,家长也没有开心地参与进来,那么孩子的玩耍会像科林那样看起来毫无生气,或者像阿什莉那样好像被强迫着(见第一章)。这样一来,独自玩耍就变成了孤独的玩耍。

很明显,一个家长无论是挣扎于分离还是亲密都会影响到圆环两部分的养育能力。

适应:服务于依恋关系的回避策略和矛盾策略

如果必要性是创造之母,那么没有人比体验到"不在一起"的危险的孩子更善于创造了。与家长或者其他主要教养者的分离,感觉就像是剥夺了孩子关联性的某种形式的自由落体,而关联性能为发展中的自体提供结构。分离破坏了抱持性环境,抱持性环境能够使婴儿的情感体验不那么具有压倒性。

分离会威胁到孩子，让孩子感觉像是被遗弃、被隔绝，仿佛保障自己在残酷世界中被理解、被接纳、被重视的安全网被卷走了。分离的实际情况就是孩子被拽出了成年人保护他的臂弯，这个成年人能够使捕食者陷入困境，并且在孩子有能力照顾自己之前确保他能够生存下来，除此之外，上述一切都是附加后果。

难怪科林学会了不在妈妈面前哭着要安慰，难怪德韦恩学会了每当爸爸呼唤他时就会终止玩耍和冒险。这两个孩子都学会了识别养育者的不适，这种不适可能通过一闪而现的紧张、愤怒、悲伤等呈现出来，只会持续很微小的瞬间，但是却能给孩子发出信号，表示养育者已经无法再待在孩子身边了。两个孩子接下来就给家长发出了信号，据 Jude Cassidy 所说，告诉家长他们会"合作帮助家长以维持家长与依恋相关的心理状态"。在回避型依恋中（正如科林和萨拉间的关系那样），那些信号表明，"将消极情绪最小化（发出信号），从而让婴儿不再寻求关爱，关爱会妨碍家长忽略依恋"，然而"矛盾型婴儿的消极情绪化增强，向家长发出信号，告诉家长孩子需要她，从而有助于维持重视依恋的心理状态"（Cassidy，1994）。

萨拉在圆环底部感到不适。团聚时她没有向儿子伸手提供任何肢体上的安慰。她没有看着儿子的眼睛，观察宝贝因为分离有多痛苦。即使在14个月这样脆弱的时候，科林都学会了感知并阻止妈妈的不适，他改变自己的行为，以此使妈妈保持相对自在开心的状态，从而才更有可能满足他的需要。

贾马在圆环顶部感到不适。当儿子已经走出去玩耍的时候，他向儿子发送信号，表示爸爸需要儿子感到难过，他说着"没关系"，向儿子发出他应该回来被安慰的信号。当儿子积极主动地专心玩玩具时，贾马打断了他，给他拿了一个奶嘴，哪怕儿子没有表现出丝毫烦躁，也没有表现出需要父亲提供圆环底部的任何东西。德韦恩已经了解到他离开父亲会让父亲感到焦虑，所以他体贴地不停回来让爸爸把杯子装满。爸爸没有帮德韦恩调节情绪，反而是德韦恩在帮爸爸调节情绪。

科林知道，如果他继续在妈妈面前哭，情况会更糟糕，所以他假装开始探索。德韦恩知道，如果他继续自己玩，爸爸会觉得失落，所以他假装自己需要用胳膊搂住爸爸。为生存和成长努力的幼儿是这个星球上最具创造力的适应性生物。

为什么这么小的儿童会如此致力于和养育者保持肢体与情感联结？他们所承载的焦虑似乎在强迫他们放弃养育者无法回应的那部分圆环上的真正需要，是什么样的焦虑呢？为何"在一起"——即使打了折扣——比"不在一起"的体验更让人喜爱？这个问题的答案部分地蕴藏于一个被叫作"分裂"的概念之中。

好面孔，坏面孔

当前的婴儿研究专注于宝宝们如何在生命第一年建立"期待模式"（Beebe，Knoblauch，Rustin，& Sorter，2005）。回顾家长-婴儿互动的研究人员能够察觉到，婴儿每时每刻都在注意养育者，追踪着养育者提供的微小细节，比如说话的语气和感染力，对话的节奏，眼神交流的质量（接纳的凝视或厌恶的凝视），面部表情，对抚触的开放度，对痛苦的接纳度等。因此，研究人员在学习对能够支持他们获得更多预见性的特定模式进行预估。Beatrice Beebe 和同事的工作成果得出，通过研究婴儿 4 个月时亲子间可观察的协调模式，有可能预测 1 岁时的婴儿依恋。

通过重复的互动，儿童会形成相互分离的两个养育者表征。一个是好的养育者（温柔、充满关爱的养育者，饿的时候给你喂饭，冷的时候给你穿衣，基本上能敏锐地满足你的需要），另一个是坏的养育者（严厉或者不耐心的养育者，试图在冷的时候给你喂饭，或者饿的时候给你穿衣，基本上无法适应你的需要）。婴儿不知道这两个表征属于同一个人。婴儿不知道这个"坏"家长一晚上醒了六次，还得早起去上班。当我们疲惫、受挫、焦急时，我们的表现自然而然会不同于一整天都休息并陪着宝宝的时候。

为了让这个好的养育者形象不被坏的养育者形象污染，婴儿通过一个叫作"分裂"的概念将养育者看作两个人。当好的养育者出现时，坏的那个就不存在了，反之亦然。所有发展中婴儿的主要目标都是让好的养育者出现，这样坏的养育者就不在了。在回避型或矛盾型依恋的儿童身上看到的依恋策略，其目的都是为了让好的养育者尽可能多地待在身边。

在健康的发展中，孩子首先把对养育者的体验组织为好和坏两种表征。随着时间的推移，他们开始发现好养育者和坏养育者是一个人，这个人时好时坏。如果一切发展顺利，最后孩子会认识到养育者并不是全好或者全坏的，而是介于两者之间。

这个发展认知"或许可以类比成电影 B 和电影 A 之间的区别；在前者中，所有的角色都很明确，要么是好人要么是恶魔，是单维的；而电影 A 中的角色更加复杂，他们有深度，他们因内心的矛盾而痛苦，性格有好的方面也有坏的方面"（Lichtenberg，Slap，1973）。我们都会在一生中继续使用分裂（例如，在体育运动中，政治中，战争中，或者在不同信仰或种族间关系紧张时，人们经常会巧妙或不巧妙地将其他人归为好人或坏人，这都取决于他们站在哪一边）。同样，这些策略早期被用于应对好/坏的养育者，可能会成为我们程序性关系记忆中的一部分，继而影响我们现在的生活。

重要的是，我们要注意，当坏家长的表征出现时，孩子相信这是因为他们自己很坏。这让他们怀抱着希望，即还有一个好家长在外面，如果他们恰好做了正确的事就能把好家长找回来。如果他们相信自己是好的，就只好得出家长很坏的结论，那所有的希望就都消失了。Ronald Fairbairn 将这称为"道德防御"，并指出：

> 作为罪人，生活在上帝统治的世界里比生活在魔鬼统治的世界中好。生活在上帝统治的世界里的罪人可能很坏，但周围世界是好的，这个事实总会带来一种确定的安全感——有上帝在天上保佑着——这世上一切都很好！而且任何情况下总有得到救赎的希望。在魔鬼统治的世界中，个体也许能逃避成为罪人的坏处，但是，他坏是因为周围的世界是坏的。而且他会没有任何安全感，没有任何得到救赎的希望。唯一的前途便是死亡及毁灭。（1952）

我们认为提及道德会让人困惑，所以更倾向于称之为"普遍防御"，而且从治疗角度来看，这种防御似乎被普遍用于应对由信任的养育者带来的痛苦体验。

假性信号：关照养育者的需要

儿童直接或间接告知养育者自己的需要，我们称为"信号（cue）"。儿童向养育者隐藏自己的需要，我们称为"假性信号（miscue）"。当我们知道科林已经感到痛苦，正需要安慰的时候，科林表现出了对活动中心的兴趣，他正在给妈妈发送假性信号，他希望自己回应萨拉的需要就能让萨拉待在自己身边。如果萨拉重新进入房间时，科林继续哭并且走向妈妈，他就是在向妈妈"发送信号"，让妈妈了解自己真正的需要。有时安全依恋的儿童也会使用"间接信号"，比如露出生气的表情，看起来很难过，或者交叉双臂撅起嘴——他们确实想要安慰，但现在他们正因为分离而感到愤怒。如果为他们提供了他们想要的安慰，他们会平静下来，接受养育者的拥抱。我们成年人同样都会使用假性信号。譬如在路上跟别人打招呼，被问到过得怎么样时，哪怕这一天过得很糟，我们可能还是会微笑着说："不错啊，你呢？"

虽然上文中我们提到过，德韦恩和科林假装需要他们认为其养育者觉得能容忍的东西，但重要的是要理解他们并非有意识地决定发送假性信号。意识到养育者对圆环半部分感到不适，无意中发现了让养育者待在自己身边的策略，这些都是他们程序性记忆的一部分，或是内隐关系认知的一部分（见第三章）。婴儿的这些知觉和行为都是在语前期形成的，随着儿童慢慢长大会渗透到意识表面之下。第五章会做出解释，实际上这种对于需要的程序化掩饰会持续到成年期，并且会转移到关系行为之中，导致在和伴侣及子女相处中表现出忽视或者黏人的模式——成年人对此没有任何有意识的觉察。（这就是为什么 COS 方案能有如此强大的变革性：它使家长有机会用自己的眼睛看见驱使自己形成养育模式的内部工作模型。）随着时间推移，对分离或者亲密的不适可以被内化，形成支持探索的安全基地或提供安慰的安全港湾并非真正存在的感觉，因为联结和支持在需要的时候是不被允许的，进而以这样的方式将上述不适传递给下一代。这些成年人可能会说他们本来就是这样的人，而实际上他们是经由学习才成为了这样的人。有的婴儿气质更加外向，有的更加拘谨，但气质类型并不能预测依恋类型。我们天生就在寻找一张面孔，对我们来说这张面孔比任何面孔都重要，而转过脸不再面对这张面孔是一种习得的行为。

每个人都有抵抗伤害和孤独的防御，假性信号是这些防御的外在表现。不安全依恋的儿童承担着非常艰巨的工作，既要密切关注自己的需要，还要密切关注家长的需要。想象一下，要应对下面这种痛苦有多么艰难：仅仅12个月大的你只好否认自己需要在妈妈怀中得到安慰，因为如果你寻求安慰，你将有可能体验到被抛弃和"不在一起"。想象一下，否认自己对探索以及跟随自己好奇心的合理需要多么令人受挫。

安全型依恋并不能彻底保护我们免受伤害和孤独，从而让我们可以放下所有的防御，将它们永远地丢弃。记住，当我们受到威胁或攻击时，防御就是力量。安全感可以为我们提供一种安全的感觉，让我们对目前的情况做出反应，从而更准确地知道何时使用防御。如果是在比武，盔甲是有益的，但如果你想在赛后去游泳，盔甲就成了严重的不利条件。

不幸的是，假性信号的本质使它们难以被识别，因为这些假性信号的目的就是呈现我们想看到而掩饰我们不想看到的。家长需要很大的支持和勇气来破译自己及孩子的假性信号，来拥抱那些他们试图保护自己去回避的需要。

混乱型依恋关系：任意牌

13个月大的尼琪又一次哭着找妈妈。妈妈亚历克西丝就在门口。这是SSP的第二次分离团聚，妈妈不在身边，尼琪看起来像失去了亲人一样。分离之后仅仅过了70秒，她的痛苦显然已经太严重，因此亚历克西丝被要求早早回到孩子身边。像标准方案中要求的那样，亚历克西丝轻轻敲门，呼唤着女儿的名字。尼琪听到有人叫她的名字，仍然心烦意乱，她站起来后立刻开始朝着妈妈将要进来的反方向奔跑。现在尼琪离门有 20 步的距离，她停顿了 4 秒，僵在原地。尼琪试图决定她的下一步行动，她转过身来面对亚历克西丝，然后转开，然后再转向亚历克西丝，接着再一次转开。她又停顿了下来。现在是团聚的 30 秒之后，尼琪把手伸到嘴边，开始慢慢朝等在那里的妈妈移动。

直到孩子 12 个月大之前，依恋联结都不能被准确地分类。尼琪的年龄已经足够大了，可以被看作是呈现了第三种依恋联结，即"混乱型依恋"。研究人员积累了越来越多关于养育者和孩子的视频，有一小部分不能被分类为安全、回避或矛盾型。直到有足够多的这类视频被汇编起来，研究人员才检测到一种模式。其潜在的共性是，这些孩子似乎在寻找养育者的同时也害怕养育者。像尼琪一样，他们会表现出令人困惑的混乱行为，经常因为养育者不在而哭泣，却在养育者回来的时候跑开，或接着突然跑向养育者，僵住，当养育者靠近的时候，转过身用手遮住脸，倒着走向养育者。混乱型依恋好像是建立在恐惧管理基础之上的关系（Main & Hesse, 1990; Solomon & George, 1999）。然而，我们非常谨慎的是，准确识别混乱型依恋是极其困难的，当孩子被没有接受过适当训练的人贴上这些标签时会受到伤害。

正如在本章中讨论的那样，当安全依恋不存在时所使用的适应性策略，其目的都是为了管理恐惧。但在矛盾和回避的情况下，恐惧是可以解决的：安全型的婴儿在害怕的时候当然会靠近养育者，那就是他们的解决方案。回避型婴儿会防御性地把注意力从可能在需要的时候被养育者拒绝上转移开，从而专注于探索。矛盾型的婴儿会放大其依恋行为，以保持与保护性养育者之间的联结。

相反，混乱型依恋排除了连贯的反应（Cassidy & Mohr, 2001）。儿童从使他们感到恐惧的东西那里逃跑的本能已经有四百万年的历史，而他们在感到恐惧时跑向养育者的本能也已经有四百万年的历史了。当令他们感到恐惧的是他们的养育者时，他们便被困住，陷入了既想要跑向养育者同时又想要跑开的困境。

有些混乱型依恋孩子的养育者是可怕的（充满敌意与侵入性）。另一些养育者是感到害怕的（无助与退缩）。两者中任意一种都会让孩子在有需要的时候感到被抛弃（见专栏4.2）。

混乱型圆环：
我需要你，但你太害怕了，或者太令人害怕了，
以至于我无人能求助，我不知道能做什么。

专栏 4.2　恐惧在依恋关系中的角色

- 安全型的儿童害怕危险。
- 回避型的儿童害怕亲密。
- 矛盾型的儿童害怕分离。
- 混乱型的儿童害怕养育者。

混乱型圆环（见图4.3）是用来向专业人员描绘混乱型依恋关系的，但并不是用来呈现给养育者的，因为这个圆环无法为该过程提供足够的清晰度以抵消可能引发防御反应的风险。注意，手从圆环上被撤走了，也没有列出特定的需要。儿童只是简单地说"我需要你"。当儿童感到被抛弃时，他们最重要的需要就是联结。混乱型圆环的空洞，是为了说明混乱型依恋关系凄凉的本质。

手不在了所代表的事实是，养育者缺乏平衡更高大、更强壮、更智慧而且和善的能力。在没有和善的智慧时表达出"更高大"和"更强壮"，孩子感受到的养育者就是刻薄的。在没有"更高大"和"更强壮"的智慧时表达出"和善"，孩子感受到的养育者就是软弱的。而当更高大、更强壮、更智慧和

和善一起消失时，孩子会感受到养育者已经消失。① 刻薄、软弱和消失的表现可以有不同的形式。刻薄最明显的表现形式是吼叫或者暴力，甚至也可以表现为对婴儿的笑话、嘲弄和责骂。软弱可能出现在一个无法设定限制或掌控局面的养育者身上，在不恰当的时候征求孩子的允许，或者转向孩子说："我该怎么办？我不知道要做什么。"药物与酒精滥用、抑郁、焦虑、严重的精神疾病以及沉迷于新的恋人，是导致家长离开的一些例子。

> 混乱型依恋关系是一个无法解决的悖论，
> 即家长既是孩子的恐惧来源，也是孩子的安全港湾。
> 这个悖论使儿童长期感到害怕，处于失去情绪和行为控制的边缘，
> 并慢慢失去把成年人看作资源的能力。

图 4.3 受限的手：儿童对于生活在恐惧中的反应

生活在恐惧中

有混乱型依恋关系的婴幼儿既害怕走向养育者又害怕逃避养育者。就像

---

① 起初，我们使用"刻薄与软弱"来说明"手"的缺席。我们挪威的同事 Stig Torsteinson 和 Ida Brandtzag 指出，我们没有呈现家长的缺席/不在场，因此建议我们增加了"消失"（见图 4.3）。

上文中提到过的那样，当这些孩子在 SSP 中与他们的养育者团聚时，这些相互矛盾的冲动会表现为奇怪的举动，比如，倒着走向养育者，转圈，用手捂着脸，畏缩，摇摆，僵住等。在大概 3 岁时，这些孩子会变得异常地控制他们的养育者（Solomon & George，2008）。这种角色倒置有两种形式：控制惩罚或控制养育。通过使用这些"绝望的策略"（Cassidy & Mohr，2001），孩子以敌对或惩罚的方式（控制惩罚）来控制互动，或者控制关系并试图取悦、指挥、组织或者安抚家长（控制养育）。孩子们经常会在两者之间来回切换。

控制惩罚的例子

杰米马上就 3 岁了。在 SSP 的第二次团聚期间，杰米没有转向她的妈妈，开始带有攻击性地玩玩具，用一个娃娃去打另一个娃娃。妈妈看上去很不舒服，试图将杰米的注意力引向另一个玩具。杰米突然拿起一个娃娃，扔向她的妈妈。妈妈轻声说："嘿，不要这样做。我们只要好好玩一玩，回家的路上就去买你最喜欢的冰淇淋。"然后杰米告诉她的妈妈应该去玩什么玩具，妈妈听从了杰米，并用过于欢快的音调说："好吧，我会去玩娃娃屋"。杰米继续用娃娃打其他玩具。

控制养育的例子

在 SSP 的分离阶段，4 岁的达拉一直在等妈妈回来。几分钟过去了，达拉基本已经不再玩耍，找到了妈妈离开时出去的那扇门。当妈妈回来时，达拉仔细地看着妈妈几乎没有表情的脸。当她们眼神接触时，达拉快速地把注意力集中在一个娃娃身上，拿起来给妈妈。她用激动得几乎刺耳的声音说："想玩吗？"她的母亲静静地点头，表示同意。然后达拉快速向妈妈移动，使自己的状态变得活泼而有生气，仿佛是要把她从非常显而易见的抑郁中唤醒一样。达拉拿着一个医生工具包走向妈妈，大声说："靠近一点。出问题了。让我看看你的手臂。"

> **专栏 4.3　混乱型依恋关系的前兆**
>
> - 粗暴对待儿童
> - 虐待
> - 忽视
> - 家长的物质滥用
> - 家长令人恐惧的行为
> - 家长未解决的丧失或创伤

不管是什么确切的行为表现，都有助于帮助孩子管理恐惧。混乱型婴儿在团聚期间表现出的僵住和静止可以被视为解离过程的先兆（"原始解离体验"或"成为特质的状态"）。最终，解离和其他原始防御会成为孩子应对机制中指令系统的一部分，并将演变成人格的一部分。一旦这些防御成为儿童应对指令系统的一部分，那么只要轻微的情绪破坏就足以唤起已发展成熟的防御状态，就好像当你试图做自己的事情时，同学对着你做了一个鬼脸。

目前的研究集中于长期生活在情绪失调状态下，儿童是如何被大脑压力反应系统的持续激活所影响的。这种"毒性应激"反应可能会出现在儿童经历强烈的、频繁的以及/或者长期的逆境却没有成人提供足够支持的时候，比如身体或情感虐待，长期忽视，养育者的药物滥用或精神疾病，暴露于暴力中，以及/或者累积的家庭经济困难的负担。"研究表明，这种应激反应可能对大脑结构产生不利影响。在极端情况下，比如在严重长期虐待的情况下，毒性应激可能会导致发展出一个比较小的大脑。在不那么极端的状况中，毒性应激可以改变应激系统，使应激系统对事件做出反应的临界值较低，而这些事件可能对其他人而言并不会感到有压力，从而增加了罹患与压力相关的身体和精神疾病的风险"（Shonkoff 等，2005）。

要理解为什么孩子仍然会寻求危险或无效养育者的亲密，可能会很困难。但是在儿童依恋关系背景下，很明显，一个幼儿根本没有选择。在第一章中，我们引用了 Judith Viorst 描述的一个年幼的烧伤受害者的故事，他哭喊着要找妈妈，哪怕事实上他的母亲就是那个放火的人。这个故事描述了混乱型依恋关系充满矛盾的联结。正如 Judith Viorst 用令人痛苦的语言表达的那样，幼儿将会坚持不懈地忠于其养育者，即使那个人很苛刻并虐待他，因为放弃这种联结就意味着陷入无法忍受的混乱。对于儿童仍在发展中的自体而言，与情感庇护的主要来源之间的创伤性分离，可能才是最大的痛苦。

在约 15% 的低风险样本中，能观察到混乱型依恋关系。但是，随着家长面对的挑战越来越多，混乱型依恋的发生率也随之增长：低社会经济地位家庭中占 34%，母亲滥用酒精或药物的家庭中占 43%，家长虐待或忽视中占 77%，根据对 80 个研究的元分析表明，在 6282 对亲子关系中，有 1285 对被归类为混乱型（van IJzendoorn 等，1999）。"在最初 COS 对斯波坎低社会经济地位家长的研究中，预测试中儿童的混乱型依恋占 60%"（Hoffman, Marvin, Cooper, & Powell, 2006）。

如上所述，混乱型会在后来的发展中产生其他问题：在明尼苏达大学的纵向研究中得到结论，"长期的警觉、忧虑以及对于需要被满足的担心，会带来负面的影响……混乱和迷失方向切断了一个人来自自体内部和外部的重要体验"（Sroufe 等，2005）。"对于具有极度苛刻的经历或特别混乱的养育背景（混乱型依恋关系）的个体而言，调节的过程、跨行为状态的自体巩固或整合，以及对于状态控制的学习，都可能遭到破坏"（Sroufe, Carlson, Levy, & Egeland, 1999）（见专栏 4.4）。

专栏 4.4　早期童年中混乱型依恋的发展结果

- 学龄儿童出现更多有关攻击的问题
- 压力事件过后难以平静

- 青春期中解离症状的风险升高
- 易受暗示性得分更高
- 情绪调节困难
- 反思功能较低
- 学业问题
- 低自尊
- 同龄人排挤

通往安全依恋关系的路径

幸运的是，对家长和孩子比如萨拉和科林、贾马和德韦恩来说，是有办法改变关系的，从而使依恋关系变得安全。COS 干预是为治疗师设计的，让治疗师和养育者"在一起"，为其提供安全基地，使他们可以从中做出必要的改变，也为其提供安全港湾，使他们可以从中获得安慰并且感到受保护。但成功干预的基础，是家长给这个过程带来的东西。像薇姬这样的家长（我们在第五章中有所讨论）通常会遇到很多挑战。除了自己童年的依恋联结有问题以外，他们可能还要与低社会经济地位、破裂的成人关系以及孤独进行抗争。然而，他们都拥有对 COS 干预的成功来说至关重要的品质：作为关心孩子的家长发挥作用的积极意图。至关重要的是，治疗师要相信和尊重家长的积极意图，否则干预在开始之前便注定会失败。

下一步是使用安全感圆环帮助养育者看见并理解孩子的需要。通过将 COS 图示作为地图来使用，婴儿的家长可以了解到孩子需要家长来帮助他们组织情绪。要使用这张地图，家长必须学会退后一步来观察自己和孩子。COS 旨在建立那些观察技能。最后的一步是邀请养育者进行反思对话，来讨论为了满足孩子的需要，他们正在做什么以及还有什么没有做。通过逐渐理解孩子们围绕圆环的各种需要、他们自己的需要以及他们根据这些需要进行互动的方式，贾马、萨拉和亚历克西丝都能够调整自己来适应孩子的需要，帮助孩子管理自己的情绪，并且与孩子"在一起"的时候能够感到安全——至少足够经常，做得足够好，能够使他们的工作得以完成。在 COS 干预结束时，所有这些亲子之间的依恋关系，都在 12 个月的 Ainsworth 陌生情境实验中被评定为安全型。

用 COS 来调整适应孩子的需要，对家长来说是一种非常勇敢的努力。大多数人一生中都把他们的防御当作生活的盾牌，这种盾牌既不可穿透又不可见——特别是对他们自己来说。不畏缩地看着那些会给他们造成重大不适的孩子的需要，意味着他们必须放下那些他们认为对其生存而言性命攸关的防御。虽然回应孩子的需要可能并不危险，但对他们来说可能非常可怕。

我们发现，几乎毫无例外，即使受过严重创伤的家长也拥有深刻的积极意图和智慧。这种积极意图可能会被扭曲，但依然能够被看见，即使是在他们拒绝孩子的时候：如果在他们自己的童年中，表达痛苦带来了拒绝、嘲讽或虐待，那么教导孩子避免这样的表达实际上是一种爱的行为。

这就是我们在第一章中讨论到的劳拉的状况。劳拉和她的女儿阿什莉来到了一个 COS 团体，她们之间是回避型依恋。当女儿表现出对于亲密的需要时，劳拉会极其不舒服，因为她曾在儿时遭受过抛弃和拒绝，所以她开始让自己成为最好的老师，这已经是家长可以做到的最高水平了。学习一直在她的成长过程中起着重要作用，她可以与女儿建立能够保护她们回避依恋相关情绪的联结。然而随着我们开始一起工作，越来越清晰的是，劳拉对于与阿什莉之间说教式互动的追求，就像依赖吃棉花糖来缓解饥饿一样：永远无法令人满足。

对劳拉来说，直面她自己与阿什莉建立联结的渴望，是一种巨大的风险，甚至仅仅只是这种想法就会触发让她难以忽略的警报。但劳拉那种想要与女儿建立安全亲密依恋的强烈意图，给了她所需要的勇气，这些勇气让她能够看见并战胜那些每当她或阿什莉觉得需要亲密的时候就会产生的恐惧。我们把被这种恐惧所触发的警报叫作"大白鲨之音"。

第五章

大白鲨之音

心理状态如何塑造养育方式

我们用别人对待我们的方式对待别人。

——Selma Fraiberg（1980）

5个月大的克丽茜，毫无表情地看着墙壁。克丽茜19岁的母亲薇姬用不愉快的语气说："你在看什么？"克丽茜把目光从墙壁上移开，但没有与她的妈妈进行目光接触，她将头转向母亲，跟着母亲的目光从左到右。她环视房间，盯着天花板，快速地蹬脚，晃动手臂，一副疏远冷淡的样子。薇姬看起来很不高兴，她用攻击性的语气对克丽茜说："有什么问题？怎么了？你有什么不对吗？"现在克丽茜变得更加焦虑不安，看起来更苦恼了，并发出了轻轻的悲伤的哭泣。薇姬坐了起来，看起来很生气，以严厉的语调叫着女儿的名字："克丽茜，克丽茜，小天使，怎么了？"接着声音比之前更大了，"别哭了！"这时克丽茜更痛苦了，哭泣的声音也更大，一边蹬脚一边晃动手臂。薇姬看上去很不舒服，但随着克丽茜哭得越来越厉害，薇姬却笑了起来。随着互动的进行，薇姬继续以愤怒的语气要求克丽茜停止吵闹，中间穿插着几个瞬间，当克丽茜并不停止哭闹时，薇姬发出了不舒服的笑声。在整个互动过程中，克丽茜慢慢变得失调了。最后，小克丽茜哭着扑打着胳膊和腿，薇姬非常心烦，开始朝克丽茜吼叫，嘲笑她。

劳拉3岁的女儿阿什莉在陌生情境的团聚部分几次都尝试要和妈妈抱抱，劳拉温柔但坚持引导阿什莉回去完成她与益智玩具的"工作"。在劳拉把女儿放到玩具所在的地方时，她并没有看小女孩，而是看着地毯上还没组装好的玩具。

18个月大的德韦恩在陌生情境的团聚过程中，开始投入地玩玩具槌，背对着他的父亲贾马，贾马开始变得局促不安，似乎强迫自己笑着，然后说："没关系。"几分钟后，他的儿子开始玩另一个玩具时，贾马突然蹲下来，捡起掉在地上的奶嘴问德韦恩："你想要你的奶嘴吗？"

上述的后面两个场景在之前的章节中描写过，但它们跟克丽茜和薇姬之间的互动一样，值得再看一次，以使我们重点关注下面这个问题，"为什么这三位家长给孩子的都与孩子想要的相反？"阿什莉想要安慰，她的母亲却提供给她教导。德韦恩想要探索，他的父亲却试图把孩子带回自己身边。克丽茜想要有人帮助她调节情绪，她的母亲反而要求克丽茜帮助调节自己的情绪。为什么劳拉、贾马和薇姬不肯跟随孩子的引导并满足孩子的需要呢？

为了帮助家长理解为什么他们的行动会与孩子的最大利益相反，我们向他们播放了一段在俄勒冈海岸上拍摄的视频，背景音乐来自Pachelbel的卡农。当镜头沿着小路到达海滩时，很容易觉得这是一个游泳或者让孩子趟趟水的好地方。接下来我们播放了相同的视频，但背景音乐换成了电影《大白鲨》中以大提琴为主音的音乐。突然，对这个先前还平静安宁的场景的反应变成了厄运将至的可怕感觉。我们告诉家长，我们头脑中播放的背景音乐，决定了 COS 上的哪些需要会让人感到安全以及哪些会让人感到危险。从这些家长的视频片段中捕捉到的上述时刻，就举例说明了孩子的需要会导致他们每一位家长都听到自己头脑中的背景音乐，我们最初研究中的一位家长称之为"大白鲨之音"。由于显而易见的原因，从那时起，我们选择在每个小组中都将其称为"大白鲨之音"。

这些家长中没有人缺乏正确对待孩子的意愿。事实上，他们都参加了陌生情境实验，正是因为他们想要与孩子建立安全依恋关系，并尽可能地成为最好的家长。他们只是不知道该怎么做，很大程度上是因为他们自己受到的养育方式没有教给他们该如何做。他们自己的养育者的确教会了他们——以这样或那样的方式——表达圆环上的某些需要是很危险的：要求满足这些需要，结果可能是把养育者从身体上、情感上或心理上赶走。这样产生的距离会使孩子变得脆弱，使其生存处于危险之中，或者最起码会让孩子遭受到"不在一起"的孤独。这使得孩子，如今已经长大成人，害怕被不再存在的大白鲨吞噬。

仅仅观看刚刚描述过的那些视频，将无法揭示劳拉、贾马或薇姬儿时内化了的那些危险的形状或颜色。但我们会使用名为安全感圆环访谈（COSI）的工具，来揭示家长的心理状态，特别是他们对养育者与养育的看法，来填补我们对每对亲子之间发生了什么的理解中的一些空白。Ainsworth 依恋评估系统没有仔细观察养育者。依恋关系分类是关于孩子的，评分系统也侧重于孩子的行为。然而作为家庭治疗师，出于直觉，我们想把养育者也看作评估整个关系的一部分。Bob Marvin 将学龄前陌生情境中的家长养育模式分类系统（Britner, Marvin & Pianta, 2005）引入了我们的工作，使我们有了系统的方法来观察家长在做什么，最终能够领悟复杂的依恋之舞步。

通过在 SSP 期间观察儿童与养育行为，关于劳拉和阿什莉这样的亲子如何一起协商圆环上的需要，我们可以发展出更有临床意义的理解。在摄入性访谈（见第七章）与 COSI（见第十章）之间，我们发现劳拉的家长沉溺于毒品及其他问题，在劳拉需要安全港湾的时候，家长往往不在她身边。劳拉发现，学业成就似乎是她能够得偿所愿的最大希望。她下决心为女儿做得更好，克服了自己的药物滥用问题，但她并没有意识到，当她把自己变成一位像老师一样的母亲时，她正在把自己的不安全策略强加给女儿。对于她拒绝向阿什莉提供安慰这一事实，她视而不见。当她还是个孩子的时候，寻求安慰对她来说并没有什么好处，而专注于学习成了救命稻草。她所知道的就是，她是一个清醒而镇定的家长，在为阿什莉提供同样的机会，去获得那些她相信在自己的童年时期有需要时很好地帮到她的东西。

　　这一点非常重要，需要被认识到，我们在第四章结束时提到过：看似无情地忽略了孩子圆环上的需要的家长，实际上通常是在有意或无意地试图保护他们。想象一下，作为一个孩子，你每次哭都被打耳光，你当然很快就会教会自己不要哭——避免被打，但也许更紧迫的是，要避免成为坏孩子激怒你赖以生存的养育者。无论是哪种方式，哭都会激活大白鲨出没的水域。当然，作为一个充满爱意的家长，你会教你的孩子远离大白鲨出没的水域，即便这会使孩子付出高昂的代价。

　　同样重要的是，要记住，孩子会想办法与并不依照自己的最大利益而采取行动的家长保持联结。Judith Viorst 的恐怖故事中的那个小男孩，在妈妈放火烧他之后仍然哭着找妈妈，这是违反逻辑的，除非我们相信本该相信的：孩子拥有一种无法避免的本能，要与养育者保持依恋。尽管有相反的确凿证据，但那个养育者毕竟是孩子避免"不在一起"的最大希望。

程序性记忆：布帘后的人

　　伴随着绝望的策略，当孩子试图使自己的依恋需要得到满足时，会发生什么呢？他们的尝试、失败和相对的成功被编织成程序性记忆，并将孩子关于家长和关系的内部工作模型缝合在一起。内部工作模型和程序性记忆的耐久性及其影响下一代的力量，是很难被夸大的。如果我们不理解它们的力量，很容易给贾马贴上自私地过度保护德韦恩的标签。指责薇姬对于需要母亲安慰的婴儿很残忍，似乎也很自然。然而，贾马关于自己养育经历的程序性记忆可能告诉他，离开母亲太远的孩子会受到回避的惩罚。薇姬的童年可能教给她的是，表达痛苦会导致妈妈迅速离开。劳拉并不是在冷漠地拒绝小女儿的爱，而是通过引导女儿否认对安慰的需要，以保护她免受暴露需要的危险。

不幸的是，家长通常不知道程序性记忆在影响他们的养育方式。当家长依照程序性记忆采取行动时，并不像是他们记起了什么。这就是为什么这种现象也被称为"未经思考的已知"（unthought known）（Bollas，1987）。因为心理防御机制会在程序层面上生效，家长并不能描述到底发生了什么。例如，如果孩子表达了对安慰的基本需要，而家长早期经历中对于安慰的需要被拒绝了，则家长的反应将受到无意识过程的影响，通过否认对于安慰的需要来避免被拒绝。此外，这种程序性记忆的激活会唤起他无法言说的痛苦。为了保护自己免于这种痛苦的情感状态，并保护孩子免受寻求安慰的危险，家长会立即转入防御模式。孩子很快就会知道，除非她避免寻求安慰，否则她的家长将变得很痛苦，充满防御，也就会更少陪伴和回应他们。当家长受到对过去痛苦的防御引导而不是对当下状况的准确评估引导时，他们的孩子可能会付出巨大的代价。

我们一生中都在积累各种内隐的程序性记忆，而不仅仅是在语言前期。骑自行车是一个明显的例子。写出骑自行车的说明，让一个没有骑过自行车的人读一读，然后他就能骑自行车了，这是不可能的。我们可以讲一千个关于骑自行车的故事，却不提供任何关于骑行程序的线索。学习骑自行车然后将其存储为程序性记忆的过程，其中渗透着一些特点。

其中一个特点是，我们只是自然而然地做，没有思考，比如我们应该离正在跟我们对话的人多近，以及我们看着一个人的眼睛应该看多久，在互动中我们什么时候应该触碰或什么时候不碰别人。我们在什么时候表达愤怒，如何表现愤怒，在焦虑时如何让我们自己平静（抖脚，前后摇晃，摸自己的头，玩自己的头发，寻求信任的人的帮助），以及许多其他"自动"行为，在本质上都是程序化的。这可以使那些基于程序性记忆的行为感觉像是"真理"

一样，而不是学到的东西。这个特点对我们帮助很大，因为有一些程序我们永远不会忘记。这就是为什么当有人怀疑很长时间没做过的事情还能不能做的时候，无论是回到学校（教育会涉及一些非语言程序），还是在丧偶十年之后重新约会或者发生性行为，"就像骑自行车一样"这种观点经常轻而易举地被接受。然而，消极的一面是，要忘却程序性记忆中的东西是非常困难的。（如果你需要证据的话，试一试按照不同的顺序完成你日常沐浴的步骤。）

　　按程序性记忆操作并不是像记得什么东西一样。它感觉起来就像是本该如此——仿佛这是做某件事情自然而然并且唯一的方式——"上帝发明的方式"。因为这个原因，关于关系的程序性记忆几乎从来没有被质疑过。结果就是，家长们——劳拉、贾马、薇姬以及我们所有人——往往在开始进行养育时并不知道，来自于他们自己童年的木偶师正牵动着那根线，把他们变成这种或那种养育者。

心理状态

当你所看到的，听到的，触摸到的，闻到的，尝到的……

当你所想到的每一件事……

当你所拥有的每一种情绪……

当你曾经觉察、思考或感受到的一切……

都得出了同样的结论，

那就到了该质疑的时候了。

　　从他们能够形成自传体记忆之前经历的事件当中，儿童创造了那个木偶师。但家长现在是有语言的，可以使程序外显（即可以把无意识意识化）。这就是COS努力做到的：它把我们在最重要的关系中所学到的东西外显出来，以便我们能够认识到我们的防御，并选择是否允许它们来左右我们的养育方式与其他亲密关系。

大白鲨之音：由程序性记忆拉响的警报

当本章开头描述的视频剪辑制作出来时，这些家长完全没有意识到，他们的孩子所需要的与他们所提供的并不一样。他们也不知道是什么让他们看不见孩子真正的需要。他们不知道源自自己童年早期根深蒂固的记忆正在发出警报，他们正在越来越危险地接近不受管制的情感——感到完全孤独，淹没在他们无法独自处理的情感状态以及小时候没有人帮助他们处理过的情感状态中。事实上，在意识层面上他们甚至不知道自己听到了警报并做出了回应。

我们发现，对于这些警报来说，"大白鲨之音"是一个完美的名字，因为"大白鲨之音"对家长说，"从这儿退后，现在！"这声音非常尖锐刺耳，就像电影《大白鲨》中表现大白鲨就要来了的音乐那样。所有家长，包括那些与自己的养育者建立起安全依恋的人以及那些与孩子建立起安全依恋的人，都是在圆环（顶部、底部或双手）的一部分会比另一部分更舒服。但对一些家长来说，圆环的一部分会特别代表着好莱坞电影中大白鲨张开的下颚。在之前描述的场景中，劳拉急于强迫阿什莉回去完成手头的任务，而不是让小女孩坐在她的腿上接受安慰，这表示她在圆环底部会感到不舒服。对于贾马，当德韦恩在圆环顶部开始出去探索时，大白鲨之音就响了起来。在只有5个月龄的时候，克丽茜的确切需要很难通过观察她的焦虑不安来识别，但她的痛苦显然引起了薇姬极大的痛苦，以至于她会命令婴儿要感觉好一点，以便她能感觉好一点。

因为大白鲨之音在潜意识水平上起作用，所以通常无法轻易地在家长的外显行为中观察到家长的不适。比如，如果没有通过其他部分的干预收集信息，劳拉在上述互动中可能只是看起来能够胜任而且很平静。

揭示出来的防御

在界定问题上，COS 干预大量借用了 James Masterson 的表达，比如在与别人以及自己的关系中强迫性使用心理防御，即使当下的状况足够安全而没有必要启动防御，而且实际上这些防御会阻碍积极的结果。所有人类都需要防御机制来保护自己。我们早期的依恋关系越不安全，我们在发展过程中必须面对的创伤就越多，我们为了生存就越需要更强烈有力的防御。过于强烈而被阻隔的创伤，或早于创造自传体记忆（或情节记忆）的发展能力之前就经历的早期创伤，被加工为内隐而非言语信息。它成为杏仁核中与危险有关的事件库（见专栏 5.3），它对恐惧的程序化管理具有长期的影响。大的创伤会招致大的防御来保护自体，比如解离、麻木、深刻的情感抽离和长期的攻击性行为。

> **COS 中的基本假设是，当前的关系需要（圆环需要）在自己或他人内部能够引发恐惧，而这恐惧会获得即时的自我保护。**

因为我们是拥有程序性记忆和极强自我保护本能的脆弱的人类，所以我们都会发展防御。因此，COS 干预的目的并不是像揭示防御那样去解除养育者的防御，这是一个不现实也不健康的目标，而是揭示防御使家长可以选择何时去使用他们的防御。没有有意识的觉察，在参加 COS 小组之前，劳拉继续通过否认亲密与安慰的重要性并更多地关注成就，来保护自己免受童年被忽视的痛苦。常识或许表明，如果小时候对安慰的需要被拒绝造成了劳拉的痛苦，那么为了保护女儿免受这种痛苦，最明显的办法应该是在她需要安慰的时候给她安慰。只要劳拉理解到是她自己的大白鲨之音让她害怕一些安全的东西（即安慰她的女儿），那正是劳拉会去做的。

> **当你孩子的需要要求得到回应时，你知道，正是你本来安全的**

> **大白鲨之音让你感觉到危险：你突然感到不舒服——孤独，不安全，被拒绝，被抛弃，愤怒，被控制。**

这就是重新建立 COS 的关键。在把无意识意识化之前，养育者很少能知道他们听到了大白鲨之音。COS 干预通过以下两条路径实现：

1. COS 的设计目的是使程序性记忆言语化，从简单的步骤开始，首先是为大白鲨之音命名。当边缘系统被激活时，使用词语来描述感受（情绪标签），会减少杏仁核（大脑中的一部分，会提醒我们有危险）及边缘系统其他区域的反应，并且增加前额叶皮质层中的活动，前额叶皮质有调节消极情感的作用（Lieberman 等，2007）。我们再三发现，一旦家长可以给那些之前面对孩子某些需要时感受到的难以形容的不适起一个名字——大白鲨之音，一个全新的愿景便向他们敞开了大门。我们是这样与家长谈论这个问题的：智慧并不是存在于感觉大脑（边缘系统）或思维大脑（前额叶皮质层）中，而是存在于两者之间的对话中。

2. COS 方案使用视频，视频能够允许家长隔开一段距离，来观察自己与孩子的互动。摄像机就像一个电子的观察自我，其以视频形式呈现的观察，可以被共享、讨论，并且需要观看多少次就可以看多少次。没有了在彼时彼地为了孩子做什么或成为什么的压力，他们就有机会在没有同样的程序性记忆过滤器的情况下看见孩子的需要。当家长可以从外面观察自己的行为时，一盏灯亮了起来。我们的许多来访者都观看了自己和孩子的视频短片，说："那（孩子）就是我，而我就是我母亲，我正在对孩子做的事就是她对我做过的事。"

> **苹果掉下来的时候不会离树很远。消除家长的自我保护策略大约同逆转地心引力一样简单。**

看到自己对孩子的需要做出反应的方式不仅对孩子有害，而且未经计划，之前不曾认识到，也并非有意，这总是令家长瞠目结舌。对家长来说，意识到程序性记忆正在牵拉他们的线，是颇具解放性的启示。通过练习，家长开始能听到那些曾经听不见的大白鲨之音。至少，这种能力减少了一系列使孩子的需要得不到满足的事件。程序性记忆被缓解到一定的程度，足以使家长能够有反思的时刻，为孩子或自己提供能够使用圆环上一部分的机会，而那是他们过去从未体验到的安全的部分（见专栏 5.1）。虽然不能逆转地心引力，圆环还是为家长打开了新的大门。

专栏 5.1　和缓地引入大白鲨之音

向家长揭示出他们的防御，以提供给他们选择不同养育方式的机会，必须要做得很谨慎，治疗师要创造出安全港湾以及探索的安全基地，通常这一直都是家长生命中的痛苦主题，我们在第二部分详细地讨论了这一点。这也是为什么我们在选择视频片段的时候要非常小心，这样我们才能在一开始揭示出那些我们认为没有得到充分利用的力量。因为我们是在邀请家长识别出在圆环上他们会挣扎的地方，而不是一开始就把他们所有的挣扎都展示给他们看，我们在以后慢慢地呈现给他们（如果他们看上去有能力接受干预），我们关注一些这样的瞬间：他们最初会让自己远离圆环上的某个部分，而在这些瞬间里，他们或多或少展示出了在这个部分的能力。这比展示失败更让人有希望。当家长鼓起勇气看着自己表现得并不像自己希望的那么好时，这也能给他们提供抱持性环境的支持。即便是隔着一段距离通过视频看到自己对大白鲨之音的反应，也会让他们的脑中响起大白鲨之音。为了建立安全感，避免触发家长的自我保护，我们同样要很小心，支持家长的探索，而不是过度解读我们在 SSP 视频中看到的东西。我们在做出推断之前，要先教给家长正确表述行为的方式，我们试着激起他们的好奇心，"当你在做……的时候，你有什么感受？"以及"当乔尼在做……的时候，你觉得他在试图告诉你什么？"看见和猜测之间关键的区别在第二章中有过介绍，将在第十一章中被看作治疗原则来展开讨论。

心理状态如何塑造养育

> "心理状态"指的是个体如何整合关于关系的想法和感受,也指在个体的思维中支持或从中排除基于关系的信息的过程。
>
> ——Carol George and Judith Solomon（2008）

大白鲨之音视频片段是我们用来给家长和其他养育者介绍心理状态的方法,是在整个依恋研究中应用的一个总体概念。关于依恋的心理状态,主要是依内部工作模型循路而行的一种方式,内部工作模型与我们自己及重要他人有关,我们每个人都携有该模型。我们已经讨论过,个人的内部工作模型在婴儿期开始形成,每个人都会将这个模型强加在整个童年、青春期以及成年期的各种关系中。我们可以把心理状态想成一个镜头,我们每个人都会通过这个镜头来看待我们的亲密关系。心理状态是一种看待世界的方式,让我们认为自己毫无疑问完全了解所有的事情。只有在我们退后一步并发现关系其实比我们现在理解的更加广博之后,我们的思考才能超越我们的心理状态。

第三章中,我们对关联性中的自主性和自主性中的关联性下过定义,安全的心理状态就拥有这两个特点。也就是说,拥有安全心理状态的家长重视"在一起",也会清楚地感知到其他人或者关系与自主性自体之间的界线。关于依恋的安全心理状态被证明能够为儿童带来整个发展道路的积极关系,从友谊中的能力到高质量的爱情关系,再到在伴侣之间哪怕很困难的互动中也能够良好地调节情绪的能力（Miga, Hare, Allen, & Manning, 2010）。要研究不安全以及混乱型依恋的心理状态如何确切地影响个体以后的关系,以及最终如何影响其为孩子提供安全养育的能力,需要花很长的时间,但我们确切知道的是,在75%的情况下,根据家长心理状态可以推测出孩子的依恋关系（van IJzendoorn, 1995）。正如Alan Schore所说,"在创伤性依恋的早期历史中,发展中的婴儿/幼儿过于频繁地暴露于严重失调的主要养育者,只触发却不修复持久且强烈的失控状态。这些消极状态反映了快速成熟的右脑中发生的严重生物化学变化，并且因为它们出现在大脑突飞猛进的生长期，周围累积性的创伤具有持久的作用。在婴儿大脑中，状态会成为特征（Perry等，1995），因此早期关系创伤的影响以及针对这种创伤的防御，将嵌入到不断进化中的人格的核心结构中"（Schore，2002）。关于毒性应激的影响，最近的研究表明，早期创伤甚至可以改变大脑的物理结构（Polan & Hofer，2008），并且不利的儿童体验可能会导致成年期一系列广泛的医学问题（Felitti等，1998）。同样，关于成人依恋访谈（Adult attachment interview，简称为AAI）效度的大型元分析发现，到目前（1995）为止，在母亲及其生物学意义上的孩子中，关于孩子安全或不安全依恋最强有力的预测指标是养育者的心理状态（van IJzendoorn，1995）。

然而，我们还没有完全理解依恋类型是如何传递的。家长的心态应该导致了养育行为，而养育行为造就了儿童的依恋策略。事实上，心理状态确实能够预测儿童的依恋。然而，养育行为只能适度地预测依恋（van IJzendoorn，1995）。养育者的心理状态似乎会影响到儿童的程序性/内隐性心理状态。这就是为什么我们可以根据养育者的心理状态来预测儿童1岁时的依恋策略。然而，心理状态如何转化为儿童的依恋行为仍然在研究当中（见专栏5.2）。

专栏 5.2　不在一起

防御性结构的形成以及不安全或混乱型依恋的传递，并不总是由养育者外显的虐待造成的。有的时候，"不在一起"会成为家庭遗产，代代相传。想象一下，每当安娜到达日托所接2岁的女儿卡丽时，小女孩会转身离开，然后开始玩最近的玩具。安娜感到困惑：一部分的她为此感到自豪，她的女儿如此独立，"长大了"。但是，其他所有的孩子都会喊着要妈妈或爸爸抱起来，或用他们的小脚丫能达到的最快速度蹒跚着走到爸爸妈妈身边。为什么当她想要过去抱起卡丽时，她会感觉这么紧张？

在访谈中，安娜表示，卡丽是一个狡猾的宝宝，很快地，她开始害怕听到女儿哭泣或吵闹，她做所有她能做的，用婴儿玩具转移女儿的注意力，但这其实并不是故事的全部。如果我们能够了解安娜的过去，我们可能会发现，当卡丽表现出需要被摇晃时，安娜会感到不舒服，这是因为当安娜小时候每次需要安慰时，安娜的妈妈就会被激怒。安娜的母亲会有这种防御反应，是因为她的父亲在小时候要求安慰时，体验过创伤性的回应。安娜的祖父早已学会了避免身体和情感上的亲密，所以选择了一位对亲密没有太多要求的妻子。因此，安娜的母亲是在一个情感上父母双方都缺席的家庭中长大的，她渐渐把对于安慰的需要与回避联系起来。因此当安娜小时候索要安慰时，她的妈妈总是用焦虑和回避回应她。现在安娜正在努力理解这种大白鲨之音的源头，安娜正在把这样的大白鲨之音传给第四代，她自己的女儿卡丽。没有虐待，没有可以识别的创伤，然而，"不在一起"的程序化信息还是像一个家庭诅咒一样传了下来。

另外，很明显苹果的确有时候会落到远离树的地方——这种情况大概占25%。儿童时期形成了混乱型依恋的家长，如何避免对他们的孩子延续混乱型依恋的"传统"呢？Alan Sroufe 说过，"变化，和延续性一样，在个体的发展中是合乎逻辑的，也是合法的"（Sroufe 等，2005），以及"突出的体验，特别是重要关系中的体验，可以对人产生转变性的影响"（Sroufe 等，2005）。他发现，替代的支持性关系，6个月或更长时间的治疗以及支持性的配偶，都是突出的因素，能够帮助家长不将虐待传递给孩子。所以当苹果落在远离树的地方时，总有某个原因与关系有关。（请参阅本章末尾讨论的"挣得的安全感"。）

Carol George 和 Judith Solomon 将用来克服不安全或混乱型依恋的能力根源称作"表征灵活性（representational flexibility）"，其组成部分包括一致性（coherence）、心理感受性（mind-mindedness）以及反思功能（reflective functioning）。

一致性是指基本的秩序感，这种秩序感来自于行为和情绪形成有意义的整体，而不是矛盾的、无意义的或者随机的。例如，下面的说法就呈现了对一个人的过去的一致性理解："虽然我绝对不赞成我父亲对我做的事，但我现在开始明白了,他并不能理解成为一个爸爸的意义。通过他的过去,他怎么可能理解呢? 这只会让我为我们两个人感到伤心。"

心理感受性指的是"将婴儿视为有思想且能够做出主观有意行为的个体的倾向"。这种感受性增强了省悟到他人的思想与你自己的思想各自独立的能力:"我有思想,你有思想,而且它们是不一样的。即使如此,我也可以理解你是如何思考你的行事方式的,并且尊重我可以如何思考我的行事方式"(Meins 等,2002)。

反思功能或心智化指的是"想象自己及其他人心理状态"的能力(Fonagy 等,2002)——往后站并识别出你自己独特的观点或心理状态还有他人的独特观点或心理状态的能力,以及你的感受如何影响你的行为继而影响他人的感受和行为。它包括心理感受性,而心理感受性具有额外的技能组合,即将每个人的心理状态都完全保持在如实的观察中。

COS 干预方法可以被视为这样一种方法——利用家长具有表征灵活性的先天能力,拓宽有问题的童年依恋与有问题的成人养育之间的缝隙。

研究人员一直在通过不同角度观察童年依恋如何转变为成年期养育风格,并发现了各种生物和环境因素。从儿童早期到青春期再到成年期,这一路上布满了发展性任务,这些任务能否达成,取决于个体人生旅程中的事件以及这些事件整合进一个人的养育表征(内在工作模型)之中的方式。在这个旅程中的每一步,每个人都有机会将不安全或者混乱型依恋变为安全型依恋。也许最引人注目的机会便是伴随婴儿的诞生而出现的。那种天生的为孩子提供养育来促进孩子形成安全依恋的愿望,创造了发展与依恋相关的安全心理状态的黄金机会。我们利用这种学习能力,通过 COS 干预将这些机会变成资本。

无论家长通过什么样的行为来达成养育目标,养育者的心理状态都正在传递给孩子,这一认识就是我们工作的核心。各种育儿专家将倡导各种不同方法的好处,譬如不同的管教技术、饮食、母乳喂养还是奶瓶喂养,一起睡还是分开睡、重新计时与暂停,自由玩耍还是使用闪卡或古典音乐提高 IQ,等等。这些问题都很重要,家长需要对所有的这些问题做出最好的决定,但是关系最重要的是养育者对待圆环的顶部、底部以及双手部分的心理状态。混乱或不安全的心理状态，可以将任何育儿方法都演变为给孩子带来严重问题的意想不到的后果，而安全的心理状态会覆盖掉很多的错误行为。我们的方案旨在为养育者提供识别和反思他们特定心理状态的机会。（"我会在圆环哪个部位有挣扎：顶部、底部还是双手的部分？"）

心理状态是一个复杂的主题，实际的养育行为是不同行为系统之间复杂的相互作用的产物（George & Solomon，2008）。大白鲨之音是我们向家长介绍心理状态（特别是不安全和混乱心理状态）的方式，而不是这样来称呼心理状态。这是我们在亲密关系（家长、孩子、配偶、同伴）中都会面临的真正问题的基础方法。我们并不是提供关于心理状态的讲座，我们仅仅是为家长提供一种跨模式的体验，让他们可以通过不同的角度来看待自我保护在关系中扮演的微妙角色。

圆环为家长提供了一种快捷、不拖泥带水、无贬损的方式，找出自己目前正费力挣扎的地方。一旦家长知道他们想要做什么——例如，让孩子探索或者抱起孩子——他们可能会对是什么阻止他们这么做而感兴趣。与我们合作的一位家长，她的孩子刚刚学走路，当她在准备进入孩子所在的房间时，她对自己说，"抱起我的孩子，抱起我的孩子。"随后她走进房间，跨过女儿，然后坐了下来。瞬间她就意识到了大白鲨之音的力量。

围绕安全感圆环的大白鲨之音

当我们试图帮助家长听到自己的大白鲨之音时，我们就一些可观察到的行为向他们提问，这些行为能表明某些心理状态（George等，1984）：

- **先占型**（preoccupied）："你曾经认识在困难时期无法依靠自己的能力，只能寻求别人的帮助或依赖别人的人吗？"
- **回避型**（dismissing）："你曾经认识在困难的时候只能靠自己而无法寻求别人支持的人吗？"

- **未解决/混乱型**（unresolved/disorganized）:"你认识什么人做不到更高大更强壮更智慧而且和善,却变得刻薄、软弱或消失吗?"

这些问题使这些主题的共性正常化,同时给人们提供了投入进来的机会。如前所述,家长通常主要在圆环顶部或底部,或者充当双手的功能上有挣扎。每个心理状态向幼儿发送特定的信息,这些信息接下来通常(但不总是)都会转化为孩子身上某种特定类型的依恋。事实是,哪怕是最小的孩子也可以听到那些养育者听不到的大白鲨之音,这个现象不过强调了孩子渴望"在一起"的力量而已,这种力量会伴随所有的孩子步入世界。

婴幼儿对自己需要待在关系里的需要是非常敏感的,他们在为了留在关系里而建立任何必要的策略方面都是非常聪明的。最小的婴儿仅仅通过建立非常原始的精神联结就能够找到办法来保持联结。如第四章所述,有的时候每个家长都是"好家长"——这样的家长会安慰受惊吓的婴儿,会喂觉得饥饿的婴儿;有的时候每个家长都是"坏家长",累到无法抱起哭泣的婴儿,或者只是曲解了婴儿的哭泣,没有提供婴儿需要的东西。婴儿不能将这两种家长整合到一起,因此会使用"分裂"的方法来追求好的,避免坏的(见专栏5.3)。随着婴儿慢慢长大,她的认知能力增强,她开始了解因果关系。但是我们可以看到,即使是4个月大的婴儿,在分屏视频中也会表现出防御行为,在了解因果关系前就会发出假性信号,因为他们的防御是程序性的。这就是第四章中描述过的假性信号形成的方式:一个孩子想要亲密和安慰,但已经反复感到,当表现出这种需要时爸爸会很焦虑,于是孩子会表现出好像他喜欢探索而不是拥抱。那种行为会让爸爸觉得舒服,爸爸觉得舒服了就会待在自己的身边。

孩子的行为具有高度适应性,即使家长不能有效地满足孩子的需要,孩子的行为还是会使家长尽可能地靠近自己。正如我们前面所说,家长仍然是孩子最好的赌注。但因为这些行为有用,这种心理状态就会成为一个特征(Perry等,1995),错误的依恋模式就会被保留,并且孩子会把相应的心理状态带入世界，而这种心理状态将形成他未来的关系，以及他一旦有家庭之后对待自己孩子的养育方式。

> **专栏 5.3　被劫持的杏仁核**
>
> 被大白鲨之音伏击的成年人表现出将他们变成"坏家长"的行为，而一秒钟之前他们还是"好家长"。Daniel Goleman（1995）将此称作被杏仁核劫持。杏仁核的工作是扫描环境以探寻任何与危险有关的东西，当联系建立时，它会使身体处于高度戒备状态。儿童期的不良体验被储存在杏仁核与危险有关的事件图书馆中。有些家长在他们的杏仁核图书馆中有大量的收藏，另一些家长拥有相对小的收藏。这样的杏仁核劫持、大白鲨之音都是造成分裂的原因。一旦家长意识到破裂涉及家长脱离了圆环（从顶部、底部或者双手的部分），他们可以学会在破裂发生时修复破裂。当他们开始认识到发生了从好到坏的转变，并向孩子承认——"妈妈只是有些恼怒了，因为……"——孩子得到了一个生活在一致状态下的家长。这一认识有助于幼儿开始整合"好"和"坏"的家长，建立一种一致性，使他们在成长中能够理解，即每个人都能同时具备这两种行为，没有一个人一直是好的或坏的。这一观点为对关系的现实性期待以及未来在关系中进行协商的能力奠定了基础。

心理状态是显性特质的心理版本，那么很明显，改善问题依恋的时间应该是在孩子很小的时候。否则，大白鲨之音的误导性信息可能会产生深远的影响。德韦恩19岁时，大一只上了四分之一就退学了。虽然大学离他家只有48千米，但他发现，没有经常和父亲以及一些从小学就认识的家乡朋友见面时，他都不知道自己该做些什么，从该去哪些俱乐部到该穿什么、该去哪个餐厅吃饭，他都不知道。想象一下25岁的阿什莉，她以优异的成绩毕业于常春藤盟校，她在大二时开始与史蒂夫约会。大学毕业后他们找到了第一份工作并搬到了一起，一切都很好，直到6个月后阿什莉被解雇了。她沮丧地回到了每天花20小时在网上找工作的状态，想找一个工作，在那里"他们会真的欣赏我所提供的东西。"史蒂夫一连几周都在安慰她，被解雇与她的能力或工作表现无关，而且他每天都努力试图让阿什莉和朋友们一起玩乐却都失败了，那之后史蒂夫搬走了。他认为他打算要娶的这个女人已经向他发出了清晰响亮的信息，那就是她并不需要他。

令人高兴的是，经过 20 周的 COS 干预之后，本章开头描述的所有三个孩子与家长之间的依恋都被评定为安全型。没有这个转变，德韦恩可能得不到学位或者他真正想要的大学体验，阿什莉可能最终变成一个孤独凄苦的女人，切尔茜可能会进监狱，而薇姬怀着她的时候就是在监狱中度过的。这些结果并不是要暗示孩子的命运是由最早的依恋纽带决定的。但是与养育者的大白鲨之音协调地结合在一起的不安全或混乱依恋有着巨大的潜力，使航行中的关系乃至此后的人生变得充满挑战。

当大白鲨之音告诉我们实际上安全的东西很危险时，我们很难建立能够有效帮助我们的关系。能够区分安全和危险，是成长中儿童的一项基本技能，在友谊和爱情中也至关重要。圆环上三类心理状态挣扎中的每一种都会误导家长，使他们分不清到底什么安全、什么危险。

底部导向的挣扎

底部导向的挣扎往往会涉及与情绪安慰相关的脆弱性问题。在家长身上，这被描述为一种"忽略型"的心理状态（George 等，1984）。养育者以亲密的身体和/或情感联结为代价，鼓励独立性，被认为是对依恋的"忽略"。这样的家长往往会对直接沟通和需要表达感到不舒服（Main，1981；Ainsworth，Blehar，Waters，& Wall，1978）。很难想象，就大白鲨之音的意义而言，这些家长认为一个哭泣的孩子是危险的：当孩子哭泣时，他们从孩子身上看到了自己，害怕孩提时表达出相同需要时曾经体验过的那种情感上自由落体般的恐惧以及家长惩罚或冷淡的面孔。现在，他们通常在完成实际的看管（caretaking）任务时很有效率，却会摒除情感养育（caregiving）的机会（Britner 等，2005）。

随着时间的推移，这些家长的孩子会找到一种方式来克制自己不要直接表达出对家长的需要或渴望，孩子和家长之间的依恋关系可能被定义为回避型。这样的孩子预料到他的依恋需要会被忽略，所以他们在陌生情境中的表现就不足为奇了，他们在家长不在时，几乎不会表达出痛苦，而且在团聚时会表现得好像不需要家长一样。为了避免靠近养育者时被拒绝的那种伤痛，这个孩子会开始建立一种能够制造距离，以探索或成就为优先考虑的模式。并非巧合的是，回避型儿童的家长往往倾向于强调的正是探索和成就的重要性。

忽略型养育者倾向于关注儿童的表现或自给自足能力，二者之中选择其一，防御性地优先于圆环底部的亲密需要，而这种亲密是所有儿童都需要的。

> 例如，苏珊看起来好像对3岁的威廉姆斯做了什么比对于他是谁更感兴趣。当他因为自己无法使玩具按照自己想要的方式操作时，他沮丧地哭了起来，她会说诸如"你可比那聪明多了"，以及"继续努力——你可以的"这样的话，并且继续坐在房间的另外一边。如果有另外一个成年人在场，她可能补充说，"我在他这么大的时候就是这样，我妈妈会让我继续，直到我弄对。这就是我如何走到我今天所在位置的"，完全没有意识到后面这句话有多讽刺。

有趣的是，这并不是说忽略型家长不想孩子待在自己身边。在许多情况下，他们的行为说的其实是"靠近我，但不要需要我"。一个看似正在向痛苦的孩子传递这样的信息的家长，似乎是有阴影的。孩子就在那里，可能正在用玩具安静地自我调节，但似乎不需要家长参与或是提供安慰。孩子会感觉到家长的亲近是取决于赞许的，而且他们对共同调节痛苦的请求不会得到回应，因此孩子可能会有一种"随便"或"为什么要努力"的态度。

一些忽略型家长会试图驱使孩子去执行他们尚不能够完成的任务。

> 达里尔谈了很多关于2岁的萨迪多么"独立"的事，达里尔自豪地指出，萨迪在SSP的分离期间"一点也不需要我"。在我们的观察中，萨迪像机器人一样在玩玩具，有节奏地用锤子敲钉板上的钉

子，甚至在钉子钉进去之后还一直在敲。她表现出的是，没有认识到自己已经完成了任务，也没有表现出满足感。当父亲回到房间时，萨迪只是短暂地抬头看了看他，然后眼神迅速就离开了，就好像害怕暴露因为父亲不在而难过一样，达里尔只说了一声"嗨"，就逍遥自在地坐到沙发上，好像萨迪是一个成年人一样。

顶部导向的挣扎

顶部导向的挣扎往往会涉及身体或情感分离的问题。在家长的身上，这个被称作"先占型"心理状态；家长满心都想着依恋关系。如果在童年中我们体验到安全感以及对探索和分离的支持，那么我们的孩子与生俱来的探索欲望，将倾向于唤起没有威胁性的音乐。另一方面，如果我们关于探索和个体化的经历与攻击、抛弃相关联，或者受到攻击或抛弃的威胁，那我们的孩子对于分离的需要——位于圆环顶部——可能就会唤起大白鲨之音。

在这种养育背景下成长的孩子，会面临着既想探索又需要保持依恋系统激活的挫折，这就是为什么他们对养育者的依恋根据得分往往会是矛盾/抗拒型。他们在亲密和试图分离之间变来变去（Cassidy & Berlin, 1994）。还记得德韦恩吗？在陌生情境的团聚过程中，当他在爸爸腿上的时候，他并没有要爸爸抱，但当贾马在他玩耍时说"没关系"的时候，他回到了爸爸身边，因为他推断爸爸真正在说的其实是"这不行，你需要你的父亲"。

像德韦恩这样的儿童的主要养育者，在依恋行为方面会呈现某种移动的目标，而这并不是巧合。这些家长会发送混乱的信号而不是直接交流，他们提供了扭曲的亲密关系，这种亲密关系要么具有侵入性，要么趋向于界限模糊或融合。贾马就说明了这一点，当他采取动作试图安慰德韦恩时，他把一个手偶塞到德韦恩面前，并对着德韦恩学狗叫。这种策略是在试图让孩子的依恋保持激活状态。对于贾马来说，大白鲨之音告诉他，孩子各种形式上的个体化都是危险的（即使在理智上他也会同意童年的目标是成长）。

Britner 及其同事（2005）概述的养育行为系统阐明，先占型养育者（有矛盾型依恋的子女）会强调关系的"亲密性和特殊性"，并且过度地参与孩子的人生，甚至让孩子婴儿化，让孩子待在自己身边（Cassidy & Berlin，1994）。在一些亲子关系中，这种"亲密性和特殊性"似乎相对难以看到，因为它是最明显的情感纠结和冲突。与我们一起工作的一位父亲看着自己的视频，视频中他正弯腰扶着自己还在学步的孩子，他说道："我看起来像一只秃鹰，我正在秃鹰化我的孩子。"虽然这个孩子并没有危险，但他觉得孩子太特别了，如果没有自己照顾着她的每一步，这个孩子就无法生存下来。

  路易斯总说萨曼莎是"珍贵的"，并用他的保护行动证明他是如此坚定地坚持着这种描述。他几乎不让萨曼莎离开他身边，就像贾马在德韦恩玩得正开心时问德韦恩想不想要奶嘴一样，他们为相同的大白鲨之音所驱动。这种所谓"太宝贵的孩子"的观点有时被称为"秀兰·邓波尔综合征"。

  当路易斯必须离开房间进行第一次 SSP 分离时，他后退着走出房间，不断地保证了又保证："我会回来的，宝贝……别担心；爸爸不会离开你很久……不会有事的，亲爱的。"自然，在初次分离时萨曼莎非常低落，在她父亲开始说到离开的那一刻，她就陷入痛哭之中。然而，爸爸回来后，小女孩发出了关于重新建立联结的混乱信号——就像德韦恩对贾马做的一样。她哭了，想要得到注意，而当路易斯走向她、专心地关注她时，她生气并大发脾气。对于这些家长，他们的有用性取决于孩子在没有家长的帮助时，有很多发展任务都处理不了。在某种程度上，这样的孩子知道妈妈或爸爸实际上阻碍了他们成长，因而他们有时会对家长表现出失望或愤怒，也就能够理解了。

有时家长希望他们的孩子和自己亲密一些，但他们会因为孩子的痛苦感到不舒服。他们会在为孩子提供帮助（通常充满侵入性）及忽略孩子的需要和要求或因孩子的需要和要求感到尴尬之间变化无常。因此，孩子们的矛盾就是家长自身背景的准确反映。在路易斯的案例中，萨曼莎的哭泣和对团聚的要求，似乎使他陷入了困境，因为他羞怯地笑着，一边稍微用力地挠女儿痒痒，一边说："嘿，宝贝，并没有那么可怕，对吧？"但过了一会儿萨曼莎自己摔到地上并开始踢着腿尖叫时，路易斯带着一点满足感说："我打赌我走了之后你肯定非常想我。"他似乎对萨曼莎的依赖感到不舒服，却又好像试图要延长它。这一类家长难以掌控局面，也很难建立起等级，这种等级对于让孩子在已知的规则和限制中感到安全来说是必要的。所以，孩子再一次以任何可能的方式去适应，让自己符合养育者的期望："如果你需要从我这里得到亲密、抗拒、戏剧性以及担心来保持联结，那么这就是你会得到的东西。"

  梅洛迪全神贯注地满足着蒂法妮一天中的需要。在小女孩的第一个托儿所中，老师邀请家长在上课期间待在孩子身边，只要他们需要让孩子感到舒服，多长时间都可以，而梅洛迪是唯一直到感恩节前还留在教室里的家长。当母亲提议离开时，蒂法妮确实会哭，但蒂法妮看起来并不确定自己应不应该感到低落，当她开始流泪时，脸上带着疑惑的表情抬头看着母亲。蒂法妮长得非常像她的母亲，而且梅洛迪倾向于用她自己喜欢的相同的颜色打扮她。有时会有陌生人惊讶地说，母女俩看起来"完全一样"，每当听到这种话，梅洛迪总会微笑示意。对梅洛迪来说，蒂法妮是敏感脆弱的，她需要母亲待在她身边，以确保她独特的小女儿所有的需要都能够得到满足。当梅洛迪为女儿的4岁生日派对雇来的小丑竟然敢当着蒂法妮的面要求梅洛迪付款时，梅洛迪拒绝了，她坚持要把支票寄过去，因为蒂法妮开始撅起了嘴。

并不是所有矛盾型亲子关系中的家长都会专注于自己"完美的"孩子，除了那些总感觉处于表扬或批评边缘的家长。如果你观察一下梅洛迪，你可能会开始认识到，她的行为表现就好像是有一台隐藏的电视摄像机正监视着她作为家长的每一个行为，好像她感到被迫为一个永远在场的观众做演示，这个观众对她作为家长的功能要么感到满意,要么感到不满意。这样的家长常常相当过于欢快,对自己隐含着一种这样的感觉,"我不是一个卓越的家长吗?"

路易斯和梅洛迪这样的家长,可能被其他家长认为是"保护过度"。尤其是路易斯,他可能会让女儿紧跟着自己,声称"这是一个危险的世界",然而他并不是真的觉得犯罪和危险无处不在。关于让孩子紧跟自己的解释其实是一个诡计,用来避免暴露养育者的大白鲨之音究竟有多强。对路易斯来说,真正危险的是萨曼莎与他的分离会带给他什么。

手导向的挣扎

手导向的挣扎指向的是在基本组织层面(关系中的执行角色)掌控局面的问题。当孩子或环境要求家长组织孩子的体验时,这些家长因需要自我激活而失调,会充满防御性地来处理,表现出"刻薄、软弱或消失"而不是更高大、更强壮、更智慧而且和善。这通常意味着一种混乱或不正常的心理状态。这些家长经常深陷忧虑、沮丧和/或虐待中。人们发现,这类家长的个人成长史中存在着未解决的主要养育者的丧失或者未解决的创伤体验。杏仁核的作用是提醒我们任何危险的迹象。有虐待历史的家长有一个杏仁核图书馆——发出危险信号的东西——巨大而且可能是夸张的。我们的一个来访者,由于人们干杯时发出的那种玻璃碰撞的声音变得严重失调,甚至是解离。因为他小的时候家长总是会喝醉,然后变得很暴力。对于大多数这样的家长,与自己主要养育者的关系本身就是非常可怕的,或者致他们于没有任何保护和支持的境地,因而只是被要求照顾他们自己的孩子,对他们来说都相当于响起了世界末日的警报。对那种内在化的关系混乱感缺乏辨识,往往会留下某种黑洞,黑洞中寄托着对养育者回应的期待。然而,一个人对跌入黑洞的感觉又如何能有反应呢?

对于儿童,当和这样的养育者分享依恋相关的需要时,结果就会是体验到迷失方向和混乱。以某种显著的方式,孩子们感受到养育者要么是害怕的,要么是令人害怕的。因为他们感受到的养育者是无法预测的,所以孩子一直无法确定依恋的选择。当潜在的安慰来源可能也是危险与迷失方向的来源时,儿童无法形成稳定的关系策略。这导致了我们在第四章中描述的陌生情境中团聚之后的那种混乱、不连贯的行为。

混乱型依恋中最有趣而且可能令人心碎的一个方面是，自由落体让一个人失去了关于什么安全以及什么危险的感觉。不像忽略型和先占型家长那样，混乱型/失常型家长并不会觉得安全的情况有危险，而会经常觉得有危险的情况是安全的。就好像圆环上没有了手，使之失控地旋转，好比放在棍子上的盘子，而不是稳定轴上的行星。圆环顶部与底部变得混淆，并且家长或孩子都不知道哪个方向是向上的。

不足为奇的是，在这种背景下成长起来的孩子可能会采取过度冒险的行为，很难知道应该信任谁，好像具有自我毁灭性或缺乏常识。随着他们渐渐长大，他们会形成邪恶联盟，这也许是因为他们一旦把关系理解为混乱、不值得信任甚至是可怕的，他们会不断地在人们身上看到自己期待看到的东西，弗洛伊德曾经指出过这一点。因为他们在童年早期不断跑向和离开他们既需要又害怕的养育者，所以在成年后选择关系时，他们可能会呈现出同样的困惑。

混乱型的家长可能不是故意要让孩子害怕（虽然有些人是），但因为她在本该有养育行为的地方有一个黑洞，所以她并不知道如何能够不让孩子害怕。在自己严重的精神疾病发作期间，喝醉昏倒时，让小孩子处于无人监管的状态，或者为了伴侣的需要而完全忽略孩子的需要，这些可能看起来像是正常的，或至少是不可避免的行为。即使家长并不认为这些行为可以接受，她也无法控制自己的行动，从而才让孩子的需要支配她的行为。仅仅是孩子存在的事实，就可能奏响大白鲨之音——我们曾经听到家长对只是注视着家长的学步娃或婴儿说，"不要瞪眼看我"——因此，家长要么变得刻薄要么离开。

第四章中讨论过的角色倒置与混乱型依恋有关，角色倒置即家长放弃作为养育者的功能，扮演幼稚的角色，而作为回应，孩子则通过承担家长的角色来填补空隙。表现出软弱或幼稚的混乱型家长，无论何时处于必须掌控局面的位置上就会听到大白鲨之音。

丹妮尔一直以来都是在对父亲的暴怒中小心翼翼长大的。这些怒气大多数都指向她的母亲，但每周都会有那么几次，她会成为父亲的指定目标。她现在是 2 岁宝宝米西的年轻妈妈，她发现自己无法表达立场。当米西拒绝合作时，丹妮尔开始请求女儿"做一个成年人"。当她的女儿越来越难过时，丹妮尔开始用她希望能吸引女儿的选择来贿赂女儿。"如果你把玩具收好，你就可以在回家的路上吃好吃的。"最后，米西开始发脾气，丹妮尔恳求："亲爱的，你不能这样。妈妈需要你对我好一点。妈妈希望你表现好一点。"

当混乱以软弱的手展现在圆环上时，即使很小的孩子也可能会发现自己处于照顾家长的位置，而不是被照顾。如第四章所述，在他们 3 岁时，这些孩子会以惩罚或是照顾的方式变得很控制。

切割饼图的不同方式

当我们通过依恋的镜头来看养育者和孩子时，我们有时会觉得好像是正在透过棱镜观察。说得白一点就是，关系是复杂的。家长将自己幼年时接受养育的全部历史带入自己对孩子的养育中。我们观察到，即使是幼儿也已经发展出了关于养育者的程序性记忆和内部工作模型。这个"背景故事"会进入我们在圆环四周看到的所有行为，因此就单一的分类系统很难组织对依恋的讨论。对于复杂的事情，我们不能单单一方面看家长，另一方面看孩子，而是要试着理解把它们连在一起的那个"和"。所以，我们研究了四种基本的依恋类型——安全型、不安全回避型、不安全矛盾型以及混乱型，以及符合每个依恋类型的儿童往往表现出怎样的行为（第四章）。在本章中，我们研究了当需要出现在圆环顶部、底部以及双手的部分时，心理状态会如何影响家长的养育行为。在第二部分中，我们会更详细地讨论儿童和家长的行为以及如何评估他们，以便能计划出应用在 COS 干预中最佳的可行方法。在第七章和第八章中，我们展示了如何根据评估程序中的互动来观察和评估依恋关系，评估程序是修改后的 SSP，我们先拍摄视频然后进行回顾。在第九章和

第十章中，我们讨论家长们根据与自己父母的依恋关系史发展出来的"核心敏感性"，并展示我们的 COSI 如何揭示我们在视频中看到的家长的养育行为背后可能存在着哪些敏感性。上述的方方面面——分割饼图或圆环的每种方法——填充了各种关系中的依恋画面，也填充在我们如何能帮助每一对亲子将依恋关系变为安全型的努力中。

更新心理状态：挣得的安全感

历史建立惯性。

——Daniel Stern（1985）

心理状态是一个有点矛盾的概念。一方面，随着时间的推移，它似乎是相当稳定甚至是顽固的，本章中讨论过许多原因。有时，这只是因为一个孩子在同一个家长或其他成年人的照顾下度过了至少 18 年的人生。养育者会持续使用一样的限制，以同样的方式对待孩子。同时，因为大脑总是试图整合各种信息输入以实现内部工作模型的内环境稳定，所以大脑似乎青睐能够巩固原有心理状态的新信息。然而，心理状态也是可以修改的。事实上，鲍尔比将健康定义为能够用较新的内部工作模型来更新旧的内部工作模型的能力。如本章前面所述，不论对于不安全型依恋还是对混乱型依恋的人而言，安全感都可以从儿童早期开始发展（或"挣得"）。一旦反思被引入到互动的程序性链条中，大白鲨之音的音量肯定可以被调小。临床治疗师和研究人员试图帮助家长和儿童改善他们的依恋纽带，从而提高两者的关系和生活质量，其关键在于干预要为养育者提供选择，选择在何时使用防御才可以使其成长中的需要不因他们身上的盔甲而蒙尘。

第六章

完成圆环

> 音量大的音乐通常被认为对我们的听力是有威胁的。
> 大白鲨之音可以破坏我们的视力。

每当家长听到大白鲨之音时,他们对小孩子的情感需要与关系需要的本质及意义就会产生一种模糊的意识。大白鲨之音使得家长很难觉知到自己的感知、思想、情绪以及行为与孩子的感知、思想、情绪以及行为之间形成的复杂舞步。随着时间的推移和不断重复,大白鲨之音阻断了养育者有意识地觉知那些被孩子的需要所唤醒的情绪,转而使养育者将注意力放在转移策略及逃跑路线上,以保护自己免受不再存在的鲨鱼的攻击。因此,养育者和幼儿之间的互动可能开始看起来有些脱节、不自然、吃力或者是联结中断——仿佛家长或孩子都没有对面前这个真实的人做出任何回应。

虽然我们与之一起工作的所有家长(安全型、不安全型和混乱型)都认同自己有大白鲨之音,但我们的经验是,不安全程度越大,大白鲨之音的体验就越普遍。有研究表明,在 AAI 中呈现出不安全心理状态的成年人,在回应婴儿的哭泣声时,相比于拥有安全心理状态的成年人,显示出杏仁核更活跃。不安全的成年人在听到哭泣时往往也会体验到更多的愤怒。"杏仁核过度活跃可能是不安全个体接触到婴儿哭泣时所产生的负面情绪体验背后的防御机制之一，这也可能会解释不安全型家长为什么会对婴儿信号做出缺乏一致性的回应或者会拒绝婴儿的依恋行为"（Riem，Bakermans-Kranenburg，van IJzendoorn，Out，& Rombouts，2012）。

COS 干预的最终目标是让家长有机会在他们的养育中做出选择，从而在他们和孩子之间建立安全依恋。对于已经在与孩子的关系中苦苦挣扎的家长，新的选择只能通过对养育全貌的全新视角来实现。COS 干预旨在提供这种视角，改变"精神性盲视"，并无比清楚地阐明那些隐藏在眼前的亲子依恋关系。通过处理他们的大白鲨之音，家长可以开始看到在孩子和他们自己之间的这个"和"对于孩子来说是多么的重要（而且可以说，对于家长是多么重要，见专栏6.1）。此外，家长也会开始意识到，即使非常幼小的孩子对家长在关系中感到的不适也是非常敏感的，因为这种不适可能预示着失去家长的陪伴与回应。为了防止这种分离，孩子们将不遗余力。家长也会了解到，他们对于关系的心理状态深深根植于童年，这种心理状态操纵着他们对自己孩子的养育。只要这种影响没有被认识到，没有得到明确清晰的表达，它就不在养育者的掌控之中。

专栏 6.1 COS 对家长的益处

1. 与孩子之间冲突和可感觉到的挣扎较少。
2. 在满足孩子需要方面有更强的赋权意识或效率意识（"我真的可以对孩子的感觉和行为产生积极影响"）。
3. 反思关系时，有更强的一致性（"当涉及养育我的孩子时，事情的确都讲得通"）。
4. 增加了养育中舒服、放松和积极感受的体验。
5. 对孩子动机的负面评价较少。
6. 与孩子之间的联结感更强。
7. 更好地了解关系如何发挥作用（与重要他人、家长、兄弟姐妹、同事等）。

每当家长听到大白鲨之音并运用防御要保护自己和孩子时,一连串的事件正发生在有意识的觉知之外。许多家长在内部携带着一个杏仁核图书馆,图书馆架子上搁置的是与圆环上真正的需要相关的记忆,这些需要会触发忧虑、痛苦和害怕的感觉。如前所述,杏仁核的主要功能之一是不断扫描探查危险的迹象,以保护我们免受伤害,这部分大脑非常出色地执行着该工作。不幸的是,这些联系近似于充斥着过时信息的参考作品。也许寻求安慰或鼓励给家长的童年造成了痛苦的后果,但杏仁核对此加以笼统地概括并立刻在她孩子所表达的需要中看到了同样的威胁。所以,当杏仁核启动大白鲨之音——即使它解读出是"假阳性"——这个家长现在还是会体验到小时候经历过的相同的情绪和生理反应。以这种方式,这个成年人习得的从童年时就用来管理那些情绪的防御性回应就赶来救场了。成年人可能会感到不那么焦虑了,然而孩子却可能不会,尽管所有假性信号都看起来正相反。然后,消极的后果就会积累到孩子身上,从孩子的需要没有得到满足开始,并且开始建立自己庞大的杏仁核图书馆。该成年人没有学到关于如何调节情感或识别假阳性的任何新东西。至于关系,其结果则是依恋受损,亲密关系变得难以捉摸,也没有多少对家长或孩子有益处的欢乐可言。

阅读关于一系列事件的描述,比事件真实地展现出来需要花费更多的时间。事实上,整个过程发生得太快,它看起来几乎不像是一系列事件,这是成年人在大白鲨之音的束缚中难以逃脱的原因之一。在意识到自己在做什么或为什么要这样做之前,父亲发现自己已经转身离开了哭泣的孩子,或者,儿子正投入地玩着,母亲会突然中断游戏,想把他拉回自己身边。COS干预旨在阐明这一系列快速发生的事件。意识到正在发生什么打开了一扇小窗,养育者可以有机会从中选择一条通常不走的道路。

干预是如何完成上述目标的,以及如何通过提供给家长新的养育选择及与孩子之间更好的依恋关系的方式达成上述目标的,将于本章后面展开讨论,并将在第二部分进行更加详尽的讨论。但首先,重要的是要知道为什么家长看起来如此愿意并且能够产生改变,而这些改变最初可能看上去有些激进、颇具威胁而且极其需要努力。因为有那么多条件堆积在一起,都对我们工作过的许多家长和其他主要照顾者不利,所以我们所看到的变化几乎都是奇迹般的。

例如,艾米莉,2岁孩子的年轻母亲,现在是附近社区一名成功的护士技师。但7年前,在她还只有十几岁的时候怀了第一个孩子,住在她兄弟的车后座上。艾米莉来自于这样的家庭,她的父亲有性虐待和情绪虐待的行为,她的母亲在她整个童年期间都在吸毒,艾米莉选择了流浪街头,以此作为逃避"太多"与"不足"的组合,这定义了她的早期生活。

她后来说,"怀孕可能是我还活着的原因。如果不是为了拉提莎,我可能因吸毒过量而已经死了。但是有了那个小女孩,让我变得完全不同了。"在一定程度上,艾米莉想说的是,发现自己怀孕像是一个叫醒电话,为她提供了人生中的另一条道路。在某种程度上,这对我们工作过的许多家长来说是非常常见的,像是突然直接用眼睛盯着家长的责任,唤醒了一种承诺:"为我的宝贝做一些没有人为我做过的事。"

在艾米莉的案例中,她找到了当地一家使用COS的收容所。在几年的时间里,艾米莉充分利用了COS提供的所有方式:先是参加一个使用视频回顾的团体,然后是一个"开放"的长程COS团体,家长在这里每周参加会谈,讨论在养育孩子中出现的问题——都是在COS范式的背景中。家长都想要成为好的家长,鲍尔比将其称为家长的"预编程",这样的"预编程"与理解我们最常见的需要的一致性模型相结合,为艾米莉提供了路径图,她需要这个路径图来理解其极度混乱的童年。"我喜欢我在这里学到的东西。我喜欢事情看起来不再像以前那么疯狂了。我喜欢我能够爱我的宝宝,能知道她需要什么。我喜欢我可以因为我的那些需要没有被家长识别出来而感到难过。我有两个漂亮的孩子,我知道我在做什么。我喜欢这样。"

除了那些社会经济与社会心理的障碍之外,关系的心理表征即心理状态,对家长的养育有着很大的影响。成人依恋访谈(George, Kaplan & Main, 1984)对被访谈的成年人与其子女之间的依恋关系的预测显示出有75%的准确性(Fonagy, Steele, & Steele, 1991; van IJzendoorn等, 1999)。这意味着这是由最坚硬的钢锻造而成的链条。要打破这个链条并使新的选择成为可能，家长需要理解直接影响他们与孩子之间互动的"未经思考的已知（the unthought known）"（程序性记忆）。

积极的意向

Selma Fraiberg 曾经将一位母亲与其宝宝的心理治疗描绘为有点儿"像有上帝在你身边"。

——Robert Emde (1987)

鼓起勇气直视鲨鱼，需要强大的动机。Fraiberg 的说法中暗示的事实是，所有的家长都有这个动机，它以内在愿望的形式存在，这个愿望就是要为了自己的宝宝尽力做到最好。像孩子先天寻求养育的系统一样强大，家长的先天养育系统是有些令人敬畏的：提供安全型养育的相应的预编程就存在于我们寻求安全依恋的硬连线之中。整个历史、文学以及科学中，人类都承认了寻求养育和养育之间的相互作用。正如 Robert Frost 所说，我们每个人内心都"无法抗拒地渴望自己被无法抗拒地渴望着"（the irresistible desire to be irresistibly desired）。一个新生儿对他的母亲的爱，是人类第一次拥有这种无法抗拒的渴望，当婴儿长大后，他们自己孩子的诞生，激发了对自己被无法抗拒地渴望着的无法抗拒的渴望。

然而，未经思考的已知可以挡住去路。一位刚刚分娩的母亲接过刚出生一分钟的婴儿，看了一眼他皱巴巴的脸蛋，说道，"哦，你就像你差劲的父亲一样"——心理表征如此明目张胆。母亲的本能是看着她的宝贝，看到很美的人，并且屈服于宝宝不可抗拒的渴望，而战胜了这种母亲本能的是源自童年的混乱型依恋的印记，这种依恋关系被强加于她与宝宝父亲的关系中，现在立即被传递给了她刚出生的孩子。如果不是因为几十年来一直作为其关系盔甲的这种防御，这位母亲可能已经能够感觉到宝宝爱与被爱的不可抗拒的渴望。这些防御是非常强大的："防御性过程对信息和感觉的扭曲和排除会达到一定的程度，使家长无法检测、整合与教养、依恋以及其他行为系统相关的信号，这时灵活性和平衡性就会被破坏。这会导致排斥、混乱或崩溃"（George & Solomon，2008）。

换句话说，大白鲨之音可以如此嘹亮，以至于我们无法直视。

然而，人性最伟大的恩赐之一就是，事实上即使有着最具创伤性童年关系的大人似乎也没有失去保护自己孩子的本能（Fraiberg, 1980）。刚刚描述的母亲可能就有深深的保护宝宝的欲望。引导她提供安全养育的这种智慧有着四百万年的历史，而由于她有问题的背景，她缺少的可能就是能够应用这种智慧的能力。COS 是为了向家长展示他们充满防御性的养育对孩子有着怎样的影响。这种启示挖掘了家长所拥有的深层保护意识，为改变提供了动力。我们可以利用这种动机，和缓地向家长展示，当他们的大白鲨之音不可避免地拉响可怕的警报时，他们怎样才可以战胜令他们付出巨大代价的防御。

我们都有这样的本能：通过安慰、监管和保护他们以及在必要时组织他们的感受，来为孩子提供关爱。我们都能够发现这种本能，哪怕要挖掘出这种本能就意味着要穿过数层童年时塑造起来的防御层。这就是 COS 要关注的核心力量。即使家长有理智上的、行为上的或其他问题，并且或许无法从洞察力导向的治疗方法或说教性家长教育中获益匪浅，他们也能运用自己与生俱来的保护和照顾孩子的欲望（George & Solomon，2008）。这是 COS 与行为方法背道而驰的突出领域。改变背后的驱力，不是母亲或孩子是否做"对"了。真正有可能将不安全或混乱型依恋关系转变为安全型的，是发掘出母亲强烈的保护、照顾、回应孩子的本能，以及孩子寻求保护和照顾的本能。

> 没有爱，婴儿也可以被喂养，但没有爱如同非人性化管理，无法成功创造一个新的自主的人类儿童。
>
> ——Donald W. Winnicott (1971)

反思能力和心理状态灵活度

在旧的工作模型中，特别是当情绪激发了大白鲨之音那令人紧张的警报时，家长可能会认同源自童年经历的脚本并见诸行动，而不是对孩子在当下的真实情况做出回应。大白鲨之音可以使家长失明，让家长看不见现实，不知道她的孩子是一个独立的个体，依照自己的思想和感觉采取行动。相反，那种感觉仿佛是家长突然看到了一部以自己的童年为基础的电影，这驱使她见诸行动或认同孩子的角色、她自己家长的角色，或者那种她自己渴望的幻想，而这种幻想并没有以她孩子的需要为基础（Lieberman, Padrón, Van Horn, & Harris, 2005）。这种僵化的观念限制了家长关于如何回应孩子的选择——甚至限制了家长对于孩子们想要传达什么需要的理解——因为，毕竟电影从未改变过。

家长如何能看到恰在他们眼前的孩子身上发生了什么事？如果是我们一直表明的那样，扭曲或限制他们视力的就是大白鲨之音，那么简单的答案可能就是将音乐完全关掉。但那是不可能的。然而，虽然痛苦的记忆的确令人痛苦，但这些记忆并不是目前正在发生的事件。我们可以做的是帮助家长认识到什么会触发大白鲨之音，并邀请他们进行反思性对话。随着时间的推移，他们也许能够调低大白鲨之音的音量，使之成为浅吟低唱的背景音乐，而不再驱动他们做出行为反应。我们为家长提供的，是用语言组织那些内隐性和程序性记忆的机会，从而提供何为大白鲨之音启动装置的新视角：是记忆，而不是威胁性的事件。正如一位被诊断患有创伤后应激障碍的女性所说的那样："我仍然能听到音乐，我只是不再相信还有鲨鱼了。"

达成这样的目的需要时间，这取决于个体童年经历的性质，但即使是在8周的COS养育模式中，我们也已经开始看到显著的变化。我们认为，这个进展不仅可以归功于一个又一个参与者展示出来的无限勇气以及对孩子无私的奉献，也要归功于我们主要专注于创造强有力的抱持性环境，从而允许他们有着四百万年历史的智慧得以涌现。我们会在第十一章中详细地讨论治疗性抱持性环境的创建，但这里很重要的一个方面是，我们并不试图拆毁那些已经使用多年的防御机制。相反，我们帮助家长理解他们防御的本质。我们认为，我们的任务不是消除防御过程或是消除最初引起这些防御的痛苦。我们的主要目标是为家长提供一些他们所缺失的抱持性环境，提供一种对于早期童年痛苦适当的觉知，提供一种方式让他们看到自己习得的对痛苦做出回应的模式，然后提供选择的机会，让他们能够至少在某些时间从防御外部采取行动。

我们首先通过给家长展示孩子明显处于困境中的视频，唤起家长的积极意图。接着我们提供反思性对话，以促进他们对于孩子的需要产生更加共情的理解。当家长能够感受到对子女的共情时，他们的养育系统会被激活，这会使他们更愿意为了孩子而忍受这个过程的不适。一旦他们看到需要的合理性，我们便向他们展示一组视频，在其中一些视频中他们在满足这种特殊需要时充满挣扎，而在有些视频中他们有能力满足这种特殊需要。我们所提出的议题是，他们的孩子需要他们的方式使他们感到不舒服，但他们有能力满足这些需要，这一点视频中有证据（我们称之为"未充分利用的力量"），有时他们能满足特定的需要，有时他们会因为听到大白鲨之音而走开不理这些需要。通过逐步观察自己和孩子的视频，并获得团体中其他家长和治疗师的支持，家长可以找到方法来处理自己的大白鲨之音，帮助孩子建立更安全的依恋关系。

既然他们的大白鲨之音可以凭借名称加以识别，那么当它自己显示出来时，家长就可以做出有意识的选择：他们可以继续被不再存在的鲨鱼吓到，错过孩子的需要和提示，也可以站出来说"这是我的大白鲨之音"，然后去满足孩子的需要。在这些新选择点上，家长可以回应孩子的需要（尽管需要会引起不适），或者通过忽略孩子的需要来保护自己免受痛苦（限制或避免回应）。在COS干预的过程中用语言得以了解并组织的是，他们可以选择现在付出代价或以后付出代价。如果他们保护自己免于即时的不适，那么孩子的需要就不会得到满足，随着时间的推移，孩子将开始以扭曲的方式表达这种需要，而这会同时造成家长和孩子的困扰。

> *所有的家长都会在孩子提出某些需要时听到大白鲨之音。*
> *安全型儿童的家长能够识别他们的大白鲨之音。*
> *尽管会造成暂时的痛苦，但他们通常（并非总是）*
> *会选择想办法满足孩子的需要。*

心理状态确实能够改变。但家长要与孩子以促进安全依恋的方式进行互动，并且从这样做所获得的有益体验中来学习，都是需要时间的。这是内部工作模型发生变化的过程，在这个过程中家长防御机制的紧迫性最终或许也会改变，有些是因为停止使用而消失，有些则是因为自己要求被注意到而变得不再那么尖锐。

如果我们从神经心理学家的观点来概念化这种转变，我们可能会说，COS 正在帮助家长和孩子创造新的神经通路。另一种概念化这种变化的方式是，将它看作是在帮助家长再次看到隐藏在眼前的东西：侧重于支持安全性的"和"，而不是试图修理"我"或"你"。

如第五章所述，内部工作模型需要有足够的灵活性，才能允许源于当前关系和背景的数据去更新对自体及他人的理解。这种灵活性的核心面以反思功能为转移。通过参与反思性对话，COS 方案的目的在于发展家长的反思功能，从而产生更加安全的结果。反思性对话的具体性质会在本书第二部分中进行说明。

反思功能

尽管基于家长的心理状态可以预测婴儿与家长之间的依恋关系，但是没有人能够真正知道成年人的童年依恋关系以及随之而来的心理状态是如何传递到下一代的亲子依恋中的。我们理解上的这个空白，使得要获得对不安全型与混乱型依恋的代际传播的"治愈"是非常困难的。然而，越来越多的共识是，反思功能是一个关键的支点。

我们对反思功能的工作定义是"理解自己及他人的精神状态、思想、感觉和意图的心理能力"。在这种情况下，他人指的也就是寻求关爱的孩子。反思功能使得家长有可能会认识到需要改变的是什么——特别是自己需要改变的是什么。就像已经说明的那样，除非我们能够处理大白鲨之音，否则它会限制这种能力，有时甚至会严重限制。

安全的家长可以：(1)站在后面并看到他们在为孩子做什么（以及还没做什么）(反思功能);(2)承认他们在什么地方有挣扎，为了他们的孩子（积极的意图），努力寻找另外的方式。事实上，在能够支持安全依恋的人的心理状态中，反思功能一直是作为基础能力而出现的（Fonagy, Steele, Steele, & Target, 1997）。

> 反思能力：把焦点从我的孩子正在做（抱怨）什么以及
> 这让我有什么感觉（受挫），转移到我在做什么
> 以及这让我的孩子有什么感觉的能力。

如果反思功能可以让家长理解自己的大白鲨之音，那么这可能就是打破糟糕的亲子依恋代际循环的关键。Fonagy 等人（1991）开创性的前瞻性研究表明，怀孕母亲的心理状态能够非常准确（75%）地预测孩子 1 岁时的亲子依恋关系。如果可以改善反思功能，那么心理状态就面向改变开放了——因此接下来的亲子依恋模式也会发生变化。

值得注意的是，Fonagy、Steele、Higgitt 和 Target（1994）发现，具有高反思功能的高风险家长很可能会有安全依恋的孩子。我们发现，几乎只要有一点反思能力，就能使家长成为 COS 干预成功的候选人。事实上，我们往往会观察到，反思功能最低的家长恰恰在反思功能上获益最大（Huber, 2012）。家长偶尔会有很低的反思能力以至于会破坏团体的进程，因此我们提出了单独治疗。COS 方案的目的在于增强反思功能，以促进安全的依恋关系。这个

潜力基于鲍尔比独创性的观点之一：即健康包含着有能力根据当下的体验更新模型。目标是拥有一个内部工作模型，它足够稳定，能使你在世界中保持方向；足够灵活，能应对日常生活的变化；也具有足够的适应性，可以在旧模型不再准确的时候及时更新。

换句话说，反思功能包括许多其他人使用不同术语描述的不同心理功能，如心智化，元认知监控，将心比心和心理理论等。强化上述所有这些的的重要能力是一致性。"安全依恋的标志是一致性的故事，具有说服力，前后一致，细节和总体情节一致，而讲故事的人不会太冷漠以至于情感缺席，不会脱离故事的内容，也不会感到如此不知所措，乃至于感情无形地流入对话中的每一个缝隙中。相反，不安全依恋的特征，要么是过于烦琐和纠结的故事……要么是不屑一顾不那么有血有肉的故事"（Holmes，1999）。

这意味着在保持一致、合作叙述的同时记住依恋相关事件的能力。这是安全依恋关系最有力的预测因素之一。心理治疗干预的含义在于，与治疗师进行反思性对话时，患者可以将扭曲的或反防御性的体验纳入更有组织的自体感，软化防御，加强情感调节，甚至行为的自我控制（Slade，2008）。这正是设计 COS 的目的（见专栏 6.2）。

专栏 6.2　选择点以及破裂的圆环

当孩子变得难搞时——受挫、苛求、沮丧、失去控制——家长可能会感到沮丧、无能为力、迷茫、生气或害怕。所有的家长都可能在孩子的小脸上看到愤怒或拒绝或没有任何意义的要求。如果家长在那一刻离开了圆环，那么在关系中就会产生破裂。如果孩子陷入了困境，而家长仍然陪伴回应孩子，能够"在一起"，那就是"整理我的感受"的时刻。破裂是不可避免的，所有的家长都会在某些时候离开。但是，通过治疗获得的反思功能及"在一起"的新体验可以创造一个以前从来没有存在过的选择点。家长能够学会基于新的理解进行反思并做出回应，新的理解指的是："当我的孩子变得真的很难搞的时候，我的孩子真正在说的是'我需要你'。"

衡量修复（即家长选择回来成为支撑圆环的双手的回应）的是修复后的关系是否比破裂前更牢固。如果家长不以任何方式承认破裂，或者不能认识到破裂带给孩子的感受，或者不能在下一次触发事件出现时创造新的可能性，而是回避所有的感受，那就是不幸地浪费了一次重要的机会。想象一下，一名2岁的孩子坐在客厅的地板上，父亲正坐在附近读书。孩子开始抱怨啜泣，但没有得到父亲的回应，他只是简单地把自己的报纸攥得更紧，把报纸抬起来阻挡自己对着女儿的视线。女儿渐渐哭得越来越大声，很快就陷入了痛苦。爸爸突然起身，走出了房间。这个小女孩独自一人被留了下来，她拼命地安静下来，但还是一直在啜泣。她的父亲微笑着回到房间说："我的女儿怎么样了？你没事吧？"即使他过去把女儿抱了起来，小女孩也完全不知道为什么父亲在她需要的时候离开了她，不知道父亲现在所期望的是什么。当这种情况不断重复时，她便建立起了一种信念，那就是爸爸不喜欢哭泣，所以她试图尽可能多地扼杀自己的哭泣。她的父亲完全不知道孩子的信号是什么意思，并且每当孩子表达需要的时候，他都会走出圆环。女孩与父亲的依恋最终将被评定为回避型，父女关系将会受到影响。如果父亲认识到他已经把手从圆环上拿开了，并且带着会修复破裂的承诺回到孩子身边，和女儿谈论刚刚发生的事情，并明确自己的承诺，找到一种新的方式，在女儿感到痛苦时陪伴在她身边，那么想象一下，会有什么不同呢？

安全感圆环干预如何利用积极意图并提高反思功能

图 6.1 显示的是在幼儿表达出对于改变家长的防御和促进安全依恋的需要之后，COS 对接下来发生的一系列心理事件进行干预的方式。当孩子的情绪唤醒了家长内在有组织的、经过调节的情绪反应时，就能够促进"足够好"的养育与安全的依恋关系。但是，如果婴儿的情绪引发了家长不受调节的情绪时，那么也会引发认知反应，这种反应会对孩子的动机做出负面归因；

这种途径会导致养育方式出现问题，同时会导致不安全型依恋关系的建立。COS 干预的重点是让家长参与反思性对话，反思对话是关于他不受调节的情绪，其目的是帮助家长组织并反思他的情感和认知反应，从而开启"足够好"的养育方式。在整个过程中，COS 首先利用家长的积极意图，然后再利用其反思功能。

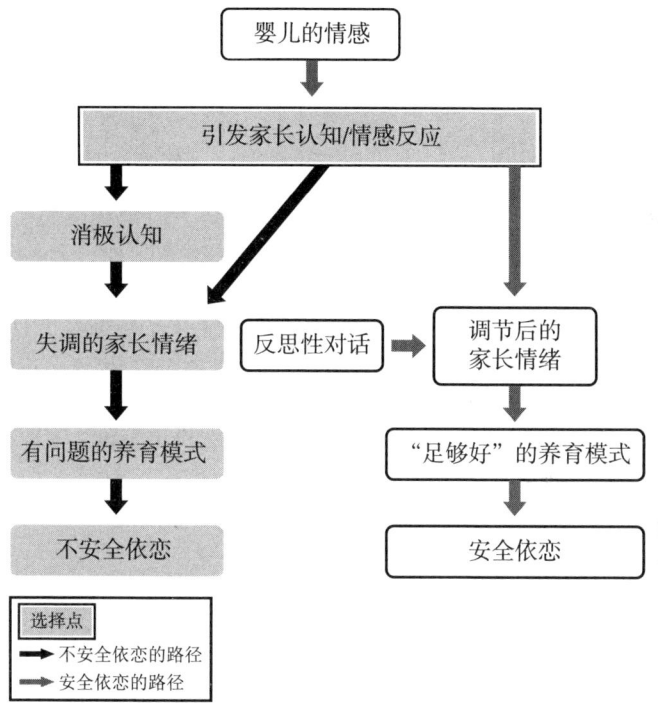

图 6.1　情绪调节

当孩子们的需要表达瞬间触发危险的警报和厄运的征兆时，养育者倾向于进入防御机制，而不是接受认知转变和情感变化。听到大白鲨之音的家长处在杏仁核变得不受控制的紧要关头，可能会将战斗、逃跑或者僵住看作自己唯一可走的路。因此，治疗师开始 20 周的干预时，会将重点放在家长的积极意图、隐藏的力量以及作为孩子世界中至爱中心（beloved center）的作用上。治疗师的目标是通过在团体内创造一种家长安全稳妥（safe and secure）

的感觉，开始缓解防御。一旦这个团体被确定为安全港湾时，家长也可以将团体当作安全基地，来探索为每个人所选的治疗关键的防御性（不安全型或混乱型的）互动。通过家长、团体的其他成员和治疗师之间的反思性对话，每个养育者都渐渐地开始了解使用这种防御的消极后果。当一切进展顺利的时候，家长就会意识到，他们保护孩子和照顾孩子的深深的渴望并没有在他们的养育行为中体现出来；相反，由痛苦的程序性记忆引起的情绪失调，导致了充满问题的防御性养育，并造成了不安全的依恋。他们也有机会看到，通过调节他们的情感，他们能够超越感觉的行动化倾向，并选择足够经常性地满足孩子的需要，从而成为"足够好"的家长，使孩子建立起安全依恋。

虽然我们不完全理解其变革力量运作的机制，但视频明显在家长改变养育行为的能力中起着至关重要的作用。观看自己和他人的录像，为概念注入了生命力。此外，视频有助于传达出既呈现力量又呈现冲突的值得尊敬的能力信息。家长能够处理有关冲突的真相，这个不言而喻的声明既正常化了家长，也让家长相信他们拥有孩子所需要的东西，并且有能力足够经常性地提供这些东西，从而使安全依恋开花结果。

COS 通常通过以下步骤，提供能够创建安全亲子依恋的路径。

1. **接受、尊重并利用家长的积极意图**。对家长的积极意图没有或失去感觉的导师，无法成为抱持性团体的那双手。导师可能会被家长的负面归因所淹没，这会使家长感染到一种无助、毫无希望及无能为力的感觉。就好像导师变成了混乱的孩子，实行了控制性惩罚与控制性养育，或者在两者之间变来变去。在我们与家长的工作中——包括那些被监禁的家长，被儿童保护机构转介的家长，有药物和酒精史的家长，无家可归的家长，仍然是青少年的家长等——我们只是在极少数的时候没有发现积极意图。可能还有其他因素使他们无法好好养育孩子，但他们几乎一直都有积极意图。

2. **提供路径图**。路径图就是 COS 图形（图 1.1）。它以简单的方式描绘了亲子依恋关系中的三个系统：依恋系统（圆环下半部分，孩子要求安全港湾的安慰）；探索系统（圆环上半部分，孩子要求安全基地，他们从中进入世界，获得知识、能力和自信心）；养育系统（圆环上的双手，家长变得更高大，更强壮，更智慧，而且和善，尽可能跟随孩子的需要，并在必要时掌控局面）。这张地图有助于家长理解孩子的需要，理解孩子们如何在一天之间来回在各个系统中切换，以及理解他们应该如何帮助孩子，支持孩子对于保护的需要，并鼓励孩子向着独立成长。它向家长表明，心理状态告诉他们有鲨鱼出没的水域，实际上是可以被安全地满足的合理需要。

3. **提高家长的观察与推断技能**。干预通过允许他们看到自己与孩子的互动（或通过 COS 需要的镜头所进行的互动），提高了家长观察孩子在圆环上的需要的技能。一旦他们有明确的行为描述，他们便充分准备好使用圆环，对自己及孩子行为的意义做出准确的推断。团体中的安全与接纳让他们能够同录制视频时影响到他们行为的大白鲨之音保持距离。有些家长马上就能认识到，自己的行为是在模仿自己的养育者。在一个群体环境中，家长可以得到很多好处，能获得其他家长的意见，也能够看到其他家长与自己的大白鲨之音的斗争，这样家长就能够使圆环破裂正常化，否则这种破裂可能会带来羞愧和防御。

4. **参与反思性对话**。家长首先观看自己和孩子在陌生情境中的视频片段，并与治疗师和其他家长谈论这些见解，家长在这个过程中学到的东西启动了关键性的转变。曾经隐藏在眼前的内隐关系认知，现在可以拿出来公开讨论了。随着他们与生俱来的积极意图不断提高来迎接挑战，他们开始明白，他们的内部工作模型并非一成不变，他们可以与孩子建立更好的关系，并且能够更顺利地引导孩子进入成年阶段——如果他们能做出与其童年根深蒂固的那些东西不同的选择。在这个过程中，他们以前的大白鲨之音丧失了部分造成痛苦的力量，而对于那些在依恋关系中制造不安全及混乱的行为，家长则提高了调节驱动这类行为的情绪的能力。

5. **最后一步**。这条道路上的最后一步是，继续享受、保持并增强与孩子不断深化的关系。

图 6.2 是我们发给家长的材料，帮助他们理解，基于养育者心理状态的重要反思与对话对于孩子的安全感来说是怎样的。

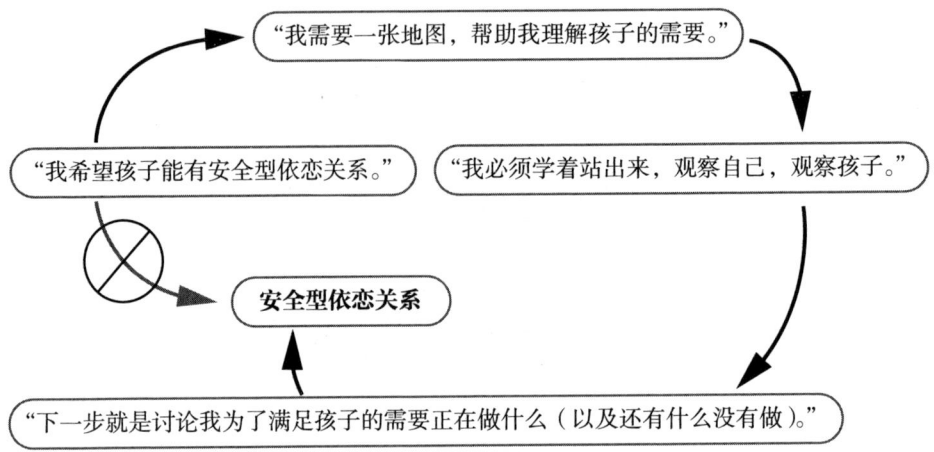

图 6.2 通往安全型依恋的路径

通往安全依恋的路径

在本书的第一部分中,我们重点关注基本的依恋理论,安全依恋的重要性,要创建安全依恋必须满足的关系需要,以及在满足这些要求时"在一起"的力量。我们还研究了安全型依恋的改写(回避型、矛盾型和混乱型),养育者心理状态在依恋中的作用,以及通往安全依恋的路径略图。在第二部分中,我们将运用这个背景来探讨 COS 评估与干预的细节。

作为 COS 干预具体细节的前提,我们想要表达感谢,与来到干预中那些遭受过严重虐待、忽视、家庭混乱及重大局限的养育技巧的高危家长合作,这一直以来都是最特别的恩赐。我们多年来的经验已经带来了共同的理解,即家长自己会引导我们如何提供帮助。是他们教会了我们,他们第一位的、最迫切的需要与信息的传递几乎没有关联。当家长感到被大白鲨之音击倒时,发给他们关于发展阶段的讲义不太可能有用。多年来,家长一再教给我们:"从我在的地方开始,不要从你认为需要在的地方开始。如果我在我的大白鲨之音中迷失了,我需要一种让我理解大白鲨之音的方法。在我可以向你学习之前,你需要了解我,让我知道我跟你一起在这里是安全的,让我知道你在乎,然后再解决痛苦。当我准备探索时,当我要学习回应宝宝的新方法时,在圆环的顶部和我在一起。"

PART 2

安全感圆环干预

第七章

观察关系

> 如果你不知道自己要去哪儿,你就得非常小心了,因为你可能到不了。
>
> ——Yogi Berra

养育者和孩子会通过各种途径,带着各种各样的问题,来到COS干预中。无论早期领先运动的工作人员或为处于危险中的母亲服务的新生儿诊所有没有注意到这个需要,COS治疗的第一个问题都是这个家庭在关系中的"和"上是如何挣扎的。

摄入性会谈:治疗的真正开始

COS治疗真正意义上是从首次接触开始的,无论是电话、面对面访谈、短信,还是与仅仅在考虑参与COS的家长的随意对话。就像其他干预一样,摄入性会谈提供了一个重要的机会,可以来筛选那些可能阻碍治疗过程的因素,或者证明需要进行其他种类的治疗的因素。如果治疗师使用COS团体模式进行干预,为了确保工作团体是安全的并且具有产生积极结果的最大潜能,筛选参与者是很必要的(见专栏7.1)。但无论在内部还是外部的其他东西,都会使家长或孩子单独陷入困境——无论"我"还是"你"发生了什么——

COS 的摄入性会谈主要集中在"和"的部分。这涉及在以下两种感觉中确立关系的中心地位，我们在第一部分中已经强调过这两种感觉：

- 将呈现出的行为上的挣扎重塑为支持关系的机会。
- 将治疗师定位为抱持养育者的手。

> **专栏 7.1　不是 COS 团体干预合格候选者的养育者**
>
> 一些养育者的防御会危害到 COS 治疗过程中所需的安全性和一致性，他们的干预最好通过个体模式来进行（见第十二章）。我们认为不适合团体工作的养育者包括以下几类：
>
> - 使用毒品和酒精并且没有承诺会积极寻求同步治疗的人。
> - 有急性心理健康问题的人，如抑郁症（这些问题可能会出现，使家长在当下无法参与到 COS 中来，但并不总是会这样）。
> - 对孩子表现出严格而弥漫的消极情绪且没有表现出任何愿意反省自我的迹象的人。
> - 生活在家庭暴力的环境中，并且选择将危险的伴侣放在比孩子的需要更重要的位置上，且没有意愿重新考虑这个选择的人。
> - 通过贬低别人或不停抬高自己来表演自恋的人。
> - 通过使团体进程中充斥着不相关话题来管理自己情感的人。

将问题构建为关系议题

即使从业者明白问题在于关系，在小宝宝面前手足无措的家长总会把问题看作是孩子本身的问题。他们可能会用保护性的态度构建这样的角度——"他只是太敏感了"——或惩罚性的态度："他真是个顽童，他需要规矩点。"在 COS 方法中，治疗师第一也是最重要的任务之一，就是开始转变家长的看法，让他们逐渐能够把行为看作是一系列互动交流的一部分。当家长认为行为与关系有关的时候，他们就会开始明白，孩子正是通过行为试图来告诉养育者自己的需要；这样一来，行为就有意义了，而不是凭空出现或莫名发生的。当干预只是简单地集中在消除行为上时，实际上是不慎切断了孩子沟通的能力，而不能满足孩子真正的需要。

想象一下，一位家长说他的问题是孩子哭得太多了。然后，治疗师问了几个具体的关系问题，如：当你的孩子哭的时候，你都会做什么？当她哭泣时，她会来找你吗？当她哭的时候，你会去找她吗？你怎么安抚她？她是怎么做的？什么时候安抚起作用？什么时候安抚不起作用？安抚她时你的感觉如何？当她无法平复下来的时候，你的感觉如何？当你试着安抚她时，你觉得她会感觉怎么样？通过表达对家长和孩子之间的互动感兴趣，这些问题既暗示了行为的关系背景及意义，同时也暗示了可能的解决方法。

治疗师可以通过提出一些形式为"当……的时候，然后……"的问题，更进一步地进行重构：当你的孩子做出行为 A 时，你都会做什么（行为 B）？当你做出行为 B 时，你的孩子如何回应？这样的问题能够填补空白，绘制出互动的画面，这样有助于追踪关系的发展过程。需要注意的是，治疗师并不是用责怪家长来代替责怪孩子。然而家长经常把问题看作是孩子身上的问题，是因为他们害怕问题可能跟他们有关，所以治疗师必须对于如何提出这些问题，甚至是否要提出这些问题保持敏锐，以免引发防御。这可能有助于使家长安心，确定你对于他们在面对问题时所做的努力和取得的成功是感兴趣的。

以同样的精神理解家庭中正在发生的事情，承认关系的力量伴随着挣扎将增强抱持性环境。这个阶段最好是只承认普遍的力量，例如家长对孩子深深的承诺，在干预开始进行前不要试图进入具体细节。在建立起对关系清晰的理解之前，很容易无意中鼓励家长专注于那些为了回避圆环上的关键冲突而过度使用的力量上——正如相当有能力鼓励探索的家长一样，他们也会将此作为回避圆环底部的方式。

> 持久的变化来自家长发展或加强自己的关系能力，而不是学习管理孩子行为的技术。

治疗师充当手

如果家长要接受一种关于孩子行为的新观点，治疗师需要与家长在其所处的地方相遇，并且在整个过程中都和他们"在一起"。治疗师可能对要填写诊断和信息表格甚至要在初始会谈中做出合理的诊断感到有压力，但是一开始就采集所有这些信息会妨碍建立真正有兴趣的氛围。在真正有兴趣的氛围中，家长可能会想："我感到不再孤单了，因为当我处在这种孤单的感觉中时，似乎是有人在这里跟我在一起。"特别是在家长具有多重危险因素的情况中，第一次约谈的目标可能很简单，只是让他们觉得自己被听到了，充满希望，感到足够安全从而希望能有下一次约谈。

> 在整个COS干预中，对家长的回应应该胜过信息征集，尤其是在第一次来访中。

建立初步的关系目标

初始目标在讨论治疗基础时可能是非常有用的。事实上，家长参与摄入性会谈就表明了他们渴望能够跟孩子建立更好的关系。现在是时候介绍视频录制了，视频录制是更好地理解孩子如何与家长互动的第一步，并强调家长将通过观看视频来学习新的方法去帮助他们的孩子。家长即将要接受的干预的核心就是，利用视频来观察家长是如何挣扎的，是怎样成功满足孩子的需要以及管理紧张情绪的。

这个最初接触也就成为了治疗契约的开始，治疗契约将有助于指导治疗过程。它有助于让家长站在目标的角度理解治疗的程序——评估以及视频回顾。随着时间的推移，治疗师和家长会形成一个安全港湾/安全基地的关系，契约将变得更加复杂和集中。治疗契约不是一系列症状导向的检查目录，而是一个动态的过程，这个过程会随着时间不断变化，家长会在治疗师的兴趣、关心和关注中体会到安全感。

安全感圆环评估程序

关于亲子互动的 COS 评估，是为了清晰地描绘出家长与孩子之间依恋关系的质量，目的是指导临床治疗师的干预措施。（COS 评估也可以用在儿童保护和监护案件中，见专栏 7.2。）更具体地说，我们的目标是确定一个"关键"（linchpin）挣扎，以此作为治疗的重点。关键（在《韦氏高校词典第 11 版》中，关键被定义为"用于把各部分或作为单位起作用的元素固定到一起"的锁鞘）代表了使亲子互动出现问题的东西，这样就明确了为建立安全依恋关系及促进儿童健康发展，亲子互动中有什么是需要改变的。

> **专栏 7.2　COS 评估在儿童保护和监护案件中的作用**
>
> COS 评估可作为儿童保护服务或监护纠纷的综合治疗计划的一个组成部分。然而，永远不要打算单独使用 COS 评估来决定儿童的安置，必须考虑到许多其他因素。COS 评估有利于发展具有可测量目标的清晰连贯的治疗计划。安置取决于接受某种形式的干预，对于判定干预是否成功来说，有可测量的目标是必不可少的，而不是将出席率或治疗师的主观印象作为衡量治疗结果的标准。
>
> 对于法院来说，基于描述清晰的治疗计划和至少 3 个月的干预而为法院做出的评估，可能会合理地说明家长对能解决关系中固有冲突的清楚系统的方法做出反应及回应的能力。据我们的经验，基于治疗过程中这一水平的评估和反应的评价，能够更清楚地表明家长成功养育的能力。

正如第一部分所述，在评估互动的过程中，我们正在寻找家长和孩子在圆环（顶部、底部或手）上最挣扎的部分中展现出来的瞬间力量，即未充分利用的力量。例如，对于忽视了亲密联结重要性的家长，我们就要寻找家长在圆环底部满足孩子需要的实例。然而，重要的是要避免强化家长过度使用而使之从依恋类型的角度看成为弱点的那些力量。如果 COS 评估揭示一个孩子是回避型的话，祝贺家长促进了孩子在圆环顶部的探索或成功，只会鼓励他们继续使用防御策略，使孩子和他们保持距离，而无法形成安全依恋关系。

正如本章后面所解释的，在 COS 评估过程中，我们会观察孩子和家长的行为。然而，更重要的是我们会考虑互动的顺序：家长对孩子行为的反应，孩子对家长行为的反应，孩子对于自己的反应引起的家长的反应的反应，等等。当你观察亲子互动时，重要的是训练你的思维，用"当家长做 A 时，孩子做 B，然后家长做 C"的方式来思考，与摄入性会谈中的初始问题是一样的结构。顺序揭示了隐藏在眼前的东西：重复的互动模式代表了对特定需要进行协商的策略。在看到不同形式的类似互动的几次顺序后（通常我们至少要看三次）——例如，从下述场景中可以看到家长的侵入性，当孩子全神贯注地在玩某个玩具时，家长建议孩子玩另一个玩具；孩子离开去探索房间的另外一部分时，家长把孩子叫回来；孩子与陌生人相处时，家长把自己插进互动中——治疗师就可以开始将互动归在潜在力量或冲突的菜单上了。亲子互动中值得注意的重复性模式代表任何安全或不安全的关系策略，识别领悟这一点是一种技能，需要的训练和经验远多于一本书所能提供的。我们希望本书能够有助于开始为支持持续学习的理解奠定基础。

> 依恋关系不存在于家长或孩子身上，
> 正如音乐不包含在小提琴或琴弓中，
> 而是在两者之间的互动中。

COS 互动评估程序是改版的陌生情境实验。陌生情境实验在 20 世纪 60 年代后期发展起来，成为了依恋理论的核心研究工具。它已经在除了南极洲的每一个大陆上被操作了上千次，并且它是使依恋理论成为一个重要研究领域的关键因素（Cassidy & Shaver, 2008）。

在 20 世纪 60 年代，使用对照实验程序研究儿童发展和心理是面临着巨大压力的。正如 Bronfenbrenner 的名言所说，"可以说，大部分当代发展心理学，是在最短的可能时间内，在有陌生成年人在场的陌生情境中，研究儿童奇怪行为的科学"（1977）。SSP 的美丽之处在于，它利用实验室的陌生性使其成为一种资源，而不是一个混杂因素。让孩子处于一个没有依恋对象的陌生情境中会激活依恋行为系统。当家长回来时，我们会同时看到孩子对家长的依恋策略和家长对孩子提供照顾的方法。该结构从知道孩子的依恋系统是否被激活（孩子是否处在圆环底部）中去除了猜测的部分，而不是像在没有 SSP 的情况下在家庭中或办公室设置中的视频或观察那样，会让我们对于孩子处于圆环哪个部分没有那么自信。

由于这些原因，SSP 或任何其他类似结构的方案，如果可能的话都是非常值得使用的，但 SSP 还需要一个相当复杂的环境：配有玩具和座位的游戏室，可以用来玩耍的大面积空地，相机/有单面玻璃能观察游戏室的观察室，以及一个联结着游戏室麦克风的摄像机。幸运的是，根据不那么严格的要求来复制同样结构化-非结构化的模型，对于治疗目的来说是有可能的（虽然对于研究用途并不适用）。那些没有必需空间和设备的私人诊所，也许能在附近的大学诊所或儿童心理健康中心找到场所。即使只有一个摄像机的私人执业者，都可以通过记录一对亲子在办公室里玩耍的过程来实现很多基本元素，让家长离开再回到办公室里能够建立起需要的分离和团聚。在这种变体中，治疗师既是摄像师，也是"陌生人"，同样，我们在家访视频中已经看到足够的依恋相关信息，使我们能够基于这些信息做出 COS 评估。

陌生情境实验

陌生情境实验（SSP）包含家长和孩子的短暂分离，随后是团聚，隐藏的摄像机会捕捉整个画面。Ainsworth 和他同事们的《依恋类型》（*Patterns of Attachment*）（1978）一书中曾详细地描述过该方案；在这里，我们提供了一个概述，涵盖 Ainsworth 的婴儿体系与 Cassidy-Marvin（1992）的学龄前儿童体系，以及片段总结（见专栏 7.3）。为了研究目的实施陌生情境实验，培训以及遵守两个系统手册是必需的，但为了进行干预而收集临床材料，还有更多的维度。例如，我们有可能在没有陌生人的情况下开展工作，仍然可以获得相对完好的画面,从中看到家长和孩子所使用的依恋策略。

专栏 7.3　COS 评估程序小结

1. 养育者和孩子进入房间
2. 自由玩耍　　　　　　　　　　3 分钟
3. 陌生人加入　　　　　　　　　3 分钟
4. 分离,陌生人留下　　　　　　3 分钟
5. 团聚,陌生人离开　　　　　　3 分钟
6. 分离,孩子独自留在房间　　　3 分钟
7. 陌生人返回房间　　　　　　　3 分钟
8. 团聚,陌生人离开　　　　　　3 分钟

SSP 结尾
- 阅读　　　　　　　　　　　　4 分钟
- 清理　　　　　　　　　　　　3 分钟

该程序从家长和孩子进入房间开始。然后家长独自和孩子待在房间里 3 分钟,让孩子自由地玩耍所提供的玩具。在该片段的结尾,一个对孩子来说陌生的人进入房间,在婴儿体系中,陌生人首先静静坐一会儿,然后和家长交谈,然后和孩子玩。在学龄前体系中,陌生人与家长接触 1 分钟,然后与孩子进行接触。在这一片段结束时,家长离开房间,分离后陌生人留下来回应孩子。

3 分钟后(如果孩子过于痛苦,时间缩短)家长返回房间。家长会接到指示,与孩子打招呼以及/或者安慰孩子,帮助孩子继续玩耍。正是在这部分,我们第一次看到亲子之间对孩子的依恋需要进行协商。在团聚的片段中,陌生人离开。3 分钟后家长离开,把孩子单独留在房间里。孩子单独在房间里呆 3 分钟或更少的时间后,陌生人返回,回应孩子。

又过了3分钟，如果必要的话缩短这个时间，家长回来，我们能够再次观察亲子如何就依恋进行协商。陌生人悄悄地退出。这再次创造了在依恋/养育舞蹈中观察家长和孩子的绝佳机会。3分钟后，陌生情境实验结束了。在短短的20分钟内，我们能够了解到大量的信息。

我们在SSP中增加了两个片段——阅读和清理，两者都是为了诊断的目的，并且让我们有额外的机会获得积极互动的视频片段，我们可以用来展示家长的力量。在SSP的最后，书籍被带进来，家长被要求坐在沙发上，给孩子读3～4分钟。这一片段经常要求家长在从玩耍到阅读的过渡中掌控局面，而且掌控局面的方式要让家长和孩子都可以享受到活动的乐趣。这有助于我们了解家长在过渡中掌控局面的能力（vs.跟随孩子的需要），以及了解两人在圆环顶部"和我一起享受"的程度。这个片段也需要身体上的亲近。对回避亲近的亲子来说，这经常能够展示出他们未使用的能力（一种"力量"），另外的时候能够突出他们对于亲密欲迎还拒的挣扎。

清理往往会显示出家长在掌控局面上的力量或困难。重要的是要记住孩子承担任务的发展能力，并观察家长对于孩子的期待是否适合孩子的发展阶段。我们倾向于让家长和孩子来完成这个任务，直到他们成功为止（通常3～4分钟），但偶尔，尤其是年龄较大的孩子，很明显他们不会完成这个任务，你必须找到一个优雅的方式来结束这一小节。

出于研究目的给SSP打分，会集中注意孩子在所有片段中的行为，尤其是在两次团聚中的行为。出于COS的目的，我们对于评估很感兴趣，评估亲子如何协商孩子对探索的需要（顶部），对依恋的需要（底部），以及以安全港湾和安全基地形式出现的保护性/掌控性他人的存在（手）。令人充满希望的是，我们可以在每个领域捕捉到视频实例，能够显示家长在关系中的力量和挣扎。

在参加完改版的陌生情境实验之后，家长有一定的时间将孩子引导到所提供的儿童看护处。接下来，家长会被带到访谈房间，进行安全感圆环访谈（COSI）。COSI大概需要一个小时的时间来完成，在第九章和第十章中我们会讨论到COSI。

寻找关键点

互动评估的核心问题是：如果你能改变亲子关系中的一个互动模式，那么这个模式会是什么呢？对于高危的亲子关系，很容易出现一大堆问题，因此，选择一种最可能大幅提高家长和孩子安全性的模式是一个挑战。问题是，到底改变哪个过程能够最大限度提高这个家庭的安全性，是圆环顶部、圆环底部，还是圆环上的手呢？这种模式将是一个防御性过程，这个过程会将家庭功能不健全的依恋"舞蹈"或依恋策略结合在一起。这个关键点应该是这样的：它有助于家长和孩子防御情感上的亲密（忽略／回避型依恋），或分离（贯注／矛盾型依恋），或涉及掌控和层级的问题（未解决／混乱型），以及由孩子对安全基地或安全港湾的需要而触发的情绪困扰。

因为评估的最终目的是确定关键的冲突，而不仅仅是命名特定的依恋主题（像用于研究目的的 SSP 那样），重要的是要将评估结果视为行动趋势，而不是静止状态。例如，"这是一个回避型的孩子"，这样的说法不能为干预提供任何信息，然而"这个孩子避免在圆环底部表达需要，因为这样的行为会持续引发家长的消极回应"，这种说法才能让干预专注在家长对孩子在圆环底部的需要所做的回应上。

看见 vs 猜测：通过行为评估关系

在第二章中介绍过观察行为和对行为的意义进行推测之间的区别，这个区别在评估亲子互动方面的重要性上无论怎么强调都不过分。略过行为观察（看见）直接跳到不以清楚的观察描述为基础的推测（猜测），告诉我们更多的往往是关于我们自己的信息，而不是我们正在观察的关系。

看见与猜测是很重要的，因为一旦你已经断定一个家庭表现出的是忽略／回避型依恋类型，就很难再去观察到能够说明这个家庭并非回避型的标志，除非你能睁大眼睛并抵抗住确认初始结论的欲望。人类倾向于快速做出判断，这正是准确解释亲子行为需要严格训练和大量经验的许多原因之一，评定

SSP 也是如此。

提供亲子评估的全面培训已经超出了本书范畴，如前所述，培训、督导及经验都是从 COS 评估所了解到的信息中得出准确而具有洞察性的结论的先决条件。本章旨在介绍评估亲子互动过程中要考虑的过程和维度。为此，我们提出了在评估亲子互动中问到的问题。尽管从这些问题中得出精确、标准的结论需要大量经验和督导，但提出正确的问题依然是有力的第一步。

当你从看见移向猜测时，要牢记的第一个要素是，家长和子女的行为都需要被视为潜在需要的沟通线索，这些需要如果能被满足，会为关系带来更好的结果。安全型亲子关系中的行为更常使潜在的需要显现出来。在不安全型和混乱型的亲子关系中，行为常常起到掩藏潜在需要的作用。

理解行为正在掩藏什么，而不是正在展示什么，往往是必要的。

通过行为来理解亲子关系，我们必须要考虑到行为的背景、意图以及作用，这样才能够领悟行为正在表达或隐藏的需要。

行为的背景

要利用行为来理解关系，我们必须要知道，到底是孩子的探索系统被激活了，还是依恋系统被激活了。换句话说，孩子是在圆环的顶部还是底部？只看行为，我们很容易弄错孩子在圆环上的位置。就像我们前面所讨论的那样，这是因为我们可以在 SSP 中观察到，在孩子 12 个月大以前，他们就已经能够很熟练地就自己的需要给我们发送假性信号了。

例如，看到在玩玩具的孩子，我们并不能知道孩子是在圆环顶部积极探索，还是在圆环底部给大人发送假性信号，隐藏自己对于安慰或保护的需要。我们需要更多地了解背景。第一，孩子是单独在玩耍吗？如果是这样，孩子可能在通过玩玩具分散自己的注意力，在养育者不在的时候抚慰自己。发送假性信号是一种关系的沟通，必须有人在那里才发送假性信号。当妈妈在房间里，孩子的玩耍质量中可能有一些迹象能够帮助我们确定，孩子是在圆环顶部或底部。当孩子的探索系统被激活时，他的玩耍可能更广阔，更具创造性。当一个孩子在发送假性信号时，玩耍可能是要帮助他安抚自己，因此会倾向于重复和狭窄。这是一个有用的提示，但由于每个孩子的探索质量可能会有所不同，它不能作为判断孩子处在圆环底部或顶部的唯一指标。将玩耍等行为看作一系列事件的一部分，能够给我们提供更多关于孩子在圆环上所处位置的信息。

行为的意图

我们经常要对行为背后的意图做出假设。对于我们判定为消极的行为，我们往往会认为牵涉其中的人的意图是消极的，这将影响我们的评估，并严重损害我们帮助亲子二人的能力。例如，我们很容易会掉进这样的陷阱，我们会假定一个正在发脾气的孩子"仅仅是为了得到关注"或者控制家长。看着一个家长监控孩子玩耍，我们通常会将某种消极意图分配给家长，比如家长只想要一个给自己长脸的孩子。

要准确地评估一个关系，必须假设孩子的行为是在尝试沟通真正的需要，假设家长行为的背后是要满足孩子需要的积极意图。向家长提出如下的基本理念：家长的养育行为出现了问题，但这是她试图给孩子提供有价值的东西做出的努力，这样，我们与家长一起工作的时候，家长会在脆弱时感到更安全。帮助家长感到被看见被理解，对于干预是有帮助的。通常情况下，这更是一种态度而不是治疗师所说的特定的话，虽然例子可能是这样的："我可以看到当你回到房间的时候，你想为你的孩子做些什么，因为他很低落。你给了他一个玩具，那时候你有什么想法和感受呢？"

对行为的准确解释还需要认识到，扭曲的行为沟通具有跨代传播的力量。细想一个对立/挑衅的孩子与其回避冲突的家长。在这样的情景中，这个家长可能是在一个控制型或虐待型的养育者的照顾下长大的，为了避免重复这种模式，家长现在回避冲突，从而放弃了在关系中变得更高大、更强壮。家长把从回避冲突的养育者那里学到的回避冲突作为策略也并不少见。无论行为的起源是什么，其背后的意图都是积极的。

孩子的反应是用对抗和挑衅行为表达对安全的需要。"请告诉我，你可以变得更高大、更强壮、更智慧而且和善。"孩子需要知道家长足够强壮，能够掌控局面；否则家长就显得不够强大，不能提供保护。孩子的用意也是积极的。

然而，随之而来的反馈环路迅速升级：孩子越来越需要了解家长是否可以提供保护，而家长没有表现出掌控的能力，反而变得更倾向于避免冲突。这可能会导致孩子们出现极端且令人不安的行为，使得我们很难继续假设，孩子的意图是既要提出"你有足够的力量来保护我吗？"这一问题，又要唤起家长更具功能性的回应。

扭曲的行为沟通被归因于孩子的消极意图时，使得家长要采取的方法可能是以惩罚性的方式做出回应（例如，当孩子出现这样的行为时，忽略/避开孩子，或者运用暂停以及消极心理状态的逻辑推论），而不是满足孩子潜在的需要。当然，错误的惩罚性回应会导致家长和孩子的行为沟通进一步扭曲。

行为的功能

关系中行为的功能，理想上是与行为意图密切相关的。假性信号可能会隐藏其需要，以保护儿童免受需要未被满足的痛苦，同时保护家长免受儿童表达需要引起的痛苦。通常情况下，这些假性信号会无意中执行了维持问题的特定功能。例如，与养育者之间形成矛盾型依恋的孩子，倾向于表现得烦躁黏人。这种行为让孩子和家长都感到身心俱疲。如第四章所述，Ainsworth对于矛盾型依恋的最初阐述是，矛盾型依恋是孩子对于不稳定的养育者的回应。孩子无意识的意图，可能是为了保持家长的养育系统激活，以确保家长足够专心，能够保护自己。然而黏人的行为有时会令家长手足无措，并建立起使家长脱身的逃跑反馈回路，这会使得孩子更加黏人。理解关系中行为的无意识功能及行为的意图，将有助于形成治疗计划。

行为背后的需要

如果我们接受行为是一种沟通形式这一前提，那么任何评估所必需的一个组成部分就是要理解行为在表达什么。行为可以同时具有几个功能。COS假定，幼儿的行为永远都在执行的一个功能就是表达圆环上的需要。例如，一个孩子沉浸在探索行为中，这是一种学习和享受的手段，但这同时也在向家长传达，这是一个"看顾好我"的时刻。

有时，孩子的行为会准确地传达需要，家长则敏锐地予以回应。然而，我们迫切需要解读的是，那些对孩子或家长而言不清楚的、有问题的行为，或者在某种程度上对于孩子的发展来说代价巨大的行为。实质上，孩子持续的不当行为是在说，对于孩子来说，让家长了解并回应自己的真正的需要所要付出的代价，要大于生活在不当行为带来的痛苦中所付出的代价。

围绕圆环评估行为

依恋理论带给治疗师最好的礼物之一，就是了解到孩子对关系的需要具有特殊性。COS中展示的十种需要并不意味着包含了儿童所有的需要，但是从依恋的角度来讲，如果养育者能够经常满足这十种需要，那么养育者提供的就是足够好的养育方式了。首要的问题是，"孩子是否有足够的信心，相信自己在安全的情况下要去探索世界的时候，能够找到自己需要的、可以保护自己并在情感上支持自己的家长呢？"

足够好的养育不必看起来很完美。其核心问题是：

> 这个工作最后做了吗——至少在一半的时间中做到了吗？
> ——Susan Woodhouse（私人交流，2012）

孩子是在感到痛苦的时候进来、平静下来然后去探索环境了吗？即使看上去有一些挣扎，但如果多半时间内这个工作做比不做的多，那么安全感的基础便是存在的。

在圆环的顶部和底部，这个工作有没有在做，通常会通过孩子发出的信号或假性信号（即孩子在展示还是隐藏她的需要）显示出来。家长可能会为了评估的目的，努力表现得仿佛自己的确在陪伴和回应孩子，但是孩子通过信号或假性信号，会讲述出圆环顶部和底部典型亲子互动的真实故事。

儿童在圆环底部的行为

评估圆环底部——自主性中的关联性——要求你了解，孩子的依恋系统已经被激活了。通过设计，SSP评估创造了一个底部时刻：通过与家长的分离，孩子的依恋系统被激活，之后我们会看到孩子在有陌生人和没有陌生人的情况下有怎样的行为表现。因此，我们可以评估孩子到底是在提示我们他需要什么：保护，安慰，喜悦，以及/或者帮助组织情绪。

孩子寻求亲密的时候，有时候会发出信号，但是，尤其是孩子会讲话之后，发出的信号可能会是言语/情感上的联结，而没有身体上的接近。孩子是直接靠近养育者，通过触摸或言语与家长接触来引起家长安慰自己吗？向家长伸出手臂的孩子表达的是他们希望能被抱起来；那些和家长进行眼神交流，好让家长能够看到分离带给他们痛苦的孩子，表达的是希望爸爸或妈妈能够帮助他们管理这些情绪，因为这个家长之前在这一点上一直非常可靠。孩子们用发出信号的方式来寻求爱、喜悦和受欢迎的感觉。通过发出信号，孩子们传达出自己的需要，而不是以照顾家长需要的方式采取行动。

儿童在圆环底部发出的假性信号，通常会模仿自己的探索行为。与回避型依恋一致的假性信号，是回避或拒绝关心，以及转移开注意力，不关注自己的需要。哪怕他们玩耍的过程重复又无聊，依然会全神贯注地玩玩具，这对于回避型依恋的儿童来说并不少见。此外，孩子们可以将家长的注意力从自己对于安慰的需要转移到玩玩具上。譬如下面这个明显却并不罕见的例子，一个孩子看着从外面回来的家长，然后突然看向房间另外一头的一个玩具，并且指着这个玩具，而之前他完全没有显露出对这个玩具有任何兴趣。

具有矛盾型依恋关系的儿童，可能会直接提示养育者自己需要安慰，但是为了使家长的养育系统保持激活状态，这个安抚必须失败。我们通常能看到孩子想要被抱起来，然后在感到被安慰之前就要求家长把他放下，接着再次要求被抱起来。或者你可能会看到孩子很低落，容易生气，甚至会发脾气——这都是为了保持养育者卷入的无意识计划。

有时在团聚过程中，孩子对家长充满了控制。就好像孩子正在组织家长的痛苦，而不是家长在帮助孩子组织痛苦。这是一个关键的区别，我们将在本章后面的角色倒置（role reversal）中对此进行更全面深入的讨论。

儿童在圆环顶部的行为

评估圆环顶部——关联性中的自主性——需要你了解孩子的探索系统被激活。就像之前提到的那样，孩子有的时候会用玩具来自我安抚，或者转移注意力，不关注自己的需要；这是为了隐藏自己对安慰的需要而发出的假性信号，而不是发出探索需要的信号。观察玩耍的情境及是否精力充沛有助于我们判定儿童的探索系统是否被激活。扩展性的具有想象力的玩耍代表探索，重复的无创造性的玩耍表明孩子的依恋系统被激活。

跟观察处在圆环底部的儿童一样，下一步是要确定孩子正在发出信号（即表达探索需要）还是假性信号（隐藏探索需要）。如图 7.1 所示，发出信号是直接的、投入的、舒服的、平静的，而且会展现出对养育者的积极期待。因此，一个坐在妈妈腿上的孩子，指着玩具的同时与妈妈进行眼神交流，就是一个直接发出信号的例子。如果这个时间是安全并且合适的，安全型的家长就会支持孩子的探索。通常如果一个孩子如此直接地发出信号，家长会愿意支持并且能够支持孩子。如果家长在孩子成长过程中经常不支持孩子的探索，那么你就不用指望这个孩子会继续发出信号了。然而，发出信号也可能更为间接，例如看着玩具再看着家长，然后回到玩具上。这并不一定是在试图隐藏对探索的需要。

孩子接近玩具再回来黏在家长身边，变得无助又想要再回到玩具那里，这叫作推拉式探索，这通常是矛盾型依恋的孩子会使用的假性信号。孩子牺牲了能够胜任的探索以保持家长养育系统的激活。

儿童行为：圆环顶部时刻

儿童发出信号：直接，投入，自在，平静，展现出对养育者的积极期待
儿童发出假性信号：黏人，无助，过度关注养育者，过分开心，如履薄冰，抗拒/爱争论，控制，挑衅，攻击，忽视，拒绝，过分顺从，淡漠

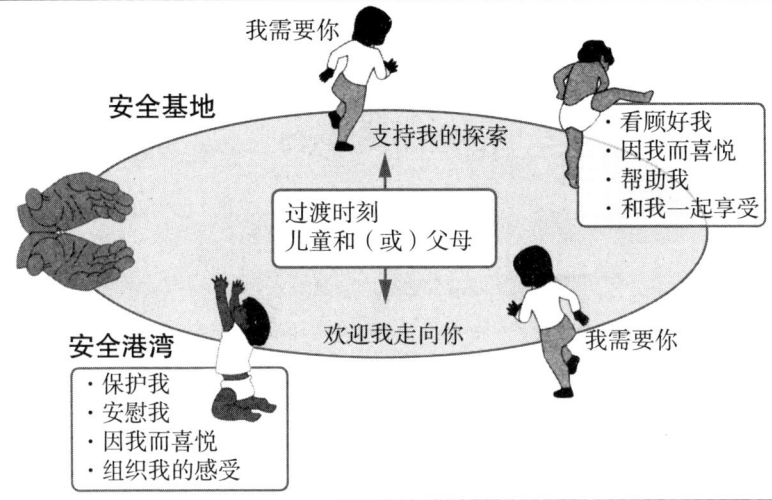

儿童行为：圆环底部时刻

儿童发出信号：直接，投入，展现出对养育者的积极期待，充满爱意
儿童发出假性信号：回避或拒绝关心，转移注意力不关注需要，照顾养育者，控制，挑衅，抗拒/爱争论，攻击，过分顺从，过分开心，警觉，淡漠

养育者行为（"手"）　　　　　　　　　　　　　　　　＊表明可能是混乱型的标识

跟随
适应：自信的态度，情绪的共同调节
不适应：淡漠/走过场，过分开心，焦虑/过分警觉，注意力分散，消极情绪/归因，拒绝/忽视依恋
加压：迫使成功，迫使自足，迫使孩子和我在一起，对圆环顶部或底部施加压力
掌控局面
更高大、更强壮、更智慧而且和善：自信的态度/期待，支架/共同组织
刻薄、软弱或消失：＊攻击或攻击的威胁，＊抛弃或抛弃的威胁，＊无助/恐惧，＊解离，＊忽视，＊回避冲突
角色扭曲（同辈）：＊我们一起变小，＊和我一起成为成年人，＊成为我的同伴，＊不再需要我
角色倒置：＊家长被儿童的养育、儿童的攻击所控制
＊**不断变化/相互矛盾的策略**

图 7.1　安全感圆环：关系评估

混乱型依恋的学前儿童使用的假性信号包括突然变得过分开心，尤其是团聚的时候变得过度顺从，"如履薄冰"，或过度专注于组织或照顾养育者。孩子的目标是保护、管理或照顾家长，因为家长作为圆环上的手承担基本角色时很令人害怕或者很害怕。以上的假性信号是在混乱型中可以看到的控制性养育的例子，这在第四章中讨论过。混乱型依恋中的控制惩罚性行为包括争论、挑衅、攻击、忽视、拒绝和其他谴责或惩罚家长的方法。

我们在本章前面的部分提到过，孩子的行为揭示了隐藏在眼前的东西。然而要看到完整的画面，我们还需要看看互动的顺序，跟踪孩子对家长对自己的回应做出的回应等。所以在评估中，家长的养育行为也很重要，需要去观察。

养育行为：圆环上的手

在评估圆环上的手时，我们在寻找家长通过更高大、更强壮、更智慧而且和善的方式提供有效养育的证据。当家长在需要跟随孩子的引导时，家长的不适应或加压，与圆环顶部或底部的问题有关。如果家长明确地表现出"刻薄、软弱或消失"，那么我们称之为"受限制"的手，孩子在顶部或底部的需要也会受到严重的影响。然而，圆环顶部和底部有问题，刻薄、软弱或消失通常意味着关键挣扎一定跟手有关。圆环上的问题我们稍后会讨论。在诊断性圆环中，受限制的手会以不同的方式呈现出来，实际的抛弃或攻击，或受到抛弃或攻击的威胁，不断变换或相互矛盾的依恋策略，或放弃的维度——所有这些都指向了混乱。

我们通过观察养育者在可能的时候跟随孩子的能力，以及必要的时候掌控局面的能力，来评估养育者作为手的功能的质量。在家长身上我们可以看到许多不同方式的跟随（适应、不适应以及加压）和掌控局面（更高大、更强壮、更智慧而且和善，而不是刻薄、软弱或消失），而且差别可能很微妙。多年来我们一直努力将这些行为分类，帮助治疗师不仅能够评估依恋，而且还可以用上述行为的措辞来描述关键挣扎。请记住，亲子互动非常复杂，不要轻易地将其放入方框或清单中。图7.1旨在帮助大家组织思维，并提供一些观察标志以留意在诊断过程中有所帮助。

既然全部分类都是养育行为，也就是圆环上的手，那么关键点就是手会有些令人困惑。当我们说关键点是"手"时，我们特别指出的是"刻薄、软弱或者消失"的养育者，这些养育者表现出了与混乱型依恋有关的问题情感及行为。

跟随：适应、不适应、加压

如本书前面所述，安全依恋的一个关键是尽可能跟随孩子的需要。Daniel Stern使用了"适应"、"不适应"和"调整"这几个词。调整用于描述"改变婴儿行为和体验的隐蔽尝试"（Stern，1985）。成功的跟随可以被看作是"适应"的。无意中不跟随孩子的需要——误读他们，做出不正确的、消极的归因，或只是被打发——我们称其为"不适应"的。我们用"加压"一词描述试图影响孩子行为或体验的尝试，因为当单独使用时，这个词更能让人联想到这种含义。所有的家长都会这样做。当某个可预测的模式出现，使得圆环上的特定需要无法被满足时，这就会成为问题。

适应

理想的家长会带着自信的态度和情绪的共同调节来跟随孩子的需要，这种跟随的方式与真正的适应和安全型依恋相关。

自信的态度

在这种情况下，即使孩子处于引导地位，家长们也总是更高大、更强壮、更智慧而且和善。这就好像家长能够让孩子确信，"虽然我给你引导的自由，但你可以放心，因为是我在组织这次体验，所以你是安全的，而且我还是会掌控局面。"所以，如果孩子正在玩过家家，让家长扮演宝宝的角色，那么正是家长自信的态度，使家长和孩子在玩耍时能够让现实悬浮，让彼此投入到游戏当中，同时还不会脱离家长仍然是家长的事实。

这种方式的跟随，给孩子提供了安全以及安全感，让孩子能够在不被责任感压垮的情况下去探索主导的角色。孩子能够探索并发展自己的想象力、创造力，因为他知道家长能让他保持安全并被这种安全感所抱持。家长的引导是清楚的，表达不明显，需要的时候会出现——在某种程度上是隐藏在眼前的。

不适应

家长的不适应，在我们所表达的意思中，是他们看起来仿佛和孩子的需要脱节了。与孩子的需要有关的某种东西触发了大白鲨之音，家长已经不能再对孩子的需要做出准确的回应。当家长对孩子体验的共情因为上述原因而受到影响时，这尤其是个问题。不适应，可以有很多不同的形式。

淡漠 / 走过场

家长不适应的一种方式是表现出情绪淡漠（缺乏热情、情感联系、享受和喜悦），只是走过场地跟随孩子的需要，没有给孩子的玩耍带来任何创造力或复杂性。这些家长可能会看起来很无聊或不专注，甚至可能看起来不喜欢与孩子玩耍。他们似乎不知道如何能够在跟孩子玩的时候让两个人都开心。你可能会看到家长很淡漠、没有反应的面部表情以及很慢很费劲的动作。

这种养育行为会使孩子感到孤独、不被注意，或者更糟糕，感觉自己是家长的负担。家长缺乏情感表达的淡漠的面孔几乎给不到孩子什么信息，从而使孩子难以发展关系和社交能力。这种方式的跟随有时会在抑郁、疲惫不堪或不堪重负的家长身上看到。

过分开心

有时，家长对于自己和 / 或孩子的消极情绪的不适，是通过在所有时间都呈现出愉快高兴的情绪来处理的。对观察者和孩子来说，很明显这种积极的情绪并不是真实的。

真正的积极情绪往往从情境中上升，达到高峰后非常平缓地回到中性情绪。当人们过于开心时，他们倾向于像灯的开关一样把积极情绪打开或者关上。你会感觉到开心背后的压力，微笑看起来像是强迫的，几乎是假的。有时候，人们会用本地新闻节目中的天气预报员作为例子，尽管在做天气预报，却散发着无情的、洋溢的甚至糖浆般的欢快。

重要的是要注意,过分开心的情绪也常常被用来为只要求轻松的日常活动带来赞美和兴奋感。有时候,我们文化中过度强调说"棒极了"就是这样的一种形式,但也并非总是如此。当过分欢快使得孩子们的需要在圆环底部未能达到满足的时候,过分欢快就更有问题了。

这种不真实的情绪对儿童来说可能非常混乱,他们自己会感到有些问题,他们要么相信自己的这种感觉,不相信家长的面部表情和语言,要么不相信自己的感觉,把不真实的情绪当作真实的。当一个孩子心烦意乱的时候,过分开心的家长跟"在一起"就是对立的,这会让孩子一个人待在她的痛苦之中,好像她需要表演,做点什么特别的事情,或表现出开心的样子,来匹配养育者的情绪。

消极情感/归因

我们都带着关于自己及他人的积极与消极的内部表征。关于他人的内部表征,在最前面的那一个会影响我们对这个人的感受。当我们对某人感到不满或愤怒时,有时候会很难记住关于那个人的美好事物。当我们和这个人在一起特别愉快的时候,有时候又很难记住关于他的糟糕的事。关于他人的这种全好或者全坏的表征往往都是短暂的,一般来说我们知道别人既不全好也不全坏,而是在两者之间。

然而,如果一个家长将她对孩子的消极表征具体化了,那么这就会成为孩子性格或品质的定义。她对于这个孩子的归因总会伴随着与这种表征相关的消极情感。

那么这在观察者看来如何呢?家长自己直接表达出对孩子的消极归因是很不寻常的,但他们很难隐藏住自己的消极情感。家长内心的消极归因/情感可能会渗透到与子女的互动中。它可能以不同的方式展现出来,蔑视或贬低的语气,粗暴或僵硬的动作,眼球的转动,或面部表情中闪过的蔑视。当SSP中的一个孩子想要拥有所有的积木时,家长发火了,把积木夺回来,说:"嗯,我觉得应该是这样的。"然后她试着用清脆的笑声来掩饰,但是情感是冰冷的。即使归因完全不准确，家长也会觉得非常可信。家长对孩子的感觉越不准确，他们对孩子的回应就越扭曲。

因此，消极情绪/归因使家长很难跟随孩子。事实上，跟随孩子可能感觉很危险或是具有破坏性，因为它支持的是家长认为的孩子的负面特征。类似如下说法，"这个孩子总是干坏事"或"他总是想要啥就要啥"，表达的便是跟随孩子会加剧问题。

由于孩子的自体感很大程度上取决于孩子认为家长是如何看待自己的，所以一个家长的消极归因/情感可能会在孩子的内部创造非常扭曲的自体感。认识到家长的归因不准确，这已经超出了幼儿的发展能力。

了解家长的归因是很重要的，否则干预对家长来说可能没有任何意义。比如，如果一个家长相信孩子就是在试图为所欲为，而你坚持要求家长跟随孩子，家长可能会抗拒你的干预，因为他们担心这样做会强化孩子的消极行为。

焦虑／过度警惕

有时候家长的焦虑太过强烈，以至于他们无法集中注意力，无法跟随孩子在圆环顶部的探索或者在圆环底部寻求亲近的行为（见下文对于转移注意力的讨论）。其他时候，他们的焦虑导致他们过度警惕地关注着孩子，使得他们破坏了自己跟随孩子的引导的能力。我们一起工作的一位家长深信，让孩子离开她会不可避免地导致危险。她成了一个限制孩子活动的专家，她的限制造成了孩子在大运动发展上的严重迟缓。尽管这样的家长似乎是把注意力放在了孩子身上，但他们通常跟随的是自己的恐惧，而不是孩子的需要。你如何能区分这些差别呢？一般来说，当显然对孩子来说没有危险的时候，如果家长的监控妨碍了孩子的需要，那么你看到的就是焦虑或过度警惕的行为。当家长感到焦虑并且过度警惕时，孩子的反应可能会有很多可能，从隐藏自己的需要来帮助家长处理焦虑，到感到非常害怕而紧紧黏在家长身边。

分散注意力

分散注意力可以有很多形式，从焦虑这种极端情况一直到更加轻微的形式,比如白日梦或轻度出神。根据定义,当家长的注意力被分散时,他们不会在圆环顶部或底部跟随孩子的需要。新的工作、新的兴趣、财政忧虑、家人去世、在工作或学校的麻烦等,都可以分散家长的注意力,使得他们很难去跟随孩子。分散注意力也可能有如下的形式,家长可能会凝望远方,好像是迷失在了美妙的白日梦中,或者握紧手,看起来好像是因为忧虑而心事重重。家长可能会在整个陌生情境中表现出某个注意力被分散的瞬间,也可能在整个过程中注意力都被分散了。在更严重的注意力分散形式中,家长可能会解离,这可能发生在具有创伤史的家长身上,他们失去了连贯一致的自体感。在这些情况下,家长是真的离开了,使得圆环上失去了手的支撑,这对孩子有更大的影响,并且与混乱型有关,我们稍后会再讨论。

分散注意力具有不同的影响,这取决于家长在看护孩子玩耍时是否分心,或者在孩子正在圆环底部寻求关心时是否分心。同样值得注意的是,孩子是能够获得家长的注意还是不能这么做。在"分散注意力"的连续过程中,家长在孩子没有要求进行联结时分散注意力与家长在孩子设法获得联结时分散注意力,这两种情况中,后者更为严重。在这个过程中的某个时刻,家长就跨过了"消失"的门槛。

当家长的注意力被分散时,孩子必须决定是否要保持与家长的联结。回避型依恋的孩子往往会给家长发送假性信号,表现得好像他们想要去探索一样,好像他们真的对家长没有任何需要。矛盾型依恋的孩子将试图突破家长的注意力分散,通过黏人和啜泣使家长靠近自己。

拒绝/忽视依恋

拒绝孩子在圆环底部的需要比忽视具有更积极的特质。拒绝的形式可能是回绝或斥责,而忽视的特征是忽略或不理会孩子的需要。儿童可能会通过对拒绝的回应发展出假性信号,但随着时间的推移,假性信号会使家长更容易忽视孩子的需要。

拒绝和忽视儿童的依恋通常意味着孩子对安慰的需要触发了家长的某些感受,这些感受让家长受到了被淹没的威胁,所以家长拒绝或忽视孩子在圆环底部的需要,是他们维持自己情绪状态的一种方式。

拒绝/忽视依恋的形式也有可能是一种认真的尝试,试图教孩子不要冒险去遭受说出某些需要而带来的脆弱感。家长可能会说,他们不希望孩子成为爱哭鬼,所以他们想通过拒绝/忽视这种需要来阻止孩子表达痛苦。

加压

表现出加压行为的家长,是在应当跟随孩子的时候试图取得主导。加压指试图改变孩子的行为或情绪,通常是朝着家长觉得没有那么痛苦的方向而改变。家长或许参与到孩子的活动中,好像在跟随孩子的引导一样,但是接下来却会试图将孩子的体验引到不同的方向上去。这不一定是一种不安全的迹象,除非它已经成为了一种模式,比如在探索过程中,家长会把一个"和我一起享受"或"帮助我"的时刻转变成一个机会,来向孩子展示如何"更好地"玩耍,这就是一种典型的模式。

加压既可能发生在圆环顶部,又可能发生在圆环底部。在圆环顶部给孩子加压的家长常常希望孩子能够做得好或者能与家长在一起。有的家长会不停地给孩子介绍一个又一个的玩具,在孩子有机会充分探索一个玩具前,给孩子带来些新的东西。这可能表明家长觉得不舒服或者对于如何与孩子一起玩不太熟悉,又或许这是家长在玩耍中让自己处在中心位置的方式。有的家长会指导孩子如何"正确"使用玩具(例如"这是拖车,不是赛车,不能用它比赛,赛车撞坏的时候要用它来拖赛车"),而不让孩子展开探索中的想象力和兴趣。养育者也可能会向孩子提问物品的颜色或名字,见下文"迫使成功"。家长的重点很明显在于孩子的表现,而不是允许孩子在安静的归属感中进行探索。

注意到家长在圆环的什么位置开始给孩子加压,可以让你很好地了解到什么需要会触发家长的大白鲨之音。如果一个家长给孩子加压,让他不要在SSP的团聚中沮丧,那么你可能会发现关键挣扎在圆环的底部。如果家长在"看顾好我"的时刻打断孩子的玩耍,那么关键挣扎可能在圆环的顶部。如果家长给孩子加压让孩子照顾家长,那么可能在圆环中的手上。

如果你不仅能够看到家长在圆环的什么位置开始加压,还能够看到家长加压是想要什么结果,那么你就能够得到很多关于这对亲子依恋关系的信息,同时能够帮助你识别可能的关键冲突。

迫使成功

有些家长将自己的角色过度定义为孩子的老师,不断地寻找教育孩子的时机,即使这些时机会妨碍他们满足孩子圆环上的需要。教育无疑是至关重要的,但迫使孩子成功是对养育中这一方面的过度使用,是将其作为适应孩子某些或很多需要的防御性替代。除了指导孩子正确使用玩具外,家长也会为了创造一个教学时刻而打扰孩子的玩耍(例如,"我的车是红色的。在开始比赛之前,告诉我其他车的颜色")。有时家长认为,迫使孩子学习颜色、数字和形状就是好家长会做的事情;有时家长给孩子加压要求他们成功,因为他们强烈感觉到需要做一个有完美小孩的完美家长,或者他们曾经在学校里、工作中,或者与家长之间出现过与成绩有关的冲突,而他们对此感到很焦虑。孩子们可以通过顺从或反抗对家长迫使自己成功做出回应。跟踪孩子的反应可能会揭示圆环上手的问题。了解家长的核心敏感性(见第九章)可以让我们弄清楚,对于家长来说迫使孩子成功意味着什么,从而进一步为治疗提供信息。

迫使自给自足

学会依赖自己是一项很重要的技能。但跟随孩子的引导支持自我依赖,与迫使孩子不需要家长是非常不同的。你可能会看到家长在圆环的底部或顶部迫使孩子自给自足。

当孩子们在圆环底部时,迫使他们自给自足的形式通常是迫使他们管理自己的情绪:"大姑娘是不哭的。"有时这种压力会以忽略或拒绝孩子需要的形式呈现("我不会帮助你,你可以自己做到"),或者是逼迫孩子去完成超出发展水平的任务("你早晚是要学的,要不干脆就现在学了吧")。

在圆环顶部,家长迫使孩子自给自足的一种方式,可能是保持着拥有一个"非常优秀"的孩子的自尊,或者是保护自己不被孩子对自己的需要控制,后者就是家长核心敏感性的产物(见第九章)。

重要的是，要区分什么时候是家长的依恋历史和孩子的防御策略使得家长迫使孩子自给自足，什么时候可能只是权宜之计。有时家长希望能够专注于其他关系或任务（例如，一个新生儿，一个新的男朋友或学业），有时他们的生活已经让他们不堪重负，所以他们需要孩子能够自给自足仅仅是为了能应付日常生活。

相信你对你自己来说就足够了，其实是一种危险的错觉。孩子们知道他们不能自给自足，如果他们觉得自己应该如此，他们会感到无所适从，会变得不太能依赖自己或其他任何人。此外，不向有完全行为能力的成年人寻求帮助和建议，而是完全靠自己行动，会导致灾难性的后果，尤其是在青少年时期。

迫使孩子和我在一起

在圆环顶部，家长为了让自己处在中心位置而迫使孩子的方式，常常是在孩子仅仅需要家长看顾好自己时掺和进孩子的玩耍中。有时家长这么表现的原因，是孩子自己玩的时候他们感觉自己不重要了，甚至是被抛弃了。当德韦恩背对贾马玩耍时，贾马把德韦恩的奶嘴递给了他，就是这样的状况。后来爸爸贾马承认了自己"感觉很孤独"（见第四章）。有些像贾马这样的家长，在圆环顶部会试图把孩子转过来面对自己，来满足他们对于亲密的需要，同时也不会有在圆环底部对于亲密的不适。这种方式下家长与孩子保持联结的意图经常是自我矛盾的，最后导致的结果就是孩子把家长推开。

家长迫使孩子和自己一起待在圆环底部可能会导致矛盾型依恋关系，其特征是家长需要孩子需要她。孩子可能会表现出自己想要跟家长亲近或者需要安抚，来满足家长的这种需要，即便在孩子已经准备好去探索的时候。

家长迫使孩子和自己待在一起的意图，是为了建立亲密的关系，然而这种强迫不仅会建立纠缠但情感上疏远的关系，而且会妨碍孩子尝试发展自主的感觉及亲密联结的感觉。

对圆环顶部或底部施加压力

有时家长迫使自己的孩子待在圆环的一部分而不是另一部分，是因为他们对于圆环的某一部分会感到不舒服，想要让孩子远离在那一部分所表达的需要。当家长很有效率地这样做的时候，他们就是在告诉你，他们会在哪里听到大白鲨之音。我们把这种使孩子远离圆环顶部或底部的一贯模式描述为圆环上只有一只手。我们可以把这种情况看作是手的时刻，这种情况与不安全型有关，而两只手都离开（见"刻薄、软弱或消失"）与混乱型有关。

让孩子待在圆环顶部的家长可能对情绪问题会感到不舒服，所以他们努力让孩子探索和玩耍。这会促进回避型依恋。让孩子待在圆环底部的家长可能会对分离感到不舒服，这会促进矛盾型依恋。

掌控局面：更高大、更强壮、更智慧而且和善与刻薄、软弱或消失

虽然我们把跟随从掌控局面中分了出来，但掌控局面也要通过跟随孩子的需要而在组织孩子体验的过程中占据主导。比如说，在团聚的过程中，是家长还是孩子有责任来组织彼此间的关系？

儿童需要明确地感受到有人在掌控局面，因为好像他们只有自己的感觉简直太可怕了。评估一个养育者掌控局面的能力，你需要能够在要求家长坚持权威的情况下观察他们。孩子在玩耍中尝试突破限制时，家长能够设定必要的边界吗？

如果没有设定限制的机会怎么办？如果孩子怀疑家长掌控局面的能力的话，是有这种可能的，因为孩子将通过见诸行动来试图召唤家长的权威。正是在孩子相信家长有能力变得更高大、更强壮、更智慧而且和善的时候，你可能没有机会确认家长的能力。但这个能力必须要确认，因为孩子不挑战限制并不能排除问题的存在。比如，一个正在控制养育的孩子过分地顺从，这就使得家长没有必要去设定限制。通过恐吓受惊的家长来实施控制的孩子，可能看起来不需要家长对于层级有所表达（Cassidy & Marvin，1992）。

如前所述，我们在陌生情境实验中添加的阅读和清理片段，通常就会提供一个"掌控局面"的时刻，以防在SSP中没有出现观察家长如何掌控局面的机会。但请注意，一些孩子在清理期间会非常乖，可能是在混乱养育中成

长的孩子因害怕而顺从，也可能是安全型依恋的孩子在合作。安全型依恋的合作儿童经常觉得有协商的余地，不是同伴间的协商，而是像和老板协商一样。混乱型儿童的过度顺从有一种被动或强迫的感觉，而不是通过协商解决的感觉。

在治疗中，我们帮助家长确定某个具体的互动是"跟随的时刻"还是"掌控局面"的时刻。在评估中，不仅要注意家长是否能掌控局面，还要注意家长是否能以适当的方式（更高大、更强壮、更智慧而且和善）掌控局面，是否在适当的时候掌控局面。重要的是，要记住掌控局面并不局限于设限。抱起一个痛苦的孩子提供安慰，与对一个孩子说"不"同样是在掌控局面。事实上，这两类掌控局面的情境是并行的。一个孩子很难感受到被一个对自己没有权威感的人保护或安慰，体验到养育者是能够提供保护与安慰的人，能够让孩子更容易接受限制。

更高大、更强壮、更智慧而且和善

自信的态度／期待；脚手架／共同组织

如果一个家长清楚他是在掌控局面，并且相信自己坚持权威的时候孩子会积极地回应他，那么我们会说这个家长有自信的态度和期待。虽然并非总有可能，但当掌控局面包括为孩子提供脚手架及与孩子一起共同组织时，就是最有效的教育时机。家长对自己掌控局面的能力越自信，他就越有可能运用脚手架／共同组织。例如，在SSP的分离中，孩子在地板上玩，父亲走到儿子身边，说："我要走了，但我马上就回来。"孩子抗议，然后父亲跪了下来，说，"我知道你不想让我走，但你不会有事的。"他对于自己能够离开的信心让他平静地等着儿子回应他，而不是焦虑地朝门走过去。孩子因为父亲平静的态度放下心来，说："你回来的时候会来玩汽车吗？"父亲微笑着说："是的，你把它们准备好吧。"然后爸爸静静地走到门口，转过身说："你还好吗？"他停了下来，一直等到儿子点了点头。通过提供信心和联结以及让孩子放心（给孩子足够的帮助让他可以自己处理）来支持分离，通过接受孩子让他玩汽车的要求以及问儿子还好吗共同组织了情绪，虽然这没有让孩子因为爸爸离开感到开心，却让他能够在没有过多压力的情况下应对分离。

我们通常可以在家长的行为举止中看到家长的自信态度/期待，并且能通过孩子的回应来证实。对自己作为家长的权威感到自信的养育者，通常能够放松而且有效地掌控局面。对家长的权威充满信任的孩子不需要通过不可能的方式表达质疑，而是会以与其年龄相适应的方式来进行协商。即使小孩可能会在家长掌控局面的时候以并非胡闹的难对付的方式反抗家长，但他通常会适应限制并放松下来。

> 拥有一个对掌控局面自信而令人感到舒适的家长，对于孩子来说是一个巨大的礼物，他给了孩子出去探索的信心，使孩子相信家长能够在需要的时候保护自己的安全并安慰自己。

刻薄、软弱或消失

有时，家长既不掌控局面，也不跟随孩子，而是放弃了自己的权威和执行者的角色——将他们的手从圆环上移开了。本质上，这个孩子已经被孤儿化了，而且还没有养父母在眼前。这与混乱型依恋相关联。在这种情况下，孩子可能会采取行动，迫使家长如果不能更智慧而和善的话，至少要做到更高大更强壮。或者，孩子可能会照顾家长，但无论是哪种方式，掌控局面的问题都主导着亲子之间的互动。一旦家长将自己恰当实施权威的能力和意愿慢慢灌输给孩子，掌控就会成为养育中很小的一部分。我们经常告诉家长，在养育中掌控只占10%，但掌控是亲子关系的基础，是前10%。我们还会说，如果丢掉了最初这10%，其余的90%都会感觉起来像是要控制住一个难搞或者让人受不了的孩子。当然，专注于孩子的问题行为实际上忽略了更深层次的问题，那就是孩子对于体验到安全感的需要，这种安全感来自于能够和善而坚定地掌控局面的养育者。

评估放弃权利的本质及评估其对于家长的意义是一样重要的。这使得治疗师能够在家长所在的地方与其相遇，并且能够用对于家长来说有意义的方式解释问题。了解家长挣扎的核心也有助于治疗师的共情。即使家长不合格而治疗师必须按照孩子的最大利益行事时，保持对家长的共情并且坚持认为家长的意图是积极的，也是非常关键的。否则，治疗中的努力就变成惩罚性而不是有益的了。

* 攻击或攻击的威胁①

家长可能会用攻击或攻击的威胁来坚持自己对于孩子的权威，但以恐惧为基础的权威是与混乱型依恋有关的。安全感圆环方案用"刻薄"来描述这种形式的混乱型养育。

评估攻击或攻击的威胁可能会很困难，因为有的时候很微妙，尤其是在治疗师的面前。攻击可能是外显的，比如肢体暴力，但也可能很微妙，比如露出牙齿。例如，当家长假装怪物追孩子的时候，可能是善意地闹着玩，也可能是委婉的攻击。即使当家长认为自己是闹着玩儿时，如果孩子的依恋系统被激活并开始寻求关心和安慰，那么攻击就是有问题的；情境很重要。往往是从孩子对这种游戏的回应中，我们能够把二者区分开。尽管家长无意于将威胁进行到底，却还是会吓到孩子。相反，从未说出口的威胁对孩子来说也是可怕的。

* 抛弃或抛弃的威胁

依恋和抛弃就是同一枚硬币的两个面。在第九章我们会讨论，我们天生对于依恋的需要，与天生对被抛弃的恐惧是相匹配的。不论是实际的抛弃还是抛弃的威胁被用作掌控的手段时，对于孩子来说都是毁灭性的，都与混乱型依恋相关联。听到家长为了让孩子配合而说这样的话，"如果你不上车，我就走了，不带你了"，这种情况实在是司空见惯。

反复体验到养育者抛弃或即将抛弃孩子被认为是真正的创伤，其严重程度会导致混乱型依恋。

抛弃也可能会在家长和孩子一起玩耍的过程中出现。某种程度上，捉迷

---

① * 表明这种行为可能是混乱型的标志。

藏或用手躲猫猫的游戏也可以被看作是抛弃，但当孩子的探索系统被激活时，这就是关于学习的游戏了。孩子的回应常常会给到我们线索，让我们知道到底是游戏还是威胁。就像攻击的问题一样，当孩子的依恋系统被激活的时候，是孩子面对含蓄的抛弃威胁最脆弱的时候。

* 无助 / 恐惧

当家长面对孩子会感到无助或恐惧时，他们就无法成为安全港湾或安全基地了。要为孩子提供安全性，家长不必无所畏惧、无所不能，但他们必须感到更高大，更强壮，更智慧，而且"足够"和善。孩子对家长的回应往往能够说明家长是否达到了"足够好"的标准。

在陌生情境中的任何时刻，你都可能看到无助或恐惧的行为，COS 将其描述为"脆弱"。分离有时表明家长感到了无助 / 恐惧，因为分离要求家长采取的行为是孩子不会喜欢的方式。有时候，家长在分离过程中会通过突然离开房间的形式表现出自己的冲突，其他时候会通过长时间拖拖拉拉的分离来展现冲突。这两种策略都可以表明家长感到了无助和 / 或恐惧。有时，家长会非常害怕孩子生气，以至于她必须小心翼翼地对待孩子的需要并显得过于宽容。这在清理的过程中尤其明显。

恐惧的形式也可以是害怕的顺从，也是在掌控的时刻放弃权利的形式，在跟随的时刻不适应孩子需要的形式。在这个类别中，孩子被赋予了主导的地位，因为家长害怕孩子对家长坚持权威的反应。家长也许会害怕孩子将变得具有攻击性或者收回并保留感情。

常常是家长的态度首先暗示我们，家长正在用害怕的顺从跟随孩子。家长在与孩子的互动中可能会表现出怯懦和犹豫，要求可能以问题的形式被提出来，家长可能会迅速收回不被孩子认可的建议。孩子可能会显得很苛求或带有惩罚性，但有的时候孩子只是会忽略家长。我们在一个 4 岁的男孩身上就能看到清楚的例子，他是这样回应家长怯懦的建议的——他转过头，蔑视地看着他的母亲，大声说："这很蠢。"妈妈的反应是向他道歉。当然，害怕的顺从可能会比这更微妙，也难以察觉。

以这种方式跟随孩子，剥夺了儿童的安全感，而安全感是儿童在发挥主导作用时能够胜任、发展其想象力及跟随其创造力所必需的。家长害怕的顺从可能会让孩子感到自己很有力量，却让孩子没有掌控感，就好像是一个未经训练的人驾驶着747喷气式飞机，虽然这个人有很大的权力，但是缺乏控制将会使这个体验变得非常恐怖。

以害怕的顺从这样的态度跟随孩子的需要，会使孩子很难相信家长有能力在圆环底部满足自己的需要。这种关系中的孩子常常看上去像是处在圆环顶部，其潜在含义却是感到害怕，处在失控边缘而且没有人帮助他们。

* 解离

解离这种形式的缺席，比起分散注意力或者白日梦（上文讨论过）要严重得多。在非临床人群中解离并不罕见，但其频率较低，程度很浅。平常下班回家之后却不记得自己上过或下过公路，就是一个解离的例子。解离可能会反复出现，并且严重到会导致亲子关系出现问题，尤其是有创伤史的时候。

家长的脸变得很乏味、面无表情且目光呆滞茫然，在大量的情况下都是进行进一步调查的原因。我们的经验是，孩子不知道怎么说，没法报告，而家长常常会犹豫要不要报告，所以很容易被忽视。当解离在关系中普遍存在时，解离就会被看作是家长的"软弱"和"消失"的混合体。

* 忽视

当养育者通常忽略自己作为家长的责任时，孩子会体验到逼真的养育者"消失"的感觉，这种感觉对于孩子来说非常可怕。这跟家长特别忽略孩子的依恋需要是不同的（之前讨论过）。我们正在讨论的是圆环上没有手来满足任何需要的情况。

SSP 不一定会使家长的忽视浮出水面，所以根据孩子的行为和表情以及已知的历史来做推测，常常是很有必要的。

回避型儿童试图不激活家长的养育系统，因为他们发现那样他们不会得到很多自己所需要的东西。然而他们相信在足够严重的情况下，他们可以去家长身边。因家长的忽视变得混乱的孩子，不太能把家长作为自己的资源。

被严重忽视的孩子会表现出恐惧,将为了保持情绪的一致而挣扎。

* 回避冲突

冲突对所有人来说都是不舒服的。我们每个人都有时候想要通过自己的方式回避严重的冲突。另一方面,冲突是养育的固有部分。那些觉得冲突太令人不舒服而放弃自己家长权威的家长,就在他们和孩子的关系中表现得非常"软弱",而建立起混乱型依恋关系。设定限制从本质上来讲就是冲突性的。如果养育者长期回避不去设定限制,那么在陌生情境的过程中,互动的情况可能就会要求家长要么解决冲突要么回避冲突。然而,在孩子到3岁的时候,他们就可能会展示出混乱型控制性的养育依恋关系。在这种情况中,孩子会通过过度顺从的方式来保护家长远离冲突。

* 角色扭曲(同辈)

最初我们认为唯一的角色问题就是角色倒置,但时间一长,我们开始认识到在家长和孩子的角色中存在着一些并非角色倒置的扭曲。

* **我们一起变小吧**。有些时候家长并没有邀请孩子接管家长的角色,同时自己也没有承担家长的角色。家长可能在寻找一种关系,在这种关系中两个人都可以当孩子。在这种亲子关系中,家长和孩子一起变得单纯顽皮,甚至于在需要家长设置限制时也不例外。家长往往不会为孩子的行为安全以及健康成长承担责任。在陌生情境中,有些情况会要求家长掌控局面,家长可能会拒绝,或者仅仅表现出幼稚的无能。

家长如果坚持在关系中当孩子,就会让孩子没有爸爸妈妈。这是"软弱"的另一种形式,对孩子来说也非常可怕,会导致混乱型依恋关系。

* **和我一起做成年人**。有时在同辈角色扭曲中,家长会邀请或者迫使孩子成为一个成年人,这也是另外一种"消失"。这还不是角色倒置,因为家长仍然在关系中扮演的是成年人角色。这往往以下面要讨论的两种变体的形式而出现。

1. * **成为我的同伴**。家长可能会放弃他们作为养育者的角色,同时保持成年人的角色。这就迫使孩子和家长一起进入成年人的世界。有时候成年人迫使孩子成为的是一个同伴或者知己。这在陌生情境中会显现出来，家长不设定限制，不提供教养或安抚，也不支持孩子的玩耍。如果孩子过分地顺从，乍一看可能不会觉得这段关系有什么问题。但是观察孩子和家长在团聚中如何协商，会让我们清楚地发现他们的策略并不是由孩子的需要所引导的。

对于孩子来说，成为家长的同伴是非常混乱的，因为即使家长在家庭中保持着作为成年人的位置，孩子也是没有爸爸妈妈的。如果孩子接受了这个提议，那么她就成为了控制养育的人。

一位父亲谈到他自己的父亲，父亲让他一起跟母亲打架。接受这个角色让他有了能够和父亲在一起的时间，然而本质上他同时失去了父亲和母亲。父亲成了他的同辈，母亲成了敌人。这种三角关系并不罕见，却非常具有毁灭性。

2. *不要需要我。家长会促进同辈角色扭曲，因为他们对于孩子需要自己感到不舒服。他们并不是在找伙伴或战友，而是让孩子在圆环底部和顶部都变得自给自足。不管情境要求家长跟随孩子还是掌控局面，家长的手都没有在圆环上，因此孩子体验到的常常都是家长的"消失"或者"刻薄""消失"兼而有之。家长严重忽略或者轻视孩子的需要是很常见的。比如在SSP的团聚中，一位母亲走进来，跟孩子坐在房间的两边。女儿拿给妈妈一个玩具，妈妈皱着眉头说，"你去玩吧。"孩子非常气馁，但还是转过身走了。妈妈严厉地说，"不要表现得像个小婴儿似的。"

就像成为伙伴的同辈关系一样，这样也会导致混乱。然而，当家长放弃自己的角色，清楚表明她不需要这个孩子，也不想让孩子需要自己时，这个孩子会觉得自己彻底被放弃了。

*角色倒置

在一些关系中，家长和孩子会交换角色。家长会表现出恐惧或无助，但也有迫使孩子掌控局面的因素。在需要做决定的时候，家长可能会向孩子寻求帮助，把一些成年人的社会义务交给孩子，比如陌生情境中的自我介绍。家长可能会表现得很幼稚，或者只是很被动。在这两种情况中，孩子体验到的都是"脆弱"的家长。

到孩子已经过 3 岁生日时，混乱型的控制性行为标志就会出现了——要么是养育，要么是惩罚，要么是在两者之间不停切换。虽然不管是哪种情况，干预都会集中在手上，但养育和惩罚之间的差别能够影响到我们如何把干预呈现给家长。

* 家长被……控制

1.* 儿童的养育。控制性养育的儿童会表现得像养育者，来应对那些可怕的（刻薄）或吓坏了（软弱）的家长。孩子承担起管理家长的情感与身体需要的功能。要区分儿童的控制性养育与适当的合作关心，是很困难的。通过适当的合作，孩子有时会为自己进行协商或反抗家长的决定，家长会以自信的态度来做出回应。

控制性养育表现出来的是过分的开心和可爱，以至于已经不真实了。微笑会突然出现或突然消失，而不是渐渐升到高峰再平缓地下降。微笑与可爱会专注在家长身上，玩耍也一样如此。孩子或许会通过将玩具带给家长并努力保持家长的参与和开心，以此在玩耍中承担主导作用。有时孩子会担负起家长的其他职能，如指导家长或与陌生人谈判。

2.* 儿童的攻击。控制性惩罚行为比控制性养育要好发现得多。儿童可能会攻击、强制、苛求以及/或者侮辱家长。在一个经典的例子中，孩子一直在要求妈妈，给妈妈发出指令，让妈妈从给家长准备的椅子上下来，坐到地上，按照孩子告诉她的那样玩玩具。1 分钟内，孩子就坐到了给家长准备的那把椅子上，指导着家长玩耍。这个角色倒置是不会弄错的。重要的是要记住，角色倒置并不意味着孩子扮演了更高大、更强壮、更智慧而且和善的家长角色，而是扮演了一个内心极度恐惧，外表要么刻薄要么软弱的家长角色。

* 不断变换／自相矛盾的策略

在某些亲子关系中，你会在陌生情境中看到几种不同类型依恋关系的例子。例如，在一次团聚中，孩子可能表现出矛盾型依恋，在下一次团聚中展示出回避型依恋。有时候在同一个团聚中，你会看到两个互相矛盾或不断切换的策略。这种明显的矛盾并不意味着观察错误，但这种矛盾应该给我们提出一个关系问题：在这个关系中发生了什么，让孩子为了满足自己的需要不断寻找不同的策略？通常，孩子的策略变化反映了家长不断变换或相互矛盾的养育策略。在这种情况下，孩子没能够发展出一致的策略来保持亲近并获得对探索的支持。也许家长有时候对亲密感到不舒服，有时候对分离感到不舒服，而孩子无法预测什么时候不同类型的不舒服会被激活。对于一个孩子来说这是非常可怕的，会导致孩子变得混乱，所以对于从业者而言，寻找模式是至关重要的——哪怕模式是混乱的。

重新审视：看见 vs 猜测

空间的约束要求我们对互动评估过程中所做观察的描述有所限制，无论是在陌生情境中，还是在没有那么正式（或更正式）的情况下。而且，相对于屈服于心中对使用联想、投射、移情以及与同事观点相关的偏爱的渴望，我们再怎么强调寻找可观察模式的重要性都不为过。定义亲子依恋，识别防御策略，选择作为治疗目标的关键挣扎，都围绕着不同的诊断，下一章将对此展开详细讨论。

第八章

互动评估

鉴别诊断以及关键挣扎的识别

"小猫咪,能否请你告诉我,我应该走哪一条路?"

"那要看你想到哪儿去。"小猫咪回答。

"到哪儿去,我并无所谓。"爱丽丝说。

"那么,你走哪一条路也就无所谓了。"小猫咪回答。

——Lewis Carroll,《爱丽丝梦游仙境》

在 COS 互动评估中,当儿子尼克摇摇晃晃地走开去玩的时候,塔尼娅开始坐立不安,看起来很不舒服,但当尼克看上去好像试着要满足母亲需要自己需要她而回来寻求安慰时,塔尼娅表现得很恼火。最终,这种拉拉扯扯严重限制了这个 2 岁孩子的探索。但是,因为尼克在团聚片段的最后 20 秒能够保持一定的距离且独自玩耍,他被评定为"带有矛盾的安全型"而不是矛盾型。

虽然有点不寻常,但我们从 COS 互动评估中得出的结论可能与陌生情境实验的评定不一致。为了我们的治疗目的，尽管尼克被评定为安全型，但我们的COS评估会集中于这对母子互动的矛盾过程上。即使在安全型的范围内，也可能存在着需要解决的重大问题。当时塔尼娅来到我们诊所时，她用"特别难搞"和"特别黏人"来描述尼克。在他的托儿所中，尼克被认为是"极度缺爱"的。

COS认识到安全感与不安全感位于连续的行为谱系中。我们评估的目标是支持积极的变化，而不是为了研究目的对依恋关系进行分类。因此，我们的任务是，以量化陌生情境编码中固有的力量和挣扎为基础，做出明智的决定，而不是专注于该系统内部的划分。就像塔尼娅和尼克一样，被评定为"安全型"却仍然存在真正的挣扎，这是很可能的。了解到困难存在于圆环上的什么位置，提供了确认在哪里能发现关键挣扎的方法。因此，编写陌生情境实验的技能是有帮助的，但对于COS评估和治疗计划是不充分的。另外，由于治疗师会继续和这个家庭互动并且治疗关系会不断进化，能改变治疗目标的新信息将可能出现。

从安全感圆环评估中得出结论

如第七章所述，我们试图定义过关键问题，并且就你在亲子之间的行为舞蹈中所看到的如何提问给出了建议，但那些信息以及本章的信息只能作为阐明COS诊断系统基础的方法。非常重要的是，要练习谨慎地从互动评估中得出结论，而且结论必须以充分的培训和督导为基础。

COS诊断系统基于家长与子女行为之间隐含的相关性，该行为总是包括一组可辨识的互动。例如，如果家长正在跟随孩子玩耍，带着明显害怕的顺从，其中还含有角色倒置的迹象，那么观察者就可以开始假定这对亲子的行为模式与混乱型依恋关系一致。出于治疗目的，开始将注意力集中于以手为基础的关键挣扎是有帮助的，在此挣扎中，家长要求孩子为了掌控局面而付出巨大的代价。

反之，互动的舞步（interactional dance）可能"足够好"了，没什么要改变的需要。比如，一位家长在圆环的各个位置都能够以相对自信的态度掌控着局面，同时跟随孩子的需要，只在有情绪压力时会稍微迫使孩子专注于玩耍上。虽然这个母亲肯定是安全型，并且明显"完成了工作"（Susan Woodhouse，私人交流，2012），但她依然可以通过意识到自己在圆环底部提供完全的支持时所感受到的紧张而获得帮助。只要没有危险或病理的暗示，知道自己的女儿"期待被欢迎得更多一些"，对于她们母女二人来说都是真正有好处的。

在对任何亲子做出鉴别诊断时，如果观察到家长和孩子的依恋/养育行为之间存在不匹配，那么重要的是要确认原因是否与下列事项有关：

1. 机体问题，比如儿童多动症或自闭症。
2. 由家长服兵役、近期患病或离婚导致的分离等生活事件。
3. 儿童近期被放置在保护性寄养所或被收养。
4. 儿童目前患有疾病或疾病复发。
5. 在摄入性访谈或治疗过程中发现的额外的混淆性压力因素。

COS 决策树

COS 已经开发了一个决策树，有助于我们选择关键治疗的重点。目标是确定圆环顶部、底部及手部（养育行为）的力量和挣扎。特定类型的信息往往会在 COS 互动评估的特定阶段显露出来。这些都被罗列在专栏 8.1 中。虽然观察员应该对所有阶段的信息保持警觉，但这些线索可能是开始的好地方，或者可能有助于观察者在视频第二次、第三次或随后的回顾过程中尽可能多地获取信息。从第 183 页开始的案例会解释一对亲子互动各个阶段的视频，视频贯穿了鉴别诊断的全过程。

专栏 8.1　寻找陌生情境中视频片段的指南

观看 COS 互动评估的视频，有助于了解每一个片段往往显示了圆环的某些方面。根据下面的指南，你常常可以找到用来与家长开展工作的视频片段。在整个程序中，你可能会发现"带有成功的挣扎时刻"，在这些视频短片段中，家长与大白鲨之音进行斗争，然后找到办法，至少部分地回应了孩子的需要。例如，孩子想要靠近家长，家长想要孩子去玩特定的玩具。家长首先迫使孩子去玩，然后最终看到孩子想要什么，让孩子过来，更靠近一些，哪怕只有一会儿。

庆祝/解决片段指的是关键挣扎中短暂的成功时刻，这些片段用在视频回顾的最后，创造一种庆祝的基调，庆祝家长的关键力量及他们常常没有意识到的智慧和积极意图。例如，如果一位家长的关键问题是不掌控局面，那么找到一个家长确实掌控局面的瞬间，哪怕很短暂，就能够成为一个庆祝/解决片段。有的时候要发现一个明确的未充分利用并且恰恰能够解决问题的力量是很难的，因为这些力量没有被运用过。在这种情况下，庆祝/解决视频便只能显示亲子关系中让小组能够表示庆祝的东西。

片段 1 和片段 2：进入以及玩耍

- 这个阶段通常会有圆环顶部瞬间最好的例子，所以能够找到"带有成功的挣扎"片段。
- 找到孩子出去探索和回来与家长保持联结的节奏，我们称之为"圆环时刻"。这可能会发生在他们走进房间的第一秒。有的时候联结只是看一眼家长，确认他们在那里。我们称其为圆环时刻（见第十二章如何使用视频片段），是因为孩子已经了解了圆环，我们想要向家长展示圆环已经是他们生命中的一部分了。
- 有些孩子在这个片段中会很焦虑，如果这样的话，家长如何回应？家长的回应可以表明是力量还是大白鲨之音。
- 有对探索的支持吗，亦或迫使成功，迫使自给自足，还是迫使孩子跟家长待在一起？

- 在探索中，家长在多大程度上引导孩子或跟随孩子？积极的标志是两者之间的平衡。
- 在第二周的"给需要命名"的练习中（见第十二章），你可以发现很好的：

  "帮助我"的时刻

  "看顾好我"的时刻

  "和我一起享受"的时刻

  "因我而喜悦"的时刻

  （定义见第二章。如何使用视频片段见第十二章。）

片段 3：陌生人进入 1

- 孩子如何处理陌生人进入房间而带来的焦虑？孩子是退缩，与陌生人接触，自己玩，去找家长，还是拿玩具给家长？孩子是否将家长当作处理与陌生人关系的安全基地？
- 家长如何应对陌生人？家长是否开始和陌生人争夺孩子的注意力？家长是否通过和孩子一起玩来处理自己的焦虑并变得无法帮助孩子？
- 治疗师如何使用这个阶段的视频？可以用视频教家长调节情绪。如果你能展示出孩子是焦虑的，家长就会了解到孩子是如何自我调节以及家长是如何共同调节孩子的焦虑的。互动可以表明是力量还是大白鲨之音。
- 这个阶段也可以用来告诉家长帮助孩子整理感受的重要性。家长是通过先向陌生人做自我介绍再介绍孩子来帮助孩子应对这个瞬间吗？她是提供了结构，还是保持被动让陌生人或孩子先开始？
- 在第二周"给需要命名"的练习中（见第十二章），你可以发现很好的：

  "整理我的感受"的时刻

  "安慰我"的时刻

  "支持我的探索"的时刻

（定义见第二章。如何使用视频片段见第十二章。）

片段4：分离1

- 分离是如何被协商的？家长有没有和孩子讨论会发生什么，还是没有任何解释就离开了？如果孩子抗议，家长是直接解决孩子的焦虑，还是分散孩子的注意力？

- 在分离的这个时间段，孩子有没有表现出需要家长？如果有，这个片段可以用来呈现孩子的需要，也许能够用作一个软化时刻。

- 孩子有没有表现出想念家长？他的想念可能会通过叫爸爸妈妈、走向家长离开时走出去的那扇门、哭泣、看起来很失落等方式表现出来。如果有，这段视频可以被用作软化片段，来呈现孩子多么需要或想念家长。

- 当家长离开时，孩子的玩耍是什么样的？通常比起家长在的时候来说，孩子会没有那么开心，因此可以在软化片段中用以呈现自我安抚和情绪调节的需要以及玩具在其中的作用。

- 你可能会发现很好的：

    "软化"片段：能够唤醒家长养育的短暂片段。当孩子独处时，他/她可能看起来有些伤心，会找爸爸妈妈。类似这样的片段可以告诉爸爸妈妈他们对于孩子来说有多重要，也许能够用来在看到更具挑战性的片段之前"软化"家长的体验。能够软化一位家长的，可能不见得能软化另外一位家长，因此，了解家长的核心敏感性是很重要的（见第十二章）。

片段5：团聚1

- 孩子走向家长，家长陪伴回应孩子了吗？如果是，这就是一个"力量"时刻；如果不是，这可能就是一个"大白鲨之音"片段。

- 在一些亲子关系中，你可能会发现这一阶段的团聚比下一阶段要更安全。如果是这样的话，这或许可以用作"带有成功的挣扎"片段。

- 家长和孩子有没有回避彼此？

- 他们最后有没有成功地建立联结？如果有，这或许可以用作"带有成功的挣扎"片段。
- 家长和孩子有没有抗拒安慰？如果有，这可能就是一个"大白鲨之音"片段（能够呈现特别的关系冲突的视频片段）。如果最终孩子平静下来并且开始探索，这个行为就可能会被看作"带有成功的挣扎"片段。
- 是谁在组织团聚？如果是孩子，这就可能是"大白鲨之音"片段。如果是家长试图在重新采取主导，这可能就是一个"带有成功的挣扎"片段。
- 孩子在惩罚或进行养育吗？如果是，这就可能是"大白鲨之音"片段。
- 如果是家长试图重新运用其执行者的角色，这可能就是一个"带有成功的挣扎"片段。
- 有很多切换的策略吗？如果有，这就可能是"大白鲨之音"片段。
- 你可能会发现很好的：

  "安慰我"的时刻

  "大白鲨之音"片段

片段6：分离2

- 他们是如何协商分离的？这次分离会更强烈，孩子会更强烈地反抗家长把他们独自留下。对于矛盾型亲子来说，这可能就是关键挣扎，分离没有发生。有时候家长会做点什么，比如承认孩子的情绪，或者轻轻抚摸孩子让他们安心，那么这也许可以用来展示未被充分利用的力量。
- 孩子独处时，你可能会找到展示孩子需要家长的最好时刻，用作"软化"片段，尤其是在回避型亲子关系中。你也可以用来让家长了解孩子调节情绪的能力以及这种能力的限制。
- 对一些回避型亲子关系来说，你可能会需要把这个阶段孩子的独自玩耍与家长在那里时孩子的玩耍做对比，以形成"软化"片段，让家长看到孩子是有压力的，是想念并需要家长的。

- 对矛盾型亲子关系来说，你可能需要用这里的玩耍呈现孩子在没有家长时的处理能力，以及孩子仍然是需要家长的，孩子有能力并不意味着孩子不需要家长。
- 有时在分离中，孩子会通过变得具有攻击性来处理自己的焦虑，你可以利用这一点来告诉家长，愤怒是怎样被用来应对恐惧和痛苦的（情绪调节），这能够帮助家长在面对孩子的愤怒时采取更加共情、更少惩罚的态度。
- 你可能会发现很好的：

  "软化"片段

片段7：陌生人进入2

- 当陌生人进来时，有时孩子会短暂地误以为门开了是家长回来了，会表现出她在期待家长，这种期待的表现方式是喊"妈妈"或"爸爸"，或者是在发现不是家长时表现出失望的情绪。对于一些回避型亲子关系来说，这可能是唯一孩子会明显表现出需要家长的地方，我们可以将其作为"软化"片段。
- 当陌生人在房间里时，可能有一些时刻孩子会表现出想念家长，比如会向陌生人打听家长。
- 有些沮丧的孩子，跟陌生人在一起比跟家长在一起更能够平静下来。有些家长就会利用这一点，说："看吧，我跟你说了我孩子不是真的需要我，谁都行。"我们倾向于不使用这样的视频材料。
- 你可能会发现很好的：

  "软化"片段

片段8：团聚2

- 孩子走向家长并且家长陪伴回应孩子了吗？如果是，这就是一个"力量"时刻；如果不是，这可能就是一个"大白鲨之音"片段。
- 这个阶段往往是最强烈的团聚，通常会用来呈现很多亲子互动中"大白鲨之音"片段。

- 这个阶段可能会用于向回避型亲子关系呈现上一阶段孩子对家长的渴望和这一阶段的回避之间的对比。
- 可以用来在矛盾型亲子互动中探索家长被需要的需要以及他与孩子的探索有关的焦虑。
- 控制以及/或者养育可能对于混乱型亲子互动来说是最强烈的,可以用这个行为教给家长孩子是需要他的,并且正在通过这些行为与他协商自己的需要。
- 有些家长往往会在这个阶段最有压力,可能会表现出害怕的或令人害怕的行为,我们可以将其作为"大白鲨之音"片段。
- 你可能会发现很好的:

    "大白鲨之音"片段

阅读

- 阅读片段可以用来发现其他片段中没有看到的能力。
- 阅读被用作彼此联结的工具了吗?如果是,就是力量。
- 阅读过程有经过协商吗?如果有,就是力量。
- 你常常能够发现亲子间的共同享受和愉悦,可以用于"庆祝"片段。
- 有时阅读的结构能够展示出家长最好的一面,因此也可以展示出孩子最好的一面。
- 有时家长无法与孩子就阅读进行协商,展示了家长挣扎于掌控局面中的"大白鲨之音"。
- 有时家长让孩子表现的需要在这个阶段会表现得最强烈,也就可以用作"大白鲨之音"片段。
- 你可能会发现很好的:

    "和我一起享受"的时刻

    "因我而喜悦"的时刻

"整理我的感受"的时刻

"大白鲨之音"片段

清理

- 家长能掌控局面吗?
- 家长有没有被孩子的行为或情绪(通常是愤怒)吓坏?这个阶段可能会是关键的"大白鲨之音"片段。
- 家长把孩子吓唬得听话了吗?
- 孩子照顾家长并为家长组织清理的过程了吗?
- 跟踪执行功能的风格是如何被协商的?
- 家长是更高大、更强壮、更智慧而且和善的吗?
- 家长有没有低声下气地求孩子?
- 家长恐吓威胁孩子了吗?
- 孩子有发言权吗?
- 他们的确有协商吗?
- 清理工作完成了吗?
- 你可能会发现很好的:

　"帮助我"的时刻

　"整理我的感受"的时刻

　"大白鲨之音"片段

很多治疗师都发现,《安全感圆环评估与治疗计划组织表》是有用的工具,见表8.1。在观看互动评估视频之后(可能是多次观看后),你应该能够填完条目1中的信息,并且得出条目6和条目7的初步结论,图8.1展示了一张填完一部分的样表,手写体部分呈现的是答案。治疗计划组织表的剩余部分将在第九章和第十章讨论到心理评估和治疗计划的过程中填完,也就是条目6和条目7中的信息确定下来的时候。下面是我们在SSP中识别亲子之间关键挣扎的顺序:

1. 我们首先会看家长是否发挥作为圆环上的手的职能。如果家长刻薄、软弱或消失，孩子会感到不安全，那么在建立安全港湾和安全基地之前，圆环顶部或底部的挣扎都无法被完全解决。在这种情况下，我们没有别的选择，只能专注在"手"的部分上，将其作为关键挣扎。

2. 如果家长提供了基本的手的部分，那么接下来要优先考虑的是圆环底部。"孩子能否来到家长的身旁并且得到安抚"这个问题是最佳的起点，其答案通常会出现在团聚之后的亲子互动中。如果答案是否定的，那么关键挣扎就是在圆环的底部，大体的治疗目标就是帮助这对亲子以使孩子能够把家长作为安全港湾。有时家长在圆环顶部会打扰孩子，试图避开圆环底部的脆弱而体验亲密。专注于圆环顶部很有吸引力，但是，首先建立源于在圆环底部积极参与的亲密感才能更好地解决问题，因为这样才能让家长去支持孩子的探索。

3. 如果孩子能够把家长作为安全港湾，那么最后的问题就是，"孩子能够把家长作为安全基地，在圆环顶部探索世界吗？"当关键在于圆环顶部时，我们要关注的就是家长对孩子的探索和自主性的抑制。你可能会看到孩子在寻求安慰并抗拒安慰，忍不住要教给家长如何能更有效率地提供安慰。孩子既寻求安慰又无法被安慰，是因为家长既鼓励孩子寻求安慰又强化孩子的痛苦——如果孩子平静下来，他/她会出去探索，而家长则会体验到分离。分离是孩子探索的本质，如果背后的问题是家长在试图回避分离，那么主要聚焦于提供安慰就会强化矛盾型依恋。

**孩子将多少时间聚焦在环境上，
又将多少时间集中在和家长的关系上？**

在 SSP 中，安全型儿童在专注于同家长的关系及专注于探索环境之间保持着平衡。回避型儿童以关系为代价，过度关注于探索环境，而矛盾型儿童以探索环境为代价，过度关注于关系。圆环底部的关键意味着治疗将聚焦于以关系为代价的假自主性（不安全回避型）上，圆环顶部的关键则意味着治疗将聚焦于以自主为代价的假亲密（不安全矛盾型）上。

下面是一个逐阶段进行分析的案例，诠释了 COS 互动评估核心中的鉴别思想。

COS 互动评估之后的鉴别诊断

如前所述，COS 互动评估的目标是区分观察到的行为：这部分互动证明手是充分的吗？你看到的是安全型、回避型、矛盾型还是混乱型依恋正在起作用？这对亲子围绕圆环挣扎的到底是什么？

虽然接下来的描述不能完全替代评估视频的回顾，但我们已经试着去解释清楚如何在每个阶段中收集观察信息，以及如何将累积的信息整合到鉴别诊断中。

从一系列关键问题着手是有帮助的：

1. 安全感工作完成了吗？记住，互动不需要完全没有挣扎，也不必是令人愉悦的，只要能服务于孩子就可以了。当孩子痛苦的时候，他是去找养育者接受安慰，然后再回到探索中吗？也就是说，孩子的杯子有没有被盛满？如果有，那么你观察到的就是安全型策略。如果没有，那么就是不安全型策略。

2. 是谁在组织谁？如果是家长在组织关系，那么圆环上就是有这双"手"的。如果不是，那么就更像是混乱型关系。

3. 孩子发出在圆环底部有需要的信号并被满足了吗？

4. 孩子发出在圆环顶部有需要的信号并被满足了吗？

片段 1 和片段 2：进入以及玩耍

一个妈妈和她 3 岁的儿子走进房间。孩子先跑了进来，到处看了看，然后向妈妈看去，妈妈微笑了起来，他也朝妈妈笑了一下，跑向了房间中央的玩具箱，开始往外拿玩具。妈妈跟着他走到了箱子旁，弯下腰说，"看起来很好玩。"他拿了一个拼图箱给妈妈看，妈妈说，"这是拼图箱"。他试着要打开，遇到困难的时候他看了一眼妈妈，妈妈笑着问，"你能想办法拆开吗？"他试了几次，妈妈一直安静地看着，最后没有成功，他选了医生工具箱玩了起来。

这时妈妈已经坐在了椅子上，静静地看着他。他把医生工具箱拿给妈妈，询问血压计是什么。她告诉他是量血压的，问他能不能把这个东西放在他的胳膊上。他花了一分钟时间来弄明白，然后当他捏着气囊时，他们相视而笑。然后妈妈拿起了温度计，儿子说，"那是什么？"她递给儿子说："这是为你量体温的。"

在探索中找妈妈的节奏已经很明显了。孩子发现什么东西，然后妈妈会发表意见；他继续探索，如果有困难，妈妈试着让他想办法弄明白。如果做不到，他会选择另一个玩具，再让妈妈关注这个玩具。

- **有没有支持探索**？有，当孩子决定出去探索的时候，妈妈面露微笑。当儿子选择自己感兴趣的玩具时，她表现出了积极的态度。
- **有没有"看顾好我"**？有，当儿子开始玩拼图箱和医生工具箱时，妈妈一直在看着他。
- **妈妈有没有跟随**？有，以上所有都是。
- **有没有"和我一起享受"**？有，在一起玩玩具的时候，他们互相微笑。
- **有没有喜悦**？微笑不够强烈，持续的时间不够长，那个瞬间是关于玩具的，并没有足够关注彼此以显示愉悦。
- **有没有"帮助我"**？有，小男孩在玩拼图箱和血压计时寻求了帮助。当他需要帮忙时，妈妈要么等待，鼓励他想办法解决，要么告诉他那是什么。她没有给孩子展示怎么做，但是有跟孩子讨论。
- **这是好的脚手架，还是某种压力**？
  - □ 她有没有迫使孩子成功？可能有，如果是这样的话，孩子放弃的时候她会不高兴，但她并没有表现出来。
  - □ 她想让孩子自给自足吗？也许。她说的话看上去都集中于让孩子想办法。
  - □ 她迫使孩子投入吗？算不上。有很大一部分她是在等待，给了孩子空间。

- 当他们相视一笑时，是妈妈拿来了玩具，结束了那个联结的时刻。这意味着什么吗？我们还不知道，但注意到是由谁开始及结束互动总是好的。
- 有任何潜在的问题吗？我们还不知道。适当督促成功或想办法也可以是恰当的脚手架。
- 妈妈有没有打断强烈的情感交流？我们也不知道。只观察到一次并不构成一个模式。

片段 3：陌生人进入 1

当陌生人进来时，小男孩抬头看了看陌生人，看了看妈妈，然后专注于他的游戏，但更沉默了。当妈妈和陌生人说话的时候，他静静地玩了大约 20 秒钟，然后把拼图箱拿给妈妈，问她有关箱子的事。妈妈转过身，告诉他怎样把箱子拆开，然后转过身去继续和陌生人说话。男孩在妈妈脚边玩起了拼图箱。过了一会儿，陌生人试图与男孩互动，他谨慎地回应了她的主动。陌生人退出，坐回了椅子上，以免干扰到即将到来的分离。

- 当陌生人进入时，孩子表现出焦虑了吗？是的，他表现出无言的情感与短暂的抽离。
- 他利用妈妈来处理自己的不适了吗？是的，但不是直接的。当他想要寻求与妈妈的亲密时，他向她发出了假性信号，仿佛他处于圆环顶部的"帮助我"时刻一样，而他实际上是处于圆环底部的"保护我"时刻。
- 这是个问题吗？我们还不知道。孩子和成年人常常会发出假性信号。需要我们回答的问题是：这是否代表当我处于圆环顶部时，首要的策略是隐藏我的体验？目前我们需要把这个问题牢记在心。

这里妈妈回应他的方式与其他阶段中孩子寻求帮助时基本一样。她试图给他信息，这样他就能够想办法解决了。她的做法看起来像是一种模式，但我们还是要看这个做法的作用是什么。区别就是到底是脚手架，还是迫使自给自足。

片段 4：分离 1

妈妈听到了敲门声，这是提示她要离开了。她走到儿子身边，跟儿子说她要离开 1 分钟，马上就回来。他给她看医生工具箱，问她有关橡皮锤的事。她说这是用来检查反射的，等她回来之后他们可以一起玩。她转身朝门口走去，当她开始往外走时，她的儿子显得有些不自在，问她自己可不可以跟着一起去。妈妈说，知道他想让她留下，他在房间里不会有事的，她马上就回来，他可以玩到她回来的时候。她走了出去，关上了门。男孩继续玩医生工具箱，但是情感淡漠，偶尔难过地看一眼门。陌生人试着要和他一起玩，但很少成功。剩下的时间他都在很安静地玩着。

- 他们就分离进行过协商吗？是的，妈妈告诉了儿子接下来会发生什么，跟他说自己马上就会回来，试着让儿子安心。男孩拿着医生工具箱，用"帮助我"时刻发出了假性信号，妈妈回答了他的问题，并且稍微再次确认了一下她会回来。男孩看起来不自在，提示妈妈自己想跟她在一起。妈妈承认了儿子不想让她离开，再次安慰儿子，试着鼓励他的探索，然后离开了。

- 他表现出依恋被激活了吗？是的，他说自己想要跟妈妈一起走，留下来后看起来不自在，玩耍的时候表现出了淡漠的情感，并且在本阶段剩下的时间里呈现出不断看向妈妈离开时走出去的那扇门的模式。

- 当妈妈不在时，他是如何自我调节的？他用探索分散了自己的注意力，在这种情况中这个办法是非常常见的。有时孩子试着自我调节的方式会成为案例的核心所在。比如，有时孩子为了应对他们的痛苦，会变得具有攻击性。对家长来说，看到这个画面是非常有帮助的，这能使他们的态度从惩罚性或可怕转变为共情的态度，从"这是一个具有攻击性的孩子"变为"这是一个害怕的、用攻击应对恐惧的孩子。"

片段 5：团聚 1

妈妈进入房间，跟孩子打招呼。儿子转向她，跟她的视线接触了一下就看向了别处。妈妈问他在做什么，他一边转过头拿起橡胶锤，一边说"在玩"。妈妈坐在了椅子上，对他微笑着。他把橡胶锤拿给妈妈，情绪比较低落，停了一下，然后把一只手放到了妈妈的腿上。他们讨论着锤子，过了一会儿，他们一起笑了一下。在大概 1 分钟之后，儿子走到了玩具箱那里，找别的感兴趣的东西。

团聚的关键问题是：他有没有寻求跟妈妈的亲近，利用妈妈让自己平静下来，然后再去探索？如果有，就像这里一样，那么就是安全的表征。如果没有，那么他们用什么策略发送假性信号呢？

- **在最开始的目光接触后他看向了别处，这是一个假性信号吗？** 也许不是。很多孩子在团聚阶段都会有一个快速的凝视厌恶反应，即便他们都是安全型的。这很可能是一个自我调节的时刻。你可能会注意到这样的情况，你遇到了一个朋友，视线接触后眼神就转开了，然后再重新交流。
- **跟妈妈讨论玩具是发送信号，还是发送假性信号？** 这个问题就更复杂了。如果玩具被用来掩饰他对安抚的需要，那就是假性信号。如果玩具是被用来吸引和接受安慰，这就不是假性信号，只不过比起不用玩具去妈妈身边来说，这样做不是很直接。男孩寻求亲近，表现出了痛苦。关键时刻是他碰触妈妈的时候，这是一个积极的接触。他在与妈妈亲近的同时，情绪从低落变成了更积极的状态，然后离开妈妈去探索。很难说是谁终结了互相微笑的时刻。仅仅通过这次团聚，他看起来是安全的，但他的方法是有所保留的。

片段6：分离2

妈妈听到要她离开的提示后，走到儿子身边，告诉他自己需要去跟医生聊1分钟。他立刻要求妈妈陪自己玩。她说她必须去，但她回来时会陪他一起玩。她转身走向门口，她一边走，孩子一边跟着她。妈妈转过身来，弯下腰与儿子目光接触，说自己马上就会回来，他需要留在这里玩。男孩勉强同意了，她就离开了。然后他和第一次分离中做的一样，玩玩具，剩下的分离时间他都没什么积极的情绪。他一度走到了门口，试着开门，喊道："妈妈。"当门没法轻易打开时，他就回去玩了。

这次分离跟第一次很像，除了他更加强烈地表示抗议并想让妈妈留下，还跟着妈妈走到了门口。随着情绪强度的增加，母亲没有用第一次分离中的方式来承认他的情绪。这个迹象是否表明，随着情绪的强度增加，她变得不再那么回应孩子的情绪了？保持这个想法：这是另一个关于第二次团聚的好问题。当小男孩走到门口时，他更清楚地表明他的痛苦和想要找到妈妈的渴望。

片段7：陌生人进入2

当陌生人开始开门的时候，男孩有点吃惊，在他看到是谁进来之前，他喊了一声"妈妈"。当他发现是谁进来之后，他转开了头，玩着玩具。陌生人试图与他互动，但没怎么成功。

在知道门口是谁之前就喊妈妈，清楚地说明了小男孩心中想的人是谁。他的依恋系统被激活，他还在等着妈妈回来。这个视频片段用于向妈妈呈现孩子的依恋系统在分离中已经被激活，可能会很好。这也表明在这一阶段中，孩子在等妈妈的时候，他正在使用玩具分散自己的注意力。玩具在这里的功能和在探索中的功能是不同的。

片段8：团聚2

妈妈走进房间打了招呼，儿子转身玩着玩具。她走过去问他："你怎么样？"儿子背对着她，说了些关于玩具的话，听不太清。妈妈问他是否喜欢这个玩具。他悄悄地说："喜欢。"妈妈走到椅子旁边，坐下看他玩。大约过了 15 秒钟，男孩走到妈妈面前，带着悲伤的表情给她看玩具。妈妈试图让他对玩具感兴趣，他没有回应，妈妈又尝试了几次，着重于玩具有多好玩。他的回应减弱了，然后妈妈说："哦，你很难过，需要抱一抱。"她伸出双臂，男孩爬到了妈妈腿上，依偎在妈妈怀里，看起来如释重负。过了一会儿，她指了指玩具，男孩笑了。然后他就从妈妈腿上下来了，走到玩具箱旁边往里面看。

- **男孩有走到妈妈那里寻求安慰吗？** 当他背对妈妈专注于玩具时，很明显这是一个假性信号。

过了一小会儿，他确实来到了妈妈身边，看起来有点不开心，也许很伤心，手里拿着一个玩具。这是一个信号还是假性信号？答案取决于他是否正在使用玩具掩饰自己的痛苦，或作为接近的手段。他的情绪说明这是一个信号。

妈妈专注于玩具，试图鼓励儿子玩得开心些。她是在发出信号还是假性信号？她给儿子发出了假性信号，因为儿子的非言语信号都是关于痛苦的，她试图迫使儿子去到圆环的顶部，去探索。

他追随着她对玩具的兴趣，但很明显，他的心不在玩具上，而妈妈却一直在试图引起他的兴趣。过了一会儿，她发现自己的做法是无效的，就转移到了圆环的底部。当她邀请儿子过来的时候，他通过把身体偎依在她身上回应了妈妈，而且看起来如释重负。

过了一会儿，她指着他一直在玩的玩具，他看着玩具但没有玩。她鼓励他去玩玩具。又过了一会儿，他开始从妈妈的腿上下去，看看玩具箱里还有什么。

- **工作完成了吗？有任何挣扎吗？如果有，是什么样的挣扎？** 到目前为止，观察者应该已经有几个需要回答的问题了。我们倾向于从第一次 SSP 回顾中得到一些好的问题，而不是答案。现在是时候来深入研究并重看视频以寻找问题的答案了。为了回答这些问题，你可能需要不断地看某几个部分，用慢速来观看视频。比如，第二次团聚中，小男孩坐在妈妈腿上时，是他开始从妈妈腿上下来的，还是妈妈示意他该下去了？妈妈是一直等到孩子的杯子盛满了，还是说"就算杯子没装满你也该下去了"？经过几次慢速回顾视频之后就很清楚了，就在孩子转头看玩具的前一秒，是妈妈通过用手指着玩具引导孩子的注意力，开始让孩子从自己的腿上下去的。

阅读

阅读环节进展得很顺利。妈妈让儿子选了一本书，他们并排坐在沙发上。她读书的时候也问了几个关于书里面图画的问题，他们一起讨论儿子看到了什么。他们看起来很放松，很享受阅读。妈妈在组织快乐的对话性活动上没有任何问题。

清理

清理是从妈妈告诉男孩该收拾玩具时开始的，但孩子拒绝了。他喜欢阅读，想多看一点。她承认他不想停止阅读，但他们到时间该收拾玩具走了。她的语气温柔而坚定，男孩稍微抵抗了一番之后，他开始和妈妈一起把玩具放进盒子里。母亲用游戏的方式来完成清理的环节，一直到结束的时候男孩都做得很好。

什么是关键点？

- **第一个大问题是：他们完成工作了吗？** 在孩子能够平静下来回到探索中之前，他有没有寻求妈妈的安慰，保持与妈妈的接触？答案是肯定的，但并不是没有挣扎的。看上去，当儿子的痛苦增加时，这位母亲使用了更加不安全的策略。越来越多的证据说明儿子仍然感到很痛苦，需要更多的安慰，然而在面对这一切时，她却把儿子从圆环底部推向了圆环顶部。虽然男孩的坚持能够说明在他成长过程中他通常会得到一些自己需要的东西，但是在他表示杯子已经装满之前以及自己已经准备好探索之前，妈妈就结束了这个过程。

- 是谁在组织这段关系，妈妈还是孩子？似乎没有证据能表明，母亲表现出害怕或令人害怕的方式。她不是刻薄、软弱或消失的。妈妈可以作为一个更高大、更强壮、更智慧而且和善的家长来掌控局面，因此儿子没有掌控局面就很正常了。所以答案就是妈妈是组织关系的人，而圆环上的手不是关键。
- 她支持儿子的探索吗？在这一点上他们似乎做得不错。唯一可能有问题的方面是，妈妈确实有迫使男孩自己想办法解决问题。这可能会教会儿子在被问题困扰时不去找妈妈，这可能会成为一个严重的问题，尤其是在青春期阶段。

在这个互动中，确实有很多要认可的力量，但是我们还是要问：当他在圆环底部需要帮助时，她继续迫使他回到圆环顶部的做法是否会使他倾向于发出假性信号，并想办法掩盖他在圆环底部的需要？他是否获得了足够的力量，让他在即便妈妈犹豫要不要回应他的底部需要时还能够继续坚持？这一切都会怎么发展？我们不知道，但他们的安全感存在明显的脆弱性，可能会受到生活事件的影响，如另一个兄弟姐妹、患病、意外、上学等。

关键点，位于圆环底部。我们的治疗目标是帮助家长管理自己的情绪（大白鲨之音），使她能够欢迎孩子回来，帮助孩子整理感受。

鉴别诊断可以相当简单，也可以相当复杂，这取决于挣扎的明显程度。经过反复观看评估视频后，可能出现矛盾、微妙以及待解答的问题。卡壳的时候可以跟从相同角度观看视频的同事一起分享一下彼此的想法。至少，重要的是要承认评估中存在一些问题，而不是假装已经有了明确的答案。通过视频评估进行诊断时，保持一定程度的不自信，可以保护我们所服务的家长和孩子免于遭受我们潜在的不充分的治疗假设所带来的风险。我们认为，面对正在发生且悬而未决的问题时，在我们能够相对确定之前一直保持思索会比强行确定答案更好一些。

> 治疗师应该在 SSP 中至少扮演一次陌生人的角色，体验"处在尴尬位置上"是什么感觉。

互动评估中常见的几组亲子行为

我们在观察 SSP 时不是只专注于观察，还要警惕不要做出猜测，了解到评估中会呈现常见的几组亲子行为，是很有帮助的。关于手部挣扎，最常见的形式是家长看上去害怕孩子，特别是孩子很低落或者生气的时候。这些关系中通常会有大量的角色倒置，是孩子而不是家长在更多地掌控局面。同样很常见的是，家长以一种让孩子体验到威胁或恐吓的方式表现得很强硬（面部表情以及语气）。

顶部问题最常见的形式是，家长需要自己被需要，并且会受到孩子自主性的威胁。这样的家长经常会在打扰孩子和心不在焉之间切换。在掌控局面时感到挣扎，试图回避孩子的苦恼，却同时又会因为孩子的苦恼而感到被需要时也感到挣扎，在这样的家长身上，这两者都不罕见。

底部挣扎最常见的形式是，家长会在孩子感到不安、需要安慰时感到焦虑，会通过强迫孩子停止低落情绪的方式处理自己的焦虑。很多孩子都会想到办法解决这个问题，会通过不表现他们的痛苦及对安慰的需要而发送假性信号。

记住以下三个重要的警告：

1. 依赖你看到的，而不是依赖那些你期望看到的东西。当你看到的并不属于上述行为中的任意一个时，你要根据你所看到的做出最好的诊断，你要尽可能地对关键挣扎做出最佳选择，并准备好在进行治疗的过程中进行修订。

2. 记住，真正提供信息的不是家长或孩子的独立行为，而是互动的顺序——孩子对家长的回应以及家长对孩子的回应。比如，家长对孩子主导玩耍过程做出回应时的语气和举止，以及当孩子采取主导地位时他/她自己的语气和举止，常常能提供给我们关于亲子互动的线索。如果这个孩子很苛刻或者过度乐观，那么这可能表明家长是在用害怕的顺从（见第七章）跟随孩子的需要，哪怕家长的顺从可能很微妙。有时一个孩子活泼愉快的态度可能是在抵消家长过于节制的情感投入，但这对观察者来说可能并不明显。当你在观察过于活泼的孩子和情感淡漠的家长时，你可以开始在互动评价中观察这一点。

3. 最后，请记住，在评估结束时，你可能会有几个目标，但必要的是要优先考虑关键点。太多的目标会使家长感到很困扰，可能会削弱干预的影响。次要目标可以作为解决关键点路上的步骤。例如，即便一对亲子关系是角色倒置的并且这就是你的关键，这个过程可能也要阐明如何能够支持积极情绪受限的家长表达愉悦。但是，如果你没有保持清晰的焦点，你要做到有效率就不太可能。

创造用于治疗的背景故事

评估是用于和家长一起在治疗中共同创造背景故事的。上文鉴别诊断中描述的家长，其背景故事是这样的：我的孩子感到沮丧时需要我的安慰。当我的孩子需要安慰时，有时他会给我发送假性信号，表现得好像想要去玩一样，过一会儿他会提示我他需要安慰。我在回应他对于安慰的需要时，有那么一刻，在他完成安慰这个过程，让我知道他的杯子已经盛满并准备好探索之前，我就试着让他去探索了。我这样做，是为了应对我的大白鲨之音，因为和他一起待在他的痛苦之中直到他提示我他可以离开，会触发我的大白鲨之音。

互动评估阐释了这对母子围绕圆环使用的防御策略。下一个重要的部分，是评估所谓的家长核心敏感性，我们将在接下来的两章展开讨论。核心敏感性指导我们共同创造背景故事，让家长能够拥抱他们的挣扎而不是防御自己的挣扎。如果我们误解了家长的核心敏感性，我们就成了他们正在防御的大白鲨，而不是和他们站在一起努力帮助他们的孩子。当我们确定了家长的核心敏感性时（见第九章），我们可以再回来选择能够支持整个背景故事的视频片段，而我们将会在治疗中展开并探索这个背景故事。图8.1展示了治疗计划组织表中的问题1和6，这两个问题是根据迄今为止收集到的信息所完成的。

1. 列出圆环每个部分的力量和挣扎
- 手
    - ☐跟随：有很多自信态度及共同调节情绪的实例。
    - ☐不适应：当孩子处于圆环底部时，迫使孩子去往圆环顶部。迫使孩子自立。
    - ☐掌控局面：自信地掌控局面，没有唤起恐惧。
    - ☐放弃：没有放弃的迹象。妈妈在组织关系。
    - ☐不断切换/互相矛盾的策略：无迹象。
- 顶部
    - ☐支持探索：当孩子决定出去探索的时候，妈妈有微笑。当儿子选择自己感兴趣的玩具时，她表现出积极的态度。
    - ☐看顾好我：当儿子开始玩拼图箱和医生工具箱时，妈妈一直在看着他。
    - ☐因我而喜悦：妈妈看上去很享受儿子的探索，但是在表达愉悦上很克制。
    - ☐帮助我：儿子拿着拼图箱和血压计向妈妈求助。
    - ☐和我一起享受：两人一起玩玩具时互相朝对方微笑。
- 底部
    - ☐欢迎我走向你：在第一次团聚中，儿子走向她的时候她有微笑，第二次团聚中她张开双臂拥抱了儿子。
    - ☐保护我："保护我"时刻的唯一实例是陌生人进入房间的时候，但是妈妈没有读出在那个当下孩子的焦虑，男孩也没有直接提示妈妈他需要保护。所以没有明确的实例（这在SSP中并不少见）。
    - ☐安慰我：当男孩背对妈妈专注于玩具时，这是一个假性信号。在男孩的杯子盛满之前，妈妈迫使他出去探索，妈妈也是在向孩子发送假性信号。当妈妈张开双臂时，男孩爬到妈妈腿上慢慢平复了下来，所以妈妈可以提供安慰。
    - ☐因我而喜悦：最接近喜悦的是阅读环节，但还是很有限。
    - ☐整理我的感受：在第二次团聚中，男孩站在妈妈面前看着她，这个时候妈

图8.1　安全感圆环评估及治疗计划组织表 问题1和6完成的示例

妈控制了局面，说你需要一个拥抱，然后把他抱进了怀里，这帮助男孩组织了情绪。

- 以上所有的挣扎中，哪一个是"关键挣扎"？ 安慰我：妈妈能够提供安慰，但是过度使用了分散注意力的方法，让孩子去探索，在孩子准备好之前就草草结束了安慰的过程。二级目标可能是帮助妈妈表达更多的喜悦。

6.你希望这个养育者能学到什么？（为了大白鲨之音而创作的迷你背景故事）创立循序渐进的目标（在与一些相对复杂的亲子关系开展工作时，会有两个关键目标，这个工作你可能需要做两次）。[这是尚未增加从COSI所获信息的最初版本]

- 学习目标一（我的孩子在圆环上需要我的X）"关键需要"：我的孩子低落时需要我安慰他。

- 学习目标二（当我的孩子需要X时，他/她会通过做Y来发送假性信号）"孩子的关键假性信号"：当我的孩子需要安慰时，有时他会给我发送假性信号，表现得好像想去玩一样。

- 学习目标三（当我的孩子需要X时，我会通过做Z来发送假性信号）"家长的关键转移（diversion）"：当他需要安慰时，我鼓励他去探索。在我回应他对于安慰的需要时，有那么一个时刻，在他让我知道他的杯子已经盛满并准备好去探索之前，我就试着让他去探索了。

- 学习目标四［我做Z是为了处理我的（如果可能的话，给这种情绪命名）］"大白鲨之音"：当他需要安慰时，我鼓励他去探索，这就是我应对大白鲨之音的方法。现在我们还不知道这个大白鲨之音的本质。我们需要求助于COSI获得更多的细节。

- 学习目标五（我有能力回应对X的需要，有能力管理我的大白鲨之音，以……为例）"未被充分利用的关键能力"：当我的孩子感到沮丧并来到我身边时（团聚2），我主动抱起他，安慰了他。

7.选择视频片段［没有看视频是无法完成的，所以这部分治疗计划不能在这里填写。第二次团聚是关键。］

图 8.1（续）

表 8.1　安全感圆环评估及治疗计划组织表

1. **列出圆环每个部分的力量和挣扎**
   - 手
     - □跟随：_____
     - □不适应：_____
     - □掌控局面：_____
     - □放弃：_____
     - □不断切换／互相矛盾的策略：_____
   - 顶部
     - □支持探索：_____
     - □看顾好我：_____
     - □因我而喜悦：_____
     - □帮助我：_____
     - □和我一起享受：_____
   - 底部
     - □欢迎我走向你：_____
     - □保护我：_____
     - □安慰我：_____
     - □因我而喜悦：_____
     - □整理我的感受：_____
   - 以上所有的挣扎中，哪一个是"关键挣扎"？_____
     _____

2. **敏感性是什么？** □自尊　□安全　□分离
   - 敏感性如何影响对于关键挣扎的理解？
     _____
     _____

续表

- 敏感性如何影响关键挣扎的呈现？
  _____
  _____

  举例说明，关于关键挣扎，我们怎么做能构建问题或接近养育者？_____
  _____
  _____

  举例说明，关于关键挣扎，我们怎样做就无法构建问题或接近养育者？_____
  _____
  _____

3. 评价反思功能

  A. 低：面对需要反思的问题时，回避或用概述来回答

  B. 中：存在一些反思功能的实例

  C. 高：在整个面谈过程中清楚展示出了反思功能

  意见：_____
  _____

4. 通过两个维度评价共情能力

  A. 评价换位思考

   a. 低：缺少以及／或者回避换位思考

   b. 中：存在一些换位思考的实例

   c. 高：在整个面谈过程中清楚展示出了换位思考

  意见：_____
  _____

  B. 评价情感共鸣

   a. 低：缺少共鸣

   b. 中：在某些特定情感状态，存在有限的共鸣

续表

c.高：在很广阔的情感范围内存在共鸣能力

意见：_____

_____

5. 评价关注自我的能力

A. 低：回避或看上去无法关注自我

B. 中：能够有限地关注自我

C. 高：在恰当的时候能够关注自我

意见：_____

_____

6. 你希望这个养育者能学到什么？（为了大白鲨之音而创作的迷你背景故事）

创立循序渐进的目标（在与一些相对复杂的亲子关系开展工作时，会有两个关键目标，这个工作你可能需要做两次）。

- 学习目标一（我的孩子在圆环上需要我的X）"关键需要"：

_____

_____

- 学习目标二（当我的孩子需要X时，他/她会通过做Y来发送假性信号）"孩子的关键假性信号"：_____

_____

- 学习目标三（当我的孩子需要X时，我会通过做Z来发送假性信号）"家长的关键转移"：_____

_____

- 学习目标四［我做Z是为了处理我的（如果可能的话，给这种情绪命名）］"大白鲨之音"：_____

_____

续表

- 学习目标五（我有能力回应对 X 的需要，有能力管理我的大白鲨之音，以……为例）"未被充分利用的关键能力"：
  _____
  _____

7. 选择视频片段（填写开始和结束的帧数）。

阶段一

- 软化 / 养育者的激活（阶段一——片段 1）：_____
  _____

- 存在着成功但未被充分利用的能力（阶段一——片段 2）：_____
  _____

- 次要关键 / 大白鲨之音（阶段一——片段 3）：_____
  _____

- 庆祝 / 解决时刻（阶段一——片段 4）：_____
  _____

阶段二

- 软化 / 养育者的激活（阶段二——片段 1）：_____
  _____

- 主要关键 / 大白鲨之音（阶段二——片段 2）：_____
  _____

- 存在着成功但未被充分利用的能力（阶段二——片段 3）：_____
  _____

- 庆祝 / 解决时刻（阶段二——片段 4）：_____
  _____

第九章

通过核心敏感性理解心理状态和防御过程

在你知道围栏因何而建之前，永远不要拆掉它。

——G.K.Chesterton

与家长一起工作时，永远不要拆下围栏，千万不要。如果要放弃长期的防御，拆掉围栏应该是养育者的工作，而不是我们的工作，不应该由我们来为他们做。先找一种方法去共情养育者的痛苦，是这种痛苦让他们筑起了这片围栏。尊重这种痛苦，尊重被建造起来阻挡这痛苦的那堵墙。通过看到现在正在发生什么，看到过去生活中发生的事情是如何影响他们对于现在的看法和情绪，来帮助家长创造以往不曾有过的选择。你要相信，为了他们的孩子，他们会选择以新的方式来回应，而不是继续用曾经的方式来保护他们自己，那种方式与其说是在建立关系，不如说更像是在砌墙。

COS互动评估视频可能会让我们看到一个在孩子呜咽时转开目光的妈妈。我们可能会看到一个打断小女儿的玩耍，问她要不要抱抱自己的爸爸，而随后当女儿真的需要安慰坐到他腿上时，他却轻轻地责备女儿是"娇娇女"。这些围绕圆环的互动能够帮助我们识别关键挣扎，让我们能够指出，这位妈妈需要在收到儿子信号的时候更频繁地提供安慰，这位爸爸需要往后退，让女儿去探索。但是对于治疗师来说，要直接把这些行为作为目标，让家长简单地换一种新的养育方式，实际上就是要让他们拆掉已经保护他们多年的围栏。

建议这位忽略型的母亲，多抱抱她2岁的儿子会培养出亲密的关系，从而能够解决孩子的愤怒行为，这可能是合乎逻辑的。但如果妈妈将其理解为要求她放弃防御，而她的防御一直在保护她远离大白鲨之音所预示的危险，那么她根本就不会听取这个建议。就像对于很多家长来说一样，在干预之前，这位母亲并不是在有意识地回避察觉到的危险。她会感到不安，可能会更加本能地做出反应，把这个建议理解为对某种情绪状态非常不敏感，她没法明确表达但绝对厌恶这种情绪状态，而这种不敏感是不能容忍的。换句话说，治疗师是为了通过干预帮助家长，意外地让这位母亲体验到了额外的大白鲨之音。

要在依恋相关的养育行为中引起变化，要求我们帮助家长发现，建立这片围栏是为了保护他们免于遭受真实的真正令人痛苦的事件，在这些发生在过去的事件中，很多已经不再跟现在的生活有关了。然而，首先，这要求我们要为来访者创建抱持性环境。正如在第七章开头指出的那样，这不仅意味着对家长外显的关心传递出兴趣，而且要为家长内隐的潜在的恐惧提供安全感。

在本章中我们将讨论依恋关系当中无意识和未解决的恐惧，这似乎是我们大多数人共有的恐惧。作为孩子，对于我们的养育者围绕三个中心主题——分离、自尊和安全而产生的特定挣扎变得很敏感，这并不少见。在我们正在建立关于关系世界的观念的过程中，如果我们因为为自主性而冒险（分离），或者因为达不到完美（自尊），或者因为表达了需要家长设定边界（安全），而体验到了"不在一起"，我们可能恰恰会在我们缺少"在一起"体验的地方开始感到挣扎。在我们的工作中，我们将这些挣扎描述为"核心敏感性"：分离敏感性、自尊敏感性、安全敏感性。

把目光从烦恼的孩子身上移开的那位母亲，可能已经感受到了曾经的那种痛，每当她表示需要安慰时都会被妈妈拒绝的那种痛。今天，她把程序性记忆带进了她自己对孩子的养育中，在她的程序性记忆中，她扼杀了对安慰的需要，按照她怎样做才能够让妈妈赞美她的方式来表现自己，通过这两种方式，她让妈妈待在了自己身边。或者，她也许对抚养过她的爷爷存有无意识的记忆，爷爷是一个专横跋扈的男人，强加给她一套不断变换的神圣规则，使她无法保持平衡，随时保持警惕，使她感到受控制，感到窒息。现在她小小的儿子的"要求"拉响了她的警报，她以为她会被淹没，因此她并不去理会儿子对她的需要。

至于那位父亲，不论是女儿离开自己主动去探索的时候，还是女儿需要他想让她寻求的安慰时，他似乎都会感到不舒服，也许他的母亲在他小时候一直严格控制他，无意中使他确信，那些选择遨游于自己的世界、掌控局面或者按照自己的利益行动的人将会被抛弃。现在，当他的女儿试图建设自立的时候，他听到了大白鲨之音。当他需要掌控局面并成为女儿的安全港湾时，他突然觉得自己就像一个无助的孩子，正是他的妈妈希望他成为的那种孩子。

在 COS 的说法中，上述母亲的行为会有两种可能，自尊敏感性或安全敏感性。所描述的父亲的行为与分离敏感性是一致的。这就是三个核心敏感性，都源于圆环上的需要在童年期未被满足，这些核心敏感性会像疤痕组织一样发展。

核心敏感性在一定程度上存在于每个人身上，而且经常出现在熟悉的人格特质中。核心敏感性发展起来的原因，是对我们大家来说熟悉的经历。我们都对于自尊被充分尊重的体验很敏感，当我们没能实现目标时，我们都会对自我价值充满挣扎。我们都对抛弃很敏感，就连抛弃的威胁也会使我们焦虑。有时跟我们亲近的人，在我们发出让他们退后的信号时仍然会进入我们的私人空间，我们对于这种入侵的感觉都很敏感。核心敏感性指的就是当这些日常冲突成为常态并被编织成隐含关系认知的核心时会发生什么。

也许你遇到过自尊敏感的人，他们重视自己和他人的表现和完美，但似乎会回避亲密关系的脆弱性。他们的程序性经验教导他们，他们不值得因为他们是谁而得到爱和亲密，只会因为他们能做到什么而获得爱和亲密。他们主要是被他人的看法所驱使，通过与仰慕他们的人建立关系来寻求对他们价值的确认感，而且在面对批评时会很愤怒或者退缩。分离敏感的成人会经常取悦他人，他们沉浸在关系中并致力于满足他人的需要。他们对于被遗弃怀有非常强烈的恐惧，因此他们往往会避免独处。如果他们不能通过殷勤来获得你的陪伴，那么他们将努力通过变得无助并总是需要支持来获得你的陪伴。安全敏感的个体对于亲密会感到不舒服，因为他们相信，亲密的代价就是被控制、失去自我。就关系而言，他们处在两难的境地。他们可能看起来跟自尊敏感的个体一样自立，但是相比之下他们不喜欢成为关注的中心。他们的座右铭可能会是"忠于自己"。

理解家长是如何表现出特定的核心敏感性的，可以防止治疗中的消极归因。理解家长是如何将这些敏感性付诸行动的，可以帮助临床治疗师识别大白鲨之音背后的驱力，以及它们是如何塑造养育行为的。这两点益处都有助于创建治疗性的抱持环境。促进反思越来越多地被认为是改变过程中的重要方面（Fonagy & Bateman，2007），往往比处方性建议更有效。帮助家长学会通过提高其反思能力来追踪自己的心路历程，是 COS 方法的核心。但是，如果没有安全港湾让他们可以忍受大白鲨之音带来的不安，没有安全基地让他们可以去探索自己的内在过程，家长就无法放弃那些从童年时起即开始依赖的自我保护策略。然而，一位几乎没有养育技能的家长，当他开始认识到那些和孩子之间形成了积极联结的瞬间时，能够感受到我们的支持，比起没有这种体验的家长，他可能渐渐会成为一个更好的养育者。

抱持性环境优先于反思能力。

反思能力优先于选择回应的能力。

COS 互动评估常常会提供关于家长核心敏感性的线索，但心理状态在访谈中能展露得更彻底，比如非常有效的 AAI（George Kaplan & Main，1984）。出于临床原因，我们使用我们自己的访谈，即 COSI，这在第十章中会更详细地讨论到。这个访谈是专门面向 COS 干预设计的，探索家长关于养育以及他们与孩子之间关系的内在表征和情绪情感。

本章的目的是解释核心敏感性如何进入在互动评估中已经开始成形的背景故事。本章探讨了三种敏感性中的每一种在不同的内部工作模型以及相对应的依恋模式中是如何展现的，解释了将对家长核心敏感性的了解整合进治疗计划是如何提高治疗成果的。理解核心敏感性有多么根深蒂固，有助于我们了解客体关系理论。

分裂：核心敏感性的基础

第四章中，我们引入了"好面孔"和"坏面孔"的概念，婴儿会将这两种面孔和家长联系起来。在客体关系理论的概念化世界中，公认的是，婴儿会在三种主题的背景下不断对事件进行加工：关于重要养育"他人"的体验、发展中的自体，以及二者互动产生的情感。当这些互动很正面的时候，儿童会形成对于自体与他人的积极或"好"的感觉，会带来好的情绪状态。当互动不顺利的时候，儿童会形成对于自体和他人消极或"坏"的感觉，带来坏的情绪状态。当婴儿看到"好"家长站在自己面前的时候，"坏"家长就是不存在的。

这是一种描述"分裂"这个精神分析概念非常简单的方法，"分裂"这个概念最初是由 Melanie Klein（1948）在 20 世纪早期进行深入研究的，之后是由 Ronald Fairbairn（1952）、Otto Kernberg（1975）、James Masterson（1976）等客体关系理论学家继续研究。客体关系理论学家假设，将体验按正面或负面来分类，代表了组织发展中儿童心理的第一步。Dan Siegel（1999）将此称为"状态依赖性记忆"；婴儿和幼儿用这样的方式将程序性记忆存储在大脑不同部位内，作为关于自体、他人以及情绪的独特而不同的工作模型。Siegel 将这些描述为"依恋相关的背景"，当类似的体验唤醒这些隐藏的心理状态时，哪怕是在很多年之后，他们还是很容易被激活。

一个主要的发展目标是整合好自体和坏自体以及其他表征，来形成关于自体和他人的准确的内部工作模型，而不是在不同的依恋相关背景中将他们分裂开来。孩子们开始意识到，他们并不是有一个全好的家长和另外一个全坏的家长，而是有一个既不全好也不全坏而是两者混合在一起的家长。"足够好"的养育能够帮助宝宝调节情绪，通过第十一章所述的破裂和修复过程，"足够好"的养育能将"好"和"坏"的客体（重要他人的内部模板）整合成一个整体，通常被称为整体客体关系的能力。然而，家长的养育越不符合这一标准，整合的可能性就越小。如果破裂持续没有得到修复，分裂的表征就不会整合在一起，人们会一直保持将好客体和坏客体分开，特别是处在压力下的时候，则倾向于将丰富复杂的生活归纳为非黑即白的概括化。这些防御策略的三种不同结构，在三个核心敏感性中得到了清楚的阐述。专栏9.1总结了这些策略在每种敏感性的亲密关系中是如何呈现的。

专栏 9.1　亲密关系中的核心敏感性

分离敏感

我们觉得我们必须专注于别人想要什么、需要什么以及感觉到什么，而不是专注于我们自己的渴望、需要和感受。我们这样做是因为我们觉得如果重要的人不能一直在我们身边，我们就无法生活。我们潜在的恐惧是，如果我们专注于自己的生活，专注于我们自己把事情做好的能力，我们就是"坏的"或"自私的"，最终将被我们最需要的人所厌弃。我们相信，我们的责任是专注于别人的需要并在涉及我们自己的需要时表现得很无助。

- 结论：我们试图通过照顾别人或让他们照顾我们，来控制与我们亲近的人；否则我们便担心他们会离开我们。另外，当我们亲近的人迫使我们自己照顾自己时，我们经常会很伤心。

- 常见的触发因素：我们会扫描寻找那些表示关系中有问题的迹象（从而让关系始终处在舞台中心，常常处于不安与困难的状态）；我们会避免采取立场，因为我们害怕这样会导致我们被抛弃；我们往往全神贯注于我们是否被爱得足够。

- 我们可能从别人那里听到："你想从我这里得到的太多了"，"你好像在缠着我一样","感觉像是你希望我威胁要离开，然后再戏剧化地决定留下来"。

- 反应中未经思考的已知："我觉得，我再一次希望你能让我确信你会留在我身边（因为在表象之下，我认为你是会离开我的）。""每当我不专注于你而是专注于我自己时，我坚信你会转身走出去。只要我说出我真正相信什么，我确信你会很伤心。""我觉得我只要变得很无助，你就会到我身边来照顾我。"
- 治疗目标：认识到我们的看法、意见和需要都是健康的、必要的；认识到要放弃这些，就是要否认我们实际上是怎样的人，也就是要放弃更深层次的亲密关系。

自尊敏感

我们相信，就像我们是拙朴的、不完美的、有缺陷的一样，我们本身是谁是不足以被重视的。因此，为了保护自己免受批评、评判和抛弃，我们要隐瞒真实的自我，不断尝试通过表现和成就来证明我们是值得的（即独特的、特别的、例外的，绝不平凡的）。

- 结论：我们的看法感觉非常重要。我们试图控制看法——不管是他人对我们的看法，还是我们对自己的看法。我们对于他人正在想什么的看法总是有点脆弱，所以我们会寻求确认，努力使我们的自尊感异乎寻常的高。我们经常对别人感到失望，因为他们"不懂"我们或者没有完美地理解我们。对于任何认为我们失败或认为我们不足的看法，我们都会保持警惕。我们之中的一部分人能够意识到这种警惕（常常会先发制人，因为自己的不完美而自我贬低，这样别人就不会贬低我们了），有些甚至不想将自己想象为"没那么完美"的样子（导致那些亲近的人不得不如履薄冰，试图确保我们不会体验到任何不足或失败的感觉）。

- 常见的触发因素：我们会扫描寻找别人对我们的积极看法和消极看法；对于批评一触即发的反应，需要是正确的/需要不出错；和亲近的人"有共同语言"的渴望（想法一致，达成"完全的"共识）；任何表示我们的亲密关系"不完美"的迹象都可能会被回应以伤心、责怪或退缩。脆弱性会令人苦恼。
- 我们可能从他人那里听到："并不是总跟你有关。""只是批评，不是世界的末日。""我不是你的延伸物。""总是要乐观，只能对你说好话，这让我很有压力，因为我如果不这样做你就会觉得自己被批评了。"
- 反映中未经思考的已知："我觉得，我只是请你让我感到自己很特别（因为在表象之下，我相当确定的是我并不真的有价值）。""我想知道，我不对你发火是否是为了保护自己，免得我感觉到我错了。""我认为，我退缩是因为你的不同意打破了我对于我们总是想法一致的幻想。"
- 治疗目标：认识到真实的自我是值得被爱的，错误是不可避免的，差异是健康的，以及分享我们的需要和脆弱可以是令人满意的。

安全敏感

我们认为，与重要他人建立联结的代价是放弃我们真正是谁以及我们真正想要的，也就不可避免地会让我们感到被控制以及/或者被"这个他人"入侵。因此，能够让我们保持真正完整的自体的唯一方式，就是保持有所隐藏并且要相当自给自足。我们想要亲密，但我们也想要保持些疏离以保护自己，总是在入侵/束缚与孤立的折中中徜徉。这种折中使我们不满足（并且让亲密的人很沮丧），因为我们既不完全处于关系中，也没有完全脱离关系。

- 结论：处理身体和情感上的距离是非常重要的。我们试图控制亲密感（当我们和别人太亲近的时候，我们的安全感就令人怀疑了）。
- 常见的触发因素：扫描探查有没有任何人占主导地位、操纵、入侵或者太亲近的迹象（"太亲密"，"太了解"，"太关心"）。暴露（被看到）

- 我们可能会从别人那里听到:"我想跟你要得更多。""感觉好像你会对我玩消失。""为什么不管什么时候我问你关于你的事情,你都会躲起来?""我不想控制你,我只是想和你亲近一些。"
- 反映中未经思考的已知:"再次说一下,我只是害怕(焦虑、不舒服),因为感觉到我们已经太亲密了。""我想我只是退回到自给自足的模式,我确定你打算试着处理事情。""也许我只是有点伤人,因为我知道那会让你伤心,会让你退后。""在这样的时候,我几乎想象不到有人愿意与我协商而不仅仅是接管。我需要谈论这些事,确保你会真的听进去,不会试图控制我们所决定的结果。"
- 治疗目标:认识到亲密并不一定意味着束缚;认识到我们进入关系中不需要被打扰、被入侵或被控制;认识到亲近和亲密可以是安全的。

核心敏感性与依恋密切相关。如果好家长只在宝宝表达某些特定圆环需要时出现,坏家长只在宝宝表达其他需要时出现,婴儿自然会开始做些必要的事情,以使坏家长远离自己。因此,一个宝宝要求被安抚却被拒绝之后,可能已经开始扼杀自己被拥抱的需要,而试着通过探索来让养育者接受自己。这一策略被编码为回避型依恋。依恋关系就是根据这些策略的行为表现来分类的,核心敏感性则被定义为这些行为和策略背后的核心信念。

发展出策略以回避圆环的顶部或底部,并不意味着孩子已经放弃了希望。例如,一个孩子选择了那个分裂出来的可能会在他探索时表现出愉悦的"好"家长,他是在说:"如果我能够通过用你能忍受的方式做出行为,让你和我保持亲密、慈爱,那么我能够不断变得越来越'好',最终会被爱就有希望了。"

现实是如果没有干预,拒绝亲密请求的家长很有可能会继续这样做。防御策略是能够永远延续下去的。这位妈妈小时候哭求安慰却被自己的母亲忽略了,她很有可能将寻求照顾/养育的场所体验为大白鲨出没的水域。当她的儿子感到痛苦而哭泣时,她会做出反应,就像任何慈爱的母亲在孩子接近危险时会做的那样。她将试图引导儿子远离她早已学会要避开的大白鲨而转向探索，她记得只有这样才会被接纳。通过无意识地改变儿子的方向，她避开了那些与要求亲密或安慰有关的痛苦回忆和情绪。

通过活在自己的程序记忆中来保护自己和儿子免受大白鲨的攻击，她坚持认为自己是一个"好"家长，能够高度回应儿子的需要。因为她已经把自己从关于无回应的养育者及寻求安慰被拒绝的体验的痛苦记忆中抽离出来了，她没有能力认识到她让自己远离的痛苦，就是她挣扎着强加给孩子的痛苦。因此，她正在儿子的心中撒播有问题的核心敏感性的程序性种子。

> 踢石头和踢狗是有区别的。
> 石头被踢的时候，物理学原理能够帮助我们画出相当确定的运动轨迹，但如果我们想要预测踢了狗之后会发生什么，物理学是没有用的。
> ——Gregory Bateson (1972)

> 当这个立场（我们的内在体验和外在现实相同）
> 是我们默认的选择时，我们就像安装了自动导航仪，同样地，
> 我们也都太受限于过时的工作模型以及思维、情绪和行为的习惯性结构模型。
> ——David Wallin (2007)

正如 Bonnie Badenock 所说的那样，"未整合的内隐性记忆，其表现形式可以是在解离的口袋中休眠，只有当被内在或外在体验碰触到的时候，才突然活跃起来"(2011)。这可能会成为一个多重代际问题，有时是悲剧性的，因为这种解离本质上是很顽固的。"像大脑整合所有可用的东西一样那么顽强"，Badenock 说，"很可能，与大脑的整体流动保持解离的回路实际上就处于默认网络的回路之外"。如果没有找到一种办法，能了解家长是如何无意识地对触发内隐关系认知的事件做出反应并且进行思考的——如果没有找到一

种方法，来整合那些已经被分裂出来的东西——那么这种模式很可能会持续到下一代。Badenock 得出结论说，心理治疗的作用是创造机会"为我们的大脑将内隐神经回路从暂时的隔离或解离中带出来……并进入我们整合的大脑回路流中"。

识别核心敏感性以提高治疗效果

COS 试图通过提高家长在孩子圆环需要的背景下的反思功能，将程序性记忆带入我们的整体大脑流动中。对每组亲子特定的力量和挣扎进行鉴别诊断（本章后面会讨论），以及对家长的核心敏感性进行评估，能够使我们的努力更成功。

随着依恋研究人员发现儿童和家长都可以根据几个不同依恋工作模型来分类，客体关系理论学家 James Masterson 同步建立了一种以治疗师的能力为中心的治疗方法，在三个人格障碍中建立明确的分界线：边缘型人格障碍、自恋型人格障碍，以及分裂型人格障碍。Masterson 判断，寻求精神分析治疗的人群中，大多数人都属于这三种人格模式之一的广泛谱系中。治疗师能够准确诊断出患者的特定主题的能力，能够使其治疗具有特异性，而特异性能够提高成功的可能性。虽然大多数人都是没有人格障碍的，但我们可以通过不那么严格的更普遍的方式来识别这些特定的性格模式。为了使这些主题去病态化，我们创建了"核心敏感性"一词，以涵盖这些模式中许多不同的强度（从轻度到严重）。

这些客体关系的诊断分类，并不能直接与依恋理论中的分类相吻合，却给我们对于家长依恋的内部工作模型的理解增加了特异性。这种特异性为我们的治疗提供了四种优势：

1. 帮助我们说出家长最根本的担忧。
2. 解释了他们的防御目标。
3. 帮助我们避免无意中触发他们的防御。

4. 对那些有时相当难处理的防御，给治疗师提供了共情性的组织。

例如，像之前描述的那位妈妈这样的家长，他们的孩子有着回避型依恋，可能有很多不同的原因支持回避。分离敏感的家长正在远离自我激活（自主性的自我肯定），这种自我激活对于管理自己的感觉和回应孩子的痛苦来说是必要的。自尊敏感的家长正在回避因为需要安慰而被羞辱的记忆。安全敏感的家长正在避免被孩子对于亲密的需要吞没或束缚。专注于分离敏感的家长被侮辱的问题，或者更多地支持安全敏感的家长的自我激活，或者让自尊敏感的家长相信孩子不会令她窒息，很明显都搞错了重点。这些不合拍的干预将使家长感到被误解、不被关注。

COS要大力感谢James Materson和Ralph Klein，他们给我们提供了这一关键工具。我们处理这项工作的方式还是有些差异的，特别是在命名方面。我们的目标是将家长去病态化，并将关系功能失调看作是一个连续体上的程度问题，在该连续体上"病态"和"健康"中总是存在着动态张力。COS认识到，所有养育者都会使用一些基于程序性记忆的防御策略，这些防御常常会合并为核心敏感性。讽刺的是，"病理（pathology）"一词的词源，使在不安全背景下体验到的情感上的痛苦正常化了。虽然词典将病理定义为"异常的东西（something abnormal）"，但该词源于希腊语中的pathologia一词，这个词的意思是"对人类情感的研究"——日常的情感。病理的定义也有一部分来自于单词"patho"，其意思是集"辛酸（poignance）"和"痛苦（suffering）"于一身。因此，情绪上的痛苦可以被认为是人之为人的重要组成部分，我们大家普遍都有。这个观点让我们开始通过诊断家长用以防御痛苦的特定模式而不是通过诊断障碍，来治疗关系功能失调的案例。

对于治疗师来说，重要的是要认识到
我们每个人都会同与自尊有关的情绪调节问题作斗争，
都会同关系中自主与亲密之间的相互作用作斗争。

与经常表现出虐待或忽视模式（以引人注目或者甚至微妙的方式）的家长一起工作，对于治疗师来说可能是很困难的，在情绪上是很让人难受的。给家长贴上类似于"边缘型"、"依赖型人格"或者"自恋型人格障碍"的标签，可能会使得家长和治疗师之间的距离更加疏远。不幸却几乎不可避免的结果是，治疗师心中出现了"我们/他们"的态度，这与创造抱持性环境背道而驰。而且当我们在处理不那么严重的问题时，比如，一位家长和2岁的孩子一起来，就某问题寻求治疗，这些诊断标签常常根本就不适用。因此，COS方法用"自尊敏感"、"安全敏感"和"分离敏感"替代了诊断标签，这些术语更直观、更易理解，使我们能够专注于关系类型以及组织每种类型的大白鲨之音的情感因素。与家长讨论时，我们甚至不使用这些标签，而只是让他们能够反映出自己的养育选择背后的过程。

灵活的防御	僵化的防御
自尊敏感	自恋型人格障碍
分离敏感	边缘型人格障碍
安全敏感	分裂型人格障碍

区分核心敏感性

核心敏感性将养育者行为中展现出来的内部防御过程组织起来，但仅仅通过互动评估试图发现这些敏感性，还需要治疗师做大量的猜测。家长潜在的担忧是隐藏起来的——在这种情况下，不是隐藏在眼前。这就是为什么COSI的视频记录如此有帮助。

如第八章所述，行为评估不可避免地会给我们提出一些问题。呈现出相同基本依恋模式的亲子之间存在着显著差异，能解释这些差异的正是核心敏感性。核心敏感性可以被视为关于关系的"生存准则（rules to live by）"——

一种用于一生的保护性策略，以避免温尼科特所说的"持续地坠落"（见第四章）——也就是为了避免"不在一起"。

> 核心敏感性是一个内部工作模型，是一种特定的分裂方式，现在已成为每分每秒都在使用的策略。
> 1. "这就是我为了保持联结而<u>必须做</u>和<u>必须不做</u>的事。"
> 2. "这就是我为了避免'不在一起'而<u>必须做</u>和<u>必须不做</u>的事。"

关于每种核心敏感性如何在养育关系中被典型地表达出来，以及什么治疗目标与干预常常比较有效，图9.1给出了例子。下面这些描述总结了你可能会在视频中看到的内容：与每种核心敏感性相关的典型恐惧、防御幻想以及关键主题的标志，还有模式背后潜在的担忧可能是什么。

自尊敏感性

- 当家长希望她/他的孩子出色和"更好"的时候，这意味着什么？
- 被认为"很平凡"的感觉如何？
- 为什么孩子没有跟家长想得一样（一体感，one-minded）时，家长会感觉受到了威胁？
- 为什么有时让孩子充分体验圆环的底部家长会感到不舒服？
- 为什么当孩子很明显地感到伤心时，家长还是会让孩子出去探索？

自尊敏感性包括对于被别人认为自己很特别的需要，挣扎于暴露自己不完美、令人失望的恐惧。如前所述，优先考虑表现和完美程度的家长通常是"自尊敏感"的。这样的家长往往对孩子做了什么比孩子本身是谁更感兴趣。因此，"为关系本身而建立的关系（relationship-for-the-sake-of-relationship）"便让位于"为专注于成就而建立的关系（relationship-as-a-focus-on-achievement）"。这样的家长可能是在一个基于表现的环境中长大的，在这样的环境中一个人的价值取决于一个人的成就。当自尊主要建立在表现的基础上，而不是互相尊重与互为愉悦的安全基础之上时，这样的自尊往往是很脆弱的。

在这样的环境中成长起来的孩子长大成人后，他们会过分专注于成就/完美，如果你跟他们看待事情的方式不一样，他们会觉得受到了挑衅，可能会觉得自己被批评了。基于他们养育者的要求，他们有一个核心信念，即能维持联结的就是表现和一体感（one-mindedess）。除非他们质疑这个核心信念，否则他们将向后代要求同样的东西。因此，他们往往在圆环顶部最舒服，在圆环底部他们缺少积极的体验或者专业知识。由于他们在不能"解决问题"时会害怕失败，所以当他们的孩子在圆环底部表达需要时，他们的大白鲨之音就可能会响起来。

> "有时在生活中，我对作为家长的自己感到非常满意，然后突然就会觉得自己像个失败者，这种变化几乎是在一瞬间发生的。我知道这与其他家长对我的看法有关。我不想让任何人对我有批判性的想法，所以我必须是最好的家长。我唯一的价值就在于出色，在于被认为是有史以来最伟大的爸爸。"

这位年轻的家长就是自尊敏感型。他可以在很多观众面前演讲，当二百个人都很喜欢他的演讲，而只有三个人在后面窃笑时，他会因为后面这三个人而崩溃。

> "我需要确认，你会不断因为我完美的养育而被打动。"
> "顺便说一下，不管我做什么，我将永远不会完美。"

在自尊敏感困境中的驱力是：我需要被别人认为是完美的，我才是有价值的；如果我被别人认为是不完美的，我就会被拒绝；我不完美。自尊敏感的人永远无法达到完美，所以他会不断地努力比真相先行一步，疯狂地试图待在"不在一起"的黑洞之外。其中一个试着感到完美的方法，是让人们用他的方式看待事情并且反馈给他。

敏感性	分　离	自　尊	安　全
养育者关于孩子的恐惧	孩子会出去探索，然后就永远不会回来了；孩子对这个世界比对养育者更感兴趣。	孩子需要养育者安抚某些情绪，这些情绪会触发养育者关于被拒绝和被羞辱的回忆。	孩子"需要"的太多，会淹没/占用养育者本就有限的安全感体验。
养育者关于手/掌控局面的恐惧	"掌控局面意味着你会沮丧并永远离开我"。	"掌控局面会迫使我们放弃一体感，会暴露出我的脆弱。"	"掌控局面会触发你的不安，你会让我不知所措。我不想束缚你。"
回避大白鲨之音的策略（常见关键挣扎）	让孩子专注于关系（圆环底部），并且/或者当孩子处于圆环顶部时，把自己变得不可或缺；干涉孩子的自主性；回避形成层级（需要有自我激活）以防止孩子生气与分离。	让孩子专注于探索/表现/成就（圆环顶部）；忽略孩子对于安抚和情绪调节的需要；觉得自己和孩子是特别的；一体感。	持续地使孩子不专注于关系（尤其是圆环底部）；促进孩子自给自足以防止孩子要求太多或者对亲近和联结有不必要的需要。
关于重要他人的警惕	"你会缠着我，还是会抛弃我？"被纠缠或被抛弃。	"你会让我觉得自己很特别，还是让我觉得自己不足？"高于或低于。	"你会入侵我，还是我会被疏离？"被疏离或被控制。
对于孩子的防御幻想（"积极"）	"最终我会找到一个人，他不管怎样都会爱我。"（永远会陪伴我的人）	"我有一个最聪明/最特别/最脆弱的孩子，我完全了解他，反之亦然。"（完美的，与自己融合的他人）	"我女儿真的知道在很多情况下如何照顾自己。"（自给自足的他人）

图9.1　核心敏感性：快速浏览——养育者

敏感性	分 离	自 尊	安 全
关于孩子的防御幻想（"消极"）	"他发了那么大的脾气！他已经在恨我了！他不想跟我有关系。"（抛弃的他人）	"她被宠坏了。她想要的就是关注。谢天谢地，还好结束了。"（批判的/苛求的他人）	"我只是希望他不要这么需要人。他就是无缘无故非要黏着我。"（吞噬的他人）
视频回顾和干预的目标主题	处理围绕层级和养育者能力的大白鲨之音（比如，对孩子在圆环顶部的主动性、探索及分离体验感兴趣，愿意在需要的时候掌控全局，目的明确而坚定，话语明确且直接）。	处理围绕适应和对圆环底部需要的积极体验的大白鲨之音（比如互相凝视，关照孩子情绪时的亲切和愉悦，愿意协商，配合孩子的节奏）。	处理围绕养育者和孩子之间亲密的大白鲨之音（比如互相凝视，轻松地交流，看见孩子亲切柔和的能力，成功地协商情绪和肢体接触，认为孩子对亲密的需要是恰当的，在时间上是有限的）。
面对无法调节的情绪时，从轻度到严重的消极自体表征	无能，愧疚，糟糕，不被需要，无助/无望，被抛弃	失望，脆弱，不足，不完美，羞愧，被羞辱，空虚，支离破碎	被侵入，陷入困境，被束缚，被占有*，无法交流，没用，完全孤独*

图 9.1（续）

*安全敏感表征被分裂成两组，因为消极表征的改变取决于它们跟关系的远近以及牵涉程度。

分离敏感性

- 为什么一个家长会在孩子还没有平静下来的时候派孩子出去探索，然后再提醒孩子他还在难过？
- 当家长希望自己的孩子永远是小孩子时，这意味着什么？
- 为什么家长让孩子在很安全的时候去充分探索圆环顶部时会感到痛苦？

分离敏感性包含对保持亲密的需要，同时总是伴随着对被抛弃的恐惧。分离敏感的养育者，常常是在这样的环境中长大的——激活探索的努力及与家长分离总会遭到反对。当养育者小的时候，他被赋予的期待是不断找家长帮忙，将家长作为一种资源，而不是建立起支持的内在能力。家长仿佛在说，"我需要你需要我，而不是考虑你自己。"在其他情况下，家长根本就没有陪伴自己或者心事重重，导致孩子只能放弃任何了解自己需要的感觉，把注意力放在保持联结上。无论是哪种方式，对于这些孩子来说，开始体验离开家长或者尝试变得有能力独立采取行动，就等于体验到家长对自己失去兴趣、不再陪伴自己——也就是体验到被抛弃。作为成年人，他们倾向于过分照顾别人，顺从别人的需要，以回报这些他人没说出口的永远不会离开的承诺。分离敏感的家长会专注于他人的渴望、需要和情绪，减少甚至完全剥夺自己的渴望、需要和情绪的重要性。小的时候他们遏制了自己探索和自主的欲望，而现在他们则害怕做决定或是掌控局面。他们内在的压力迫使他们对生命中的重要他人保持专注，却使他们自己的竞争力和能力付出巨大的代价。

这些家长可能会迫使孩子到圆环底部去，因为他们的孩子如果感到痛苦的话就不太可能离开了。同时，分离敏感的养育者经常会发现，应对孩子在圆环底部的需要让他们手足无措，因为要管理自己的情绪然后专注于安抚或管理孩子，需要太多的自主性和自我激活。为了保护自己不要体验到手足无措的感觉，他们可能会督促孩子去探索，然后在圆环顶部黏着孩子，在孩子的玩耍中打扰他们或者让自己处于中心位置。

"我长大，有了自己的宝宝，妈妈就会生我的气，这好像不对劲啊。只不过是试着按照我希望的方式来养育我的孩子，这有那么糟糕吗？我其实是喜欢我妈妈的，至少有的时候喜欢。但她要我跟她住得近一点，要我给她打电话发短信，让她对我的生活了如指掌。当我为自己做点什么的时候，我就会开始内疚。就像现在一样，单单是把这些说出口都让我觉得自己很差劲。"

这是一个典型的分离敏感型的陈述：我想拥有自己的自主权，但是我的养育者对于圆环顶部会感到不舒服，所以我需要专注于她们的安慰，掐断我对分离的需要。这个年轻的母亲正要开始说实话，可大白鲨之音接着就响起了，提醒她每当她觉得自己有能力、有竞争力的时候，她都会有麻烦。她感受到，事实上她是想要独立去做些什么的，可是一秒钟之后，她就感觉很不好。在无意识层面上她其实在这样告诉自己："如果我感到内疚，我将放弃激活自己迈向能力的脚步。通过感到内疚，我能够保持与养育者一生的彼此贯注，这样我就能够回避那些我冒险拥有分离的自体时她转身离开的记忆。"

"告诉我，我需要做什么才能保证你不离开我。"
"P.S. 我保证我也会做任何赶走你所需要做的事情。"

这就是分离敏感的人会发出的信息。P.S. 的信息是为了让生活中的戏剧能继续上演，而该剧使养育者不可能离开——"我惹你生气了，你说你要离开，那我道歉；我们让戏剧持续演下去，这就意味着我们还一起在这里，在关系里。"

安全敏感性

- 比起情感上的亲密，如果家长好像一直更看重孩子的自给自足，这意味着什么？
- 为什么家长会回避孩子强烈的情绪，不管是积极的还是消极的？
- 为什么有的时候家长不理会孩子在圆环上所处的位置，或者看上去对此漠不关心？

安全敏感性是我们描述分裂型人格问题的术语。分裂型人格问题最初是由 Ronald Fairbairn（1952）、Harry Guntrip（1969）和 Ralph Klein（1995）提出的。在分裂的基础上，它涉及一个人必须在亲密且被入侵或疏远且被孤立之间做选择的感觉，因为在两者之间空空如也。通常，安全敏感的家长在孩提时代感觉他们需要保护自己慢慢出现的自体感，使其免受过多卷入且不合拍的家长的侵犯。这种需要使他们陷入了无法解决的两难境地：允许入侵、失去自体感，或者拥有自体、拒绝入侵，却活在孤独中。在其他情况下，安全敏感的养育者可能是由自尊敏感的家长养大的，这类家长在一体感上的努力对他们来说就是被入侵的体验。安全敏感的养育者也可能是由安全敏感的家长养大的，对于这些养育者来说，亲密被体验为入侵，而自给自足才被看作是应该的。无论哪种方式，安全敏感的家长都在力求与孩子情感上亲密与疏远之间的折中。这位安全敏感的妈妈在寻找一种方式，能够在不丧失自主性的情况下体验到依恋，她可能渴望与孩子建立关系，但同时对某些迹象保持警觉，譬如向她发出信号说她要被孩子的需要吞没了的强烈情绪。因此，她大部分时间可能都会跟孩子保持一定的距离。

"要拥有自体，我必须独自一人。"
"要形成联结，我必须失去我的自体感。"

"小学的时候，我从来没有真正地合群过。我的老师都告诉我的家长，我是一个梦想家。我会读书读几个小时，或者沉浸在自己的白日梦中。我会想象成为一个父亲，但这个画面总是离我很远。到了现在，上班的时候我会想我的女儿，但我回家之后面对她的需要却感觉到窒息。"

这位父亲解释了安全敏感性的挣扎：当我亲近你时，感觉太近了，我就想离远些。而当我离远的时候，我感到太孤独了，于是我就想亲近。不管我在哪儿，我都觉得不满足。

"当你亲近我时，我想让你离我远点。"
"但是当你不亲近我时，你离我又太远了。"

依恋模式背景下的核心敏感性

在为遇到麻烦的亲子关系进行治疗的过程中，鉴别诊断的重要性是怎么强调都不为过的。一种治疗方法不能包打天下。有自尊敏感问题的养育者面临的具体需要，与分离敏感的养育者所面临的需要大相径庭。对 COS 鉴别诊断有着成熟理解的治疗师在选择干预手段时才能够具体化，而不是靠直觉去猜测什么方法可能对某个特定的家长有用。

然而，区分核心敏感性是一个非常棘手的任务，事实上在任何行为或任何依恋模式（回避型或矛盾型）中都能发现任意一种核心敏感性，这使得我们的任务更复杂了。要理解敏感性，你必须要看到行为背后的意义而不只是看行为本身。以下的描述呈现了工作模型最常见的形式，但并不全面。我们为了理解亲子关系建立了图示，而亲子关系本身要比我们的图示复杂得多。

回避型依恋儿童的养育者的核心敏感性

不安全回避型儿童的养育者，以身体及情感的亲密交流为代价，鼓励孩子的独立性。如前所述，在 AAI 中，这些养育者被认为"无视"了圆环底部的依恋需要。他们往往不喜欢直接的情感交流，而且对于需要的表达会表现出不安。时间一长，这类家长的孩子就学会了抑制自己直接表达对养育者的渴望或需要。

因此，下面这些就不足为奇了：在陌生情境实验中，这样的孩子在家长不在时一般不会表现出什么痛苦，在团聚中会倾向于远离家长，他们关系策略的目的是不要晃动情感的小船。就像依恋理论学家解释的那样，这样的孩子会预期到自己的依恋需要被无视。为了避免发出在圆环底部有需要而被拒绝的痛苦，这个孩子开始建立一种模式，创造距离并优先考虑探索及／或成就，而这并非巧合，正是家长所强调的东西。强调成就和探索的家长常常是具有自尊敏感性的，通常在圆环顶部感到舒适而忽略圆环底部的机会。

安全敏感的家长也会忽略亲密而促进孩子的自给自足。他们这样做不是因为他们的自尊取决于成就，而是因为他们选择在关系中保持一定的情感距离，以此作为保护自体不被吞没或控制的一种方式。因为与他人亲密的体验是不安全的，所以一种为了保持距离而有系统地牺牲亲密关系的工作模型便建立了起来。相应地，这个人便学会了优先考虑自给自足。作为养育者，尽管他们对关系真的很感兴趣，但是这些成人往往在表现这种兴趣时非常谨慎，并且在涉及孩子对直接联结的需要强度时保持警觉。对情感上被窒息的潜在恐惧以及被孩子的需要所监禁的感觉，这两者仍然是养育关系中的突出主题。

有时候我们会看到一位分离敏感的家长与她的孩子建立了回避型依恋关系。在这种情况下，家长会在圆环顶部促进孩子做出黏人的行为——比如微观上管理孩子的探索——而不是促进孩子的成就感，这样孩子才不会走得太远。这位家长并非尝试支持孩子的探索，而是为了亲密的目的才专注于圆环顶部。这样的家长也会拒绝或回避孩子在圆环底部的需要，因为这些需要会引发痛苦的回忆和感受。管理自己的感受并最终将其放在一边，因而能够安抚孩子，做到这些所需要的自主性的自我调节充满了大白鲨之音，所以这位妈妈用玩具去转移孩子的注意力。分离敏感的家长被需要的需要可能是非常具有侵入性的，以至于孩子必须学着成为回避型才能应对这种需要。对于分离敏感的家长来说，这种行为可能特别困难，因为它创造了一种家长感到被抛弃的关系，现在创造了她自己最糟糕的噩梦。

矛盾型儿童的养育者的核心敏感性

养育者的另外一种策略是引起孩子对分离的焦虑。在 AAI 中，这种家长会被分类为被关系问题"黏人"型。在这种养育背景中成长起来的孩子，往往会在黏人和抗拒亲密中切换，因此不容易被安抚，这会延长他们依恋行为系统被激活的时间。这些家长提供了一种扭曲的亲近，其基本功能既不是亲密也不是安慰。这种扭曲的亲近往往是分离敏感性中的纠缠（情感上纠缠，但是具有各自的思想）以及融合（即自尊敏感性中的一体感或"拥有共同语言")。纠缠的家长和融合的家长都会在说话时过度使用"我们"这个词。专栏 9.2 可以用于区分相同的词汇因核心敏感性的不同而产生的不同含义。

> **专栏 9.2　区分"我们"的防御性用法**
>
> **纠缠（分离敏感性）**
> - "我们"用以防御独自一人待着。
> - "我不需要我们是一样的；我只是想让你和我待在一起。必要的时候，我将放弃我的独特性。"
>
> **融合（自尊敏感性）**
> - "我们"用以防御差异（分离）。
> - "要感到关系牢固，我需要我们是一样的。"
> - 一体感："你的所思所感当然像我一样。"

正如可以预料到的那样，在 SSP 期间，先占型养育者（分离敏感和自尊敏感）的孩子往往对与家长的首次分离感到非常伤心。然而，在养育者回来时，这些孩子发出了混合的关于重新建立联结的信号。他们哭泣，寻求关心，而当真的给予他们关心时，他们却抗拒、生气、发脾气。

这些孩子的家长对于孩子需要和请求的反应，可能是在几种不同的反应之间交替的，有时能够陪伴回应孩子（通常带有侵入性），有时会因孩子的要求和需要感到精疲力尽／受挫。他们往往在孩子明显还很难过的时候就将孩子放下，这使得孩子回来并要求更多的戏剧得以保持。因此，孩子身上的矛盾其实是对他们发现自己所处背景的准确反映。

黏人／矛盾型依恋关系中的自尊敏感型家长

"黏人／自尊敏感型"养育者，小的时候会因为和家长不一样，而受到惩罚或者被冷漠地对待。这个类别的养育者沉浸于或者过度认同孩子的需要。然而，这种关于孩子的警惕性不是为了孩子才产生的，而是为了保护家长脆弱的认同感。与忽略/自尊敏感型养育者一样，这样的家长会专注于完美。然而，这样的家长不需要亲自表现出完美的行为，而是试图和一个"完美或特别"的孩子融合或成为一体（be of one mind）。因此，家长会认为孩子是"精致脆弱的"以及/或者"独特完美的"。这样的孩子被抱持在一个自己"太宝贵"的虚幻环境中。

矛盾型依恋儿童的分离敏感型/先占型家长

分离敏感的家长好像沉浸于以真正的联结为代价的关系剧本中。他们常常强调孩子对他们的需要（"我打赌我不在的时候你一定非常想念我"），以此保持依赖。这一类家长在掌控局面以及为了使孩子在已知的规则和限制的背景中感到安全而建立必要的层级秩序时会非常困难。因此，孩子再次以任何可能的方式适应并符合养育者的期待："如果黏人、抗拒、戏剧化、担忧或者纠缠是你为了保持联结而对我的需要，那你将会得到这一切。"

混乱型依恋儿童的养育者的核心敏感性

再次强调，核心敏感性是很普遍的，我们都有，不管我们的依恋关系是安全的还是不安全的。然而，在拥有未解决的混乱型依恋历史时，核心敏感性往往才会太深入，才成为更严重、更僵化的防御策略。所有的核心敏感性以更严重更僵化的形式聚合在一起，成为了一种应对混乱的方式，对于成年人来说，有时这些防御策略能够形成人格障碍中的顽固性和渗透性。

自尊敏感：当孩子让家长失望时，家长会感觉很丢脸，要么暴怒，要么完全离开，而孩子会在一种持续感到恐惧的状态中。

安全敏感：孩子体验到的养育者要求孩子的自给自足要达到一定的程度，使得孩子被迫去组织被体验为忽视的家长。

分离敏感：养育者对于任何会带来分离（对养育者来说感受到的是抛弃）的自我激活（层级）都非常恐惧，因此她会推动角色倒置，让孩子掌控局面。

鉴别诊断，区别治疗

如果我们要解决我们面前的亲子之间的具体问题，区分不同养育策略就变得很重要了。忽略与孩子之间的依恋的养育者将需要能够鼓励养育者更愿意协商亲密关系的干预。如果那位家长属于自尊敏感型，当他意识到孩子对他本人感兴趣，而不是对他以表现为基础的角色感兴趣时，通往亲密关系的特别之门就会打开。（"这个小女孩确实很享受跟你在一起，她看着你的方式就是在说，'我很高兴你是我的爸爸'。"）对于这个养育者来说，治疗的中心主题包括解决由适应的脆弱性以及养育者与孩子之间在圆环底部关于需要的积极"时刻"（例如，相互凝视，不必做什么就可以共享的情感，情感的真诚性，关照孩子的感觉，轮流，协商的意愿，配合孩子的节奏）所触发的大白鲨之音。

另一方面，如果家长是安全敏感型，治疗师会强调孩子对淹没或控制家长没有兴趣。（"你看，她只是对你微笑了一会儿，然后就扭头看别的地方了。她的确很享受与你建立联结后花一些时间自己玩耍。"）因此，对这位家长的治疗主题要专注于养育者与孩子之间在圆环底部的安全亲密所触发的大白鲨之音（例如，面对面交流的时刻，随着时间长度建立起来的彼此凝视，舒服的给予-接受式的交流，认识到孩子进行敏锐、柔和交流的能力）。

对于那些沉浸于孩子需要的分离敏感型家长，干预就会朝不同的方向进行。我们将会向这样的家长展示，她的大白鲨之音是如何妨碍她在关系中建立起层级，并妨碍支持孩子天生对探索与自主的渴望的。这会支持到孩子的分离，所以分离敏感的家长需要知道孩子会离开，但是始终会回来。（"看看她，她多么喜欢拿着那个玩具跑开，然后再带着新东西回来跟你分享。"）治疗的具体主题将包括支持养育者与孩子待在圆环顶部的能力（例如，愿意控制局面，关注任务，目标清晰而坚定，对孩子的探索和分离体验保持兴趣，言语坦率、明确而直接）。治疗也将帮助家长去支持孩子的能力（例如，完成任务，自我管理，适当承担风险，与养育者保持一定距离的体验）。

沉浸于孩子需要的自尊敏感型养育者需要足够好地处理大白鲨之音，让自己能够在孩子以不同方式体验世界时越来越舒服。（"这个小家伙真的有自己的想法，你看他是怎么把卡车带给你的。他似乎知道你没有，想跟你分享他新发现的快乐。你们其中一个人能够给另外一个人新的不同的东西，这真的很好。"）这位家长的治疗主题侧重于养育者真正的适应，也会包括鼓励提高家长与子女之间的分化，从而使孩子与家长分离的需要被体验为必要的而且可接受的（例如，承认孩子分离的节奏和感受，各自思想之间的协商，允许孩子和家长的愤怒，情感的真诚性，言语坦率、明确而直接）。

家长情绪工作能力的因素分析

养育者展示出很多不同的依恋策略和敏感性。他们也为治疗展现了自己不同的情绪工作能力。在这个能力谱系的一头，是那些在教养方式上看起来相对安全的家长，他们展示出了组织和讨论情绪的能力。他们来寻求治疗，是因为他们想要寻求一些对选择的支持，因为他们觉得那些选择已经超出了他们现有的养育知识。很多时候这些家长都刚刚读过关于某些特定养育方法的书或文章，想要寻求专业人士的帮助，因为他们非常认真地为健康的养育方式而付出努力。我们在本书中呈现的很多治疗都适用于这些家长，只是强度要缓和一点，次数要少一些。

在家长接受心理治疗的能力谱系的另外一头，是那些几乎没有能力将治疗师作为安全基地的家长。他们通常是没有抱持性环境成长史的，他们的情绪要么是抽离的，要么是压倒性的，他们常常表现得没有什么反思能力。这些家长有可能会表现出一些混乱型依恋策略的迹象，也会呈现出忽略或先占型的二级策略。可预测性、提供安全感以及对他们关于情绪调节的特定问题保持敏感，就成为了治疗中的中心问题。焦点需要放在发展安全的治疗关系上，而不是直接跳到他们的养育问题上。

一个宽广的谱系

作为治疗师，我们的任务是要找一种方法去满足我们面前的这个家庭特定的需要。为了让治疗对每个家庭都有用，治疗师必须能够诊断出养育者的策略、功能障碍的主题、核心敏感性以及家长解决这些问题的能力。很多家长要么不愿意，要么没有时间去了解他们在关系中的扭曲和限制背后的原因。我们有能力认识到一个家庭系统在现有情况下可以承载什么，是这项工作的一个关键特点。我们从来不敢以把这个家庭变成我们提前决定好的某种关系为目标。"成功"会出现在有很多局限性的情况下，包括家长的、治疗师的以及正在使用的治疗模式的局限性。因此，重要的是要把变化看作是在一个广泛的谱系上发生的。确实，这是一个宽广的谱系，我们所有人，来访者和治疗师都一样，都会发现我们处在这个谱系上的某个地方。

在将儿童安全作为中心第一要务的情况下，我们的任务是要真正地欣赏每位家长、每个孩子，为了爱与工作，他们都在努力寻找能满足他/她核心需要的最好方法。走进这些一直在努力的人的生命，是一种荣幸。我们每一个人，都在不断应对需要未被满足的痛苦以及需要终于被满足时的愉悦。尽可能全面地理解家长关于养育和亲子关系的知觉，是帮助家长发现自己作为养育者的潜力的第一步。

第十章

家长知觉评估

运用安全感圆环访谈提高治疗效率

> 有些时候问题比答案更重要。
>
> ——Nancy Willard

互动评估之后,我们会要求家长参与安全感圆环访谈(COSI),以帮助我们追踪核心信念、情绪、行为与认知之间的相互作用。更具体地说,COSI有助于揭示家长的能力以及他们防御策略的本质和意义。这些都是设计有效的、个性化的治疗计划所需要的基本信息。COSI阐明了以下要素:

- 家长叙述的一致性。
- 对孩子与自己的积极和消极归因。
- 家长在关系中重视什么(比如,亲密关系与层级)。
- 专注于自己及他人的情绪与行为的能力(反思功能)。
- 对于自己与他人的共情。
- 核心敏感性。

评估养育者的能力

在表 10.1 中，COSI 中每个答案所能揭示的代表性能力都在问题后面表示了出来。以下关于这些能力及其可能的治疗意义的一般要点是需要记住的。对 COSI 问题的答案如何被纳入一个特定案例的治疗计划中，在本书第 246 页的案例中对此进行了说明。

叙述的一致性

在包括 COS 在内的许多疗法中，目标之一是帮助来访者在面对困难的情绪时学会建立并且保持一致性。在这种意义上，COSI 像是一个压力测试。我们试着去研究家长在回应能够诱发情绪的问题时能否提供一致性的叙述。如果不能，那么叙述是在哪里、以何种方式出问题的呢？COS 干预的一个核心治疗工具，是让家长在回顾视频时参与到反思性对话中来。在观看成功时刻和挣扎时刻（大白鲨之音）时，获得一致性都是很有必要的。COSI 旨在提供关于家长能够保持的一致性水平的有价值信息，以便治疗师能够选择视频片段以匹配他们认为家长能应对的强度。

第六章介绍了一致性对反思功能的重要性。AAI（George 等，1984; Main & Goldwyn, 1984; Main, Goldwyn, & Hesse, 2003）对"一致性"一词的使用是基于 Grice 的工作（1975），Grice 是一位语言哲学家，他指出合作性谈话必须符合以下条件。

1. 质量："真实并且有证据。"
2. 数量："简洁而完整。"
3. 相关性："与所呈现的主题相关。"
4. 方式："清晰而有序。"

严重缺乏一致性显然违反了 Grice 的全部四项标准，在 AAI 中，这通常是未解决的（混乱的/迷失方向的）依恋模式的标志。即使 COSI 没有被科学地评分，在回顾家长在 COSI 中给出的答案时，AAI 的分类也能够为治疗提供有用的临床结构。正如在家长发展访谈（the Parent Development Interview）（PDI; Aber, Slade, Berger, Bresgi, & Kaplan, 1985）中一样，COSI 要求家长选择能够描述自己与孩子之间关系的单词或短语，然后把这些词语同他们与孩子关系中某特定情节的具体记忆联系起来（即情景记忆）。描述性词或短语与情节记忆相匹配的程度能够揭示出家长内在一致性的水平。我们实验室中有这样一个例子，一位家长用形容词"有趣"来描述自己和孩子的关系，当提示她选一个情景记忆时（某特定事件的细节记忆），她描述了有一次他们的房子失火、消防车来的事情，她说对他们来说让消防车出现是那么的有趣。一致性开始起作用的方式倒没有这么极端。例如，忽略型家长违反了数量的标准：他们往往过于简洁，而不提供这段记忆的全部关系本质；先占型家长往往缺乏以简洁的方式转达记忆的能力，清晰度经常丧失在大量的无关信息中。

认知一致性是一个复杂的概念，在这里不能深入解释，但是在最简单的层面上，访谈者应当在 COSI 的问题和答案中寻找的是，被访谈者的叙述是否创造了有逻辑的循序渐进的故事。逻辑是否开始瓦解，家长有没有突然离题或者说些讲不通的事？这个故事的方方面面有没有出现情绪上的不一致，例如，讲述关于母亲的死亡时却笑了起来，或者用言语表达喜悦却表情淡漠或没有任何反应？在这样的时刻，你就知道你需要在为这位家长做治疗时考虑到有限的一致性或缺乏一致性（以及可能的混乱性）的因素。

孩子与自体的表征

家长对自己的孩子有着各种各样的看法，从积极的到消极的，从准确的到扭曲的。当家长使用分裂（见第九章）时，他们无法准确地评估完整的积极与消极归因的连续谱，从而充满防御地将孩子视为"全好的"（理想化）或"全坏的"（普遍的消极归因）。一位只把孩子看作毫无瑕疵的或在根本上存在缺陷的家长，是不会体验到一个完整的孩子的，他们的关系就会停滞不前。在以温暖与接纳为基调的背景下，如果家长能够认识到孩子拥有从积极到消极的全部范围的素质，这便是一个很好的迹象。（"他是个很棒的孩子，也能把我气疯。但他就是这么有趣，我真的不介意。"）孩子需要的是被了解、被接纳，需要家长因为自己本身是谁而喜悦。当家长这样做时，孩子就能发展出准确的自我意象（"我知道我是谁"）以及高度的自尊感（"我知道我是有价值的"）。

忽略型 / 先占型 / 重视型关系

以忽略的心理状态对待依恋关系的家长更加注重功能而较少关注情感。忽略的心理状态要么表现为直接否定关系的重要性（"他就是那么地独立，我认为他不希望自己敏感、情绪化、黏人"），要么理想化地描述关系而无法用情景记忆证实孩子的"完美"。（对于"能力"这个词，家长回答说，"她所有的事情都做得很好，我想不出她在什么方面不擅长。"）

以先占的心理状态对待依恋关系的成年人，倾向于更多地注重情感而较少关注功能。这类家长倾向于对圆环底部全神贯注而不鼓励胜任力、自主性与自我支持（"他只是个离不开妈妈的男孩，他不怎么跟其他孩子玩"）。

随着访谈不断地深入，对关系有平衡感的家长会对自己所记住的那些事表现出接纳、理解甚至温暖的感觉。痛苦的回忆被他们体验为回忆而不是事件或再次创伤。家长有办法理解别人的感受与行为，同样也能理解自己的感受与行为。指责与贬低显然是不存在的（"我觉得在成长的过程中我是不怎么喜欢我爸爸的。他一直在工作，我以为那是为了他自己。直到后来我才知道他做了两份工作，只有这样哥哥和我才能去上大学。即便如此，我还是希望我们曾经能够有更多的时间在一起"）。

如果家长在根本上是重视依恋关系的，几乎或根本没有忽略或贯注的态度，那么在随后的回顾视频中他们可能有什么样的反应，治疗师就可以相对地放心了。对依恋关系的重视可以在家长的回应中得以呈现，那些回应似乎说明，家长能够承认并接受有时会依赖别人以及分离时会想念亲近的人的需要，而同时依然能够处理好自己的生活。然而，如果家长是忽略型，这些视频可能会侧重于他们限制圆环底部重要性的倾向。对于沉浸于关系中的先占型家长来说，视频可能会侧重于圆环上的手或者对分离的支持。无论哪种方式，我们都要求家长把他们的贯注看作是对痛苦的防御（大白鲨之音），这些痛苦是被孩子的需要所触发的。

专注于自体的能力

"让世界发生改变，让改变从你开始。"

专注于自体的能力是心理治疗过程的基础。这意味着家长专注于自己的想法、感受和行为的能力。这也意味着朝着增加脆弱性或增加自我保护（防御）的方向追踪时时刻刻的选择的内在能力。这样一来，专注于自体的能力就可以被看作广义反思功能的一个组成部分。

专注于自体比专注于他人（尤其是指责）会使家长更容易感到脆弱。在治疗期间，来访者会被要求专注于他们的想法、感受和行为。每个进入治疗的人执行这一关键的治疗功能的能力都不同。我们在自己的早期发展过程中学着能够专注于自己。对于那些在高度不安全或混乱的家庭中长大的人来说，生存往往取决于能否专注于他人以及能够预期到困难或危险。在这种情况下，专注于自体的能力可能会极大地受到损害。这就是为什么建立抱持性环境对治疗结果如此重要。表现出比较低的专注于自体的能力的来访者，往往需要治疗师增强与他们"在一起"的愿望。当他们开始相信自己可以在另一个人的关怀下安全地关注自体的想法和感受时，他们就会对孩子的想法和情绪更加开放、更加共情。

我们第一次接触到这个概念是在 James Masterson 的作品中。查看每一次治疗的逐字稿笔记，让我们有可能确定来访者花多长时间专注于自体。很多来访者几乎没有任何时间专注于自己的思想、行为与情感，他们花了大量的时间专注在其他的每个人身上，看到这一点让我们大为吃惊。治疗的一个核心目标是帮助来访者调整这个比例，从而大部分的治疗时间可以用来专注于自己的想法、情绪、行为和记忆。对于 COS 干预来说，关注自体的能力是至关重要的，因为改变的目标是家长。家长比小孩子有更多改变的自由，就好像我们有更多的自由改变自己而不是改变另一个人。帮助家长不再专注于自己的伴侣做"错"了什么影响到了孩子，或者孩子做"错"了什么影响到了家长，能够赋予家长改变的力量。

反思功能

我们是通过 Howard Steele 和 Miriam Steele 了解到反思功能的（RF），他们是创造并命名了反思功能（Steel & Steele，2008）这一术语的团队成员。在我们创立 COS 以及早期实施 COS 的过程中，Steele 夫妇给我们提供了慷慨的支持。他们的影响帮助我们认识到提高反思功能需要成为我们干预中的一大重点。反思功能有明确的定义并且是可以测量的，经研究确认，孩子的安全依恋与家长更高的反思功能相关（Fonagy 等，1991）。因此，提高反思功能就成了我们改变理论的中心。

反思功能指的是理解自己及他人的想法、情绪、行为和意图的心理能力。换句话说，反思功能包括关系能力，即家长能够认识到他们的情绪情感如何影响他们的行为，以及他们的行为如何影响他人的情绪情感，而这又会影响他人的行为，就这样依次发生，再次开始循环。

有一些关于反思功能的问题可以在 COSI 中得到答案：

1. 家长有没有意识到知识与经验的代际传播？比如："当他跟我说不的时候，我总是对他有些凶。我猜在这一点上我有点像我的父亲，他不允许我用不来回答他。"
2. 家长有没有兴趣去理解那些总能激发自己与孩子行为的情绪和想法？比如："当他真发脾气的时候，我有的时候会停下来，思考我是不是对他太凶了。"
3. 家长有没有正确认识到孩子的发展阶段并在解释孩子的行为时加以考虑？比如："他对什么都说不，但我知道这就是这个年龄的孩子会经历的阶段。"
4. 家长有没有考虑到访谈者的角度，为了让访谈者更容易理解而纠正话语中的矛盾或者混乱？比如："我觉得我开始聊到我老板的时候有点跑题了。我想说的是，当我觉得孩子强人所难时我不喜欢。"

5. 家长有没有退一步思考然后自发地做出反思性评论？比如："我知道当我的孩子安慰我的时候我感觉很好，但我不希望他觉得这么做是他的义务。"

6. 当家长讨论孩子的内在动力、想法和情绪的时候，她有没有清楚地表明这是她对孩子的解读，还是表现得像是她绝对知道孩子内心在想什么？比如："我担心我强迫孩子去做些什么的时候，她会不喜欢我"或"我强迫孩子去做些什么的时候，她不喜欢我"。当家长对于孩子有不准确归因时，这尤其重要，比如"他太能控制人了"或"当他那样表现的时候，我觉得太被控制了"。

7. 家长有没有表现出任何他对改变关于孩子或自己的内在模型持开放态度的迹象？比如："从他在我肚子里的时候我就开始生他的气了。我觉得他是故意在踢我。我知道这不太对。"当家长缺少这种能力时，就表示我们可能需要花额外的时间建立可供选择的安全关系。当我们的治疗方法认可了养育者内在对于孩子的积极意图时，对于很多家长来说，可能不曾体验过任何抱持性环境的成长史会屏蔽掉他们的积极意图。优先考虑"在一起"而不是优先考虑"进度"，这样稳定、充满关怀的存在，往往容许家长改变她对他人的看法，包括自己的孩子。

了解家长目前在上述每个维度上的能力，有助于建立干预的起点。如果家长展示出了足够的反思功能，干预就可以从反思 COSI 的内容开始。有些家长报告说，仅仅是回答这些问题就让他们开始思考之前从未想过的事情，他们觉得这很有帮助。如果没有能够表明家长有反思能力的迹象，那治疗很可能就更有挑战性。有时家长会主动抗拒反思。比如，一位家长可能会说出下面的话来表明这一点，"我没有理由要挖掘自己的过去并为那些事情谴责自己的父母。再说了，我带孩子带得挺好的。"

如果家长的反思功能很低，那么开始的阶段就要专注于建立反思能力。有时只是邀请家长进入反思性对话就能带来很大的改变。在被问到他们认为他们的孩子有什么感受时，很多家长说过，"从来没有人问过我这个问题"。如果他们是抗拒反思功能的，那么初始阶段的目的就是要加强抱持性环境，直到家长觉得足够安全，可以进行反思性对话。

共情

共情是在早期发展中学到的，共情的能力与依恋关系的安全性相关（Sroufe, 1983; Kestenbaum, Farber, & Sroufe, 1989）。我们认为共情包括两部分：换位思考以及情绪共鸣。换位思考涉及站到别人的角度上并想象别人眼中的世界的认知能力。选择从别人的角度看问题有助于我们想象在我们行为接收端的感受会是怎样的，也有助于我们弄明白我们的意图和他人对于我们行为的体验是否不同。

共情的第二方面是情绪共鸣。用卡尔·罗杰斯的话来说，"感受来访者的私人世界，仿佛那就是你自己的世界，却永不失去'仿佛'的特征——这就是共情，对于治疗来说似乎是必需的"（1957）。帮助家长提高他们和别人的感受产生共鸣的能力，同时承认自己对他人体验的体验可能是扭曲的，这是非常重要的。例如，对孩子的情感充满情感可能会歪曲家长对孩子体验的理解。提醒家长他们只能猜测别人的感受也很重要。家长需要对他们会猜错的可能性保持开放的态度，也要接受即便是他们自己的孩子，其感受也可能与他们的感受很不一样。

家长共情自己的能力也很重要。处理关系冲突最常见的防御技巧就是忽略冲突，指责孩子或指责自己。在 COSI 过程中，我们希望能够看一下家长对自己的挣扎表现出同情还是自责。共情自己与给自己的行为找借口是很不一样的。共情自己的特点是承认错误，同时保持自我价值感和自我同情。在视频中观察关键问题的时候，家长的普遍反应是陷入对自己的消极表征中并向治疗师表达出自责。只要家长陷入自责中，她的学习就会受到严重损害。这个方法旨在以共情的态度尊重家长的历史及其当下的感受，支持家长反思自己对于情绪情感的防御，并帮助家长创造选择，做出更好地服务于她和她孩子的非防御性回应，而不是通过交谈使家长摆脱痛苦和羞愧。

COSI 中的很多问题都集中在家长对于孩子体验的理解上。早期的问题集中于孩子和家长在刚刚结束的陌生情境实验中的体验。这些问题给了我们机会，让我们能够发现养育者是否能够理解并识别出孩子的需要和挣扎。比如，当被问及孩子在 SSP 中的分离体验时，养育者对孩子的痛苦产生共鸣了吗？养育者认识到孩子需要安慰吗？还是养育者否认了这种需要，忽略了孩子眼泪中明显呈现出来的脆弱性呢？（"我觉得她就是累了。因为我们今天要来这里，所以她没睡觉。她一般不那么哭。"）

有时养育者或许只专注于责备和不足的感觉。其表现形式可能是感到被孩子指责（"我不知道该做什么。我觉得他会认为我是一个糟糕的妈妈，因为我现在又开始工作了"）或自责（"当她在门边哭的时候，她好像就看透我了：'妈妈又让我失望了。'我确实从来都不知道该做什么"）。

观看家长在 COSI 中的描述以及互动评估的视频，使你有机会把家长对体验的知觉与实际的互动进行对比。这样做提供了一个窗口，使你能够从中看到家长共情孩子的能力。当家长的共情能力很低的时候，治疗师就需要留心家长对失败和批评的警觉性。低共情能力通常与圆环底部的挣扎相关。如果视频中存在真正的共情，那么就可以用于支持家长并激发家长的积极性，并且能够保证整个视频反思的过程相对顺利。如果视频中明显不存在共情时，尤其是家长看上去会忽略孩子对安慰的任何需要时，治疗过程需要巧妙地向家长阐述满足圆环底部需要的原理。当共情不再是共情而成为对孩子的过分认同时，治疗很可能要包括帮助家长支持孩子发展自主感。

核心敏感性

识别家长的核心敏感性可能会很困难。在个体心理治疗中，治疗师有大量机会随着时间的推移去识别来访者的核心敏感性。个体治疗中，治疗师的独特优势是能够注意到特定敏感性的特别互动标志，并且有时间系统地询问来访者为这些标志所赋予的意义。使核心敏感性得以澄清确认的经常是互动背后的意义，尤其是对于那些没有明显表现出特定敏感性的来访者而言。

一开始我们并不确定我们能够通过标准化访谈确认核心敏感性，在我们自信能够做到之前，用大量的 COSI 进行了实验。家长的防御具有越强的灵活性、适应性，就越难通过 COSI 确认其核心敏感性。防御越僵化越普遍，其敏感性就越容易被确认。幸运的是，这与核心敏感性在治疗计划中的相对重要性也是对应的，尤其是对于高防御性的家长，识别出核心敏感性就为我们回避以及/或者回应家长的防御提供了路线图。我们发现，了解家长的核心敏感性也使我们能够以对他们的体验产生共鸣的方式，来讨论他们的防御。这为我们理解大白鲨之音及其可能的触发因素提供了捷径。同时，它也说明了在治疗中要做什么以及不要做什么，而后者也许更重要。稍后本章会讨论一个 COSI 案例，这个案例能够说明我们如何通过每个问题去获得核心敏感性的线索，以及第十三章到第十五章的详细案例会阐明核心敏感性是如何被考虑到治疗计划和实施当中的。

然而，关键的是治疗师要在干预过程中继续评估家长的核心敏感性，以避免陷入让家长适应诊断或将家长限制于诊断的倾向，而不是使诊断适合家长。改写一下 Alfred Korzybski[①] 的话，核心敏感性是非常有用的地图，但是我们必须永远仅仅将其看作地图，而不是地图所代表的那个人。

安全感圆环访谈

COSI 并不是像 AAI 那样基于研究的程序（George 等，1984; Main & Goldwyn, 1984; Main 等，2003），而是在治疗计划发展中用于临床的一系列问题。然而这些问题都基于 AAI 设计者所做的开创性工作，其中两个问题就来自于 AAI。另外还有三个问题来自于 PDI（Aber 等，1985）。剩下的问题都受到 AAI 及 PDI 的影响，那些根据家长对刚刚完成的 SSP 所做的回应而设置的

[①] 科学家/哲学家 Korzybski 提出"地图并不等于它所描绘的那片土地"，并因此而著名。

问题除外，而这些问题是 COSI 独有的。

　　COSI（见表 10.1）包含 25 个问题，然而，多年来我们为了适应不同的情况，对这个访谈做出了改动，同时我们也鼓励治疗师根据需要增加或删减问题。认识到家长可能会疲惫或时间有限，我们将这个访谈设计为一小时左右。因为这是半结构化的访谈，需要的时间会根据家长的回答长度而发生变化。

实施安全感圆环访谈

　　COSI 由访谈者实施，只有家长出席。把注意力分散降到最低是很有帮助的，因为这是一个相当艰难的过程。我们会将访谈拍摄下来，之后再来回顾，而不是像 AAI 中那样仅仅做文字记录，因为我们对语言和非语言交流都很有兴趣，非语言交流可以通过语调、时机和态度来观察。AAI 中仅仅依据访谈的文字记录中反映出来的语言部分来打分，但掌握非语言及语言交流有助于我们发现说的内容和表达方式之间的不一致。这样的不一致能够为不曾言说的含义提供线索。

　　摄像机需放置在三脚架上，在访谈中是无人值守的。重要的是镜头不能推进太多，因为这样你会看不到身体姿态，或者轻微的移动就会使人处于镜头之外。另一方面，我们不希望角度太大，否则会很难看到面部表情。一个好的破解方法是让人的头部和膝盖都在画面中。外置麦克风的音质比相机内置麦克风更好。我们还通过检查清单（如专栏 10.1 所示），来确认相机中有磁带或足够的内存、麦克风和相机已打开、家长在画面中，等等。看起来很简单，但是在一天的忙碌中是很容易犯错误的。

> **专栏 10.1　COSI 访谈者检查清单**
>
> ——确定麦克风是打开的。
>
> ——确定摄像头是打开的。
>
> ——确定有足够的内存，或者确定在老式摄像机中放有录像带。
>
> ——确认家长在视频画面中的位置（试着将画面聚焦于脸部以及躯干上半部分）。
>
> ——摁下录制按钮。
>
> ——确定"REC"录制画面出现在屏幕上。听一下耳机，确认能听到你的声音。
>
> ——准备好纸巾。
>
> ——准备好一份最终发布版本的表格及其解释。
>
> ——准备一支黑色的笔，用于标记。

为了使访谈者能够以更有吸引力的方式提出问题，我们鼓励访谈者对访谈流程要非常熟悉。我们建议在问问题以及回答问题的同时进行标注，以免重复或跳过问题。同样非常重要的是，要坚守访谈文本而不增加问题或暗示答案。增加（或删减）问题会改变问题的结构与节奏，其结果是增加与降低强度，目的在于给受访者足够的压力以获得数据而同时不用情感淹没受访者。

重要的数据来源于受访者如何处理访谈过程中出现的不适感。

重要的是，要记住这是一个临床性质的访谈，很多问题所激发的回答不仅对于家长来说是不舒服的，对于访谈者也一样。对于架设录像设备、被拍摄、问题直截了当等感到有点紧张，这是正常的。但是，对于不舒服的材料所做的回应，比如紧张的笑，可能影响到访谈的基调。访谈者的工作就是以一种温暖投入的、感兴趣的、关心的、尊重的态度和家长"在一起"。

我们建议，回顾已完成的视频不仅仅是为了评估家长，也要衡量你自己与家长"在一起"的效能。注意到你自己对情绪激活是如何进行回应的，有助于你学会不去干扰家长的进程。与同事一起轮流观看视频并讨论作为访谈者如何能提高自己，会更有裨益。

时机的重要性

问题的时机很重要。在家长给出答案之后停顿太长的时间，会让他们感到困惑，觉得自己的答案不够充分，或者意味着他们正在进行治疗。另一方面，急促地问问题会暗示家长他们的答案需要简短一些，这或许会抑制住有可能提供有价值信息的回应。有些问题有很多部分，在往下进行之前，等待家长给出每一部分的答案是很重要的。

获得细节

源于 AAI 的一个关键维度是，要求家长提供情景性记忆而非概括性描述。回应有三类：情景性，伪情景性，以及概括性描述。对于访谈者来说，能够将三种回应区分开来是很重要的。情景性记忆是对于真实事件的记忆，比如"上周三，我们在公园的时候……"伪情景性回应听起来像这样，"每次我们去公园……"而概括性描述的形式会是"能在一起总是很有趣的"。情节性记忆有助于弄清楚最初的答案是否基于实际的经验。不能被情景性记忆支持的答案可能会被过滤掉，或者会包含很多事件或经历的模糊画面，而这些事件或经历都从未真正发生过。

参与者的第一个回应一般都是概括性记忆，比如，"我妈妈是爱我的，因为过去她常常在晚上给我读书。"当发生这种情况时，请使用问题和提示来引导家长讲出具体的情节，例如，"请描述一个最近发生的这类事件"，以及"你能想到一个具体的例子吗？"如果一位家长使用"令人愉快"这个形容词来描述她与孩子的关系，并且在被问到情景性记忆时说"我们就是玩得很开心"这样的话，访谈者需要问问题以提示家长讲述具体的记忆情节。如果这个人回答说"我们总是很开心，玩耍啊，看电视啊"，那么就需要再一次提示，例如问，"你能告诉我你记得最后一次是什么时候吗？"如果来访者说"上个星期三"却没有任何描述，那么访谈者就需要让家长来讲述这次经历。

就提示问题的次数而言，要遵循脚本来进行，因为家长不愿意或者无法给出的情景性记忆都是重要的信息。当家长不提供情景性记忆时，他们暴露出来的是，他们一致性地谈论满载情感的话题的能力存在某种断裂。从某种意义上来说，对这些断裂的分析，能够揭示出家长的内部工作模型。

在家长提供的信息很少的情况下，规定好的信号问题有助于指导访谈者。然而，与有的家长工作时，很难使他们持续就所提出的问题进行回答。当家长长时间跑题时，就需要访谈者提供某种结构。长时间跑题的回答模式能为我们提供信息，但是一旦建立了这种模式，如果访谈变得过于冗长，访谈者可能就需要进行干预了（例如，"因为我们只有一个小时，所以有时我可能需要打断你，以便我们可以完成所有的问题"）。

运用COSI进行有效的评估需要练习和经验。在分析过很多COSI之后，一开始隐藏着的那些模式开始显现。而且，在有经验和督导的情况下，就可以问很多不同的问题了。随着好奇心不断成熟，很明显，问题要比答案更有用。我们鼓励治疗师与同伴联手，从彼此的洞察中看到COSI能和不能揭示的东西。两双眼睛能看到的，比一双眼睛能看到的多两倍还要多。我们也希望，有意从事这项工作的读者能够定期获得额外的培训和监督。与此同时，专栏10.2中的经验法则也提供了很有用的指导。

专栏 10.2　实施 COSI 的经验法则

1. 如果家长问你是否观察过陌生情境实验的过程，诚实地回答。如果家长没有问起，不要主动说你有或者没有看过他们的陌生情境实验。

2. 当问题需要受访者专注于自己的体验（例如，"对你来说，那是什么样的感觉？"或"那让你感觉如何？"）而她却专注于孩子的体验（或专注于另一个人的体验，或专注于信息）时，再次回到原本的问题上："当［问题所关注的事情］发生时，你感觉如何？"

3. 当问题所询问的是关于某一事件的具体信息，而受访者对第一次询问给出概括性描述时，要再次询问可能会不舒服，但是不要跳过它。

4. 如果在回答一个问题时，受访者无意中回答了后面紧接着的问题，还是要将下面的问题问出来："关于已经回答的这个问题你能再多说一些吗？"或"你已经提供了一些相关的信息，但我们的下一个问题是____。"

5. 问题 7 是关于家长用来描述与孩子之间关系的五个词语或短语，当处理问题 7 时：

- 告诉受访者你会写下这五个词语，然后你会就这些词语问一些问题。要耐心，鼓励受访者花些时间想出五个词。

- 如果因为时间有限，你决定只跟进其中的三个词语或短语，那么在你写下五个词语之后，告诉她你现在要就其中三个词语问她一些问题。就第一、第三和最后一个词语询问她："你的第一个［第三个，最后一个］词语是____。请你描述一次具体的经历或事件，能够解释你为什么选择____这个词。"如果她给出的是概括性描述，就询问具体的事件。如果她给出的是几乎没有细节的具体事件，便询问她另外的一个具体事例。问了两次具体的情节记忆后，如果你还是没有得到的话，就继续下一个问题。

- 如果第二或第四个词特别不一样或包含很多信息，那么就询问关于这个词的问题，而从第一个、第三个、第五个词中去掉信息量最少的。

6. 尝试通过谨慎地使用非语言的回应（点头、微笑、"嗯"等）来表达出共情和理解。避免发表"那一定让你感到____"诸如此类的评论。记住，你正在访谈的很多人都更擅长将注意力集中于别人想要什么，而不是集中于他们自己的想法和感觉。我们希望他们能从自己独特的角度来填写所有的信息。主动提供我们的回应、意见和口头鼓励可能会无意中导致他们遵循我们对他们正在呈现的材料所做出的反应。

7. 当你问一个问题而受访者好像没打算回答时，再问一次相同的问题。

8. 当被问及有关孩子体验的问题时，如果家长没有提供情绪导向的描述，可以问家长："那件事让［孩子的名字］感觉如何？"

9. 如果答案太短小（一个或两个词），再问一次以获得更多的信息："关于____，你能跟我讲得再多一点吗？"

对安全感圆环访谈进行解释说明

家长对于 COSI 中问题的回答承载着大量的信息。从简单的内容到访谈中的互动过程，每件事都能提供信息。为了恢复访谈的丰富性，访谈者必须同时询问，正在说什么、怎么说的、什么时候说的以及为什么这么说。

> 家长在说什么？
> 家长是怎么说的？
> 家长什么时候说的？
> 家长为什么这样说？

回答中的"什么"指的就是内容。简单的内容可能非常有用，但是在某些方面这是 COSI 中最弱的信息来源。它能给我们提供信息，比如孩子的数量与年龄、具体的事件等，但是或许不能告诉我们这些对家长来说意味着什么。了解到家长曾经做过流产，并不能使我们了解这位家长是感到失望、解脱、难过、生气还是内疚。随着你把访谈进行下去，你可能会发现，内容中的模式包含着有用的线索或对下列主题的描述，譬如侵入、分离、批评等。比起单纯的事件，模式才是更有力的信息。任何出现的模式都可能会揭示出家长的核心敏感性。

你还会注意到，我们将有可能出现在答案中的主题放在了每个问题之后的括号中。例如，问题 15 ［（孩子的名字）是否曾经生过你的气或因为你而感到沮丧？（反思功能；共情；情感涵容，积极归因和消极归因）］，这样的设计就是为了揭示括号中的主题。"是的，我希望我能用更好的回应方式。可怜的宝贝，我总是像他一样生气。""是的，但对我来说这不是问题。他是个小屁孩，我就把他放到他自己的房间里，直到他决定要表现出他这个年龄该有的样子。"这两种回答描绘了两个非常不同的家长。第一种回答显示了共情以及对孩子的积极归因（可怜的宝贝），反思自我的能力（"我总是……生气"），有足够的情感涵容来承认这个问题中家长的部分责任。第二种回答则呈现出反思功能存在问题（"是啊，但……"），缺乏共情、缺乏情感涵容（忽略）以及消极归因（"这不是问题，他是个小屁孩……"）。

家长做出回应的态度（胆怯、攻击、恳求等）为我们构建完整的画面提供了基本材料。家长是以直截了当的方式给予信息，还是呈现出揭示核心敏感性的元素譬如疏远、顺从或贬低。寻找上述线索是非常有用的，我们将在本章结论部分的案例里对此举例说明。

为了了解家长何时回答这么显著的问题，我们必须把回答放在当前互动的背景之中。如果家长正在对感知到的挑战、批评或入侵做出回应，那么他的回应告诉我们的就是有关其防御风格的。例如，一位家长刚刚被要求回忆小时候感到沮丧时都怎么做，他突然冷酷地瞥了一眼访谈者，然后向后撤身坐回到椅子上说："我把电视的音量开大，我爸爸总这样做。"在他的回应中我们感受到了疏远和一些攻击性，这有助于我们认识到，他在当下如何坚定地与圆环底部的需要相关的任何事情保持距离，以及希望保持对父亲的防御性的理想化。这与自尊敏感性是一致的，而且这表明他与女儿的关系中的关键挣扎将位于圆环底部。

有时回应只是一个回应。

至关重要的是：在任何时候都要牢记，对于家长为什么说某些话这个问题，有时候唯一的答案是，这是对某问题的反思性的、脆弱的而且准确的答案。反思性脆弱的一个重要标准是不仅包括对孩子的描述，而且还将互动中家长的部分考虑在内，并且不会责怪孩子或者家长。当描述自己的成长史时，他们可以一致性地分享自己家长的行为对自己的情绪影响，并能够同时从孩子和成年人的角度去看待自己的家长，而且不为家长的行为找任何借口。对于脆弱性来说，这是一个很高的门槛，人们都处在从防御性到反思性以及脆弱性这个连续谱系的不同位置上。能够在他们小时候学到的东西和现在的教养模式之间建立起代际联结，同样是强大的反思性脆弱的优秀范例。

比如，一位家长表示，在长大的过程中，她感到痛苦需要安慰时，并没有得到自己真正需要的东西，这种情况绝非罕见。"我妈妈并不是很擅长把我抱起来放在她腿上。跟蜜西在一起的时候，我同样在这一点上很挣扎。虽然我知道这对蜜西来说是个问题，但我还是看到自己避免去抱她。"这样的家长就没有在防御，她仅仅在讲述简单但令人痛苦的真相。她对讲出她是如何依然充满挣扎的这一真相，很明显持非常开放的态度。这样的内容可能暗指了安全敏感性，但是对安全非常敏感的人是不可能分享这么多信息的。这个问题更多证明了这位家长有多接近她的真实自体，以及在这个过程中她感到多么安全与敞开。这样的回答并非用作防御功能。相反，上面那个父亲的例子就展示了他是如何在回答中运用攻击和疏远来警告访谈者不许靠近，同时这可以使他不用痛苦地认识到父亲从来不曾对他圆环底部的需要进行过回应。理解某个回答在与访谈者的关系中的作用，是非常有帮助的。

以下是第八章互动评估案例中的母亲在 COSI 中给出的答案。每一个答案后面都跟有对于家长知觉的内隐含义的观察，包括关于家长回答中的意义和核心敏感性的几个假设。我们发现，对数据做出相互矛盾的解释，并且在最后解决冲突，创造出宏观组织，是很有用的。有的时候一个解释太不合理，直接可以删掉。在训练过程中，我们经常要求参与者从三个核心敏感性的不同角度对同一说法进行解释。这并不是完整的 COSI，因为出于简洁性的考量，我们选择最明显的问题和答案，用于临床（而不是研究）设置。

我们把 COSI 中的前五个问题称之为"对 SSP 的反应"。在 SSP 之后立即询问这些问题会非常有用，以便家长脑海中的记忆依然非常鲜活。

案例

2. 对于你来说，参与你刚刚和他/她一起完成的这段体验，感觉怎么样？

> 我对他的表现有一点担心，但看到他全部处理得那么好，还忙着玩玩具，感觉不错。箱子里有很多他喜欢的玩具。

家长知觉的内隐含义：这位家长在表达担心，但我们还不知道这担心是关于自己还是关于孩子（"我对他的表现有一点担心"）。通过她所使用的短语"全部处理"，我们看到了共情的可能迹象以及对于情绪调节的潜在理解，从认识到处理压力体验的重要性方面而言，我们也许可以将其视为一种可能的力量。现在的问题是，该养育者如何理解儿子在此时此刻的需要以及她调节情绪困难的方法。

她对于孩子"忙着"玩"箱子里他喜欢的玩具"而"感觉不错"的这种说法，是否意味着她因儿子的自给自足而骄傲，并且因为他选择不表现出自己的脆弱并很想妈妈而感到解脱？她的说法是否意味着她很重视儿子对她的需要，同时她也很满意地接受儿子有能力在她回来前自己忙着做事？如果是前者，这将意味着我们需要在治疗中专注于她会忽略圆环底部需要的倾向上。如果是后者，这可能证明她既重视孩子对自我调节的需要，也重视孩子对共同调节的需要，这意味着安全基地和安全港湾都已经存在于他们的母子关系中。重要的是要注意一个事实，即她所说的"感觉不错"的说法可能是在掩盖她对于孩子不再需要她的失望。如果是这样的话，那可能意味着她需要被需要，这就使得干预可能需要转向解决圆环顶部的问题。

3. 你被两次要求离开而把［孩子的名字］留在房间里，你觉得对他/她来说每次都是什么感觉？（家长可以给出关于两次分离的大概描述，也可以单独描述每次分离。）对你来说每次都是什么感觉？

　　他看上去表现得还可以。第一次要容易些，因为那个陌生人在那里。第二次的时候，他需要一点安慰。他真的都处理得很好。我觉得他对于分离很习惯了，因为我每天都会把他放到托儿所。

家长知觉的内隐含义：这位家长再一次呈现出的迹象表明，她认识到孩子有自我调节的需要。此刻，我们还不知道，发展方向是她重视孩子对于自我调节和共同调节的需要（安全型），还是希望孩子能够自给自足而几乎没有圆环底部的需要（不安全型/回避型），还是想让孩子要求确认，这样就可以使他们的关系处在中心位置（不安全型/矛盾型）。

"他真的处理得很好"的说法，可能说明她认识到孩子有能力理解当下的压力，并在她回来之前在信任的范围内进行活动。或者也有可能表示她对于孩子不需要另外一个人而能够自我调节感到骄傲、失望或解脱。如果她感到骄傲，那么可能与自尊敏感性一致。如果她感到解脱，那么随着访谈的继续，这位母亲很可能会开始表现出自尊敏感或安全敏感的迹象。失望更可能在一位分离敏感的母亲身上看到。感到骄傲、失望或解脱是无法仅仅根据内容就可以区分开的。她的态度和情境或许能够提供一些线索。而且，我们需要非常谨慎，不要排除她说的话是出自其真正自体的可能性。

4. 大部分的家长从来没有机会在单面镜后面看自己的孩子。

a. 当你站在那里看着［孩子的名字］时，有什么事曾引起你的注意吗？

　　他玩玩具时候的专注让我印象很深。他那么投入，几乎没怎么跟陌生人互动，我觉得能够那样专注地做事情是个好事。

家长知觉的内隐含义：同样，要确定这个回答的真正含义还为时尚早。它表明这位养育者能够看到孩子的行为而且至少能理解一部分行为。她没有把孩子"玩玩具时的专注"与孩子被独自留在房间里和陌生人独处时安抚自己痛苦的方法相联系。这位妈妈注意到孩子选择不与陌生人互动，并且似乎对此感到很舒服。她是否追踪到孩子将自己投入到玩具中，是为了应对分离的困难？如果她看到了这一点，我们还是不知道她如何理解这种困难。是因为她离开了吗？是因为陌生人让孩子一点也不舒服吗？这让她骄傲吗（"他玩玩具时候的专注让我印象很深"）？这是她找到的用重视自给自足而非互动的方式进行鼓励的方式吗？她虽然将此当作积极的表现而提及，但实际上却对此感到有点失望吗？她能够既接受自我调节又接受互相调节吗？

b. 在你看着他/她的那段时间中，你觉得他/她需要的是什么呢？

　　他看起来什么都不太需要；如果他需要，我觉得他会说点什么。第二次对他来说可能会有点压力。他不习惯被单独留在那样一个新环境中。

家长知觉的内隐含义：轻微的示警信号——"他看起来什么都不太需要。"被单独留在陌生的房间里跟一个陌生人相处，这对于孩子而言是一种可以理解的压力。另外，在第一次分离中孩子要求她不要走，她通过单面镜看着孩子玩，孩子情绪很淡漠，而且会难过地看着门。他看起来并没有玩得很开心，而这位妈妈的说法意味着她很可能忽略了圆环底部的需要（保护、安慰、整理感受）。这位养育者接下来使其观察恢复了一些平衡感："第二次对他来说可能会有点压力。他不习惯被单独留在那样一个新环境中。"回想一下，第二次分离中孩子走到门边叫妈妈的场景。她得到了如此强烈的信号，还把它称为有一点压力。她进行简单清晰的描述的同时，是否认识到孩子有一些压力而不是过多压力？（现实检验是 SSP 中所固有的，评估者可以看一下视频，来决定这个孩子表现出来的压力有多少。如果压力很大，养育者说"有一点压力"，那么这看起来像是在最小化/忽略底部需要。另一方面，如果这个孩子实际上的确看起来只是有些许压力，我们就可以更加信任养育者对于孩子的知觉。）她说"他不习惯被单独留在那样一个新环境中"，这可能就是对他习惯于什么的简单而清楚的观察。这可能也说明她做了很多以确保孩子不会体验到太多孤独，这种警觉性可能意味着在圆环顶部存在挣扎。

5. 你两次回到房间里。
   a. 你认为对于［孩子的名字］来说，每次团聚时都是什么感觉？
      我觉得他见到我很开心。他没怎么跟陌生人玩。

家长知觉的内隐含义：SSP 的中心就是每次分离之后的团聚。被首要依恋对象留下，对孩子来说会不可避免地感到压力，这种压力会激活每个孩子的依恋系统，包括伴随孩子与其赖以进行压力调节的这个人分离而产生的全部情绪。因此，对于依恋研究如何理解围绕安全与不安全的问题，团聚中孩子对养育者的反应与养育者对孩子的反应（以及孩子对养育者的反应的反应），同样是很关键的。

COS 对团聚时家长对于孩子的知觉的理解的一部分是，这一重新建立联结的时刻带给家长压力的方式，可能会很好地凸显出家长的情绪和记忆，这些情绪和记忆与他/她自己的情绪调节历史有关，以及与有重要情绪需要时能得到的支持水平有关。COS 理解到，养育者在 SSP 中这一关键时刻回应孩子时，养育者自身成长史中的那些局限性（大白鲨之音以及后续远离痛苦情绪和记忆的无意识选择）可能会重演。

这位母亲的简短回答提出的问题是关于她能提供圆环底部所需要的安慰的水平。她表示孩子见到她很开心。她是在以这种方式不承认他的压力而仅仅跟一切都很好很开心的情绪在一起，还是用这种方式表示她的存在以积极的方式改变了孩子的情绪，意味着她能发现她不在的时候孩子是不开心的？她关于陌生人的说法可能意味着，她发现孩子的行为方式表明孩子是不舒服的，或者她可能对于孩子不更擅长社交而感到失望。然而，这位母亲对于两人意识到的（以及可能无意识的）痛苦的时刻做出了明显简洁的回应，这比起她回答的细节更加在一定程度上说明，她可能最小化了儿子在圆环底部的需要。

到目前为止，我们把她对于孩子处理分离和团聚的看法的回应都汇集起来，我们还是不太知道这些都代表什么。这意味着她对于孩子不需要自己感到骄傲（自尊敏感），还是意味着她对于孩子没有对自己要求过多而感到解脱（安全敏感）？不管怎么说，这些信息都足以形成一个好的问题，比如说她是否在孩子需要安慰的时候听到了大白鲨之音。还没有足够的信息可以让我们做出判断。

b. 对你来说，每次团聚时感觉怎么样？

　　我对他或许会难过感到有点不舒服，我很高兴看到他并没有难过。

家长知觉的内隐含义：关于她与孩子圆环底部的需要相关的情绪和表征，我们能觉察到什么呢？她表明，预计到孩子可能会难过时她不舒服，她很高兴孩子并没有难过。她所预测的在这种情境中的不舒服，与当预测的事情没有发生时她的积极情绪结合在一起，强化了我们所提出的问题，也就是当孩子在圆环底部时，她是否存在大白鲨之音。从核心敏感性的角度来讲，这意味着什么仍然不是很清楚。

另外，我们能发现这位母亲有自我反思的能力，能够专注于自身（"我有点不舒服"），也愿意跟访谈者分享这些。这是一个强有力的指标，说明该养育者可能会很开放，愿意建立治疗联盟，并把访谈者当作安全基地。愿意分享情绪体验，意味着她对于自己在他人面前可能看起来怎么样持非防御的态度，这是与安全敏感性及不安全感或者真实的自我表达及安全感相关联的最常见的特点。安全的家长会觉得没有什么要隐瞒的，因此他们会描述实际发生的事情。安全敏感的家长有一种必须说出真相的内在责任感，并不是因为他们愿意暴露，而是因为他们已经逐渐开始相信一定存在某个值得信任的参照点。如果无法信任别人，他们就得努力让自己成为这个可靠的参照点。

c. 无论在哪次团聚中，[孩子的名字]向你表示过他/她需要你的安慰吗？

第一次我觉得我回来他很开心，这样他就能跟我一起玩。第二次的时候他需要拥抱，所以是的，他需要一点安慰。

家长知觉的内隐含义：这位妈妈能够再一次观察到并理解孩子的情绪（共情），而且也能够认识到他真正的需要，尤其是当孩子的信号清晰且直接时。在第一次团聚中，孩子把手放在妈妈腿上之后，孩子就不再难过，转而微笑了起来。这未必见得就是"开心"。在第二次团聚中，孩子一脸难过地靠近她，对她的回应有所克制，她理解到孩子需要安慰并给了孩子一个拥抱。

同时，通过将孩子对安慰的需要看作要跟她一起玩的愿望，她在一定程度上最小化了孩子的这一需要。这一点很可能开始符合很多安全敏感的家长的"折中"位置，他们想要陪伴孩子，同时希望保持一定距离。有一个"太过于"需要自己的孩子可能会让他们有压迫感，但有一个需要自己陪着玩的孩子，就能够使需要的程度保持在更加易于处理的范围内。

她的第二个回答再次确认了她有能力看到孩子的需要，并且愿意去承认和满足需要。但孩子的需要还是轻微地被她降低了（"他需要一点安慰"）。她的回应没有防御性，表明她也许能够建立可以支持治疗的联盟，她的回应也暗示了她是在安全敏感性或真实自我能力的方向上的。

建立关系的指标总是很重要，一定要注意。这位妈妈现在正持续一致地表现出与她面前的他人一起反思的能力，也表现出有能力分享她似乎实际上正在感受到的，即使这有时会让她不舒服。这些都是很重要的指标，预示着即将来临的治疗可能会成功。

d. 决策树：
1.[如果他/她表示出需要安慰]
a. 你做了什么？

他朝我走过来，脸上写着"给我一个拥抱"，所以我就抱了他。

家长知觉的内隐含义：她再次给出了更多的反思。她也说明了，她能够根据孩子的要求识别出孩子的需要并且给予回应。这个回应与其他回应相结合，似乎表明当孩子直接提示她时，虽然她在圆环底部感到不舒服，她还是可以管理自己的情绪并且回应孩子的需要。尽管不舒服，但她对孩子以及满足孩子需要的投入也说明了如下可能性：即当她能够更充分地理解这些需要有多重要，理解她的成长史如何发挥作用使她在当下体验到了不舒服时，她满足孩子需要的能力就有可能得到提高。

随着对核心敏感性的学习，了解到自尊敏感性和安全敏感性之间的差别后，她能够提供关于自己的脆弱性信息，而且并不非常看重外在表现，这一能力构成了安全敏感性方向的特征。虽然自尊敏感的家长同样会挣扎于圆环底部的需要，但他们不太可能直言不讳地表达自己能力有限或是有兴趣满足这些需要。他们常常倾向于把与孩子之间互动的每个方面渲染上积极的色彩。（"嗯，我觉得他可能已经有点不开心了，但他太好奇了，所以我一走进房间他就想确保让我看到那个新玩具。"）

b. 当他需要你的安慰时，你感觉怎么样？

还不错。当他需要时他就让我知道了，他不总是黏人或是其他什么的。

家长知觉的内隐含义：用"不错"作为回答，意思是说，需要是可以接受的，但并不一定是让人舒服的。她选择用词语（"黏人"）定义孩子没做的事，让我们知道她希望回避的以及可能也很好地教会了孩子不要去表达的是什么。也就是说，她显然没有教孩子去否认自己在圆环底部的需要。孩子以较轻的强度让她知道了自己的需要，她也温和地给予了回应。孩子需要的可能更多一些，但很明显这个工作在一定程度上已经完成。

c. 这是他/她通常向你表示自己需要安慰的方式吗?

对,相当典型。

家长知觉的内隐含义:这似乎都是意料之中的。就圆环底部的需要而言,我们可能已经对他们的关系有了相当清晰的理解。

6. 你能描述一下当你要求[孩子的名字]收拾玩具时,都发生了什么吗?

a. 你认为对他来说是什么感觉?

他不想做,但这很正常。一旦你让他开始了,他就会做好的。

b. 对你来说感觉如何?

不是什么大事儿,我们天天都这么做。

家长知觉的内隐含义:这个问题要求养育者反思孩子如何对层级(手)进行回应。在这一案例中,这位母亲发现,孩子在需要清理时并不开心,但是她也认识到了孩子知道她是那个掌控局面的人。没有戏剧性。没有问题。("不是什么大事儿,我们天天都这么做。")在 SSP 中,当孩子拒绝清理时,她接受了孩子不想停止阅读的情绪,以坚定温和的态度开始掌控局面,孩子就顺从了。这里她的描述和 SSP 中发生的事是一致的。

她知觉到孩子对于她掌控局面回应得很好,这好像是关系中积极的方面。这是一个很清楚的例子,家长在掌控局面时没有感到无助,也没有在她需要的时候体验到消极归因。

8. 作为[孩子的名字]的家长,最让你快乐的是什么?

看着他学习、成长、改变。

家长知觉的内隐含义:这个问题给了养育者机会去探索所有因孩子而感

到的喜悦。在这里没有什么典型的答案。这位妈妈确认了自己因孩子在圆环顶部的能力而感受到的喜悦。她的兴趣在孩子学习和成熟的能力上，较少关注关系的亲密（在越来越认识到该养育者属于安全敏感型的情况下，这是可以理解的）。这些显然都是健康的目标，值得让她感到喜悦。

a. 你能给一个例子吗？

我觉得每时每刻都在发生。他每天都会学到新的东西。

家长知觉的内隐含义：这不是情景性记忆，而是概括性总结，因此需要访谈者再提问一次。

你能给我讲一个最近的例子吗？

嗯，我想想……就在几天前，他在吃酸奶，吃完之后他就把盒子扔了。他完全是自己想到的，我什么都不用说。特别好。

家长知觉的内隐含义：她的回答是连贯的，在学习和成长这一较大主题的背景下来说是情景性的。有意思的是，为什么孩子学着变得更加独立自主的能力（"他完全是自己想到的"）会让她感到高兴。这个迹象既可以表明她支持孩子真正的安全感，也可以表明她的安全敏感性需要孩子自给自足。

b. 你想象那个时候他认为你怎么样？

这让妈妈很开心。在扔掉盒子之后，他看着我笑，我告诉他，他做得很棒。

家长知觉的内隐含义：这可能是一个互相发送假性信号或者是一个支持学习能力的例子。孩子好像知道妈妈喜欢自己的能力，而且重要的是这可能是他们关系的核心。孩子知道她想要什么，她也因为孩子的知道奖赏了孩子。虽然体验到妈妈对这一技能组合的认可，于孩子而言可能是积极的，但这也可能表明，他们母子就妈妈需要孩子以独立性为优先这一点达成了无言的共识。所以我们要提出的问题是，妈妈是否过于强调自我依赖以保护自己免受亲密的关系联结所带来的不适。

c. 既然你记得这个例子，那么你认为自己怎么样？

我教会了他独立思考，而且很有用。我做得还可以。

家长知觉的内隐含义：就家长的层级以及圆环顶部而言，这位妈妈对支持孩子的自主性以及合作的能力感到很自在。考虑到SSP显示这对母子在圆环底部有挣扎，这位妈妈认为成功的养育仅限于圆环顶部的显而易见的想法就更加清晰了。

9. 作为［孩子的名字］的母亲，最让你痛苦或觉得困难的是什么？

嗯，很少发生，但有的时候他会有点烦躁，而且好像没什么能让他感觉好一点。

家长知觉的内隐含义：围绕对安慰的挣扎以及一些可能的消极归因（"烦躁"）的主题，再一次与她可能缺乏整理感受的能力（"好像没什么能让他感觉好一点"）相关联。对于一位在圆环底部感到自己没有能力也没有效率的家长来说，不太积极的归因与感觉自己没有选择二者的结合，是很常见的反应。她在描述的可能是，当要将自己作为孩子情绪调节的资源时，她没有选择。对她来说，这显然是困难和痛苦的来源。

a. 你能给个例子吗？

我想到的大部分都是他累了的时候，或者感觉不太舒服的时候。

家长知觉的内隐含义：这仍然不完全是情景性记忆。这是否意味着她在努力获得这一特定主题的一致性？并且或许还意味着这是要专注进行干预的地方吗？访谈者继续提出问题。

你能给我讲一个最近发生的例子吗？

那不是最近的事，而是假期的时候，我们有客人，他一直很激动很兴奋，有一天晚上他一下就垮了。我怎么都没法提起他的兴趣，之后也很难让他上床睡觉。最后我就陪着他，直到他睡着。第二天早上他就好了。

家长知觉的内隐含义：她的确将这段回忆表达为情景性的格式。她也表明，她比较喜欢用来调节孩子情绪的方式，是让孩子继续待在圆环顶部（"用某件事提起他的兴趣"）。分散以及转移注意力可能会有帮助，但是在出现情绪困难时，这两者被用作首要选择，就表明这位妈妈在圆环底部是有困难的。这可能很好地将其行为与她的安全敏感性保持一致，这些行为包括让孩子离自己稍微远一些、不要"太近"的需要。

b. 你想象那个时候他认为你怎么样？

我不太确定，可能是"你为什么不能帮我感觉好一点？"

家长知觉的内隐含义：这种说法显然是非防御性的，既表现出反思功能（有能力看到自己并没有提供给儿子所需要的一切），又表现出共情（有能力感受到孩子的需要以及需要没被满足的感觉）。有这种水平的认识并愿意分享这种认识，说明她多么想要找办法成为孩子所需要的家长。这也说明她愿意透露关于她自己有弱点的信息。

c. 既然你记得这个例子，你觉得自己怎么样？

当他兴奋成那样的时候，我也兴奋了起来，有的时候我想知道我的反应是不是不会让他感到很困难。我没觉得自己很糟糕或者怎么的，但我不喜欢自己竟会紧张成那样。每次我有这种感觉的时候，我就只想缓口气，可是在他平静下来之前这真的很难。这感觉有点儿像是第二十二条军规*：如果我更冷静，我就能更好地帮到他，但能让我冷静下来的唯一办法就是不要待在他身边，这样我就没法在那儿帮助他。我说明白了吗？

家长知觉的内隐含义：从揭示这位母亲对自己冲突的理解的角度来看，她这里的回答可谓完美。她现在表达得很清楚，她极其投入地想要帮助孩子管理困难的情绪，但是当涉及管理在她内心引发的情绪压力时，她却发现自己处于困境之中。她愿意承受脆弱，愿意自我反思，并认识到她对于孩子的回应可能刚好是孩子困难的根源，说明她拥有着强大的能力，能在治疗中成功。有能力在这样的程度上专注于自体，实质上保证了这位妈妈不仅仅只愿意找寻另一种方式，而且会对 COS 中给出的新选择做出积极回应。

她将问题描述成"第二十二条军规"，这就是一种关于安全敏感"困境"的清晰描述（Masterson & Klein，1995）："如果我更冷静，我就能更好地帮到他，但能让我冷静下来的唯一办法就是不要待在他身边。"安全敏感的困境意味着靠得太近是问题，离得太远也是问题。当孩子离自己太近时，她没法充分调节自己的情绪，但当她离开的时候，她知道这样她和孩子都没法获得自己需要的东西。亲近和远离都不奏效，所以是第二十二条军规。在她的认识中最深刻的是，她最后以她对孩子发自内心的关爱而结束，谈到了当下的状况是如何不允许她"在那里帮助他"的。这位母亲很显然在期待找到办法以克服这种困境。

13. 你难过或痛苦的时候，你觉得［孩子的名字］知道吗？
    是的，我觉得他知道。

---

* 第二十二条军规是美国俚语，意为左右为难的处境、无法摆脱的困境。——译者注

家长知觉的内隐含义：她的回答很好地表明了，她能够认识到孩子的心理、理解了她的心理，而没有将这看作超常的能力（自尊敏感性）或是非常被家长所需要的（分离敏感性）。

a. 他/她是怎么知道你很难过或很痛苦的？

我觉得他就是能感觉到，孩子就是知道。我也会试着让他了解我的情绪，这样他就不用去猜测发生了什么。我当然不是说所有的情绪，但是如果我有一天特别不开心，我就会说。如果我有一天特别不开心，我不想让他觉得这是他的责任或是什么。

家长知觉的内隐含义：她还是很清楚，也很平衡。她的回答中有迹象表明，她能够意识到自己的心理是自己的，孩子的心理是孩子的。她也知道他们需要有意识地来分享，而不是用什么"读心术"。"读心术"实际上意味着超常的天赋和心理一体感（one-mindedness）（自尊敏感性），或者是一相情愿的想法以及有点儿黏着孩子（分离敏感）。这位妈妈虽然看起来属于安全敏感的范畴，但是她很清楚自己需要有意识地去分享自己心里发生了什么，由此看来，她是足够安全的。她有着清晰的边界感（"我不是分享所有的情绪"），而且能够共情孩子不必为妈妈的体验负责任的需要（"我也会试着让他了解我的情绪，这样他就不用去猜测发生了什么……如果我有一天特别不开心，我不想让他觉得这是他的责任"）。她明确地意识到自己和孩子有着各自的心理，这就是安全感的标志，同时这也支持孩子感到自己被包含在家长的心理状态中而不是背负着家长的心理状态。这是一种很重要的力量，非常值得被认可，并且治疗一开始我们就要帮助这位妈妈认识到自己拥有的这种力量。

b. 他/她是否有试着安慰你？

有。

家长知觉的内隐含义：她回答得非常明确、简洁。这恰恰是临床治疗师想要运用的线索，这个线索告诉他们这位母亲希望被怎么对待。对她要表达明确，不需要"教导"，以及想象共情必须以某种方式呈现。她的共情是非常完整的。她的挣扎更多时候关乎如何更充分地相信自己的共情不会被别人（治疗师或孩子）的需要所淹没。当她学会更加相信这是重要的主题（大白鲨之音）时，在跟孩子相处方面，尊重她的边界将容许她对待孩子有新的选择和可能。她明显想要最好的。更加充分地陪伴和回应孩子，可能将成为她工作的主题。

c. 他 / 她是怎么做的？

他会走到我身边，抚摸我说，"你没事的，你没事的。"

家长知觉的内隐含义：他们彼此之间分享共情，这是非常棒的力量。孩子希望妈妈没事。孩子也可能是在说自己从妈妈那里需要更多。随着治疗的进行，孩子也许能够更接近她而不使她感觉到自己会被孩子的亲近所吞没。

d. 他 / 她的安慰让你感觉如何？

我觉得他太可爱了。这总是会让我笑起来。

家长知觉的内隐含义：她在说她能接受这种程度的亲密。这并没有太过亲密。这使得治疗师确定她真正拥有这方面的能力。她或许想要在此基础上提高自己的能力，但那是她的选择。我们并不是要研究这对母子的心理病理。也就是说，新的土地会被覆盖，在亲密的道路上可能会出现新的选择。

e. 当他 / 她安慰你的时候，你想象他是什么感觉？

我觉得能安慰我让他觉得很好，但是看到我那个样子也可能令他不安。我不想让他觉得这是一种负担，好像这是他的任务或者什么。

家长知觉的内隐含义：我们希望从所有的家长口中都能听到这样的话。孩子需要知道自己能对家长产生积极的影响，甚至是家长的痛苦，但他们不需要觉得自己是有责任的。这位妈妈认识到了这种区别，这也是一个非常重要的力量，表明她拥有中度到高度的反思功能。同时她用了"负担"这个词，或许意味着在她自己亲密关系的体验中，她可能以无益/曾经无益的方式感觉到自己是负有责任的。记住这个词并在治疗中适当的时候使用这个词可能会非常有用。

14. 所有的家长都会有对孩子感到恼火和生气的时候。

a. 对此你有什么感觉？

我真的很厌恶我对他生气的时候。

家长知觉的内隐含义：我们还不确定她说的"对他生气"是什么意思，但是我们知道她很难过自己会朝那个方向发展。我们也知道，她并没有试图隐瞒那些可能会被访谈者看作缺点或不完美的东西。

b. 如果让你猜一猜的话，那些时候他/她怎么看待你？

哦，可能是"我做了什么让她那么生气？"

家长知觉的内隐含义：这就是绝大多数孩子在家长生气时的感受。看到她能够对儿子的困境感同身受，让我们觉得很有力量。这也可能提示我们她作为孩子时所感受到的。她明确了解孩子可能有的体验，也许是在告诉我们关于她自己的体验。

c. 你觉得自己怎么样？

我很不喜欢让他承受我的愤怒。他只是个小孩子，不应该承受这些。

家长知觉的内隐含义：她对孩子的关心是很好的迹象。我们不知道这里她所描述的是什么程度的愤怒。这值得我们在治疗中予以关注，同时也将关注她自己儿时从养育者那里体验到的愤怒的程度。

d. 他/她有没有害怕过你？

我觉得他有的时候害怕我，这正是我所不想看到的。

家长知觉的内隐含义：这个回答告诉了我们更多，但是她到底在描述什么，还有待确定。可能是她自己的行为太过分了，也（非常）可能是她对于可怕行为的记忆影响了她对于自己当前行为的判断。一旦治疗开始，这些都会变得非常有用（循序渐进地、尝试性地、小心谨慎地加以引入）。

e. 你是怎么知道的？

我生气的时候他会哭。

家长知觉的内隐含义：这可能意味着她的行为太激烈了，也可能意味着她给孩子发送了她感到痛苦的信号，以及孩子因为妈妈对愤怒的痛苦而感到不安。这仅仅需要在治疗中进行探索。不管怎样，这都是一个值得关注的话题，也是一个她可能愿意讨论的话题。

f. 这种时候他/她会做什么？

他很难过，然后我就只好想办法把自己的愤怒放到一边，帮助他平复下来。

家长知觉的内隐含义：她的共情，她专注于自身的能力，她在圆环底部提供情绪调节的意愿，都在这里显示了出来。当她知道孩子很需要的时候，她可以主动提供圆环的底部（安慰以及整理感受）。如果我们之前的观察是正确的话，当孩子没有太难过的时候，她会很挣扎，也就意味着完全地、时时刻刻地盛满孩子的情绪杯可能是困难的。如果是这样的话，这可能是她安全敏感性的副产品，倾向于保持恒定的距离，孩子会感受到并选择不要越过这个距离，除非孩子感到深切的痛苦。让妈妈了解到这种状态稳定的距离对孩子可能是一种"负担"，这也许能够给孩子提供另一种选择，也是她在治疗中可以与治疗师共同探索的部分。

23. 在你被教养的方式中，你学到了什么让你愿意传递给 [孩子的名字] 的吗？

我的家长很喜欢猜谜，会鼓励我自己解决，这的确帮助我学会了独立思考，我希望他也能学到这一点。

家长知觉的内隐含义：我们看到了自给自足被代代相传的迹象。待在圆环顶部被认为具有高度优先性，这是从她家长那里传承而来的。她对这个重要性毫不怀疑。如果能够跟圆环底部平衡一下，她就会很合格了。没有这种平衡，她的孩子就会失衡。

24. 在你被养大的方式中，有什么是你不想在 [孩子的名字] 身上重演的吗？

我的家长很好，但他们实在是太忙了，我有时候会觉得有点儿孤独，我希望他最终不要有那样的感受。我知道，如果我需要他们就会在我身边，但我会觉得他们有那么多事情要做，我不想打扰他们。

家长知觉的内隐含义：这可能很好地证明了我们在访谈中所观察到的。她的家长确实对圆环底部关注有限或者没有关注。她的内在体验是她感到"孤独"。她表现出对孩子的共情性希望，希望孩子不必承受同样的孤独感。要求家长满足自己圆环底部的需要，将是一种"打扰"。她试图理解这一点，但是没有路线图和安全关系设置中的清晰说明，理解可能不会发生。在精心设计的治疗计划的支持与非侵入性的敏感性中，这位母亲能够潜在地拓宽与儿子之间的关系选择。

完成治疗计划

现在可以准备完成治疗计划了。我们通过第八章了解到"工作完成了"，当依恋系统被激活之后，小男孩会寻求安慰，利用妈妈让自己平静下来，然后再回到探索中。在孩子感到痛苦而且杯子还没被盛满时，妈妈便迫使孩子离开圆环底部去往圆环顶部，而当孩子的痛苦表现得更加微妙时，她差不多没有发现，上述这些都证明某种挣扎的存在。这位妈妈在圆环底部的挣扎就是关键问题。通过这些观察，我们做出的假设是，她的大白鲨之音在于主动提供自己作为安慰孩子的痛苦的资源。通过 COSI，现在我们有可能理解其大白鲨之音的含义和重要性了。

这位妈妈解释说，当孩子感到痛苦时，她会感到孩子的召唤，要她陪在孩子身旁，这时她会感到紧张，她的大白鲨之音便与这种紧张有关。她无法自我安慰，除非她可以离开，可以有呼吸的空间，好像跟别人在一起与管理自己的情绪这两件事是互相矛盾的。这是程序性记忆在发挥作用，是她安全敏感性的基础，这是一个内部工作模型，其中自主性和关联性是相互矛盾的，如果你选择其中一个，你就会失去另一个。既然你两个都想要，那你最终会在两者之间跳来跳去，试图要做到两全其美，最后却只能折中，而实际上哪个也没得到。对于这位母亲来说，她要面对的挑战将是，即使感到焦虑也还是要在情感上陪伴且回应孩子，并学会认识到孩子的需要是好事而不是让她情绪崩溃的威胁。为了促进治疗，需要将内隐的信息转变成外显信息，这样她将可以用语言来描述自己的关键挣扎。

好消息是这个母亲已经有很多力量，能够帮助她冒这个险，去找到新的方法。她有很好的反思能力，愿意承受脆弱。她没有指责儿子或是责怪自己，能够看到当儿子需要安慰的时候，她的反应是她挣扎着要与儿子在一起的关键部分。她也展现出了对儿子的体验具有高水平的共情。这些标志都预示着积极的结果。

治疗师面前亮起了绿灯，可以一往直前去解决来访者的关键问题，也亮起了黄灯，这位妈妈对于自己待在关系中以及处理强烈情绪的能力有很多焦虑。她不是那种需要用某种方式督促着才会暴露自己情绪的人，而且这样做反而会使得她退回到角落中，对她来说唯一的解决办法可能就是跟治疗师保持距离。无论治疗师对这个问题有多么敏锐，在观看自己视频的过程中，她都会不可避免地感觉到有过多的情绪涌了上来。将这些瞬间视为亲密关系的破裂以及治疗关系的紧张，并找到方法修复，这对于在关系中建立安全感是至关重要的。重要的是，要让她来设置距离以及治疗关系的强度，同时在完全非评价性的对话中保持稳定并陪伴、回应她，讨论她在某个特定时刻管理她离得多近多远的需要。她的治疗师更应该关注的是他们之间能否就此展开对话，而不是关系的亲密或者治疗的强度。

在观看表现她儿子有多么需要她的视频片段时，治疗师不应该期待该来访者对此感到高兴，除非治疗师指出一旦孩子的杯子装满之后，他就会自然地转向探索。这将让她有一种解脱感，知道和儿子在一起的强烈情感时刻在时间上是有限的。尽管在她目前与孩子的关系中，这种时刻感觉好像太多了，但我们正在努力帮助她，让她知道她的感受是程序性的（大白鲨之音），并非真实准确地表明实际发生了什么，因此，隧道尽头有光明。

通过互动评估了解到的基本治疗故事是这样的：

"我的孩子难过的时候需要我的安慰。当孩子需要安慰的时候，有时他会给我发送假性信号，表现得好像自己想要玩一样，然后过一会儿他再给我发送需要安慰的信号。当我回应他对于安慰的需要时，有那么一刻，他还没有让我知道他的杯子已经装满并已经准备好去探索，我就试着让他去探索。我这样做是为了应付自己的大白鲨之音，而我的大白鲨之音就是，在孩子提示我他准备好离开之前，陪着他待在他的痛苦里。"

通过对她核心敏感性的理解，现在这个故事可以得到改善，形成下面这个更加完整的故事：

"我的孩子难过的时候需要我的安慰。当孩子需要安慰的时候，有时他会给我发送假性信号，表现得好像自己想要玩一样，然后过一会儿他才会给我发送需要安慰的信号。当他来到我身边寻求安慰时，我想要回应他，但他强烈的痛苦也会让我很紧张，导致我想要离开，想要缓口气让自己冷静下来。此时此刻，我觉得自己陷入真正的困境中：如果我退后，我就能平静下来，但他就得不到他需要的安慰；如果我和他待在一起，他就会有我陪在身边，但我就会太紧张而不知道怎么让自己平静下来。为了解决这个问题，我试图在两个极端中找到办法，我给他发出假性信号，迫使他对探索产生兴趣，这样我就有办法既待在他身边，又不会感觉难以承受。"

现在有可能完成治疗计划了（见图 10.1）。通过完整的评估，可以从 SSP 互动中选择出关键，你就可以运用 COSI 帮助你组织对家长的治疗方法，同时将家长自己内部工作模型中的力量以及挣扎考虑在内。我们发现，结合这两者能够最大可能地在治疗性安全基地关系与成功地帮助这对亲子形成更安全的关系模式之间达成协调。

1. 列出圆环不同部分的力量与挣扎

- 手

  ○ 跟随：很多自信的表现与共同调节情绪的实例。

  ○ 不适应：孩子处于圆环底部时，有一些施加给孩子去往圆环顶部的压力。有一些迫使自给自足的压力。

  ○ 掌控局面：自信地掌控局面，没有唤起恐惧。

  ○ 放弃：没有放弃的迹象。妈妈在组织关系。

  ○ 不断切换/互相矛盾的策略：无迹象。

- 顶部

  ○ 支持探索：当孩子决定出去探索的时候，妈妈微笑了。当儿子选择自己感兴趣的玩具时，她表现出了积极的态度。

  ○ 看顾好我：当儿子开始玩拼图箱和医生工具箱时，妈妈一直在看着他。

  ○ 因我而喜悦：妈妈看上去很享受儿子的探索，但是在表达愉悦上很克制。

  ○ 帮助我：儿子拿着拼图箱和血压计向妈妈求助。

  ○ 和我一起享受：两人一起玩玩具时互相朝对方微笑。

- 底部

  ○ 欢迎我走向你：在第一次团聚中，儿子走向她的时候她微笑着，第二次团聚中，她张开双臂拥抱了儿子。

  ○ 保护我：唯一的"保护我"时刻，是陌生人进入房间的时候，但是妈妈没有读出在那个当下孩子的焦虑，男孩也没有直接提示妈妈他需要保护。所以没有明确的实例。（这在 SSP 中并不少见）

  ○ 安慰我：当男孩背对妈妈专注于玩具时，这是一个假性信号。在男孩的杯子盛满之前，妈妈迫使他出去探索，也向他发出了假性信号。当妈妈张开双臂，男孩爬到妈妈腿上，慢慢平复了下来，所以妈妈可以提供安慰。

图 10.1　完整的安全感圆环评估与治疗计划组织表

○因我而喜悦：最接近愉悦的是阅读环节，但还是很有限。

○整理我的感受：在第二次团聚中，男孩站在妈妈面前，看上去很难过，这个时候妈妈掌控了局面，说你需要一个拥抱，然后把他抱进了怀里。

- 以上所有的挣扎中，哪一个是"关键挣扎"？安慰我。妈妈能够提供安慰，但是过度使用了分散孩子注意力让孩子去探索的方法，在孩子准备好之前就快速结束了安慰的过程。二级目标将是帮助妈妈更多地表达愉悦。

2. 敏感性是什么？○自尊 ○安全 ○分离

- 敏感性如何影响对于关键挣扎的理解？

  孩子的痛苦对于妈妈来说太多了，她需要保持距离来自我安慰。她正在寻找情感上不要太亲近和不要太疏远之间的折中，其折中就是在探索中和孩子在一起。

- 敏感性可能如何影响关键挣扎的呈现？举例说明，根据关键挣扎，我们怎样构建问题或者接近养育者？

  帮助她让她看到，当她与孩子再多在一起一会儿，孩子就能够更好地平静下来并且想要独立去探索。孩子的愿望不是用自己的情绪控制她或者压垮她，只是要跟她在一起，这样他才可以发展与成长。注意，她会想要设置距离以及治疗的强度。不要穷追猛打，也不要退缩离开。

  举例说明，根据关键挣扎，我们怎样不构建问题或接近养育者？

  不要强调孩子这么需要她有多好，不要强调她应该拥抱孩子的情绪。不要强迫她去感受。

3. 评价反思功能

    A. 低：回避以及/或者用概述回答需要反思的问题

    B. 中：有许多反思功能的实例

    C. 高：在整个访谈过程中明确表现出反思功能

图 10.1（续）

评论：具有高水平的反思功能。有两个很好的例子：感觉就像是第二十二条军规——如果我更冷静，我就能更好地帮到他，但能让我平静下来的唯一办法就是不要待在他身边，这样我就没法帮助他了。

当他/她安慰你的时候，你想象他是什么感觉？

我觉得能安慰我让他觉得很好，但是看到我那个样子或许会令他不安，我不想让他觉得这是一种负担，好像这是他的任务或什么。

4. 通过两个维度评价共情能力

A. 评价换位思考

a. 低：缺少以及/或者回避换位思考

b. 中：存在许多换位思考的实例

c. 高：在整个访谈过程中明确表现出换位思考

评论：中到高。她能够从孩子的角度看待问题，但她也会最小化孩子对她的需要，在看到与看不到孩子对她的需要之间摇摆不定。

当被问到孩子独处时需要什么：他看起来什么都不太需要。

B. 评价情感共鸣

a. 低：缺少共鸣

b. 中：在某些特定的情感状态中，存在有限的共鸣

c. 高：在广阔的情感范围内存在共鸣能力

评论：她拥有中等水平的情感共鸣能力。孩子情感越强烈，她越无法对孩子的情感产生共鸣，因为她会迷失在自己的内在混乱中。

5. 评价关注自体的能力

A. 低：回避或看上去无法关注自体

B. 中：有限地关注自体

C. 高：在适当的时候能够关注自体

评论：她具有较高水平的描述自己想法和情绪的能力

图 10.1（续）

举例说明：

当他兴奋成那样的时候，我也兴奋了起来，有的时候我想知道我的反应是否不会让他感到很困难。我对他可能会难过感到有点儿不舒服。

6. 你希望这个养育者能学到什么？（为大白鲨之音而创作的迷你故事）

建立一步步循序渐进的目标。（在与一些相对复杂的亲子工作时，会有两个关键目标，你可能需要做两次该工作。）

- 学习目标一（我的孩子在圆环上需要我的X）"关键需要"：我的孩子低落时需要我安慰他。

- 学习目标二（当我的孩子需要X时，他/她会通过做Y来发送假性信号）"孩子的关键假性信号"：当我的孩子需要安慰时，有时他会给我发送假性信号，表现得好像想去玩一样。

- 学习目标三（当我的孩子需要X时，我会通过做Z来发送假性信号）"家长的关键转移"：当他需要安慰时，我鼓励他去探索。当我回应他对于安慰的需要时，有那么一刻，我很紧张，为了应付自己的大白鲨之音，在他完成这个安慰过程之前，还没有让我知道他的杯子已经装满并已经准备好去探索，我就试图让他去探索。

- 学习目标四（我做Z是为了处理我的[如果可能的话，给这种情绪命名]）"大白鲨之音"：当他需要安慰时，我向他发出假性信号，鼓励他去探索，这就是我应对大白鲨之音的方法。我的大白鲨之音就是，他强烈的情绪令我太紧张了，我知道唯一让我平静下来的方法是一个人待着。如果我一个人待着，他也是一个人待着，而他需要我的帮助，所以我陷入了两难的困境。

- 学习目标五（我有能力去回应对于X的需要，有能力去应对我的大白鲨之音，以……为例）"未被充分利用的关键能力"：当我的孩子感到难过并来到我身边时（第二次团聚），我主动抱起他、安慰他。我这么做的时候，他平静了下来，再次对探索充满兴趣。

图10.1（续）

表 10.1　安全感圆环访谈

你好。我是_____。在接下来一个小时左右的时间中，我会问你很多不同的问题，这些问题主要是关于你作为家长的感觉。首先我想要简单了解一些关于你和［孩子的名字］的信息。然后我会就刚刚你们两个人一起进行的体验，了解一下你的反应。接下来我将问你一些关于你和［孩子的名字］的关系的问题，最后几个问题是关于你成长中的生活经历以及你与家长的关系。

1. 为了帮助我了解你和［孩子的名字］，你能简单地跟我讲一讲你们一起的生活吗：
   a. 他/她是什么时候出生的？
   b. 你有没有其他的孩子，如果有，有几个，他们的名字和年龄分别是什么？
   c. 在抚养［孩子的名字］的方面，你认为生活中有没有其他人对此很有帮助，如果有，你能否简单地讲一下他们是谁，都是怎么帮助你的？［这里可以接受概括性描述。］
   ［这些问题给了访谈者机会去跟家长在一起，给了访谈一个基本的导向，而且使家长能够反思自己的支持系统，并可能随着访谈不断展开去了解自己的支持系统。］
   谢谢你。现在我要问你几个问题，是关于刚刚你跟［孩子的名字］在［楼上，楼下或大厅等］的房间里的体验。

2. 刚刚你和他/她一起完成了一次体验，对你来说参与到这个体验中是什么感觉？［这里可以开始初步了解家长的反思功能（RF）以及家长识别并调节孩子与自己情绪的方法，也是开始理解家长对孩子与自体表征的方法。］

3. 你被两次要求离开房间，把［孩子的名字］留在房间里，你觉得对他/她来说每次都是什么感觉？［家长可以给出关于两次分离的概括性描述，也可以具体到每次来讲。］［反思功能；家长当下对于共情的体验，对需要的认识，以及识别和调节情绪的方法］对你来说每次都是什么感觉？［反思功能；对自己的共情；识别以及调节个人情绪的能力］

4. 大部分家长从来没有机会隔着单面镜去看自己的孩子。
   a. 当你站在那看着［孩子的名字］时，有什么事曾引起你的注意吗？［反思功能；共情；需要的识别，情绪的识别及调节］
   b. 你觉得在你看着他/她的那段时间中，他/她需要的是什么呢？［反思功能；情绪的识别及调节；对自己的共情］

5. 你曾两次回到房间里。
   a. 你认为对于［孩子的名字］来说，每次团聚都是什么感觉？［家长可以给出关于两

续表

次团聚的概括性描述，也可以具体到两次来讲。］［反思功能；需要的识别；情绪的识别及调节；共情］

b. 对你来说，每次团聚是什么感觉？［规则同上。］［反思功能；情绪的识别；对自己的共情］

c. 在无论哪次团聚中，［孩子的名字］向你表现出他／她需要你的安慰吗？［反思功能；需要的识别；情绪的识别及调节；共情］

d. 决策树：

①［如果他／她表现出需要安慰］

  a. 你做了什么？［反思功能；需要的识别；情绪的识别及调节；共情］

  b. 当他需要你的安慰时，你什么感觉？［反思功能；需要的接受；在有需要和强烈情绪的情况下自我调节的能力］

  c. 这是他／她通常向你表示自己需要安慰的方式吗？［反思功能；与脆弱性信息有关的一致性与连贯性问题］

或者：

②［如果他／她看起来不需要安慰］

  a. 当［孩子的名字］需要你的安慰时，他都是如何向你表达的？［反思功能；需要的识别；情绪的识别及调节］

  b. 当他／她向你表示自己需要你安慰时，你是什么感觉？［反思功能；与脆弱性信息有关的一致性与连贯性问题］

6. 当你要求［孩子的名字］收拾玩具时，你能描述一下发生了什么吗？［适当管理的能力；在强烈情绪的情况下调节自我以及他人的能力］

a. 你认为那对他来说是什么感觉？［反思功能；共情］

b. 对你来说是什么感觉？［反思功能；共情；在高强度情境下的连贯性］

现在我想要问你的问题，是关于你和［孩子的名字］平常的关系。

7. 我想要让你来选择几个词或短语，描述一下［孩子的名字］和你的关系。我知道这可能需要一点时间，所以请继续并先想一会儿，然后我会把你给我的每个词或短语写下来。［反思功能；连贯性／一致性］

［对于第1、3、5个词］你用了＿＿＿＿这个词来描述你和［孩子的名字］之间的关系。请给我讲一个出现在脑海中具体的例子或事件，能解释你所说的＿＿＿＿是什么意思。［为了获得情节性记忆，必要的话，对于一个具体的记忆，这个问题可以问两次。这适用于所有询问情节性记忆的问题。］

续表

8. 成为［孩子的名字］的家长，最让你开心的是什么？［反思功能；情绪的调节；产生积极情绪及喜悦的能力］
   a. 你能给一个例子吗？［连贯性／一致性］［如果必要的话，询问最近的具体例子］
   b. 你觉得那个时候他怎么看待你？［反思功能；投射／对于他人的表征］
   c. 既然你记得这个例子，那么你怎么看待你自己？［反思功能；自我表征］

9. 作为［孩子的名字］的家长，最让你痛苦或让你觉得困难的是什么？
   a. 你能给一个例子吗？［连贯性／一致性］［如果必要的话，询问最近的具体例子］
   b. 你想象那个时候他怎么看待你？［反思功能；投射／关于他人的消极表征及积极表征］
   c. 既然你记得这个例子，那么你怎么看待你自己？［反思功能；自我表征；对自我的共情］

10. 作为［孩子的名字］的家长，你最害怕的是什么？［反思功能；在令人痛苦的信息情境中的一致性以及连贯性；涵容情绪的能力］

11. ［孩子的名字］曾经变得很沉默或者离开你吗？［反思功能；情绪的识别；高强度下的情绪调节；消极归因还是积极归因；共情］
    ［如果是：］
    a. 你觉得他／她在那些时候是什么感觉？［反思功能；消极归因还是积极归因；情绪识别以及调节］
    b. 你觉得他／她为什么会这样做？［反思功能；共情］
    c. 他／她这样做的时候，你有什么感觉？［反思功能；高强度之下的连贯性与一致性；对自己的共情］

12. 他／她曾经很黏人，或很情绪化，或者表现得比实际年龄要小吗？［反思功能；需要的识别；情绪的识别及调节］
    ［如果是：］
    a. 你觉得他／她在那些时候是什么感觉？［反思功能；需要的识别；情绪识别以及调节］
    b. 你觉得他／她为什么会这样做？［反思功能；需要的识别；消极归因还是积极归因］
    c. 他／她这样做的时候，你有什么感觉？［反思功能；高强度之下的连贯性与一致性；对自己的共情］
    d. 你在那些时候会怎么做？［反思功能；一致性／连贯性；关于自主需要和安慰需要的识别］

续表

13. 你难过或痛苦的时候，你觉得［孩子的名字］知道吗？
　　［如果知道：］
　　a. 他／她是怎么知道你难过或痛苦的？［对于孩子适龄情绪能力的理解；理想化或角色倒置的内隐含义；情绪调节主题］
　　b. 他／她是否有试着安慰你？［理想化或角色倒置的内隐含义；情绪调节主题］
　　c. 他／她是怎么做的？
　　d. 他／她的安慰让你感觉如何？［反思功能；情绪调节；理想化或角色倒置］
　　e. 当他／她安慰你的时候，你觉得他是什么感觉？［反思功能；理想化或角色倒置，对孩子的共情］

14. 所有的家长都会有对孩子恼怒或生气的时候。
　　a. 对此你有什么感觉？［反思功能；一致性／连贯性］
　　b. 如果让你猜一猜，他在那些时候怎么看待你？［反思功能；积极归因还是消极归因］
　　c. 你觉得自己怎么样？［反思功能；自我表征；共情］
　　d. 他／她有没有害怕过你？
　　［如果有：］
　　e. 你是怎么知道的？［反思功能；高强度下的一致性和连贯性；共情］
　　f. 这种时候他／她都会做什么？［反思功能；一致性和连贯性；需要的识别］

15. ［孩子的名字］有没有曾经生过你的气，或者对你失望过？［反思功能；共情；情绪涵容；积极归因还是消极归因］
　　a. 你感觉怎么样？［一致性／连贯性；对自己的共情］
　　b. 如果让你猜一猜，他／她生气或愤怒的时候，他怎么看待你？［反思功能；积极归因还是消极归因；共情］
　　c. 你觉得自己怎么样？［反思功能；对自我的共情］
　　d. 有没有哪些时候他／她对你表现出愤怒或生气让你觉得很可怕？［反思功能；一致性以及连贯性；角色倒置］
　　［如果有：］
　　e. 你能讲一讲吗？［反思功能；情绪调节；一致性以及连贯性］
　　f. 你那些时候会做什么？［反思功能；一致性以及连贯性］

16. 有的时候小孩子会想要用自己的方式来做事情，这与家长想让他们用的方式非常不一样。［反思功能；情绪识别；共情］
　　a. 这在你和［孩子的名字］之间发生过吗？

续表

b.［如果有：］请描述一个最近发生的这样的事件。［一致性／连贯性］

c.你解决了吗？如果解决了，发生了什么？［即孩子做了什么，你做了什么？］［一致性以及连贯性；修复的能力；积极归因还是消极归因；共情］

d.如果没有，发生了什么？［反思功能；共情；需要的识别；修复的能力；情绪调节］

17.你能描述一次［孩子的名字］让你感觉"难以忍受"的一件事情吗？［反思功能；情绪调节；对自己和孩子的共情；积极归因相比消极归因］

［如果有：］

你是怎么让事情好转的？［一致性／连贯性；修复的能力；对孩子和自我的共情］

18.如果你能改变［孩子的名字］和你的关系的一个方面，那会是什么呢？［如果回答只聚焦于孩子或家长身上而没有聚焦于关系，继续提问。］［反思功能；一致性以及连贯性；专注于自体；真正的关系目标还是理想化的关系目标］

19.有些家长告诉我们，他们相信孩子来到他们的生命中是有特别原因的。

a.关于［孩子的名字］，你曾经有过类似的想法吗？［专注于自体；真正的关系目标还是理想化的关系目标］

b.如果有的话，你能简单地告诉我，你认为［孩子的名字］来到你生命中的原因是什么吗？［反思功能；理想化表征／孩子的情绪调节功能；家长对于孩子的期待；对自我及他人的表征；对孩子的共情］

下面我想要问你一些问题，关于你自己在你的家庭中作为孩子的成长经历。

20.谁是主要负责抚养你的人？［需要限制在一个或两个人］

21.之前我们讨论过，当你的孩子难过或需要你安慰的时候，他／她会怎么做。现在我想要问你：

a.作为一个小孩子，从你最早有记忆开始，当你难过或痛苦时你会怎么做？［反思功能；一致性以及连贯性；情绪调节历史；对自己的共情］

b.你的［主要养育者］会怎么做？［如果有两个首要养育者，分别来问。］［反思功能；一致性以及连贯性；情绪调节；对自己和养育者的共情］

c.你记得在那些时候曾经被抱持过吗？［反思功能；一致性以及连贯性；需要及情绪调节历史；对自己的共情］

续表

22. 所有的孩子在长大过程中，都有想要按照自己的方式做事情的时候。回想你所能记住的事情，讲一个你想要用自己的方式做事情的例子。[反思功能；关于自主的需要和情绪调节历史]
a. 你的[主要养育者]是如何反应的？[如果有两个主要养育者，分开来问。][反思功能；一致性和连贯性]
b. 这给你什么样的感觉？[反思功能；需要及情绪调节；对自己的共情]
c. 你那个时候几岁？
23. 在你被养育的方式中，你有学到什么让你想传递给[孩子的名字]的吗？[反思功能；一致性以及连贯性；积极归因还是消极归因；理想化目标还是现实化目标；作为治疗计划以及合约基础的需要及情绪调节目标]
24. 在你被抚养大的方式中，有什么是你不想在[孩子的名字]身上重演的吗？[反思功能；一致性以及连贯性；积极归因还是消极归因；理想化目标还是现实化目标；作为治疗计划以及合约基础的需要及情绪调节目标]
25. 我还有最后一个问题。你希望[孩子的名字]能从被你养育的经历中学到什么吗？[反思功能；一致性以及连贯性；积极归因还是消极归因；理想化目标还是现实化目标；作为治疗计划以及合约基础的需要及情绪调节目标]

第十一章

治疗原则及计划

> 在阻挡伤害我们的事情时，我们认为我们正在用墙围住自己而远离痛苦。但是从长远来看，这堵墙会阻碍我们的成长，对我们造成的伤害比痛苦本身更大，而痛苦，只要我们去承受它，很快就会风吹云散，好似过眼烟云。我们会长久地记住我们的痛苦，尽管在当时那种强烈的苦楚让我们感到痛不欲生，但这痛苦终将消散。我们的记忆是它留下的唯一痕迹。墙却留了下来，长满青苔，成为难以跨越的障碍，使我们很难靠近别人，很难接近自己封闭起来的部分。
>
> ——Alice Walker (1990)

COS 方法的核心，其目的在于帮助家长和其他养育者承受痛苦，承受有问题的童年依恋带来的某些痛苦，承受他们用大白鲨之音触发的自我保护策略把自己围起来而摆脱的痛苦。我们的干预是运用精神分析对防御进行分析的原则创造出来的。James Materson 将治疗过程看作来访者在"假的防御性自体"和"真自体"之间的斗争，其中治疗师要解释或面质使用防御带来的消极后果，支持真自体的出现并为其提供关系空间（Materson, 1985; Materson & Klein, 1989）。Materson 所说的真自体，指的是潜在的或天生的自体，"假自体"指防御性自体是我们所有人内在真自体的受损版。在 COS 方法的理论结构中，我们使用术语"保护性自体"或简单的"防御性自体"。真自体就隐藏在眼前，我们的工作就是在治疗中密切关照真自体，持续支持真自体。对这个方法来说，重要的是我们在治疗中要将干预目标定位于人，而不是行为。既然 COS 干预高度专注于安全养育的发展，全部范围的真自体能力不会在本书中得以解决，也不会在相对短程的 COS 干预中得以解决。但是，了解真自体的能力能够帮助我们将真自体的挣扎从核心敏感性的保护性边界中区分开来，因此我们将这些能力呈现在专栏 11.1 中。

专栏 11.1　真自体的能力

- 深刻体会各种不同情绪的能力，包括开心和不开心的情绪
- 期待适当权益的能力，比如掌控以及愉悦的体验
- 自我激活以及自我确认的能力，包括认识自己的独特个性、愿望、梦想与目标的能力，以及自信地自主表达它们的能力
- 认可自己自尊的能力，因为一个人不能永远靠别人来维持自己的自尊
- 自我安抚的能力
- 尽管有困难或挫折，但是能做出承诺并遵守的能力
- 创造力，能够创造性地用更加成功的新生活方式替换掉熟悉的旧的生活方式的能力
- 亲密关系能力，能够进入与他人之间亲密且开放的关系中的能力，同时能够最小程度地体验到被抛弃或被淹没
- 独自一人但不感到被抛弃的能力
- 自我的连续性，认识到真自体存在于任何时间和情况中的能力
- 反思功能，想象并认识到每个人都有自己独立的意识和心灵的能力

家长的核心敏感性是一种保护性／防御性的自我组织，能够并且必将妨

碍他们围绕圆环回应孩子需要的灵活性。冒险在大白鲨之音强加的防御边界以外采取行动，将要求家长起码能具备至少一项真自体的能力。

儿童发展出防御性自体，是为了应对家长对防御性策略的习惯性使用。不幸的是，这很容易发生，因为我们往往都会过度使用那些我们了解并相信有保护作用的东西，即使现实情境并不需要这么做。这些防御是我们习得的程序化策略，现在我们会自动化地使用这些策略。我们并不擅长重新评估我们的策略，并且告诉自己"因为我现在安全了，所以我不再需要这些曾经让我得以生存下来的防御了"。我们其实不再知道我们在防御什么，或者说我们甚至不知道我们正在做的一切是为了试图保护自己远离痛苦。所以，当我们体验到与过去情绪失调状态相关的任何东西时，我们都会体验到与那种需要相关的恐惧或不适。这就是大白鲨之音出现的地方。为了应对这种感知到的危险，我们必须立刻切换到防御模式，以保护自己。

COS 旨在通过将内隐的防御过程外显化，给予真自体重新现身的机会。使用互动评估中的视频片段，我们可以帮助家长看到，在回应孩子并没有呈现真正威胁的需要时，他们的内隐性防御在起作用。家长能够看到他们不必要的内在策略和保护性行为危害了安全依恋。家长最终也会看到，他们反过来错失了多少亲密的体验，而这些亲密都可以来自他们为孩子提供安全基地/安全港湾的过程中。能够命名并跟踪这一过程，给家长提供了一个选择：他们能够满足孩子的需要，而不是只听命于大白鲨之音。

重要的是要注意，认识到并不会自动地产生不同的行为，因为家长面临的是非常困难的选择。家长将需要足够长时间地抱持她不舒服的感觉，以认识到并让自己确信她的情绪都来自于大白鲨之音。处在高强度的情感状态下，单单问出"我的反应是更多地针对过去而不是现在吗？"这个问题的能力，就是一个分水岭，容许家长为孩子选择安全感。学会问出这个问题，就能够在习惯性回应的间隙中为改变创造机会。家长并不总是能够立刻回答"安全吗"这个问题，但停下来反思本身就会阻止大部分对大白鲨之音一触即发的回应。

因为治疗师可能提供的是安全反思体验的第一环境，所以治疗师在帮助家长是选择真自体的回应还是保护性自体的回应中扮演了很重要的角色。为了阐明这个角色，并且帮助治疗师牢记这个角色，COS干预使用了缩略词RAR：关系（relationship）、情感（affect）、反思（reflection）。

情感：帮助家长接受并抱持痛苦的情绪状态

情感是防御过程的中心。如果不是因为孩子的需要会触发令人不舒服的情绪，那么选择依照真自体采取行动就非常简单了。然而，当家长决定要无视大白鲨之音时，他们就会暴露在防御恰恰是第一需要的情感中。因此，帮助来访者接受并抱持痛苦的情绪状态成为COS工作的一个核心目标。要具备做出真自体选择的能力，家长就需要在面对一直以来都很可怕的情绪时，有人能和他们"在一起"。即便更好地理解了游泳的基本原理，你也不能通过绕着游泳池走来克服对水的恐惧。真正有用的是到水里去，并且知道在面对自己的恐惧时你是安全的。防御性程序是在体验到某种情绪状态时启动的，而来访者需要的就是在这种情绪状态下去练习使用别的替代程序。在冷静的时候讨论如何管理你的愤怒，要比怒火高涨时去实际管理愤怒简单多了，但是在愤怒的时刻学着选择其他替代行为，才能真正带来改变。因为未经调解的情绪状态就是原始挣扎的核心，所以关键在于，当家长开始考虑其他选择时，我们要为家长提供调节方法的资源。当家长在反思中感受到会导致大白鲨之音发作的原始情绪的时候，尤其如此。当家长陷入短暂的"不在一起"的回忆中时，我们选择与他们"在一起"，常常会使家长在与孩子相处时获得新的选择。

关系：为来访者创造安全港湾／安全基地

COS的一个关键原理是，当家长自己是在安全基地关系中采取行动时，他们的关系能力能得到最大幅度的提高。然而我们在进行督导时发现，"在一起"对很多治疗师来说都非常困难。当来访者有消极情绪时，治疗师常常急于行动，给来访者打气，给出建议，或者开始认知性讨论，将来访者从情绪中拉出来，而不是在情感中与来访者"在一起"。就像上文提到的那样，治疗中很重要的一部分是，容许家长去体验到恐惧的情感是可以分享、忍受、探索的，这样当这个人出现在另一边时，他才会觉得这种情感状态没那么可怕，并最终比他们想象的更加可控。

COS 给家长使用的意象是家长的手抱持着孩子，而给治疗师使用的意向是治疗师的手抱持着家长。温尼科特对于家长能提供给孩子的抱持性环境的描述，可能同样也适用于治疗师提供给来访者的抱持性环境。比如，在这个说法中我们就可以把"婴儿"替换成"家长"："我们作为可靠的存在并对自己保持一致，能够提供一种不僵化而是有活力、有人性的稳定性，这会使婴儿感到安全"（Winnicott，1994）。安全基地/安全港湾的概念，使抱持在一种清晰的关系方法中变得可操作，该方法能够被观察并最终能够被测量，在家长与孩子的关系中以及家长与治疗师的关系中皆如此。Karlen Lyons-Ruth 认为，历史上依恋关系一直专注于更易于观察的保护形式，但是新兴的神经科学显示出"社交友好关系会降低压力激素水平，比如皮质醇，会提高幸福激素的水平，比如催产素"（Lyons-Ruth，2007），因此能够减缓儿童遭受"毒性应激"（Shonkoff, Boyce, & McEwen, 2009）的即时影响以及消极的发展后果。重要的是要注意，分享类似于愉悦和快乐的积极情绪，也是保护性安全基地的一部分。实际上对于压力调节和安全依恋关系来说，在积极情绪状态下"在一起"，与在痛苦情绪状态下"在一起"同等重要，这一点在治疗中与在亲子关系中也是一样的。

需要注意的是，在 COS 干预中我们不迫使家长去感受或者去感受更多，这一点很重要。他们参与了就自然会感受到，我们希望治疗师在那些时刻是在场的，与家长在他们的体验中"在一起"，容许家长而非治疗师成为启动情绪过程的人。就像家长需要跟孩子"在一起"一样，治疗师同样需要常常跟家长"在一起"。换句话说，有时一位害怕的、要崩溃的家长需要治疗师很强大但不要把自己看得很脆弱，这样就发送出能够胜任的信号，而治疗师将这种胜任力看作未被家长意识到的能力。跟另一位家长在一起时，治疗师可能需要支持家长面对悲伤或恐惧感受时而变得脆弱的意愿。

> COS的基础就是"你希望他人怎么对待你，你就怎么对待他人"的方法。
>
> ——Jeree H. Pawl and Maria St. John (1998)

治疗师需要与家长一起体验的共情性转变，与我们希望家长对孩子做的是一样的——即朝着"在一起"而转变。这种改变来源于家长更好地理解孩子围绕圆环的需要，并且尊重孩子当下正在体验的特别需要。与此平行，为了最高效率地引起改变，治疗师需要更好地理解家长围绕圆环的需要，以及家长的核心敏感性如何影响家长做出探索或防御这些需要的选择。因此，将核心敏感性纳入考虑是跟每个家长建立治疗关系的核心元素。核心敏感性使治疗师能够将挣扎放入框架内，如此一来，家长便能够更加准确地认识到并反思到底大白鲨之音会在什么时候以及什么位置出现。

反思：提高家长的观察及推断技能

在本书中，我们在不同的地方描述过反思功能，特别是第六章。总而言之，COS的目标是通过建立治疗关系，让家长能够接纳、抱持并命名他们倾向于要防御的情绪，以此来提高家长的反思功能。在足够长的时间内涵容自己的防御反应，以观察孩子的依恋及探索行为，有助于家长对孩子的需要和情绪做出更准确的推断。而准确的推断会带来敏锐的、合拍的回应。

看见 vs 猜测

在本书中我们已经讨论过看见和猜测的区别。对互动评估（SSP）的视频片段进行回顾是帮助家长发展观察技能的关键所在。当家长被要求描述他们在孩子的第一段视频中看见了什么时，家长常常会直接跳到推断（比如，"他正在生气"或者"他在试图通过哭吸引我的注意"），而不是进行行为观察。治疗师的任务就是帮助家长发现看见和猜测之间的区别：看见的标志是行为描述，比如"他正在绕着房间走，把玩具捡起来然后再放下"。猜测实际上就是其他的一切，比如"他很难过，不知道自己一个人要干什么"，或者甚至是"他不喜欢他拿起来的这个玩具"。任何暗示家长知道孩子的内在动机、信念、想法或期待的描述都是猜测。

即使是基于观察的猜测都有可能不准确，但是如果没有仔细的观察，猜测的基础根本就是家长的投射，而不是孩子的体验。在这种情况下，所能被观察到的与家长得出的结论之间就会存在一条相当宽的鸿沟。而家长之所以飞越鸿沟，是因为程序性记忆告诉他们，他们的推断就是事实。学会准确地看见并以此作为猜测的基础，可以帮助家长将他们的大白鲨之音从孩子需要的真相中辨别出来。要创造新的养育选择，第一步就是家长要能熟练地区分看见与猜测。

在帮助家长达成这一转变时，我们发现鼓励他们变得好奇要比尝试得出结论有效得多——要创造问题而不是陈述。当我们给家长播放一小段视频时，我们要求他们先进行行为描述，再做出他们的第一个解释，接下来请他们告诉我们，他们看见了什么可以支持他们的解释，然后再为可供选择的其他解释找出充分的理由。

看见与猜测练习的最终目标，就是让家长在 COS 治疗中能够比以前更加准确地看见并推断，能够在观看录制好的互动时回答下列问题：

- "你的孩子在做什么？"（观察）
- "你觉得你的孩子需要的是什么？"（推断）
- "你觉得你的孩子有什么感觉？"（推断）
- "你在做什么？"（观察）
- "你有什么感觉？"（自我反思）

- "在这个瞬间,你需要的是什么?"(自我反思)
- "看着这个视频,你觉得自己怎么样?"(自我反思)

这些观察、推断还有自我反思(代表一个人对自己内在组织的理解)加起来就是反思功能。COS 就是运用上述这样的程序提高家长的反思能力,同时使家长在与治疗师之间的安全关系背景中进行感受。然后,我们所希望的就是家长能够带着这种得到提高的能力进入到养育孩子的日常生活世界中。

对安全感圆环干预中 RAR 的概括

之前提到过,COS 是针对每对亲子的特定需要量身定做的。在为期 20 周的项目中,会建设性地使用互动评估及家长知觉评估中得到的数据。前两次会谈将会用来教家长了解孩子围绕圆环的需要。通过观看录制好的亲子互动视频,在进行猜测前先练习看到,他们开始了学习如何认识这些需要的过程。

当家长表现出对自己所看到的感到不适时,我们便运用所了解到的家长的核心敏感性、反思能力、共情以及专注于自体的能力(见第八章和第十章中的治疗组织表)。正如上文所说的那样,我们的目标不是要消除家长的不适感,这只会让这种状态持续下去,而是要运用这种不适感以及他们对此进行的防御作为引导,去发掘他们与生俱来的能力——即未被充分使用的力量——这些能力都被不适感及其防御掩藏了起来。这样来看,COS 很大程度上是一种基于力量的干预。对家长为了发展重要养育能力的目的而能够忍受自己的不适抱有期待,所传递的是与家长的优势和潜能有关的强有力的能力信息。这种潜能的证据可能并不明显,比如一位母亲会在情感上与孩子保持距离,但当陌生人进入房间时,她会靠近孩子并抚摸孩子,或者是让孩子倚靠在自己的腿上,直到孩子看起来舒服一些。发现并反思这些养育者防御策略中的小缝隙,能够使家长的积极意图得以涌现。

在治疗的早期阶段,创造抱持性环境可能意味着:

1. 认识到每个家长想为了孩子做到最好的积极意图和希望。治疗师的说法可能会是这样的，"不管你成长过程中面临过什么样的困难，你都来到这里，要为你的孩子提供尽可能最好的养育。无论你自己有过什么样的错误，你都来到这里，为更加安全的未来寻找新的选择。"

2. 对承诺参与一个要求定期、持续出席的项目有多么困难心存敬意。重要的是要让家长同时承认困难以及认可自己的付出。

3. 确认你承诺会努力使小组成为一次积极的令人满意的体验。

4. 讨论对于孩子来说这个工作有多重要，再次向家长确认COS方案是以近五十年的研究为基础的方法。

5. 承认参与小组活动可能会包括一些与小组有关的焦虑。为家长提供机会说出自己的焦虑并让他们看到，在对这次体验感到惶恐这件事上他们并不孤独。

6. 用圆环引导你对家长进行回应。我们发现问自己这样的问题很有用："这位家长此时此刻处在圆环上的什么位置？"即使家长正在体验明显的情绪痛苦，这位家长也可能处于圆环顶部，正在探索回忆和感受。在圆环上这是一个"看顾好我"的时刻，而不是"安慰我"的时刻。与家长"在一起"时，治疗师必须有一种温暖、共情的感觉，但是在这个时候提供安慰会切断家长的探索。然而，当家长开始防御、手足无措、被情绪淹没或者准备离开的时候，这就成为了一个"整理我的感受"的时刻。治疗师可能被要求来共同调节家长的情绪。在这个工作中，家长通常在圆环的顶部和底部之间摆动，而通常不论在圆环的顶部还是底部，最能帮助到家长的是治疗师的临在，而不是治疗师所说的话。想象一下，就好像在家长的感受下面铺设了地板，这样他们就不会直直地跌入"不在一起"的黑暗中（见第三章）。

默默地"在一起"可能是治疗师提供的最有价值的东西。

在第3—8周中，小组每周观看一位家长在SSP中的第一阶段视频片段。这些片段已经由治疗师选择并编辑过，以阐明力量（关键挣扎中的成功）和挣扎（澄清还有更多工作要做）。治疗师在视频回顾中示范了什么是与家长"在一起"。在适当的时候，其他小组成员会有机会分享他们的见解，包括以能够强化抱持性环境的支持性方式看到与猜测。

在第9周，会向家长们介绍大白鲨之音以及受限的安全感圆环（矛盾型、回避型及混乱型）。要注意，我们都有自己的大白鲨之音，治疗师会将造成不安全养育选择的恐惧或痛苦正常化。

第一次视频回顾的目标之一，是让家长准备好在第二次视频回顾中聚焦于关键挣扎（10—15周）。正如第一轮视频回顾中一样，在第二轮中，小组每周会仔细观看一位家长的视频片段。这些片段直接聚焦于关键挣扎。观看自己没有满足孩子需要的视频，对于许多家长来说显然是一次情感体验。在这个充满挑战的小组阶段中，治疗师与家长"在一起"的能力是至关重要的。

第十六次会谈要在改版的SSP中录制亲子二人的互动，治疗师会进行剪辑，用于第三阶段的视频回顾（17—19周，每周两个不同家长的视频）。一定要鼓励家长注意到并庆贺积极的变化。然而我们的经验是，由于家长们看到与猜测的能力得以提高，使得他们能够意识到这些视频中捕捉到的依然存在的挣扎。通常家长会渴望利用这次视频回顾将工作继续深入进行。在第20周，小组庆祝大家的成功。

定制化治疗计划

第八章和第十章中描述了互动评估及家长知觉评估，这两者提供了填写治疗组织表1—5模块所需要的信息。模块6可以用于记录治疗目标，治疗目标建立在对养育者独特的脆弱性和需要的理解基础之上，正如第十章中展示的那样。在治疗开始前，要选择用于实现这些目标的视频片段。在模块7中记录下关于这些视频片段的数据。（见第八章中对于寻找视频片段的建议，"在陌生情境视频中寻找视频片段的指南"。第十章中的治疗组织表没有展示填写完成的这个模块，因为没有案例的视频，这些信息就没有意义。）

商讨治疗协议

治疗协议不是一系列面向症状的检查目录，而是随着时间推移而发展的动态过程。在摄入性访谈期间，要建立指导治疗过程的治疗协议框架。例如，通过解释评估和视频回顾如何通过改善亲子关系来帮助实现家长的目标，治疗师承认并正常化了关系需要发生变化的事实。治疗师与家长商讨的重要承诺，是要改变关系，而不是单纯改变孩子的行为。随着时间的推移，这项协议将变得更加精确且重点突出，因为评估本身在所谓的评估阶段之后持续良好。随着治疗中新信息的展开，治疗师必须不断回顾治疗目标和计划。在治疗师和家长之间的目标修正伙伴关系中，家长的治疗目标及治疗师在帮助家长达成这些目标方面所起的作用不断地得以澄清确认。

核心敏感性在治疗计划中的作用

理解家长的核心敏感性有助于治疗联盟的顺利建立。有条件时，这种理解能够给治疗师提供重要的路线图，为治疗提供的特定的主题，以及在与家长合作时可以追求或最好避免的特殊途径。治疗师运用这种理解对家长的内隐关系认知表达共情。即使这种认知在家长的意识之外，治疗师的协调也能够增强家长被不加评判地理解的体验。治疗师不是要读取家长的心思，这是具有入侵性的并可能是失调的，治疗师要表达共情。从理解和共情出发，治疗师能够帮助家长看到，他们正在用来保护自体的防御性组织实际上正在损害着他们的真自体，并且限制着他们与孩子的关系。

鉴别诊断核心敏感性的能力，能够在进行治疗时排除某些猜测的工作。以发展真自体的能力这个目标为例，发展这种能力是为了体验广阔范围的各种不同情绪，包括积极情绪和消极情绪。拥有这个能力，对于满足痛苦的孩子的需要而言，是必需的。每个人的核心敏感性都会就这个问题提供一种理解：为什么他/她要限制体验情绪的能力。自尊敏感的人可能会将消极的脆弱情绪等同于失败，如果暴露在大家面前就可能是一种羞耻，因此她会否认这些情绪。分离敏感的人会将痛苦的情绪等同于孤独和被抛弃，因此会找一个人来照看自己。安全敏感的人会害怕，当她应对痛苦的时候，体验到强烈的情绪会使她暴露在入侵之中，因此她将把自己隔离起来。同一种真自体能力有三种不同的含义，并会触发三种不同的防御反应。

核心敏感性不仅会影响到家长满足孩子需要的能力，而且在形成家长对孩子的目标中也扮演着重要作用。对于自尊敏感、分离敏感或安全敏感的家长来说，防御目标大不相同。比如，三个家长都明显关注孩子掌握数字的学业技能，但他们可能会有非常不同的根本目标。自尊敏感的家长可能会感到一种内在压力，要让孩子在别人面前看起来拥有较高的能力并且很出众（"塔米，让那位女士看一下你多快就能解决这道数字题"）。每当孩子走开去找新玩具的时候，分离敏感的家长可能会变得焦虑，并鼓励孩子回来（"珍妮弗，你看，回来完成我们的数字题吧"）。安全敏感的家长可能会找到很多方式，让孩子专注于学习，以此与孩子之间保持可接受的距离（"乔妮，那边还有一道数字题等着你去解决呢"）。向自尊敏感的家长称赞其子女早熟的能力，只会加剧他们滞留在圆环顶部的倾向。注重分离敏感家长的温暖和养育技能，可能会刚好传递出这样的信息，即让他的孩子依赖自己是一件好事。就她的孩子多么出色地独自玩耍这一点向安全敏感的家长提供支持，只会对存活在他们关系之外的已然成熟的防御体系火上浇油。在治疗过程中，三种核心敏感性可能以多种多样的方式出现，因此，将它们整合到治疗计划中，并在与来访者工作时对其潜在本质保持警惕，总是非常重要的。

另外，从上面的例子中也能够发现，重要的是一定要记住核心敏感性不是在行为中发现的，而是在我们逐渐理解了家长行为背后的意义时，才能够理解核心敏感性。养育者说出的完全相同的话（"看一下那个数字谜题"）对不同的核心敏感性将有不同的意义。

分离敏感性

分离敏感型的人最常见的防御取向是无助。这包括寻找别人来解决自己的问题以及照顾自己。自己独立行动，尤其是在有挫折的时候（承担体验的责任需要自信），常常是一个巨大的困难，因为他们害怕这会把别人赶跑，导致他们孤独并最终被抛弃。因此，提供治疗性支持的关键，就是在保持与家长"在一起"的同时期待能力并挑战无助。给他们提出意见或告诉他们要做什么，往往适得其反。这不啻为对其无能为力的奖励，维持了他们对自己本来无助的防御性认识。

当家长表现出无助时，治疗师往往希望通过提供建议和指示来帮助他们，甚至会直接取代家长去做事情。例如，在互动评估结束时，家长可能正在挣扎着试图让孩子把玩具收拾起来，这可能是在诱惑治疗师参与进来并帮助他们完成清理的工作。当家长被要求反思自己的体验却好像感到困惑而做不到时，这是在诱惑治疗师开始填写空白的部分。治疗师也许会开始说出家长可能有什么样的感觉，可能是怎么想的以及应该得到什么样的结论。对家长能够逐渐运用反思能力抱有积极期待并以此挑战家长的无助，告诉家长她也许是怎么想、怎么感觉的并就此接管、代替家长，这两种做法是有区别的，而维持这种区别是非常必要的。

如果家长的防御是用无助对抗被抛弃的感觉与回忆，那么在面对挑战必须更具有胜任力的情况下，家长便总是会纠结不已。分离敏感的家长在避免自我激活方面，通常要大大优于治疗师维持挑战的水平。治疗师常常会因为挑战家长的无助而感到内疚和不合情理，并屈服于一种看起来完全合理的声称，即他们不知道该怎么做。诚然，这些家长确实可能缺乏具体的技能以很好地执行某些养育任务，但是当他们的主要防御方式是无助时，试图把技能教给他们就是竹篮打水一场空。帮助家长看到他们靠自己采取行动的需要（以及他们孩子的）会触发他们的大白鲨之音，接下来，挑战他们承受不适并冒险获得新水平的养育能力，要比聚焦于技能建设更加有效得多。

关系中的破裂和修复主题成为 COS 治疗的核心。每种核心敏感性的家长都有独特的主题，这些主题导致他们害怕自己暂时抓住的关系已经被打破。对于分离敏感的养育者，这种焦虑的中心是他们确定任何自主性的行为都将导致被抛弃。非常普遍的是，分离敏感的家长会因为临床治疗师认为他们比自己当下选择成为的样子要更有能力的信念而变得焦虑不安。他们希望诱导治疗师感到内疚并撤回对于他们有能力的信念，家长可能会变得焦虑不安，暗示治疗师对自己不关心。治疗师不要相信这样的暗示去"修复"实际上从来没有被破坏过的东西，而是要冷静地尊重痛苦的强度，同时指出该关系中（与治疗师的关系或与孩子的关系都是）不存在任何破裂的危险，而且实际上自主性总包含着一种支持性关系的感觉（关联性中的自主性）。

由于 COS 治疗的重点是亲子关系，受到挑战的无助往往高度聚焦于家长在关系中掌控局面的部分。掌控局面往往出现在两个主要领域：①指导、脚手架以及／或者设定限制（比如让孩子收拾玩具，尤其是在孩子抗拒的时候）；②在孩子痛苦时保持积极主动（例如，控制情况并安抚或组织孩子的情绪）。孩子将其中任何一种需求放在家长面前时，分离敏感的家长会表达不满、愤怒或困惑，这是司空见惯的事情。家长的表现是对满足孩子的需求所需要面对的自我激活感到恐惧，处理这种恐惧而不是试图降低对家长的需求，将使得治疗更加向前迈进一步。

在与分离敏感型家长工作时，慢慢地越来越适应以及照顾他们，可能会让治疗师遇到麻烦。当治疗师不可避免地开始反感不断的要求时，她可能会改变做法，从被压抑的愤怒和反感之处"面质"家长。这会促使家长见诸行动，然后治疗师就会感觉自己有责任，会感到内疚。所以治疗师会再回去照顾家长，循环因而再次开始。我们已经从许多失败中学到，当你对一个分离敏感的家长感到内疚或生气时，最好的办法就是安静下来，组织好自己的情绪，直到你重新拥有充满同理心的清醒头脑。当有效地把防御策略提出来与家长进行讨论时，总有一种共情和温暖的感觉。

> 要取得成功，面质必须饱含善意。

面质与制造冲突或不和毫无关系。相反，与之有关的是谨慎地说出养育者的防御性选择，以此使家长开始认识到这些选择对自己和孩子的影响。这样一来，万一你开始生家长的气，一定要这样想，你对愤怒的体验可能是这样一个过程的一部分——你正在被投射成家长内在表征"电影"中的一个人物，这部电影正在防御性地操纵着家长。感受到生气和拒绝的拉扯提供了重要的洞察力，然而将这种拉扯见诸行动就会破坏治疗。当你感受到拉扯时，问问自己，为什么是现在，在治疗中的这个瞬间，你感觉自己如此严厉。是因为你自己的大白鲨之音被激活了，还是家长正在把你塑造成他防御性预期的拒绝者？这就是督导起关键作用的地方，即为治疗师提供安全港湾和安全基地，以解决类似这种情绪上具有挑战性的问题。

> 在治疗师的情绪状态可以被整合入治疗之前，治疗师需要回答一个基本的问题："这其中有多少是关于我的，又有多少是关于来访者的？"

治疗师被拖进来扮演一个角色，不论是正面的还是负面的，都是所有治疗中的一部分，治疗师反思这一过程的能力对正在建立的治疗关系的质量来说至关重要。在类似 COS 干预等这样的短程工作中，我们不建议治疗师向家长解释自己的感觉状态。相反，要利用体验提高对家长内在世界的共情。

莎娜是一位 23 岁的母亲，她发现很难去表达自己为什么报名参加小组。"我不知道，我的意思是，有点像是我需要找一个知道怎么对待我孩子的人。我妈妈以前就很迷惑，现在我也一样。"虽然这让我们能够了解一些她的成长史，但是更重要的是下面的事实，莎娜立即流露出"无助"以及需要别人来做"重活"的感觉。

莎娜害怕掌控局面（为了孩子自我激活），莎娜不断表现出无法对 2 岁的女儿说"不"，现在显然是女儿在控制着关系。当到了要观看她的"大白鲨之音"的视频时，莎娜提前打电话来说自己头痛，无法参加了。她的治疗师充分意识到了她分离敏感的冲突，只是挑战了她不看视频的选择，而这个视频可能会改变关系走向。"莎娜，你的头痛确实听起来很严重。同时，我认为，看到马西需要你做什么的想法会触发你的大白鲨之音，加上要保护自己，所以你让你的头痛使你自己远离小组。"

治疗师用一种关心的方式挑战了莎娜，并没有告诉她应该做什么，因此莎娜选择了出席。视频清楚地表明，是她女儿在"主持演出（running the show）"，莎娜没有表现出任何自己"更高大、更强壮、更智慧而且和善"的样子，反而表现出了大量的"软弱"。莎娜意识到她在用她妈妈对待她的方式对待自己的女儿，也意识到自己受到了不断涌来的可怕记忆以及情绪的冲击。还好，她没有被这种体验所淹没，反而受到了激励并被赋予了能量。

接下来的一周，她展现了一个截然不同的自我。当被问到她在上周的视频回顾中学到了什么时，她用清晰而坚定地声音回答说，"我没有迷失。我也不软弱。我不是我的妈妈。我不会再走那条路了。"

在不到一个月之后，与马西工作的工作人员说，她几乎认不出马西还是原来那个孩子。"她不再试图掌管教室或者我了，我感觉她人生中第一次成为了一个小女孩。"

自尊敏感性

自尊敏感的家长已经开始相信，他们本身是谁，也就是他们本然的样子（不完美、平庸、不可避免地有缺陷），是不足以被重视的。相反，为了感觉被重视，对于任何意味着他们作为家长很失败或很不足的暗示，或别人不认为自己的孩子很特别（不管是特别好、特别坏，还是有特殊的需要，只要能让他们保持一个真正卓越的家长形象就可以）的暗示，他们都必须保持警惕。因此，对自尊敏感的家长开展工作，治疗师面临的挑战是要给家长反馈，同时不让家长感到失败而需要防御自己。

学习新的东西需要管理对其不了解并可能会被视作以某种欠佳的方法做过这件事的脆弱。如果这种脆弱与感觉像是与失败相关联，学习的过程就会被负面情绪所笼罩。如果要学习对如何养育孩子来说非常基础的东西，这种情况尤其真实。

积极治疗结果的重心，是家长在处理探索冲突的同时一直专注于自体的脆弱性。当自尊敏感的家长感觉脆弱时，他们就开始挣扎于好像自己已经失败了的感受中，从而迅速把治疗师的评论误读为攻击，要么发动反击，要么陷入羞耻感中。治疗过程往往是一个破裂和修复的过程。我们在第三章和第四章中介绍过破裂和修复，这两者对于发展家长和孩子之间的安全依恋至关重要。在治疗关系中，科胡特是第一个在与自恋患者工作时发现破裂/修复过程的人。他建立的理论指出，通过在与治疗师的移情关系中反复地修复破裂，病人能发展出更安全的内在状态（"转变的内化关系"，Kohut，1977）。第十二章协商治疗进程的细节中有对这个概念的详细说明。

帮助自尊敏感的家长感到稳定的是，感到被与自己"在一起"的人所理解。自尊敏感的家长需要治疗师重点聚焦于传递对家长体验的共情，认识到这一点的治疗师就能够支持这个过程。无论治疗师多么努力地提供共情性反馈，破裂都不可避免地会发生，幸运的是，这也为修复创造了机会。修复指的是治疗师从家长的角度充满共情地认可家长的体验。这通常包括治疗师开放地、不带防御地思考他所做的事可能是如何导致了家长在当下正在体验到的痛苦。

既要保持反馈的完整性，又要保持并传递家长学习了解与孩子在一起的不安全区域所需要的共情，有时候这样做就如同穿针引线一般。在这里，了解并提出家长的积极意图就很有用了。通过赞扬家长的积极意图，治疗师帮助家长感到自己有价值，因而更能够应对不完美带来的脆弱感。Masterson 将这种干预称为"镜映解释",因为镜映(理解并尊敬)家长的体验先于对防御的解释。("我们做过一些对孩子来说不太好的事情,光是想象这一点就让我们很痛了。我知道你想要给布莱恩最好的。我想这就是为什么你开始以一种新的方式看待刚刚发生的事。")这样做最大化了家长将干预体验为有用而非攻击的可能性。

正如在第九章中所解释的那样,自尊敏感的个体在他们与他人有"一体感(one-mindedness)"的关系中才感觉到踏实。有差异对他们来说是一种威胁,仿佛一个人必须是正确的而另一个人则错了。如果自尊敏感的家长感觉与治疗师"融为一体(one-minded)"了,理想化移情就在治疗关系中形成了。这并不是建议治疗师要努力和家长"融为一体",但是,如果没有最初的理想化移情,就很难最终形成真正的治疗联盟。

治疗联盟与"融为一体"是不一样的。实际上,治疗联盟几乎与"融为一体"相反,需要家长足够信任治疗师从而呈现出真自体,而不是要求治疗师镜映并保护家长的保护性自体。这是一个缓慢的过程,家长常常前进两步又后退一步。

对于许多治疗师来说,自尊敏感型家长的理想化让人感觉不舒服,他们试图让家长用更现实化的方式看待他们。("你是我见过的最好的治疗师,你比我尝试过的其他人知道的多多了。")无论体验起来有多么困难,尝试消除这种看法通常会导致治疗中出现问题。家长的理想化有助于他感到更安全,从而为治疗师提供了路径,以较少破裂的危险去探索冲突。只有在长程深度治疗中,治疗师才会与来访者公开探讨这种理想化。这意味着治疗师必须处理自己对理想化的反移情,这样,当家长极力认为自己得到了全然理解而且不必承担失望风险时,治疗师才不至于破坏家长的看法。

达西很激动能加入小组,并且明显地对于第一周会谈中暗示的脆弱性很紧张。"我参加了很多这样的小组,"她说,"而且我读了一大堆书。在学着怎么当一个好家长这方面,我绝对不是个新手了。"

达西的儿子雅各布4岁了,表现出几乎没有与其他孩子玩耍的能力。雅各布在进行任何探索之前都不断需要寻求许可，而当他很明显感到焦虑时却又没有能力寻求安慰，这两者交织在一起，让他的老师很担心。一开始达西不觉得这些有什么问题。"首先，他是个害羞的孩子，"她解释道，"其次，他很聪明，所以他并不是很想跟其他不如他聪明的孩子一起玩。再说，他正在学着更独立。"

视频回顾播放的片段帮助达西认识到，在没有达西的允许时，雅各布明显节制了自己的探索，以及在 SSP 中的分离之后，雅各布对于要接近妈妈表现出非常"害羞"。为了帮助她管理自己的脆弱性，治疗师把焦点放在了孩子身上，问道："当他开始靠近你并接着就转向那个玩具的时候，你认为他会有什么感觉？"

现在已经是第 14 周了，达西清楚地认识到，当她离开房间之后，她的儿子就不玩耍了，而且还无精打采。"我觉得他真的很想念我。"一看到他靠近自己又从自己身边经过，她很快就说出了以前她感到太害怕而不敢承认的话："他在向我发出假性信号。就好像是他听到了我的大白鲨之音，现在正在他的耳中播放着。"她现在泪流满面，而眼泪在几个月以前好像是不可能会出现在她脸上的。"我不想这样对他。显然他需要把他的杯子装满，而我一直没有给他装满。那是我的工作，不是他的。"

安全敏感性

安全敏感的家长相信，与孩子亲密的代价就是被控制以及/或者被入侵。因此，他们相信要保持安全完整的自体感，唯一的方式就是要自立并且等待孩子自立。

治疗师的工作就是要平衡这两个重要的维度：为了治疗过程的进行在情感上保持与家长的充分投入，其次保持充分的情感距离以使家长不会感到被入侵或被控制。显然，这两个目标往往会有冲突。如果你太安静，不邀请家长投入进来，家长会认为你很冷漠。如果你在跟家长工作的过程中教导过多，或者对她的动机有过多的假设，那么家长就会认为你在侵犯她。对安全敏感的人来说，甚至太多的共情或温暖都可能被体验为具有入侵性，他们会觉得你未经允许就要进入他们的内心。初始目标是帮助家长与治疗师建立起足够的联结，从而能够在情感上投入到学习的过程中而不会感到被淹没。家长需要控制治疗关系的强度，如果能以尊重这种需要的方式，来描述或探讨在既需要亲密又需要距离之间挣扎，可能会很有帮助。

既然无法每时每刻都保持正确的距离，不太近或者不太远，关系就会不可避免地出现破裂。所以，破裂与修复再次成为治疗取得成功的关键。修复指的就是治疗师要承认她可能靠家长太近或太远，然后重新变得稳定、开放，容许家长设定距离以及治疗过程的强度。当安全敏感的家长感到能够控制治疗关系中的距离时，他们会感到更安全，也许接下来就会更愿意冒险。

然而常见的陷入困难的方式，就是对因为感觉自己被侵犯而后退的家长紧追不放。向这位家长提出更多的问题或建议可能会使家长后退得更远，或者感觉落入了陷阱而被迫回答问题。在这种情况下，治疗师越对家长紧追不放，家长越会感觉不安全，可能会促使家长为了保持所需要的距离而退出治疗。

治疗中的主要治疗性主题是处理安全敏感的困境。虽然它可能被深深地隐藏着，但家长希望拥有亲近的亲密关系，尤其是与自己的孩子，但要依照这种渴望采取行动，就会将其暴露在对被控制、被淹没和窒息的恐惧中。为了保护自己，家长开始寻求距离与解脱。一旦她成功争取到了足够的距离，她就会开始感到孤独与疏离，因此又开始渴望联结，而一旦建立了联结，循环便再次开始。

防御性地处理这个"困境"的最常见方法是，创造"一种折中"（Klein，1995），即在重要的关系中半进半出。治疗师会在家长与孩子的互动中看到这个过程，也可能在治疗互动中看到同样的过程。例如，家长没有拥抱孩子、跟孩子告别就离开了托儿所，然后又徘徊在窗边，在那里她能看见孩子又不会被孩子看到。或者，她没有拥抱孩子说晚安，但在孩子睡着之后却躺在孩子旁边，以此感受亲密。

正如在所有成功的治疗中那样，时机至关重要。比起与其他敏感型家长的对话，与安全敏感的家长谈话，节奏往往要更慢一些，在谈话中要有更多的停顿。由于他们自己对沉默的不适感，治疗师可能会感到自己被迫要用问题、解释或者教导填满所有的空档。与安全敏感的家长工作，关键部分是要适应他们的节奏，不要太快也不要太慢。要尽可能地让家长来主导互动的双人舞。如果过程变得尴尬或紧张，就要放慢节奏并给予空间，但不要离开。

知道治疗师来自哪里会有助于家长感觉到安全。提供"立场声明"是澄清这个问题的一种方式（Klein, 1995）。即便治疗师必须要说的话很难被听到，家长还是宁愿知道治疗师在想什么，而不愿意对此一无所知并且要用期望中关于他人的记忆填补这一空白。这与自尊敏感的家长截然不同，因为他们想要听到的是能够确认他们的"一体感（one-minded）"并提高其自尊感的内容，尤其是在有压力的情况之下。一旦安全敏感的家长知道治疗师致力于保持一致与可靠，他们就可以设置一个让他们感觉安全的距离。立场声明通常不复杂，更多的是治疗师关于自己经验的简单的事实陈述性的自我报告。家长可能会认为治疗师对她的挣扎漠不关心，所以澄清治疗师对此很感兴趣并且很关心，而不是无动于衷，这常常就足够了。最好选择温暖但并不过于温暖的语言，类似"我想要拥抱你"或者"我感受到对你深切的爱"这样的表达在本质上就太过了，会破坏一开始提出立场声明的本来目的。

阿德里安娜显然很爱自己3岁的儿子布赖恩，但她只是无法让自己承认这一点。她总是专注于儿子是如何让自己烦恼的："他总是以他的方式要求，要求，要求。感觉他好像故意要惹我烦似的。"

阿德里安娜无法承认她的愤怒其实是与布赖恩保持"安全距离"的方式，阿德里安娜在小组开始时，坚信她的孩子是"一个怪物"。尽管这种消极归因导致了如此明显的重重困难，阿德里安娜和布赖恩还是在SSP的探索中分享了很多情感。然而，当她要离开房间的时候，"布赖恩非常生气，要求我留下来。我只能把他从我身边推开才得以离开"。视频证实她确实用了某种程度的武力,使自己摆脱了孩子的存在。

第二次视频回顾中,阿德里安娜得到了一次机会,看到布赖恩靠着门哭着要妈妈。她一进来,孩子就把手伸到了她面前,她迅速拿起孩子的手,猛地推了出去。小组协调员什么也没说,阿德里安娜就看到了她发出的假性信号,并说道,"他真的需要我给他更多。"然后她讲述了前一天发生的故事,他撕了一本家庭纪念册而"见诸行动",她注意到了类似的需要。"他是在请求我。他并没有试着做坏孩子。他只是在圆环底部,想要更多而已。"

在这 6 周的观察中,阿德里安娜用明显不同的词描述了她与布赖恩的关系。"他不是天使,但他也不是魔鬼,他是个想要妈妈的小孩。我确实在那里会有挣扎,我想我会一直这样,但那不是他的错。我需要继续找到办法盛满他的杯子。"

程序性共情以及家长的程序性挑战

理解核心敏感性的动力学能有助于强化治疗师的程序性共情。对他人内隐关系认知中的挣扎感同身受,往往不能直接凭直觉做到,因为它需要进入另一个人的内部工作模型,并通过核心敏感性的视角来看待被过滤了的世界。要很好地做到这一点,对哪种核心敏感性与自己的程序性挣扎相符合有所了解会对治疗师很有帮助。虽然不是决定性的,但认识到组织我们自己知觉的防御策略还是会很有益处。为此,我们强烈建议要与同事在治疗中或督导中讨论我们的防御模式。了解你自己的关系倾向,并透过另一个人的核心敏感性看待自己,能够弄清楚你最好的意图是如何轻易被误解并导致破裂的。当破裂发生时,核心敏感性暗示了破裂的潜在意义以及修复的途径。了解核心敏感性的价值,不在于诊断或是发现生搬硬套的治疗技术,而是在治疗师内部创造一种合拍的心理状态。

家长与生俱来的养育系统创造了满足儿童需要的强大引力。然而，程序性记忆及一直用以防御程序性记忆的习得模式，可以超越家长天生的养育智慧。聪明的治疗师尊重大白鲨之音的力量以及真自体的力量。当家长有机会在两者之间做出清楚的选择时，通常他们的积极意图和天生的智慧便会浮出水面。勇气的一个定义就是，不管多么害怕都要去做需要做的事情，这正是我们对来访者的要求。治疗中的家长往往会为自己的孩子承担风险，而这是他们不愿意只为自己去承担的风险。这就是为什么 Selma Fraiberg 说，与婴儿和家长一起工作就好像是上帝在给你当副驾驶一样（Emde，1987）。

第十二章

安全感圆环方案

> 我们治疗病人，不是为了治愈过去发生在他们身上的事情。我们试图治愈的是，他们为了应对过去发生在他们身上的事而仍然在对自己和他人做的事情。
>
> ——Philip M. Bromberg（1998）

评估和计划完成后，更正式的治疗过程开始了。COS正在临床（住院和门诊）、住宅小区、社区和家庭的设置中，以家庭或个体的形式得以实施。因为团体治疗具有向家长提供其他家长的支持和见解的优势，是我们在研究中评估过的形式，所以本章重点讲团体干预。其他方式的干预应用在本章结尾有所讨论。举行团体会谈以及拍摄（理想）用来回顾的六对亲子互动的视频，其后勤工作可能在一些临床设置中是不切实际的，但大量的临床经验表明，相同的步骤可以在个体、夫妻和家庭治疗中同样有效。在本章中，我们不仅将在团体中使用的讲义包含进来，而且还示范了我们在与家长交谈中所发现的行之有效的语言。

正如第十一章所述，治疗师与养育者的关系质量在COS方案中是至关重要的。在治疗的各个阶段，通过渐进地探讨越来越敏感的材料，养育者被邀请慢慢面对他们更多的脆弱性。起初，要求他们在安全感圆环图示的基础上观察和总结他们孩子的需要，然后要求他们专注于自己的体验，尤其是在他们体验到与孩子的依恋需要相关的痛苦时。视频经常暴露养育者未曾意识到的程序脚本。意识到他们没有像自己希望的那样敏感地回应他们的孩子并因此而体验到痛苦，对养育者而言是非同寻常的。当参与干预的家长变得沮丧懊恼时，至关重要的是，他们可以将治疗师体验为抱持性环境，与治疗师在一起，他们可以分享、处理并开始理解新的想法和不断涌现的情绪。

> 如果参与者能够反思他们的孩子可能有什么需要，以及他们如何行动、思考，并感受他们孩子的需要，
>
> 他们便会受到鼓励，感到成功。虽然安全依恋或不安全依恋是以行为变化来衡量的，但治疗的重点是反思、感受和分享的能力。我们很少给予养育者行为处方。COS要解决的是关系，而不是行为。

第1—2周：创建抱持性环境，提供心理教育

正如我们所解释的，COS 的变化理论基于这样一种信念：父母对孩子的需要有回应的能力和愿望。然而，对与自身成长史有关的痛苦情感的防御根深蒂固，阻止他们看到和回应孩子基本的依恋信号（Fraiberg, Adelson, & Shapiro, 1975）。在我们看来，这些关键的防御是内隐关系认知的一部分，就其本身而论，尽管它们在家长的意识之外，但它们在关系中非常有效。开发COS方案，关键的挑战是如何在相对短程的干预模型中帮助养育者理解，并解决这种情感上根深蒂固的复杂结构而没有压倒他们。因此，我们把方案的前两次会谈用来进行关键的心理教育及建立抱持性环境，以防止家长在理智或情感上被淹没。

第1周

第一次团体会谈的关键是要使参与者感到有价值、被尊重、情感上投入

并充满兴趣。这是为他们所有人创造抱持性环境的开始。家长们不知道该期待什么，倾向于认为这将与他们以往经历过的一样是说教的课堂。既然他们被拍摄了视频，并且知道你将播放家长与孩子在一起的视频剪辑，他们很多人便希望看到他们哪里做错了。AAI 被描述为对"无意识的心是令人惊讶的"（George et al., 1996）。在我们的方案中，我们传递这样的信息：我们重视他们，这次的体验可能会不同于他们以往可能遇到过的与育儿有关的体验，我们希望以积极的情感上参与的方式惊醒家长们的无意识。

我们通过以下做法达成了这一目标：家长们做完介绍，我们回顾解释了"20 周大纲"（专栏 12.1）后，在一首表达孩子对父母深刻的需要与爱的歌曲（例如 Joe Cocker 的《你如此美丽》）中，我们播放了关系评估中编辑的一段视频，为每位家长汇编了三四个简短的积极互动的片段。我们以幽默的方式说，我们问了所有的孩子，他们愿意为他们的养育者唱什么歌，他们不约而同地选择了这一首（后来我们把这些视频剪辑叫做"美丽的录像带"）。视频结束后，房间里通常都是寂静无声的，没有人知道该说什么，几个家长会克制着不哭。当父母被问到他们看视频时的感觉，很少有人参与讨论。他们经常有的一个问题是他们是否可以拷贝这段视频，答案当然是肯定的。

专栏 12.1　20 周大纲

- 第 1 周：介绍
- 第 2 周：圆环背后的理论
- 第 3—8 周：第一阶段回顾从 SSP 评估中剪辑过的视频片段
- 第 9 周：介绍新信息——大白鲨之音与受限的圆环
- 第 10—15 周：第二阶段回顾从 SSP 评估中剪辑过的新片段
- 第 16 周：开放性会谈推进团体进步，并准备拍摄修改过的 SSP
- 第 17—19 周：第三阶段回顾从修改过的 SSP 中剪辑过的视频片段
- 结束会谈：庆贺与结业

接下来我们介绍安全感的准则（如图 2.3 所示），它可以用作讲义。这是一份重要的讲义，需要与家长进行解释和探讨。一些家长只有以和善为代价才可以做到更高大，而另一些家长却只有放弃家长的功能（更高大、更强壮）才能做到和善。"只要可能，跟随孩子的引导"满载信息。孩子能向父母发送信号表达他的需要，父母能做出回应，这样的观点对许多父母来说都是新闻。在接下来的几周里，跟随孩子的信号这个主题将成为重点。

最后的观点是"必要时，掌控局面"，这表示，家长需要有一个明确的理由来接管。如果家长正在掌控局面，还要解决什么原因或需要呢？很多不安全型的父母在他们可以跟随的时候掌控或干预孩子在圆环上的需要——例如，接管并对玩耍指手画脚，而当孩子需要父母愿意掌控局面时，父母却随之放弃并允许孩子控制进程。在可能的情况下跟随，在必要的时候掌控局面，是关键的标准，在家长的视频回顾中将无数次被使用。

下一个"惊奇"是，我们让家长了解孩子们走出和回到圆环的基本节奏，向他们展示孩子们已经这么做了的视频片段。因此，我们并没有教给他们新的东西，而是让他们发现"圆环时刻"——他们的孩子已经很熟练了的事情。我们为每个家长准备了一个"圆环时刻"，每个时长 10—30 秒。第一个时刻在没有讲任何理论前播放。家长被要求描述他们所看到的，治疗师帮助他们了解看见和猜测之间的差异（见第十一章）。正如本书所强调的，区分看见与猜测的能力是 COS 的基础，使家长有能力探索以后所有的视频。

观看了几段剪辑后，很明显，父母看到孩子的行为遵循以下一个或两个顺序：①探索，与家长一起感受基地，继续探索。②与父母亲近，出去探索，回来重新联结。一旦这个节奏的基本要素被"发现"，就把图 12.1 分发下去，对他们所看到的已经正在发生的一切进行整理。余下的剪辑便用圆环为参考点展开探讨，询问家长孩子是在顶部，意味着走出去探索，还是在底部，意味着回来感受基地。此时只突出强调了走出去和回来这一基本节奏。第 2 周将更彻底地探讨具体的需要。

我们向团体解释圆环如下：

"让我们把安全基地的观点作为出发点，围绕安全感圆环来一次旅行吧（图12.1）。我们将从我们称之为圆环顶部的地方开始。当孩子们感到安全稳妥时，他们的好奇心就开始起作用，他们想了解这个世界。然而，在他们开始探索之前，孩子们需要一种感觉，即他们的父母支持这一探索（参见圆环'支持我的探索'）。'支持我的探索'是圆环上两个过渡需要之一。甚至年幼的孩子也会非常仔细地观察父母，来判断什么是安全的与什么是危险的。因为他们太依赖父母在他们探索的时候保护他们，孩子们也会观察他们的父母是否为了保护而正在关注他们。年幼的孩子并非实际上会考虑这一点——记住，他们是自动这样做的！随着时间的推移，他们记住了父母所说的什么是安全的，什么是危险的。支持探索往往是一个组合，包括该家长支持探索的历史以及发出安全的即时信号。

"在父母的支持下，孩子们开始了盛大的冒险。他们可能在房间里游荡或藏在沙发后面。随着年龄的增长，他们可以走得更远，离开得更久。这里最重要的一点是——孩子们在探索的时候对父母的需要，与他们坐在父母膝上时是一样的。即使孩子们对父母的需要在他们的圆环之旅上会不断变化，重要的是要记住，孩子们在圆环上一直都需要他们的父母。

"当孩子在探索时，通常父母的工作是提防危险，或者在那里以防发生意外（参见圆环之'看顾好我'）。虽然家长可能几乎没有意识到这一点，孩子可能也看起来全神贯注地在玩耍，但是，如果家长对孩子没有陪伴和回应，那么孩子的探索将终止。

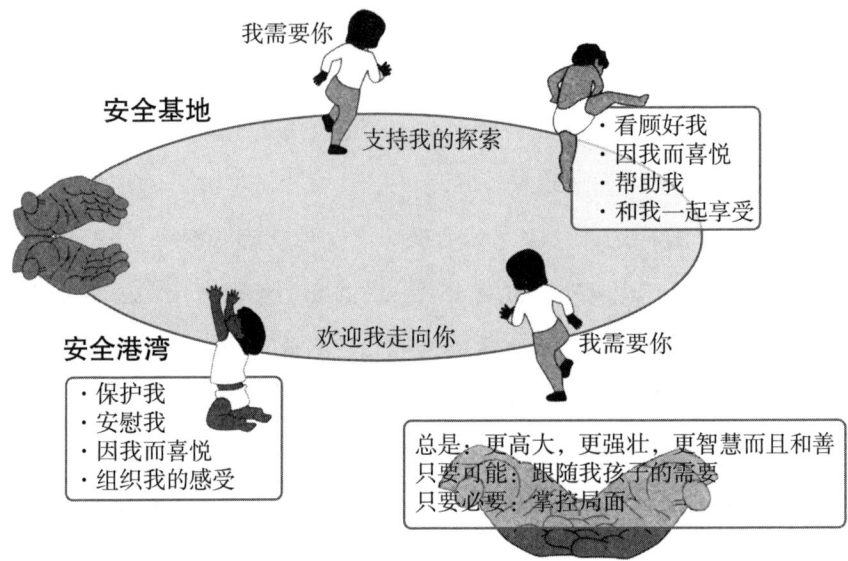

图 12.1 安全感圆环：家长关照孩子的需要

"有时孩子们需要的不仅仅是父母看顾他们，还需要父母帮助他们探索（参见圆环之'帮助我'）。这需要养育者提供必要的帮助而不接管（孩子只需要足够的帮助便可以自己独立做）。这就是所谓的"脚手架"，通常要求家长继续跟随孩子的需要，而不是掌控局面。

"在其他时候，孩子们只是希望他们的养育者与他们一起享受（参见圆环之'和我一起享受'）。这些共享的时刻提供给孩子这样的感觉，即养育者体贴、回应、善解人意。这些时刻也让孩子觉得他们值得这样的关注。

"在任何时候，孩子都需要知道，无论他们在做什么，他们的父母都因他们而喜悦，不为其他的原因，只要他们活着就已经足够。因此，在探索的时候——通常都是建立自主性和掌控感的时候——孩子时刻会回头，只是为了确定父母是愉悦的（'因我而喜悦'）。这种喜悦与'我刚才所做的'无关，而与'我是谁'有关，这些时刻有助于培养孩子根深蒂固的自我价值感。

"当孩子进行了足够长时间的探索，累了或是害怕了，或者不舒服了，他们就不再对探索感兴趣。或者如果孩子们陷入了不安全的境地，父母就需要掌控局面并结束探索。无论孩子以哪种方式突然有了一套新的需要时，都需要父母做出回应。

"我们现在谈论的是圆环底部。除非他们非常害怕，孩子们在圆环底部需要的第一件事是，父母发出信号欢迎他们回到父母身边。'欢迎我走向你'是圆环上的第二个过渡需要（参见圆环之'欢迎我走向你'）。像支持探索一样，孩子们被欢迎回来的感觉是支持的历史和即时的安全信号二者的组合体。

"孩子们有时会向父母发送信号要求保护他们（参见圆环之'保护我'）。为孩子提供保护免受明确的即时危险，是养育的基本组成部分，我们都清楚地理解这一点。然而，即使在你知道没有危险的时候，孩子们有时也会害怕并需要安慰。

"有时孩子没有危险，但需要安慰（参见圆环之'安慰我'）。尽管大多数父母都理解安慰的意思，但并非所有的父母都体验过安慰或被安慰，所以他们很难给孩子们以安慰。

"有时候，孩子们需要帮助组织一种让人感到难以承受的内在体验（参见圆环'整理我的感受'）。大多数父母理解他们的孩子需要帮助组织他们的外部世界或他们的行为，但对于许多父母来说，孩子们需要帮助组织他们的内部世界是一个新的观念。儿童对内部组织的需求可能来自疲倦、饥饿、失望、震惊、悲伤、沮丧等。不管是什么原因，孩子们都需要父母的帮助，因为他们还太小，没有能力独自去做这件事。正是通过父母反复帮助他们的孩子组织内部世界的过程，孩子们才学会了如何管理应对自己的或关系中的情感。当圆环底部的需要得到满足时，孩子们感到十分安全，他们的好奇心开始起作用，圆环继续。"

家长们被告知，如果孩子知道他们可以协商他们在圆环上的需要，那么孩子就是安全型的，因为他们有安全基地和安全港湾。我们分发并复习了在第一章中介绍并准备在专栏12.2中再现的优势列表。

> **专栏12.2　造成不同的差异**
>
> 经过50年的研究，我们知道儿童感到越安全，他们就越能够：
> - 与家长一起享受更多快乐
> - 对家长更少感到愤怒
> - 遇到困难向家长求助
> - 独立解决问题
> - 与朋友相处得更好
> - 拥有持久的友谊
> - 与朋友们一起解决问题
> - 同兄弟姐妹的关系更好
> - 有较高的自尊感
> - 懂得大部分问题都有答案
> - 相信美好的事情总会发生在他们身上
> - 信任他们爱的人
> - 知道如何善待周围的人

我们知道，所有的父母都希望他们的孩子感到安全，我们发现，这么想是必要却不充分的。我们给他们发了"通往安全依恋的路径"的讲义（见图12.2），对我们已经发现有可能提高孩子安全感的三个步骤进行了解释。团体在一起的20周里，这三个步骤将是父母体验的支柱所在。

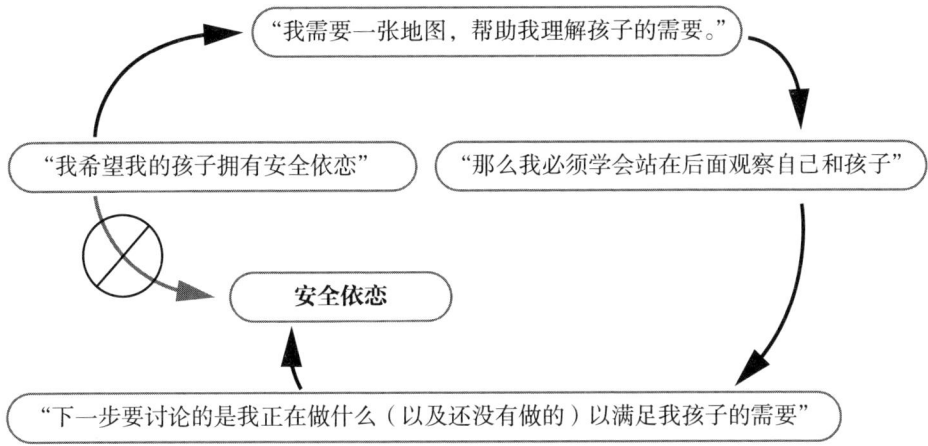

图 12.2　通往安全依恋的路径

在第一次团体会谈结束时，家长被要求观察并发现接下来一周里发生的"圆环时刻"，这样他们就可以在第二次会谈开始时进行分享。团体结束时，应该令家长们感到被重视、有成就感、积极的挑战，并对未来的会谈中会发生什么充满好奇。

第 2 周

第 2 周从分享圆环故事开始，那些故事都是家长们的情节记忆，记录了该团体的家长看到圆环在他们的孩子身上运作的时刻。这有助于花时间探索每个家长的故事。当父母的故事展开后，就会有充足的机会来回顾圆环。

解释情感调节

对父母来说，圆环上最难理解的需要是"整理我的感受"。这是可以理解的，因为它代表的是相当重大的话题：情感调节。这一需要背后的理论在第二章已经讲过，实践中的挑战在于如何用清晰而易于理解的方式向家长解释该概念。

你可以使用图 12.3 来说明，在生命的早期，家长一直在组织婴儿的情绪体验，慢慢地，婴儿在养育者的帮助下开始了管理。你可以在生命的头 4 个月看到这一现象。当孩子在养育者的帮助下管理情绪时，会有这样的时刻：

婴儿受到积极或消极情绪的过度刺激，把头转向一边，过一会儿再回来与养育者重新开始互动。这些离开一会儿的时刻正是婴儿学习自我情绪管理的开端。因此，就是在与父母的安全关系中，孩子学会如何使用父母以及如何使用自体来管理我们能够感受到的所有范围的情绪。

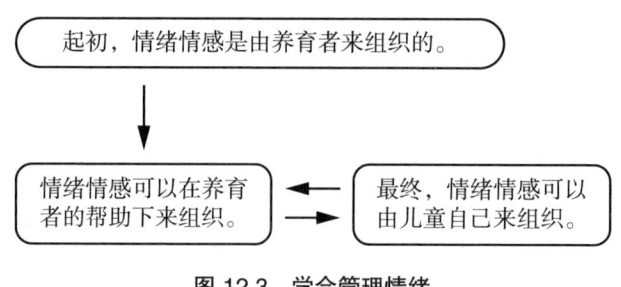

图 12.3　学会管理情绪

已完成培训并获得认证使用 COS-P DVD（Cooper, Hoffman, & Powell, 2009a），以及完成培训使用 20 周模型的治疗师，经常在这里及第 1、2、9 周的其他关键地方播放 DVD 片段。我们用图 12.4 来描述"在一起"如何使家长共同调节婴儿或学步幼儿的情绪，同时解释如下：

"一些非常重要的研究发现，我们选择理解和分享我们孩子的感情是我们必须提供的最重要的礼物之一。我们把这个礼物叫作'在一起'。我们愿意和孩子在一起，感受他们的某些感受，让他们在学习情感的过程中获得安全与联结的体验。对我们许多人来说，当孩子们感到快乐时，和他们在一起更容易。当他们在情感上挣扎时，我们发现这更加困难。我们经常分散他们的注意力或试图说服他们摆脱烦恼，想用这样的方式让他们回到快乐的感觉上。有趣的是，最能帮助孩子的是我们和他们一起待在情绪里，而不是试图阻止他们感受他们的情绪。

"为了有助于把孩子对我们的需要形象化，想象一下黑色的箭头是你孩子苦恼的感觉，灰色的箭头代表你抱持和组织这种沮丧的体验。当你与孩子有越来越多的痛苦同在时，你的孩子会体验到你与他或她在一起。知道有人在那里，使得这种感觉不那么令人难以承受，从而使你的孩子有机会走到另一边去。相信我们不必独自一人,是在情绪上感到安全的核心。"

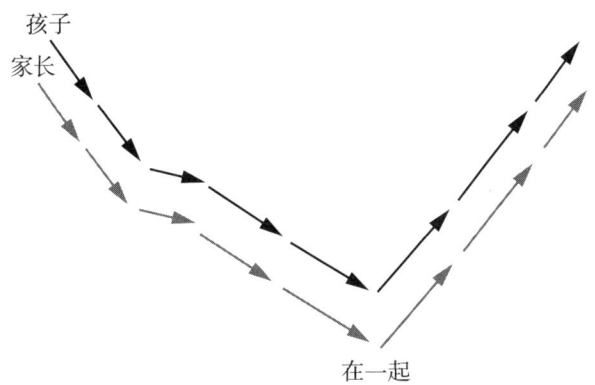

图 12.4　对负性情绪的共鸣与同频

治疗师可以询问团体成员,当有人愿意与他们"在一起",理解并接受他们的情绪时,他们曾经有过怎样的体验。

"不在一起",与"在一起"相反,往往看起来像图 12.5。当一个孩子表现出一种情绪时,养育者会去推动这种情绪,并试图让孩子感受到别的什么。当你看到家长和孩子这样互动时,那看起来就像一场情绪斗争,一边是家长在推动,而孩子的反应却是变得越来越痛苦。想象一下,你在一段痛苦的经历后回到家,告诉了你的伴侣,而你的伴侣立刻说:"哦,好了吧,开心点嘛,我们干点有意思的事,看看电视吧。"你会有什么感觉?治疗师可以邀请家长谈论一下他们希望有人和他们在一起而那个人不愿意的时刻。

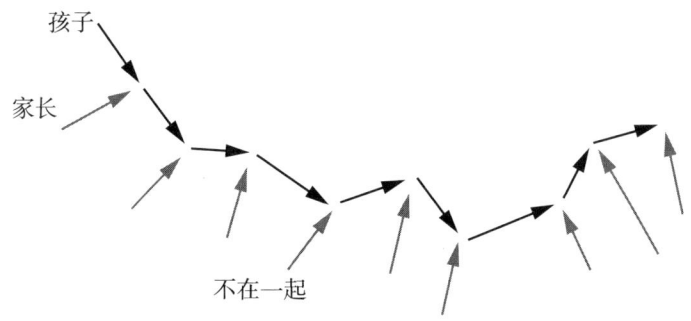

图 12.5　孩子被迫成为家长大白鲨之音的安慰

这时，我们向团体承认，当然，在我们忙碌生活的现实世界中，我们往往分散孩子的注意力或改变孩子的方向，让他们远离情绪。这不是个问题，除非这是家长帮助孩子管理情绪的主要方式。孩子需要知道，父母有些时候可以与每一种情感体验在一起，但没有必要在每种情绪每次发生时都要在一起。宝贝实际接收到的强有力的信息是："不管你感觉如何，我能够并且经常会和你在一起。"经常在一起是使孩子走向更积极的情感状态的最有效的方法，而分散、转移注意力以及迫使孩子去感受他们没有感受到的感觉，实际上会延长痛苦的时间，记住这一点非常重要。

我们接下来说：

"有时候，我们的孩子也需要我们掌控局面，这样我们才能完成需要做的事情。记住更高大、更强壮、更智慧而且和善的一部分是，只要有可能，跟随孩子的需要，但另一部分是，在必要时，掌控局面。每天都有很多时候是掌控局面胜过了对情绪情感的关注。

"我们不想教导我们的孩子，每当他们有情绪的时候，整个世界都会停止，但对孩子们来说重要的是，他们在内心深处知道，他们的每一种感觉都可以在正确的时间得到分享。只有这样，他们才能相信，没有什么感觉是他们不得不独自体验的。在适当的地方，分散和转移注意力经常会有帮助。以下是一些让人放心的信息：如果你能经常与孩子在一起并抱持孩子的情绪情感，而且比不这么做的时候多，那就足够好了。"

此外，"在一起"不是一种技术而是一种精神状态，强调这一点可能是有益的。它帮助父母意识到他们不可能突然开始共同调节情感并期望立竿见影的效果。有时，孩子们会很快做出反应，让养育者满足他们的需要，而不是强制执行议程。但孩子需要时间来适应养育者现在愿意以这种新的方式做出回应，这也是常见的。向家长们阐明他们需要给孩子时间去适应这种新的养育方法，这将非常有帮助。"在一起"说的是随着时间的推移建立关系的质量，而不是获得立竿见影的效果。

帮助家长学会"为需要命名"

这次会谈的下一部分重点是，家长学习描述行为和推断孩子们在圆环的什么位置，换句话说，就是为需要命名。这是非常重要的，因为描述他们所看见的，然后猜测他们的孩子在圆环上的位置，能够促进父母的反思能力。从评估的连续镜头中，你需要为每个家长和孩子选择一个时刻，他们成功地就圆环上的某个需要进行协商（见图 12.6 "为需要命名"）。一定要确保既有几个圆环顶部的例子又有几个底部的例子。对于高危的亲子关系，要找到"安慰我"和"整理我的感受"的片段可能颇具挑战性。在挣扎看起来很突出的地方，准确地捕捉到成功的短暂瞬间，训练这样的眼睛可能正是培训和督导显得弥足珍贵的地方。COS 将这一发现称为未充分利用的力量（第七章），它需要训练有素的眼睛在不安全或混乱的海洋中发现能力显现的短暂时刻。

除了命名需要，家长还需要决定这是一个跟随的时刻还是掌控（引导）的时刻。在这个练习中包含一个掌控时刻总是很有用。在清理的部分可以找到最常见的掌控的示例。无论是"帮助我"的时刻，还是"整理我的感受"的时刻，父母常常需要掌控局面。随着项目的进展，他们什么时候以及为什么掌控局面或没有掌控局面，关于这一点的反思能力对于放弃型父母重新评估他们的行为至关重要。

重要的是要挑选家长成功地满足需要的片段。所选的片段需要让团体就他们正在看到的达成共识。然而，猜测正确的需要与这是怎么回事关系不大。选择那种一个需要转换成另一个需要或两个同时存在的需要（例如，享受和喜悦）的剪辑片段，可以使家长参与反思性对话。学习为他们的观察排序并创设关于孩子需要的多个假设，远远优于让团体快速得出结论。为需要命名的第二个好处是，治疗师可以观察父母在区分顶部时刻与底部时刻时是否有挣扎。如果一位家长不能看到圆环某个部分的需要，重要的是要做好记录并记住那个挣扎。

提供安全养育的核心是能够识别你孩子的需要。

通常,父母觉得他们必须猜测他们的孩子需要什么。

安全感圆环不仅帮助你识别你的孩子在某一特定时刻体验到的具体需要,还帮助你确定你需要跟随你的孩子还是需要掌控局面。

将安全感圆环用作地图,识别每个视频例子中呈现的具体需要。

视频例子	1	2	3	4	5	6
以……方式支持我的探索	跟随 掌控	跟随 掌控	跟随 掌控	跟随 掌控	跟随 掌控	跟随 掌控
以……方式看顾好我	跟随 掌控	跟随 掌控	跟随 掌控	跟随 掌控	跟随 掌控	跟随 掌控
以……方式和我一起享受	跟随 掌控	跟随 掌控	跟随 掌控	跟随 掌控	跟随 掌控	跟随 掌控
以……方式帮助我	跟随 掌控	跟随 掌控	跟随 掌控	跟随 掌控	跟随 掌控	跟随 掌控
以……方式安慰我	跟随 掌控	跟随 掌控	跟随 掌控	跟随 掌控	跟随 掌控	跟随 掌控
以……方式保护我	跟随 掌控	跟随 掌控	跟随 掌控	跟随 掌控	跟随 掌控	跟随 掌控
以……方式整理我的感受	跟随 掌控	跟随 掌控	跟随 掌控	跟随 掌控	跟随 掌控	跟随 掌控
以……方式因我而喜悦	跟随 掌控	跟随 掌控	跟随 掌控	跟随 掌控	跟随 掌控	跟随 掌控

> **总是**:更高大,更强壮,更智慧而且和善
> **只要可能**:跟随我孩子的需要
> **只要必要**:掌控局面

图 12.6 为需要命名

在描述孩子和父母在做什么的过程中,关注你实际看见的行为是很重要的。我们都倾向于猜测人们是如何感觉或思考的,并将之包含在对我们正看见的事情所进行的描述中。例如,当某人微笑时,我们倾向于认为,我们可以看出他很快乐,正在想着愉快的想法。但有些人在紧张时微笑,如果认为

他们快乐就错了。正如在第十一章中提到的，回顾视频是一个很好的方法，可以学习把我们看见的和我们猜测的区分开来。

对团体里的家长说：

"识别和交流需要的能力对儿童来说是重要的发展性学习。父母处在不得不根据孩子的行为来猜测孩子需要的位置上。安全感圆环讲的是关于儿童与他们和父母的关系有关的一套基本需要。把安全感圆环用作地图，猜测每一段小视频中呈现了哪些需要。"

播放完每个片段，都向家长提出下列问题：

1.你看见[孩子的名字]在做什么？帮助家长学会描述行为，并同结论、标签和猜测区分开来。起初，家长会用结论或猜测做出回答，比如"他生气了或他在控制"。你可以问他们"控制"是什么颜色，强调答案必须是他们看到的而不是他们认为的。有助于理解这一问题的另一种提问是："他／她在做什么，使你得出他／她在生气的结论？"

2.你认为孩子需要什么？家长将从COS中确定的需要中进行选择。

3.你猜测孩子的感受是什么？家长可能需要帮助，以增加他们的词汇量，描述孩子可能体验到的潜在的情感。所有的父母都贡献了他们的词汇后，有时有必要增加一些情感的替代词汇。COS方案聚焦于六种关键的情绪：愤怒、悲伤、喜悦、恐惧、好奇和羞耻。帮助父母开始追踪这六种情绪给他们提供了清晰的可以在孩子身上寻找的主题。

4.这是一个跟随的时刻还是掌控（引导）的时刻？跟随孩子的信号，除非有掌控局面的原因。如果家长在掌控，原因是什么？如前所述，许多家长在不需要掌控时掌控，却在需要掌控时不掌控。对于混乱的父母，这常常会是那次大白鲨之音会谈的中心议题。你将在这里奠定最初的基础。

图12.6列出了所有圆环中的需要，为家长们提供了空间来检查他们在多达六个视频片段中看到了什么需要。

介绍破裂与修复

会谈以破裂和修复为主题结束。对家长而言，坏消息是，没有人会一直正确地捕捉到需要；好消息是，安全感就是在关系破裂的时候找到修复关系的途径。我们以一种非常明确的方式将亲子关系中的破裂定义为：家长离开圆环，关系即为破裂。如果你想到 COS 图示（图 12.1）上的手代表父母，那么破裂就是父母把他们的手从圆环上拿开。有些时候，父母双手离开圆环导致关系破裂，但另外一些时候，他们只把一只手从圆环上拿开而造成关系破裂。如果你认为一只手代表安全基地，从中出发去探索，另一只手代表安全港湾，可以返回到那里，你就可以把矛盾型依恋（顶部的手）与回避型依恋（底部的手）理解为家长从圆环上拿开了一只手。

如果父母坚持把安全港湾从圆环上拿走，孩子可能会成为回避型。如果安全基地一直是难以获得的，孩子往往成为矛盾型。然而，所有的父母有时都会让一只手离开圆环。想象一下你又累又热，你的孩子吃冰棍儿吃得黏糊糊的，哭着伸手要你抱。你很可能会分散或转移他的注意力，这实际上是个小破裂。另一方面（on the other hand，此处是双关语），想象你的孩子爬上了丛林健身器材，虽然他是完全安全的，但随着他爬得越来越高，你发现自己越来越焦虑。突然你发现自己把他捞起来说，"嘿，我们一起去荡秋千吧。"这又是关系中的一次小破裂。

当父母的双手离开圆环（当养育者变得刻薄、软弱或消失时），孩子便经历了更强烈的破裂。所有的父母都有失去平衡，从更高大更强壮变得薄弱的时候，或者试图以绕过掌控责任的方式表达和善，变得软弱。或者父母离开了关系，让孩子感到孑然一身，没有值得信赖的资源。如果被认识到、命名和修复，这些破裂便会成为关系中共享连贯性的来源。当这些破裂发生时，尤其是在一贯的基础之上发生且没有修复，孩子便开始对这个最重要的关系失去信任，不再将其作为安全感的来源。

修复说的是养育者回到圆环的过程。首先，家长必须让自己镇定下来，然后她必须帮助安抚和组织孩子的情绪，这样大家才能足够平静地走到下一步。如果孩子仍然在圆环底部慢慢平静中，修复的反思部分是不能做的。感知到家长重新努力"在一起"后，孩子将回到圆环顶部，然后家长和孩子才可以探讨发生了什么，每个人都承担起自己的那部分责任。接下来，他们可以通过彼此支持进行情感修复。最后一步是考虑新的选择，即下一次如何用不同的方式来做这件事。

图12.7通过"重新开始（time-in）"（Weininger, 1998）修复关系，帮助家长了解更多的修复过程。

我心烦意乱，我的孩子也心烦意乱

在必要的时候，我发起"暂停（time-out）"（对我，对孩子，或者我们两个人），直到我以下面的状态回到圆环：

意识到我更高大，更强壮，更智慧，而且和善。

提醒自己，无论我感觉如何，我的孩子需要我。

*暂停（time-out）作为第一步会很有帮助，但不是作为惩罚。

我很平静（足够），我的孩子心烦意乱

我们可以一起制定一个安全的"修复程序"（记住：前1000次是最难的！）。

我负责掌控，所以我的孩子没有太失控。

我们可以改变位置。去一个中立的地方，这是我们"重新开始"的地方，我们坐在一起，让情绪开始改变。

我保持平静的声音和语调（坚定的，安慰的，和善的）。

我们可以做些不同的事情（几分钟）：阅读，或看窗外，或一起做家务。

我帮助我的孩子用语言表达她/他的感觉（"看来这对你很难""你生气/伤心/害怕吗？"）。我说出我对刚刚发生的事情的感觉（"当你这样做的时候，我感觉……"）。

我和我的孩子待在一起，直到他/她足够平静。让孩子从压倒性的和无组织的情绪中冷静下来，可能需要一段时间。经验法则：保持掌控局面，保持同理心。）

我很平静（足够），我的孩子也很平静（足够）

我使用以下方法支持我们的修复，并使未来的修复更容易：

通过倾听和一起交流，我帮助孩子用言语来表达他/她为之挣扎的需要和感受（记得亲吻孩子——保持简短而甜蜜）。

我帮助我的孩子对她/他的部分负责，我可以对我的部分负责（经验法则：不允许责备）。

我们谈论未来处理这个问题的新方法（即使对非常年幼的孩子来说，大声谈论新的选择会建立一种可以重复多年的模式和感觉）。

图12.7 通过"重新开始"修复关系

在会谈的最后，鼓励家长们参加下一次团体活动听取新的"圆环故事"，交代一下后面一系列的视频回顾。每周回顾一位家长的视频，准备好说明哪周回顾谁的视频。最好是从你觉得最容易的家长开始，即最善于反思并最少防御的家长。把第一次视频回顾做好非常重要，因为它将为后续所有的视频搭起舞台。所有的家长都想知道并观看第一次视频，从而了解过程是如何开展的。

第一阶段：回顾视频片段，发现未被充分运用的养育能力

COS方案的第一轮视频回顾被称为第一阶段，它从治疗的第3周开始，并一直持续到每个家长都轮到。一个六人的团体，第一阶段将在第8周结束。每个星期，从一位家长的SSP中选取编辑好的片段，同这位家长和团体一起进行回顾。第一阶段的视频回顾重点放在家长靠尚未发展好的养育能力所展示的成功上（例如，一位不理不睬的家长分享了情感联结的瞬间），同时预览将在第二阶段的视频回顾中开展的工作。第二阶段的视频回顾将专注于防御过程，该防御阻止家长充分利用她尚未发展好的能力。在视频回顾过程中，向其他家长发放工作表以提高他们的观察能力，并邀请他们分享见解，支持其视频正在回顾中的家长。

尽管第一阶段的视频显示家长的挣扎并专注于圆环中家长觉得最不舒服的部分，但在第九章之前，还没有向家长们正式介绍不安全依恋。在所有的团体会谈期间，养育者的挣扎都被正常化，因此团体成为一个更安全的地方，参与者可以探索并承认圆环的哪半部分是不舒服的。第一阶段视频回顾的目的是帮助家长变得熟悉，并在每个家长回顾其视频时对反思对话感到安全。它也旨在为更具挑战性的第二阶段视频搭好舞台，第二阶段将解决在评估期间为每对亲子选取的关键挣扎。

在第一阶段前，治疗师挑选了四或五个片段，每个片段约10~30秒：

- 第一个片段非常积极，可以唤起家长的养育热情，有"软化"的

效果。这可能是一个甜蜜的时刻，亲子间在阅读或玩耍中彼此抚摸或有眼神交流。通常但并不总是，这段剪辑会显示孩子在分离期间对父母的渴望。

- 第二个片段将显示一个未被充分运用的力量，是基于将要被解决的关键挣扎而选择的。所以，如果你正在工作的家长其关键问题是在圆环底部犹若不在，而一段剪辑显示家长回应了圆环底部的需要，即使是短短的几秒，也例证了未被充分利用的力量。对于关键问题在于手的家长，如放弃家长的权威，未被充分运用的力量可能出现在家长在清理中掌控局面的时候，哪怕只有一瞬间（如果这样的时刻很罕见，最好保存这段视频在第二阶段用作未被充分运用的力量）。发现这些时刻常常是挑战，它们往往很短暂，要呈现它们可能需要细心的编辑或保持短小剪辑片段的意愿。多年来，我们发现那里几乎每个视频都隐藏着未充分运用的力量。

- 第三个片段被称为"大白鲨之音小调"，因为它是在非常可控的强度上呈现关键挣扎的。这样试试水，看看家长们在被要求处理有情绪困难卷入的事情时有多么防御或多么开放。家长们对脆弱性的回应有助于治疗师预测要以怎样的热望选择第二阶段使用的大白鲨之音片段的强度。这是方案中治疗师要求该家长就观察到的挣扎展开对话的第一个瞬间。这段视频可以显示很简单的事，譬如孩子提示家长跟随，而家长却在不必要的时候掌控并领导。通常情况下，大白鲨之音小调与大调处理的是相同的问题，只是强度较低。

- 最后的剪辑片段是庆祝与关键挣扎和亲子关系有关的成功。我们希望家长离开团体时感受到挑战，但也充满希望。最后的片段有时被描述为任何令团体感动得说"哦"的时刻。某个亲密的或彼此凝视的或微笑的温柔时刻可能都会起作用。这段视频与整体的故事越融入越好。

由于每个家长都要轮流做一次第一阶段回顾，治疗师必须帮助该团体成为足够安全去面对脆弱的环境。通常情况下，抱持性环境及每位家长知道他会轮到的事实形成了相互支持的编码。令人惊讶的是，相互支持的力量是多么强大。然而，有时家长们的确会见诸行动，在这种情况下，治疗师需要保护那天"坐电椅"的家长。如果一位团体成员感到不舒服并利用批评进行自我防御，说一些苛刻的东西，如"你的确搞砸了"，治疗师必须与该成员互动，并通过邀请她专注于自己的感受来简要地帮助她处理自己的防御性批评。探索可以朝着这样的方向，询问视频是否触碰到了她自己的体验（过去或现在），并邀请她讲出来。即使她不探索自己的感受，这样做会以坚定而和善的方式快速结束批评过程，同时也向团体介绍了防御的性质。然而，所有这一切必须要简短，因为治疗师不想从正在进行的视频回顾中抽走时间。

团体成员也可能以破坏家长工作的方式提供安慰。在这种情况下，治疗师可以解释团体防御的性质，并询问那位家长，她是否想被拯救。家长几乎总是说不，所以治疗师可以很快地与团体就忍受他们的不适进行协商。如果家长真的说是的话，治疗师可以公开回应家长的需要。如果该组有位家长始终是破坏性或防御性的，则有必要设置一个界限，并尽可能和善地限制这位家长的参与，直到可以在团体以外的时间安排谈话讨论这个问题。

这么做是希望可以避免使批评或保护的团体成员感到尴尬，同时可以保护正在回顾其视频的家长。有时这么说会很有帮助："我看到你对这个特别的问题有很多重要的感受，我们可以在你的视频回顾中对它们进行探讨。"此时治疗师只要把焦点转回到正在进行视频回顾的家长身上即可。遥控器是一个功能强大的工具。对团体说，"让我们再看一次这段视频吧"，按动播放按钮结束互动。

第9周：进入大白鲨之音

在第9周，通过要求家长们描述这个过程中最困难和最美好的时刻，分享他们对第一个视频回顾的感受。在介绍大白鲨之音之前，团体一起大声朗读讲义"欢迎来到俱乐部"（见本章末表12.1），从而使家长们的挣扎正常化。

讲义强调所有家长都会挣扎。当父母得到允许体验到挣扎是普遍的，甚至是不可避免的时，他们便开始放松下来。为了帮助养育者探索他们与圆环上的需要相关的安慰，我们建议他们反思自己的成长史，包括他们自己的父母在圆环上体验到力量和挣扎的地方。当团体开始讨论他们自己的成长经历时，他们也越来越愿意思考他们目前正在把什么传递给孩子。我们一贯强调，我们没有兴趣责怪他们的父母，而是发现，反思自己的成长史将减少他们把挣扎再传承给孩子的可能性。

为了帮助家长理解心理状态如何影响我们的感情、信仰和防御，我们使用一段分为两部分的音频/视频剪辑。第一部分是从悬崖顶部看到的美丽海景开始的。第五章中解释过，这个剪辑设置的背景音乐是帕赫贝尔卡农D大调。视频剪辑是从有人沿着森林小路朝着海洋漫步而行的视角展开的。这50秒的剪辑结束的画面是站在海滩上望向大海，往往引起平静、愉快、安全的感觉。剪辑的第二部分使用的是完全相同的海滩场景，但这一次背景音乐设置为一段音乐作品，即电影《大白鲨》（*Jaws*）中著名的大提琴主题曲。这段视频往往会引起非常不同的感觉。漫步在平静的森林小路上，突然间转换成在隐藏着危险的若隐若现的树木和茂密的灌木丛中的诡异跋涉。最终到达海滩，唤起了一种不祥的预感以及强烈的从水中逃离的欲望。

家长们立刻产生一种内在体验，并在几分钟内领会到，是背景音乐戏剧性地改变了这两个相同的视觉体验的情绪。我们解释说，心理状态就像我们在头脑中播放的音乐。音乐是对心理状态极好的隐喻，它渲染甚至定义了我们的主观体验，唤起我们的情感，而且并不基于语言。

由我们每个孩子的依恋与探索行为激发的音乐种类取决于我们与这些行

为相关的成长史。正如第五章中所解释的，如果我们关于探索和自主性的成长史或我们对亲密与安慰的诉求跟痛苦相关联，那么我们的孩子在圆环这部分的需要就可能唤醒类似的痛苦。重要的是，要弄清楚大白鲨之音是对实际上安全的东西做出的恐惧反应。

虽然目前的研究表明，大脑是无比复杂的（Pessora，2008），大脑的部分反应是同时发生而非相继发生的，但我们还是要教养育者区分开"边缘系统警报"和"前额叶评估"。在给家长们的讲解中，我们坚定地陈述说，相比精确性来说，边缘系统警报更加快速，而以前额叶为中介的解释虽然速度上更慢但更可能是精确的。通过帮助家长们理解他们有可能会被边缘系统发出的"大白鲨之音"的反应所"劫持"（Goleman，1995），我们为"选择点"的创建奠定了基础。

当养育者意识到，他们的杏仁核（"感觉脑"的部分）的作用就是依据与他们过去经历的危险相关的"信息库"发出的即时警报，就产生了一个选择点。因为杏仁核在设计上更快却并不精确，充满了误报，所以许多体验感觉起来很可怕但并不危险。需要做出的选择是，继续防御不存在的鲨鱼还是进行反思并启用前额叶（对家长们简称为"思维脑"）。通过使感觉脑和思维脑开始对话，养育者可以发展出基于对当下的情况更加精确的评估之上的反应。

当与家长们开展工作时，我们使用下面的公式：当我的孩子做 X 时，我听到了大白鲨之音，但是我选择承受情绪上的不适和反思当下的情境，而不是做 Y 来保护自己，这样我就可以对孩子的需要做出恰当的回应。总之，当家长冒着风险体验和反思大白鲨之音诱发的感觉而不是防御时，以前未经探索和调节的负面情感状态就可以被带到反思性对话的安全语境中，从而允许治疗性转变的发生。

除了正常化养育者的挣扎，该练习的基本目标是勾勒出养育者预期会看到的具体挣扎。养育者被告知，挣扎可能会出现有关双手的问题、顶部的问题、底部的问题，或三者的组合。同时，考虑到大白鲨之音将痛苦体验保持在意识之外的力量，这些挣扎被描述为可理解的。此外，"欢迎来到俱乐部"

的讲义赞誉所有家长的积极意图。因此，就建立了"无责备"的语境，加深了家长们对团体治疗师并隐含地对团体所产生的积极意向的信任感。

在"欢迎来到俱乐部"之后，通过理解心理状态如何影响知觉，运用大白鲨之音并接着运用受限的圆环图示（见图12.8和图12.9），第一次向家长介绍了不安全依恋。治疗师可以这样介绍受限的圆环：

> "让我们看看我们的大白鲨之音是如何教我们的孩子发出假性信号的。我们从'受限的圆环顶部'开始。对我们中的一些人来说，让我们的孩子分离是很困难的，所以当他们出去探索的时候，我们的大白鲨之音就被触发了。这教会了我们的孩子说，'我需要你支持我的探索，但这让我们感到不舒服。'他们为什么这么说？因为当我们不舒服时，他们也不舒服。但是，当我们的孩子想要探索时，他们知道我们的大白鲨之音来了，所以他们就回避它，他们表现得就好像他们想要的是安慰或保护。这被叫作假性信号（miscue）。你可以想成是你的孩子说，'我需要支持探索，但这让我们不舒服，所以我给你发送假性信号，表现得就像我需要安慰和保护。'

> "'受限的圆环底部'来自于我们对亲密感到不舒服。所以当我们的孩子需要受到欢迎进来时，我们的大白鲨之音被触发。这教会了我们的孩子说，'我需要你欢迎我来到你的身边，但这让我们很不舒服，所以我给你发送假性信号，表现得就像我想要探索或远离。'"

这些是回避型依恋和矛盾型依恋过于简化了的图示，但起到了向家长说明其构造的作用。然后，我们提出，不论在圆环顶部还是底部，我们都倾向于更舒服。如果我们不去关照让我们感到不太舒服的圆环的那半部分，我们就有危险错过孩子的信号，无意中教会他们就他们在圆环那半部分的需要发出假性信号。以这种方式，我们最初的假性信号成为他们向我们发送假性信号的主题。

图 12.8　受限的圆环顶部：孩子的假性信号——回应养育者的需要

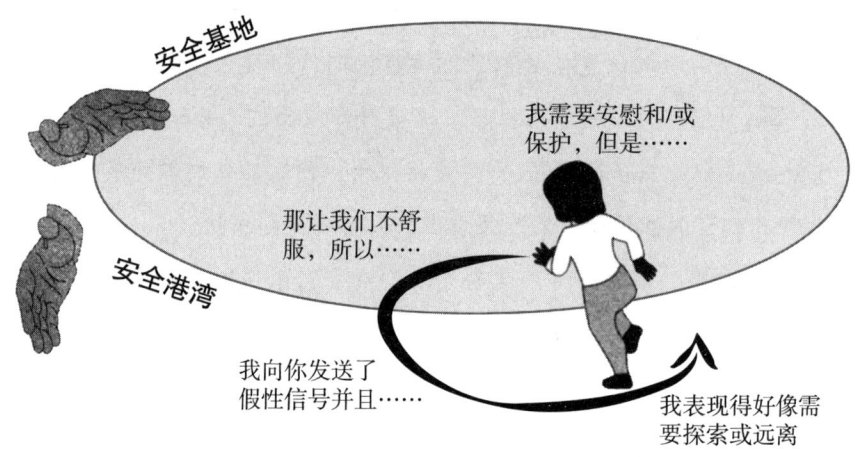

图 12.9　受限的圆环底部：孩子的假性信号——回应养育者的需要

"为了理解受限的手（见图 12.10），首先让我们回顾一下我们所学的关于手的内容。我们的孩子需要我们保持平衡，更高大、更强壮、更智慧而且和善。'受限的手'以三种不同的方式呈现。

"没有和善的更高大更强壮可能变成刻薄。我们不和善对孩子永远没有益处。

"我们刻薄的时候，我们会吓唬孩子，而研究清楚地表明，经常吓唬孩子的养育者会造成严重的问题。

"没有更高大更强壮的和善可能变成'软弱'。软弱的养育者往往在孩子需要有人掌控的时候崩溃或让步。

"在我们需要掌控的时候让步,对孩子而言也是令人恐惧的。如果我们不够强壮去掌控他们,我们的孩子就会害怕我们不够强壮而不能保护他们。

"我们的手受限的第三种方式是'消失'。消失与来了又走有所不同。我们都有不在孩子身边的时候,上班,在外面过夜,或者只是接电话。手的'消失'是指我们将孩子置于恐惧却无人可以求助的境地,并以这样的方式不断反复地缺席。

"酒精或物质滥用,不顾孩子的需要选择浪漫伴侣以及忽视,都是我们消失的例子,这使我们的孩子感到困惑、被遗弃、不知所措。当孩子反复体验养育者的消失时,即使养育者回到身边,也需要时间与艰苦的努力,孩子才可以完全相信有人会留下来。"

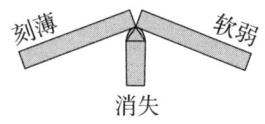

图 12.10　受限的手:失去保持平衡的智慧

团体讨论的最后一个话题与选择安全感有关(见图 12.11)。这是一个充满希望的信息,明确指出,尽管我们都有选择和不选择安全感的时刻,但这都是选择。随着反思和实践,家长们能够提高为孩子选择安全感的能力。这种新的认识甚至将大白鲨之音从潜在的负性事件变成了预警系统,意味着如果注意到了就为寻找提供了新的可能性。

> 讲解完这个图示后，治疗师告诉家长，第二阶段视频回顾的重点将是理解大白鲨之音与选择安全感，本次团体会谈到此结束。
>
> **你孩子的需要**
>
> 当你孩子的需要所需要的回应让你不舒服时……
>
> **大白鲨之音**
>
> 你突然感到不舒服……（例如，孤独、不安全、被拒绝、被抛弃、愤怒、被控制）
>
> **选择点**
>
> - 你可以回应孩子的需要（尽管这会给你带来不舒服）
>
> **或者**
>
> - 你可以不顾孩子的需要，保护自己免受更多的痛苦（限制或回避回应）。如果你保护自己免受不舒服的感受，你孩子的需要就得不到满足。随着时间的推移，他/她将开始不直接表达那个需要，给你们都造成困难。
>
> 所有的家长都会听到孩子的某些需要伴随着大白鲨之音。安全型孩子的家长会识别出他们的大白鲨之音。他们常常（并非总是）不顾这给他们带来的暂时的痛苦，选择找办法满足孩子的需要。
>
> **安全感的步骤**
>
> 1. 识别不舒服（"我的大白鲨之音又来了"）。
> 2. 尊重这种不舒服（"我现在很痛苦，因为这个特别的需要触发了我的大白鲨之音"）。
> 3. 回应孩子的需要。

图 12.11　选择安全感

第二阶段：回顾视频片段，确定关键点与识别获得更安全策略的能力

第 10—15 周，家长们参与第二阶段的视频回顾。重点是帮助家长识别其关键挣扎和与大白鲨之音有关的情感。像之前的回顾一样，每周向一位家长呈现从她的干预前评估中重新剪辑的视频片段。第二阶段视频回顾的目的是帮助家长认清他们已经具备了满足孩子需要的能力（这在未充分运用的力量的视频片段中可以看到），但大白鲨之音使满足孩子需要这件事令人感到恐

惧，即使那是安全的。这使得他们在孩子的需要触发大白鲨之音时能够有意识地选择使用更安全的策略。

本阶段的视频剪辑与第一阶段的回顾主题相同，但播放顺序不同。大白鲨之音大调紧随令人变得柔软的片段之后播放，往往是对核心关键挣扎更加激烈和直接的呈现。到目前为止，团体的抱持性环境是完整的，家长们有了更多的技能和经验，能够管理增强了的脆弱性。

每一位家长在这次回顾中都会体验到脆弱的情感，有些人会比其他人更多地表达出自己的感受。当家长意识到他们一直在培养孩子的不安全感时，他们会哭，这并不罕见。虽然为了情感的缘故而推动更多的情感并无裨益，但留出足够的沉默让家长自发地思考这种特别的不安全感是自己成长过程中的一个方面，这是很有帮助的。有感兴趣的、关心的和有同情心的治疗师和团体一起分享痛苦，有助于使情感不那么令人害怕并更易于管理。这也增强了反思能力，并有助于创立选择点，这在以前是不曾有过的。在内隐的变成外显的以及程序性记忆得以用语言进行表达之前，习惯性的不安全互动模式将始终隐藏着，因而滞留在选择王国之外。

当一位家长变得情绪脆弱，分享强烈的情感时，治疗师在那个当下的主要目标是与这位家长"在一起"。任何形式的教导与使家长体验到她的痛苦被见证被抱持相比，永远是次要的。房间里的情感强度会触发治疗师的大白鲨之音，这也不罕见。通常治疗师会以"过度教导"做出回应，在无意识中尝试抑制房间里的情感强度。更有用的方法包括与家长进行直接但非侵入性的目光交流，愿意专注地待在痛苦中，常常不用说话。通常，家长最需要的是，在圆环上被抱持的时候，慢慢地用自己的方式去探索这个未知的领域。

目标不是要解决甚至理解过去的痛苦，而是要和家长"在一起"，无论是作为治疗性的存在，还是更高大、更强壮、更智慧而且和善的示范。当家长意识到他们的痛苦并非不可言说，重写大白鲨之音就感觉更安全了。我们也希望，亲身体验"在一起"的力量使得家长更能够将此提供给他的孩子。

观看大白鲨之音片段常见的防御反应，是责怪自己及陷入消极的自我表征——"我是个坏家长"。治疗师把这看作防御是非常有帮助的。根据家长核心敏感性的不同，该防御也有着不同的含义和功能。在一般情况下，道德防御在发挥作用，这在第四章中讨论过。换句话说，"如果我能责怪我自己并得出我是坏人的结论，我就不必去看到复杂性，也无须对我是如何学会这么做的心存悲悯。""我很坏"的想法是在"不在一起"的当下得出的，并且会持续得出感到资源极其有限的结论。这是通过孩子的眼睛得出的结论，他迫切需要理解那些讲不通的东西，并心存某种孩子气的希望感，即至少如果孩子是坏的，那么他还可以尝试做得更好，他的"好"父母就会善待他。该防御需要被探索及正常化为理解关系中问题的熟悉的方式，这种方式相信关系出现麻烦的原因在于孩子是坏的。这有助于使家长背后的痛苦及某些需要未曾被满足的合理性一直在治疗中保持中心地位。

播放的第三个视频剪辑是未充分运用的力量。最强的与关键挣扎相关的未充分运用的力量视频示例，留在这一刻亮相。它重申，如果家长选择战胜大白鲨之音，她就有能力满足孩子的需要。例如，对于放弃的混乱的家长，大白鲨之音将呈现崩溃的瞬间。未充分运用的力量片段将呈现掌控局面的瞬间。这是一个胜任力的声明，赋予家长们他们有能力的认知，但他们需要战胜他们的大白鲨之音。如前所述，可能很难找到未被充分运用的能力的例子，因为，根据定义，它是没有被运用的。这样的时刻可能十分短暂，然而，在SSP中几乎总是隐藏着某些瞬间可以用于此目的。

最后的视频剪辑，和在第一阶段视频回顾中一样，目标是以庆祝成功来结束。在视频回顾结束时，留一些时间询问家长对视频回顾的感受，并为团体讨论他们的体验留出空间，这样做是很有用的。家长们在每次团体会谈结束时相互给予的支持往往会产生重大的影响。

第16周：拍摄修改版陌生情境用作最后的回顾

16周左右，家长们拍摄了修改后的陌生情境。父母应该在完成他们的第二次视频回顾后才能拍摄修改版的陌生情境。要求家长和孩子花 4 分钟一起吹泡泡作为开始，这往往会创造用于随后的视频回顾的甜蜜时刻。然后拿走泡泡玩具，家长和孩子玩 3 分钟玩具。接着家长离开，制造长达 3 分钟的分离。之后家长返回，团聚 3 分钟。录影带以 3 分钟的阅读及随后的清理而结束。

第三阶段：庆祝积极的改变，看见大白鲨之音的作用

新的拍摄使家长能够使用他们迄今所学的一切。很精彩的是，家长们成功地克服了他们的关键挣扎，但更常见的是家长们会犯他们在最初的 SSP 中相同的错误。此次拍摄所不同的是，家长们了解他们的大白鲨之音和他们孩子的需要。当他们没能满足孩子的需要时，他们常常感到震惊。他们突然对大白鲨之音的力量有了全新的认识。他们整装待发，准备在第三阶段视频回顾中担负起他们的挣扎。

例如，一位母亲在看她的第三个视频回顾时说："我的女儿是我，我是我的妈妈。那正是我妈妈会做的，也恰恰是我在视频中不想做的。我真的需要看看我的大白鲨之音。"这种痛苦的洞察力，和她对大白鲨之音的了解联系在一起，对她产生了深远的影响。她干预后的 SSP 被评定为安全型。

修改后的 SSP 视频是为 17—19 周第三阶段回顾而编辑的。我们原以为这次视频回顾会直接庆祝成功，进而在启蒙项目学年（在这期间我们进行了早期团体活动）结束前完成团体。我们计划每周两次视频回顾，这是设计上的缺陷，因为第三阶段的视频回顾往往是所有视频回顾中最激烈和最富有成效的。所以，在可能的情况下，团体最好延长 3 周，每周做一次回顾。

第 20 周是为结业庆典而预留的。每个家长都收到一个"结业证书"。我们使用家长们在团体中回顾的某些视频片段，配上我们挑选的音乐，制作了新的音乐视频，庆祝他们的学习，鼓励家长分享他们参与方案的体验。如果团体是用于研究目的，最后的安排是干预后的评估。在团体的最后或对参与

研究的团体进行最后评估后，我们会给家长拷贝一份视频回顾中使用的视频片段。

在不同的治疗形式中的安全感圆环

人们经常会问，只用主要的依恋图示，与家长们一起工作好，还是与每位家长分别工作更好，以及哪种治疗方式（团体、个体还是家庭）最好。这个问题可以扩展到任何共同养育的团队。有时，祖父母、重要他人、继父母或其他人是家长的主要支持人，因此就出现了他们在干预中是否介入的问题。下面我们快速讨论一下每种组合的优点和缺点。

首先，重要的是，要知道任何治疗干预本质上都是家庭治疗干预。我们都有多个家庭：我们的原生家庭，我们目前的支持系统，以内在表征与程序性记忆的形式继续"住"在我们内心的家庭。家庭可以有效地被构想成一个系统，既然改变任何元素就会改变整个系统，那么有效的干预措施，甚至是对个人的干预，都会对我们当下的关系及我们对过去关系的体验存在涟漪效应。把问题的概念化从个体向二元关系、三元关系扩展是具有挑战性的。然而，蒙上眼睛回避夫妻和家庭动力的复杂性并不能使问题消失或减轻他们对孩子的影响，甚至当你与个体一起工作的时候，从家庭角度来思考也是很有用的。

然而，基本的治疗方法的确会依据治疗室里的人是谁而以重要的方式发生改变。与个体开展工作，咨访关系重要且直接，在移情中工作发挥着至关重要的作用。在COS模型内，移情是过去重要关系的体验（包括关系模式和挣扎）呈现在当前的重要关系中。出于这个原因，我们假设家长可能会体验到治疗师具有一些特质，可能会触发与权威有关的过去的记忆和情感。当和两个人一起工作时，焦点会变成两个人（伴侣，父母/孩子等）之间的互动。在家庭治疗工作中，思考并至少同三元互动开展工作是最基本的。在团体治疗中，重要的是要处理团体进程并关照阵营与结盟的发展。

在决定使用哪种方式时，首先要考虑的是你在各个领域的专业水平。如果你对某一种方式不自信，但你想发展你的技能，寻求督导是必不可少的。接下来的思路是检验每种方式对特定的人的利弊。

个体治疗

与个体开展工作，治疗师常常需要调整干预的节奏以满足来访者的需要，而不是为团体保持进度。如果时间允许，治疗师可以就防御与原生家庭问题做更深入的工作。对于在团体设置中感到不舒服或感觉太脆弱的家长，个体治疗也可能是很好的方法，这种情况可能在摄入性会谈中就很清楚了。同时，如果家长的自尊敏感僵化而弥漫，他们见诸行动的方式会使团体"中毒"（贬值或显示为自大），最好单独治疗。

不利的一面是，没有其他家长参与，个体来访者便错过了来自团体成员、团体支持的替代学习以及对养育挣扎的正常化。此外，如果你严格地将团体方案用于个体工作，干预将在六次会谈后完成（两次介绍，两次视频回顾，一次引入新材料，一次第三次视频回顾和小结）。家长会只看到一个家庭（他／她自己的），几乎没有时间来建设观察和推理技能。放慢进程，更加深入，会对此有所帮助。例如，一位家长甚至对有挣扎的暗示都表现出防御，那么这可能在开始视频回顾之前需要好几次会谈。花时间浏览一遍这位家长 COSI 中的含义——其中花部分时间探索她原生家庭中的状况会有帮助。主要目标仍然要专注于提供"在一起"的情境，尤其是当开始探索脆弱性主题的时候，放慢节奏变得至关重要。当家长开始信任治疗师时，可能会变得足够安全，进而冒险探索挣扎——以前不曾有人与其一起反思过这些挣扎。

安全感圆环养育 DVD

对于治疗师来说，组织个体工作往往比组织团体要容易得多。事实上，有视频要求的团体设置可能使一些临床设置望而却步。在这种情况下，将安全感圆环养育 DVD 整合进个体工作会很有帮助。DVD 呈现了其他家长公开讨论他们的挣扎和大白鲨之音，并呈现练习片段供观众用来跟随材料进行练习。

安全感圆环养育DVD（Cooper等，2009）的目的是在一个8周的短程养育项目中提供COS原初方法的关键组成部分。该方案提供了储存的连续视频画面，包括安全的和有问题的亲子互动、观察技能培训以及支持反思功能的方法。它包括许多原初COS的组成部分，如"为需要命名"，围绕圆环的挣扎和大白鲨之音。其目的是在团体、家访与个体咨询中一步步地被传达出去。

作为培训的一部分，DVD可以在安全感圆环养育培训中获得。

伴侣治疗

与养育合作伙伴一起工作的重要优势是，有机会了解伴侣的动力以何种方式有助于满足还是不满足孩子的需要。两人关系中的问题表现为养育问题，这没有什么不寻常。不论是情侣还是祖父母/父母或其他的共同养育的关系安排，莫不如是。此外，伴侣的互补性（双人舞，其中每一方触发并维持特定的防御策略）可以为治疗的目的所用。例如，如果一方对更高大、更强壮感到更舒服，另一方则对和善感到更舒服，通常他们会陷入偏差放大的反馈回路。换言之，一位家长更多地关注于和善，试图弥补另一方是多么严格，但第二位家长严格，却是为了弥补第一位家长表现得那么宽容。为了弥补对方过度使用的力量，他们进一步分开，创建了刻薄对软弱的情境。治疗师可以帮助伴侣扭转这一反馈回路，让他们互相学习对方的力量来发展自己未充分运用的能力。

与伴侣工作的缺点是，这对伴侣的动力可能太过挣扎而使工作脱轨。当你的伴侣攻击你时，你很难专注于处在脆弱状态的自体。在一方被另一方控制的关系中，受控的一方变得更高大、更强壮、更智慧而且和善，可能会威胁到控制的那一方。当然，事实上，无论这位伴侣是否在房间里，他/她都可能破坏治疗进程。此外，影响个体治疗的缺乏团体支持和替代学习的问题同样适用于伴侣治疗。安全感圆环养育DVD也可用于伴侣治疗，提供替代的脆弱性与DVD中家长们的反思。

关系足够强大，可以在学习过程中互相学习和相互支持的伴侣，是伴侣治疗或一起参加团体治疗的好人选。此外，在关系中挣扎但肯接受治疗的伴侣可以从伴侣治疗中获得额外的裨益。如果伴侣之间存在矛盾因而阻碍了他们的学习，治疗师必须决定在接触 COS 材料之前是否就伴侣之间的问题展开工作，或者让伴侣分别单独参加个体治疗或团体治疗。

家庭治疗

在我们合作应用依恋原理治疗的第一个案例中，我们就是与一对夫妇和他们最小的孩子开展工作。我们是交替进行的，一周拍摄一段家庭视频，下一周与家长回顾视频。这给了我们机会同时接触到三元互动与伴侣动力。通常我们将包括整个家庭，但为简单起见我们选择不包括其他孩子。这个过程说明了依恋问题与整个范围的家庭互动融合得多么紧密。就像一个魔方，家庭中的交叉联结非常丰富，你不可能改变一个方面而不影响整个系统。

有机会接触到这些家庭为在家庭结构中进行跟踪与干预提供了许多优势。例如，孩子们有时为了支持一对苦苦挣扎的夫妻，会试图用一种积极的或消极的方式来把注意力吸引到自己身上或从自己身上转移开。如果夫妻有共同的原因（照顾一个麻烦的孩子）或共同的敌人（应对一个有问题的孩子），焦点就会暂时从夫妻关系的问题上转移开。有时孩子为了卸除夫妻的负担，会牺牲满足自己的需要（如控制养育的孩子）。坚硬的结盟、不协调的三角关系及家庭层级的扭曲都会导致孩子在圆环上的需要得不到满足。

家庭开展工作的缺点是，没有培训和督导，很难去跟踪复杂的互动。此外，缺乏团体支持和学习的问题同样存在。

孩子的年龄跨度比较大的家庭是家庭治疗很好的选择，因为对于陌生情境而言，太大孩子的依恋问题也可以得到解决。对于多问题的家庭，依恋工作可以更容易地在家庭设置内与解决其他问题的工作进行整合。

团体治疗

这一章的重点是我们研究过的团体干预，但关于团体形式优缺点的几个具体观点值得在此进行探讨。我们在 COS 团体中发现，替代学习水平、正常化家长的挣扎及团体支持具有相当深远的意义。我们最初担心父母会以破坏性的方式相互见诸行动，但这并没有为我们的经验所证实。事实上，专注于"在一起"、同理心、创造抱持性环境以及治疗师就是那双"手"，已被证明在创建支持方面非常有效。这种支持常常在团体结束后继续发挥作用，因为家长彼此间会继续保持互动。

然而，在团体中就三元问题开展工作很难。在 20 周的团体方案中，很难用共同养育来解决父母的关系问题。即使在团体中讨论共同养育，也没有时间就人际关系问题开展深入的工作，保持视频回顾的进度。构建团体以适应视频回顾，限制了对新出现的问题的处理量。你总是要一只眼睛关注进程，一只眼睛关注时钟。持续性团体，如我们在监狱系统、学校设置、小区治疗、日间治疗等所做的那样，比 20 周模型有更多的时间来处理这些问题。

以破坏团体凝聚力的方式见诸行动的家长不是好的人选。相反，如果家长对团体或社会状况感到非常不舒服，足以破坏他们的工作，也不是好的人选。单亲家长或与其他家长相疏离的家长会发现团体特别有帮助。我们发现，与父亲团体的工作提供了来自其他男性的支持和鼓励，这是许多父亲所缺乏的。围绕共同情况组织的其他团体，如康复中的父母、继父母、养父母等，可以提供大量的支持。

在团体结构和便利方面，要向团体做出治疗承诺，即团体按时开始和结束，这样家长才能够依靠其体验的恒常性，有助于创建安全基地。这是治疗师学习做这项工作时一个非常困难的问题。许多治疗师倾向于超出规定的时间工作，以便更充分地为家长解决所做的回顾。这可能会导致团体的参与者感到被卡住，留下来支持那位家长与自己的时间安排之间存在冲突，而时间安排往往关系到他们的孩子。它也会产生不确定性：一旦你敞开心扉，就没有明确的结局。

核心敏感性对每位家长基于其情绪强度而产生的对于结束时间的体验存在什么影响呢？分离敏感的父母可能会拖延结束以获得照顾和避免分离，安全敏感的父母可能会感到被困住，而自尊敏感的父母可能在潜在耻辱感和与治疗师、团体融合之间摇摆不定。考虑到所有的可能性，用不僵硬的方式大致按时结束是迄今为止创设治疗性体验最安全、最可靠的方式。如果出现紧急情况，治疗师可以邀请家长在团体结束后进行一对一的交流。

结论

不管治疗方式如何，家长越感觉到被治疗师抱持，他们就会感受到越多的支持来选择战胜恐惧，给孩子新水平的安全感。最终，这种行为不仅改变了孩子对他们的依恋，而且改变了他们内在的安全感。他们可能仍然会听到大白鲨之音，但音量已经变小。限制他们思考和行动的恐惧变得易于管理，不论作为个体还是养育者，他们都对自己有了更强大的信心。不详的预感已被对更安全的未来充满希望所替代。

表 12.1 欢迎来到俱乐部

> 做父母可能恰好是地球上最困难的工作。每一天，父母——全世界的父母——都想把最好的给孩子。每天，父母——全世界的父母——都没能够满足孩子的某些需要。"帮助我"的时刻不被看见，"看顾好我"的时刻被打断，"安慰我"和"整理我的感受"的时刻最终被推开或迷失在日常生活的匆忙和压力中。
>
> **欢迎来到俱乐部。**
>
> 当然，知道我们犯了错误是很难的。好消息是，作为父母，我们都有内在的智慧，帮助我们处理这些错误。不管我们是谁，如果我们倾听自己，我们内心就总有一些东西让我们不断尝试。不管我们的成长史如何，如果我们注意，我们心中就有那么一个地方，希望满足我们孩子的需要。

续表

所有父母都有智慧。

最好的消息是，养育孩子是这个星球上最美妙的工作。为人父母最美妙的部分之一是知道我们可以增加我们的智慧。我们能认识到自己的弱点，从错误中学习，并找到新的方法来满足孩子们真正的需要。

所有父母都有挣扎。

请了解，养育中的错误是不可避免的。这个房间里的每个家长都希望不是这样。这个房间里的每个家长都在努力确保孩子的需要得到满足。这就是为什么你花时间和精力在这里，一周又一周。在这么多的努力之后，意识到对孩子做的有些事情是不正确的，这可能会很令人沮丧。

我们最大的希望在于开始认识到，作为家长，我们的弱点往往在安全感圆环的某个特定区域。地球上每一个家长在圆环上都有过度使用的一面和未充分运用的一面。这不是问题。如果我们没有意识到我们有更强壮的一面和更软弱的一面，问题便开始了。当我们试图使用我们更强壮的一面来弥补我们更软弱的一面时，问题越来越大。是我们的内在以及我们的成长史中有些东西导致了我们软弱的一面，如果我们找不到办法来解决这些，问题就会继续下去，代代相传。

很难给予我们不曾被给予的。

很难给予我们没有被给予的。例如，安慰不是我们自己童年的一部分，我们就很难给予像他们需要的那么多的安慰。有时我们的孩子会向我们发送信号，要求温柔，我们会有点受伤。在那些时候，我们可能会退缩、自我保护，我们甚至不知道在这么做。我们可能会很忙或者让孩子专心玩玩具——以微妙的方式向他/她发送信号，不要直接要求安慰，因为每次我们的孩子要求得到我们不曾经历过的温柔的抱持，都会让我们想起我们的缺失，而这会带来痛苦。那么可以理解的是，我们会找到办法来回避这些时刻。不幸的是，我们的孩子会开始意识到这一点，并最终试图帮助我们，而对这样时刻的要求越来越少。

或者，也许我们的父母不太善于让我们出去探索世界。他们与我们保持亲密，往往过于亲密。现在，我们自己作为父母，当我们的孩子走远，离开我们进入圆环时，我们往往感到不安。我们不确定，就像我们的父母不确定一样，这真的是一个圆环，我们的孩子很快就会回到我们等待的臂弯中。

对痛苦敏感。

但是，如果我们能知道，我们对圆环一边的痛苦敏感，我们就可以开始改变我们的行为。我们可以退后一步，看着自己（"我又这么干了"）。我们可以观察自己，但没有

续表

判断，也没有批评。我们可以学会站在后面，心存慈悲地观察我们的行为。真的，我们可以尊重这个事实：要给予孩子我们小时候不曾拥有过的东西是多么的艰难啊（"当然，这对我来说很难"）。

而且，我们能够知道，虽然很难，但不是不可能的。我们的智慧和我们要满足孩子圆环上所有需要的真正愿望，可能会为我们打开新的大门。我们能够逐渐认识到，虽然很难，如果我们只是识别和承认我们片刻的不舒服（有时 15~30 秒的额外亲密或距离就是我们孩子想要的全部），我们孩子的需要就将得到满足。如果我们能每天再提供 5~6 次那样的亲密或距离，每个人——孩子和父母——都会更快乐、更安全。

养育孩子最美好的部分，可能恰恰就是在圆环上一直与我们的孩子"在一起"，而孩子那些真正的需要都得到了满足。

欢迎来到俱乐部。

PART 3

案例

第十三章

劳拉和阿什莉

劳拉 27 岁，嫁给了汤姆，汤姆 29 岁。他们只有一个孩子，3 岁的阿什莉。劳拉从事生物技术工作。劳拉起初向我们的家庭实践求助，寻求"养育技巧"，尽管她觉得自己已经是一个"优秀的母亲"了，但她认为与"养育方面的专家"会面还是非常有价值的。

摄入性访谈

第一次访谈，劳拉列举了大量她读过的关于养育的书。而就在这次会谈的后半段，她提到阿什莉的幼儿园老师认为她需要帮助，因为阿什莉打其他的小朋友。劳拉紧接着说这是"老师的问题"，因为劳拉确信是别的孩子先打了阿什莉，阿什莉只是为了自卫而打回去。当治疗师直接询问阿什莉自己是否可能有一些潜在的挣扎时，劳拉立刻为女儿辩护，暗示说问题集中在别的孩子和老师身上。

同样是在这次会谈中，劳拉讲述了她艰难的童年。她的父亲嗜酒成瘾，当他满嘴污言秽语时，她的母亲总是为他找借口。她说，在她的成长中母亲一直非常忙碌，有时候还会冲她大发脾气并打她的耳光。她说她下决心在养育孩子上一定要比她的家长做得好很多。看得出来，劳拉非常聪明，而且很显然，她对自己目前及以往在学校里的成就非常引以为豪。会谈进行到大概三十分钟的时候,她讲述了她四年级的一位老师,那位老师对她很有兴趣,并且对于她觉得自己会成为好学生的信念给予了极大的支持。她的讲述很令人感动。她对老师的感激说明劳拉有能力感恩、温暖并愿意体验他人支持的重要性。

按照计划,劳拉参加了一个为期 20 周的 COS 团体,该团体在访谈后的几周内便开始在社区展开。尽管劳拉不清楚自己是否需要参加这样一个大的项目,但受到某种隐藏着却显然很强烈地想要为女儿的攻击行为找到答案的动机的驱使,她还是接受了邀请。劳拉的丈夫工作时间安排得很紧,没有办法参加晚上的团体,但是劳拉表示他会非常支持她的。

互动评估:陌生情境实验

当阿什莉处在圆环顶部,探索提供给她的玩具时,劳拉会干涉她,逼迫她完成任务,说:"加油,我知道你可以做得更好。"譬如,她使用堆积环玩具,劳拉让她说出颜色,摆对环的顺序等。当阿什莉对这个玩具失去兴趣并转向另一个玩具时,劳拉让她回去继续玩堆积环并完成任务,以保证玩具是准确安装好的。不论阿什莉对什么玩具感兴趣,劳拉都专心于指导她干练地完成任务,阿什莉几乎没有机会探索她的环境并跟随自己的好奇心。有几次,女儿很努力地做拼图,并没有要求帮助,而劳拉还是跳到她的游戏中给予指导。劳拉甚至一度用这样的问题测验她 3 岁的女儿:"黄绿色的那个在哪里?"

劳拉的做法似乎表明,她相信像一个老师那样对待阿什莉对她的发展最为有益。从 COS 方法的角度来看,家长教导孩子并帮助孩子搞清楚某个特定的任务,是没有问题的。相反,造成问题的是家长形成了逼迫孩子因家长的缘故而获得成就的模式。孩子学会将自己的兴趣主要集中于家长的需要,便会发展出顺从而非健康自主的特质,这种特质对自己和他人都是更加不安全的体验。在这种情况下,劳拉不断地妨碍她女儿天然的好奇心和探索的兴趣。

依恋理论指出，安全的家长是有能力为孩子的探索提供支持的（见专栏3.5）。

当陌生人进入房间时，阿什莉迅速看向妈妈寻求确认。妈妈没有理会她，转身与陌生人开始交谈，阿什莉安静了一会儿，然后好像是挤出了一个笑脸，并试图用妈妈给她的玩具重新召唤妈妈。从COS的视角看，当阿什莉感到焦虑，在圆环底部需要安慰的时候，她识别出妈妈转过身去这一假性信号，并以相同的方式做出了回应，表现得好像她所需要的就是妈妈对她探索的支持，这向她的妈妈发出了假性信号。在最初6分钟的陌生情境实验中，劳拉和阿什莉保持了一种职业摔跤般的表现，劳拉鼓励阿什莉好好表现，而阿什莉则愿意服从妈妈，显得聪明而能干。

第一次分离时，劳拉坐在地板上，抚摸阿什莉来获得她的注意，告诉阿什莉她要走而阿什莉要留在房间里玩那些玩具。劳拉离开房间的时候，阿什莉没有表示抗议，一直专注于玩玩具。阿什莉与陌生人交流着玩具，妈妈的离开似乎并没有影响到她。第二次分离时，劳拉和第一次时做的一样，当她告诉阿什莉她要离开时，小姑娘立刻拿着一个玩具寻求帮助。值得注意的是，阿什莉向妈妈发送假性信号，选择请妈妈教导她的方式，试图将妈妈留在房间里，以此来应对她对分离的不适。考虑到她妈妈对于说教的兴趣，这个策略极有可能取得成功。劳拉告诉阿什莉等她回来就会帮她，但现在她要留在房间玩耍，妈妈很快就回来。她离开了，过了一小会儿，阿什莉试图离开房间，陌生人只好走到门口，安慰她说妈妈很快就回来。当陌生人说"你妈妈马上就回来"时，阿什莉回应说，"我也想走。"第二次分离表明阿什莉感到不安，她的依恋行为系统已经被激活。陌生人进行干预然后离开，她大声喊妈妈，但是发现妈妈不会马上回来，她开始自己轻轻地唱起歌，回来继续玩耍，虽然板着一张脸。有趣的是，她选择玩耍的玩具就是她妈妈先前给她的那件，在妈妈离开的时间里，她一直和那件玩具在一起。

第一次团聚，阿什莉给了劳拉一个玩具，劳拉在几秒钟内便开始教阿什莉怎样使用玩具。母女俩一起使用医疗器具，大概30秒后，劳拉便试图让阿什莉探索其他的玩具。在整个第一次团聚中，每次劳拉进来和阿什莉玩耍，她都指导阿什莉玩另外一个玩具。从阿什莉的角度来看，每次她处在圆环底部试图靠近妈妈的时候都被打发了出来。将一个依恋模式被激活的孩子推出去的行为，就是拒绝依恋行为并逼迫孩子处于圆环顶部的实例。第二次团聚与第一次相似。劳拉花了大部分时间误读阿什莉，让她保持圆环顶部的状态，强迫她学会如何完成玩具箱里的拼图。阿什莉也继续发送假性信号，表现得好像她所需要的就是支持探索，好像被独自留下的痛苦从来不曾发生过。

一些最温柔的时刻是在阅读中出现的，她们母女并排坐在沙发上聊着关于书的话题。阅读后，在管理并要求阿什莉整理玩具这件事上，劳拉一点儿都不费劲。

在陌生情境实验的最后，显然阿什莉在痛苦的时候是无法靠近劳拉以注满她的情绪杯，并再次回到独立探索中去的。相反，当她感到痛苦，处在圆环底部的时候，她发出假性信号，表现出好像她所需要的全部就是帮助她探索，而妈妈让她处于圆环顶部且有过之而无不及地持续地施压又强化了她的假性信号。劳拉在管理上毫不费劲，所以关键挣扎发生在圆环底部。

阿什莉的依恋策略被评估为不安全回避型。

家长觉知评估：安全感圆环访谈

在陌生情境评估结束后，我们立刻对劳拉进行了安全感圆环访谈（COSI）。劳拉在访谈中表示，在整个陌生情境实验中，她都没有看到阿什莉有需要安慰的时候。即便是透过单面玻璃看到阿什莉的困境，包括她在妈妈一离开时试图去找妈妈，劳拉是这样描述阿什莉的行为的："她跟那位女士在一起的时候完全没有什么不适。当然，她并不想跟那位女士待在一起，但是只要她成为关注的中心，就没有什么别的能够令她烦恼了。我第二次离开的时候，我想她只是想做妈妈刚才在做的事情，所以她很乖并一直在忙着。"当我们直接问她阿什莉是否需要安慰时，她回答说"不"。当问到她回到房间时的状况时，劳拉说："她觉得并没有人正在看管她，而她依然很乖，没有胡闹，我很为她骄傲。"关于阿什莉，她说："我相信团聚令她觉得安慰，但她从来不是那种说'哦，太棒了，你现在终于回家了'的孩子。她更像是另外一种，'好吧，你在这里，酷。'"

当问到从单面玻璃后面观察阿什莉对她是怎样的一种感受时，她说："她的行为正是我认为她会有的行为。她有一点爱指挥人，喜欢跟人讨价还价，你知道的，就是'你先干什么然后我才干什么'的那种。"特别突出的一点是，劳拉所能看到的全是她女儿需要关注以及她因为阿什莉能够独自一人或者与陌生人玩耍而无比自豪。即便阿什莉的痛苦使得她那么努力地试图从房间里出去，劳拉也还是无法识别女儿的痛苦，这一点意味着劳拉需要拒绝看到阿什莉的痛苦来进行防御。这就是 Dan Siegel 所描述的"精神性盲视"，我们将其视作没有能力识别安全感圆环中的需要。

当我们了解到劳拉自己的成长背景后，她对女儿需要安慰的精神性盲视就显得可以理解了。劳拉被问到是谁负责养育她，她回答说"我"。她说她的父亲一般都在家，但常常是要么冲她咆哮，要么因为又喝了一整天酒而昏迷不醒。她描述和父亲的关系就是一种言语虐待的关系。她还回顾了很多他因为她难过而责骂她的时刻。"如果我哭，他就总是叫我婴儿。我很快就学会了永远都不要难过。"她主要的安慰来源就是选择独自回房间读书，远离她的家庭所特有的那些喊叫和沮丧。

劳拉讲述了她 12 岁时发生的一个特别的事情。劳拉 8 岁的弟弟因为学习障碍而挣扎，这大大影响了他的阅读能力。他在三四年级的时候，老师们让劳拉的家长和他一起做阅读练习，帮助他跟上他的同学。家长没有坚持到底，劳拉记得她偷偷地和弟弟一起做那些练习。她没有让家长知道她在这么做，是因为她害怕被惩罚。她说她的家长都很容易生气，如果她不按他们的方式做事情，他们会"训斥你几个小时，还会想方设法连讽刺带挖苦地再次提起，而且很意外，因为这往往与当时正在发生的事情毫无关系。我深受其害，总是担心我的小弟弟以相同的感受而告终"。

我们问劳拉是否有什么是她从家长那里学到并愿意传承给阿什莉的，她说："没有，我尽我所能做得和他们完全相反。"她又补充说："我甚至希望没有人能看出来我是他们抚养大的。"

劳拉怀孕前，她和丈夫在乐队工作，每次乐队排练，他们都会整晚喝酒。当他们得知自己即将为人父母时，他们决定要改变自己的生活。他们立刻戒了酒，辞去了乐队的工作，彻底改变了生活方式。劳拉推测说："如果没有阿什莉，我不知道我们今天会在哪里。"

与参与安全感圆环项目的很多家长一样，劳拉与自己的家长存在着显著不安全的关系。她不想再次制造她在成长中所体验的令人恐惧的氛围，也不想将那些负性事件的记忆传递下去。实际上，劳拉在养育阿什莉的过程中希望用相反于她的家长对待她的方式。对于有着痛苦成长史的家长，从过往的困境中提供保护的愿望是一个常见的主题。令人难过的是，知道"不做什么"并不能为"做什么"提供足够的路标，就好像你试图从堪萨斯城到旧金山去，而你唯一可获得的信息是"永远不要往东走"。通过不断地阅读养育方面的书籍，观看如何养育孩子的 DVD，劳拉得出的结论便是：在阿什莉的认知和行为技巧上下功夫是成功的关键。"像我一样，她是个聪明的孩子。但是没有人帮助过我。你应该相信她长大了不会同样觉得我没有帮助过她。"

安全感圆环访谈（COSI）显示，劳拉感到她在儿时从来不曾有过安全港湾，所以她无法看见自己女儿对安慰和安全的需要就不足为奇了。看见阿什莉需要安慰并对此做出回应，一定会唤醒程序性记忆，那些记忆长久隐藏在意识觉知之外，蕴含着她在儿时的缺失。阿什莉在圆环底部的需要会激活劳拉的大白鲨之音，所以无视女儿的需要有效地保护了劳拉免受痛苦情感和记忆的煎熬。她能够看到的是她觉得自己长大后带来重大差别的东西：在探索和能力上下功夫。那些与关系丧失相关的情感，而这些关系是劳拉深深需要的，能够为她提供安全及抚慰。就此而论，我们理解到，劳拉认为教导阿什莉探索实际上就是在抚慰她。考虑到家长们只能透过他们被给予的有限的视角来理解养育，情况几乎总是这样：家长们提供给孩子的，是他们所知能提供的最好的。

安全感圆环访谈不仅用于理解家长就圆环上的需要对孩子和自己的表征，还用以了解家长的核心敏感性。下面这些劳拉的回答帮助界定了她的核心敏感性。

当问到在她和阿什莉的关系里什么最令她痛苦，她提到学校对于作为家长的她是有压力的。"他们真的没有认识到她有多么聪明。"问及什么给了她最大的快乐，她说："当我看到她做好了我教她的事情时。"而当问到她是否愿意改变她们关系的某个方面时，她回答道："我希望自己无所不知。这样，当她倔强的时候，我就会确切地知道说什么。有时候我不得不弄明白什么是对的。如果我刚好说对了，好像总是有一把魔力的钥匙。"停了几秒钟，她接着说："我通常都知道做什么。"

这里出现的主题是，劳拉经常从表现和完美的视角来解读关系。通过表现好以及别人的认可来获得成功体验，是劳拉学到的用来处理她空洞的、受虐待的童年痛苦的方式，是她获得安慰的主要来源。因自己的成功而感觉良好，对我们所有人而言都非常重要。然而，劳拉已经学到的方式却使这个过程偏离了，取得任务的成功成为她目前维持情感生活稳定感的主要要素。她因为成功而有的短暂的美好感受（不论是她自己的还是阿什莉的），与成功需要高度投入的观念相结合，使得劳拉对她那种感到极度不重要和根本上很孤独的更加深刻的情感体验变得迟钝，或者说让这种体验待在她的意识之外。如果不是因为家长以外的成人，特别是她四年级的老师对她的鼓励，劳拉可能为了要远离痛苦的情感体验而不会去追求任何积极的东西。

劳拉的核心敏感性被界定为自尊敏感性。

感知到的稳定性是自尊敏感性的常见主题，这样的稳定性是认为我们与亲密的人"融为一体（one-minded）"的结果。另外，被一个能够完美弄清楚事情本质的理想化的他人"全然理解"的体验，提供了一种保护，确保我们不会再次经历那些和过去相关的令人痛苦的失调。对劳拉而言，亲密的体验都与她身边那些"有共同语言（being on the same page）"的人密切相关。所以，我们就不难理解，劳拉很珍视和阿什莉在一起的那些瞬间，她感觉好像"那个小姑娘真的懂我"，她以这样的方式镜映了自己的体验。谈到和阿什莉的关系中给她最大的快乐时，劳拉强调说，"当她做我做的事情，特别是我教她的事情时，就挺好的……她比其他人都更了解我，和我的性格有些细微的差别"。劳拉继续强调，阿什莉能够理解她讲的笑话，好像别人都做不到，这对她而言非常独特，然后她总结说："我们总是在同一个波段上。"在会谈中，每当谈到阿什莉的体验与自己的完全一样时，劳拉就会兴高采烈。而当劳拉觉察到阿什莉没有跟她一致时，她往往用更多消极归因来描述女儿："她想成为每个人世界的中心，希望任何事都按她的方式发展。"但是，大部分时候，劳拉勾画了一幅理想化的画面：一个独特的多才的孩子，几乎总是与母亲完美合拍、完全同步。

考虑到劳拉痛苦的成长背景和她的自尊敏感性，这位母亲已经展现出非常突出的反省自己经历的能力。此外，有些令人惊讶的是，她主动地愿意面对自己的脆弱性而不是把痛苦的过往理想化。虽然她在感到不安的时候的确会防御性地贬低他人（老师），但总的来看劳拉还是传递出学习的欲望以及有能力包容那些向着痛苦敞开的时刻（为了她的孩子）。这个工作最令人鼓舞的方面之一，就是看到孩子们能够唤醒家长隐藏的潜能，用不同于他们长期形成的防御模式做出回应的潜能。

从理解鉴别诊断的角度讲，劳拉看起来似乎过于自立，鄙视在分离主题中依恋的存在。她的主要防御动机集中在追求完美（自己和孩子）以及保持与阿什莉一直"同步"的"融为一体"的体验。这些主题与安全敏感的个体关注的主题相反。那些符合安全敏感类型的人不关心独特，较少专注于对完美的追求（但是他们可能聚焦于追求精确，精确是为了确保一个可预测的安全的世界），而可能跑向与任何一体感相反的方向。劳拉专注于追求完美的行为、完美的理解、独特的表现以及相同性，这些主题都被认为与自尊敏感性一致。另外，通过使用贬低的方式来应对自己的脆弱，劳拉有能力去面对那些与童年经历有关的不完美和痛苦，这展示了她真诚的力量。当她报告自己与阿什莉有关的脆弱情感时，全部都是因为自己不是更加完美的家长而感觉糟糕。我们问她在和阿什莉的关系里有什么想要改变的，她说希望自己总能知道如何做是正确的。找到通向完美之路似乎是她走出大白鲨之音最好的出口。

关键点

劳拉提供了圆环上所需要的基本支持，组织阿什莉的体验，没有被吓到或者恐吓。她没有呈现出与"刻薄、软弱或者消失"（COS互动评估，第七章）相关的混乱型养育行为。另外，当阿什莉处于圆环底部的时候，她也没有表现出与混乱型依恋相关的那种控制行为。劳拉为女儿的适当管理提供了足够的结构。在团聚的时候，她组织了整个过程，而不是让她的孩子来照顾和组织她。尽管母女俩在圆环底部的时候是受限的，但整个过程还是前后一致且可以预测的，阿什莉很明显使用了回避的防御策略，而且运用得足够好，确保她们能够专注于探索并保持稳定。基于上述原因，关键点便是要帮助劳拉关注到她们母女在圆环底部共有的向彼此发送的假性信号。阿什莉在分离和团聚时对于安慰的需要似乎是重点。我们相信，如果劳拉在阿什莉不安的时候能够让自己成为女儿的安全港湾，阿什莉就会有机会在和妈妈的关系中更加安全。我们设定的第二个目标是让劳拉有机会重新评估她花了多少时间来迫使她的女儿取得成功。这两个目标有所重叠，因为劳拉不论阿什莉在圆环顶部还是在圆环底部，都会迫使阿什莉获得成功，对于劳拉而言，这样的假性信号在潜意识里是为了保护她自己免受一生的大白鲨之音。

一旦选好关键点所在，我们就会仔细回顾陌生情境视频，寻找那些呈现出未充分运用的力量的瞬间。对于劳拉而言，未曾充分运用的力量就是任何她在情感上陪伴或者欢迎阿什莉靠近她的时刻，以及那些她能够纯粹地享受和阿什莉在一起而不是迫使她更有能力的时刻。想象一下，强调劳拉努力让女儿学到更多，是多么错误。没有评估和清楚的治疗方案，"基于力量"的方法有可能为劳拉的教导和阿什莉超出她年龄的早熟的智力和能力提供鼓励和积极的反馈，当然，这只会强化他们已经有的问题。

第十二章已经描述过，为第一阶段视频访谈选择的陌生情境视频片段为治疗提供了基础，把焦点主要放在未曾充分运用的能力上，还选了一个片段，通过让家长观看预示下一阶段关键问题的最小程度的挣扎，将家长暴露于有限的脆弱中。家长如何对观看和反思最初的片段做出回应，为家长展开关键问题的反思能力与关系能力提供了有价值的信息，而关键问题将使她更加脆弱。

第一阶段视频访谈

劳拉的第一次视频访谈是从突出共享的喜悦和快乐的片段开始的。重点放在共享的快乐对于孩子感受到深深的价值感是多么重要上。第二次分离用来强调，当劳拉准备离开时，她一定感受到了阿什莉对确认感的需要，因为她蹲到与阿什莉相同的高度，不仅有眼神的互动，还抚摸了她。将重点放在这个提供了安慰的时刻，而不是它受限的特点上，治疗师以此来尊重这位母亲在圆环底部满足孩子需要的天生的倾向和潜能。

分离中当阿什莉更加抗议妈妈走出那扇门的时刻，劳拉改变了努力，试图通过将阿什莉的注意力吸引到几个玩具上，来使她的女儿重新于专注于圆环顶部。在孩子不安时转移他们的注意力是常见也经常是有用的策略。但是，当孩子们需要不仅如此的时候，安全型孩子的家长经常会停止尝试转移注意力而专注于孩子的情感体验，在继续离开房间时，在返回到鼓励探索之前，为孩子提供一个在一起的时刻。劳拉除了温柔抚摸阿什莉或者说她很快就会回来以外，主要专注于通过探索转移注意力。劳拉参与并随后转移注意力，说明她知道阿什莉因为分离而需要某种形式的安慰。观看视频的时候，劳拉表示她能够看到阿什莉不想让她走,她需要一些帮助来整理她的感受。她微笑,意识到她在那个时刻提供了关怀,这在她后来意识到她很快又专注于转移注意力时得以柔化。当劳拉看到女儿用引导她留下来陪自己玩耍的方式来让妈妈留在房间里的努力时,她几乎是震惊的。"我没有看到这一点,没有注意到这个。我只想着要离开(我当时那么专注于要离开)。"这很好地表明了劳拉处理脆弱信息的能力,尽管这些脆弱的信息说明她在那个时刻并不完美,但劳拉能够看到阿什莉的难处以及对于安慰的需要,而不是立刻否认她所看到的那些重要性。她能够把团体和治疗师用作足够安全的资源来抱持她不断涌出的脆弱。

访谈的下一个阶段聚焦于阿什莉需要妈妈,特别是她妈妈在分离期间的不在。起初,阿什莉试图离开房间,她不能走的时候,她通过玩妈妈先前给她的玩具来应对她的感受(这是我们称为"妈妈的尘埃"的常见主题)。然后她开始自己唱歌。对劳拉而言,在当下熟悉的词语以及与圆环相关的路径图之内,放慢速度,从足够的距离来重新观察关系,是全新的体验,这一点对于参与圆环视频访谈的家长们而言都是同样真实的。劳拉正在看到,同所有的孩子一样,她的女儿在圆环底部时的确需要被安慰,并且会在孤独的时候想办法自我安慰。这种不断增长的觉醒意味着,把圆环中每种特别的需要都看作是适当的并予以尊重,尤其是当这种觉醒在团体设置中被家长们共同分享时。这样的认识与共享的接纳常常会打破消极程序,而消极程序来源于长期以来那种特别的需要在原生家庭中被框定为消极的。

劳拉不断获得崭新的视角,她借此看见了阿什莉的体验,开始发现她将女儿的注意力朝"玩耍"的方向引导并不是在处理女儿在圆环底部的需要。情况总是如此,这种教家长如何理解 SSP 中孩子在家长离开时的需要的情境化方案,能够帮助每个家长对旧的行为产生新的理解。让家长了解"所有的孩子面对分离都会感到痛苦"使孩子的需要正常化了,为家长产生内置的共情提供了路径,并且提供了简单的词汇来理解正在发生和尚未发生的一切。用"发送信号"和"发送假性信号"这两个词,家长现在能够观察她和孩子的行为，产生一系列"啊哈"的时刻，将防御的需要降到最低。这部分工作基于这样的假设：家长体验共情的硬联接线（hardwiring）比防御其养育错误的需要更加有力量。幸运的是，我们从事这项工作多年以来，大部分时间都见证了这一点。

对于劳拉来说，第一阶段视频回顾中最为突出的是，她的女儿其实是痛苦的，需要安慰和组织她在圆环底部的感受。摆在桌面上的问题是，劳拉从这种分离状态回来后如何帮助她的女儿协调这些需要。第一次视频回顾中让劳拉最脆弱的部分——在许多方面也是最有价值的——是向劳拉呈现第一次团聚。很明显，阿什莉没有向她妈妈展示她孤单时所表现的痛苦。在团聚的前30秒内，她在妈妈进入房间时首先向侧面转过身，并且她一直背对着妈妈，向妈妈发送错误信号。然后，她和妈妈一起走到她的医生工具包旁，一度靠得很近，以便看她的耳朵。劳拉在最初的SSP时无法注意到阿什莉的需要，劳拉跟随了阿什莉的假性信号，一起转身离去，好像她想要做的就是玩耍一样。在这一点上，我们只向劳拉呈现了团聚的第一部分，强调阿什莉重视和寻求她。在团聚的第二部分中，劳拉以重复地把阿什莉送出去的方式向她发送假性信号，这是第二次视频回顾的关键点。

因此，第一阶段视频回顾提供了干预措施的基本组成部分：劳拉能够认识到，阿什莉不想让妈妈走，妈妈走的时候她很难过，很需要妈妈，阿什莉在妈妈回来时没有直接显示她的痛苦和对妈妈的需要，而是通过使用玩具让她妈妈参与进来。

在临床上，治疗师必须在母亲自尊敏感性的挣扎中开展工作。如果她看到的片段表明，她作为一个家长可能正在犯重大的错误，她很容易感到被批评并将自己体验为一个失败者，记住这一点很重要。因此，要强调"在某些成功中挣扎"而不是纯粹的挣扎。例如，治疗师说，"你一定在某种程度上已经意识到阿什莉处于圆环底部，否则你在离开的时候不会觉得需要通过抚摸为她提供安慰。"所有干预都要尊重家长的安全需要，并认识到对养育中最重要领域的局限性所进行的任何探索都会造成养育者深刻的脆弱性，这是很重要的。

这次特别的回顾以一种积极的基调而结束，显示他们两个人一起享受阅读和笑声。在这次访谈的最后，当劳拉被问及这个过程对她来讲感觉如何时，她说阿什莉是"可爱的"，她喜欢看到那些她通常看不到的所有细节。随后，她承认有一些她没有看到的东西。然后，她说："我喜欢尝试理解她正在做的一切。我觉得我很擅长这样的事情。"当她很脆弱，承认她并没有看到所有的时，她立即不得不通过保护性地强调自己作为一名家长的能力来取得平衡。这种一触即发的"损伤控制"过程最常见于那些自尊敏感的人。没有完美地做某事，甚至"足够好"，都立即会感到失败。与自尊敏感的家长合作的中心治疗目标是帮助该人容忍适度的及不断增长的脆弱体验。由于这些体验都在治疗背景下受到监管，所以一个人可以开始了解自己，而不会被羞耻感淹没，陷入对自我的消极体验中。如果从"我很完美"的角度能学到什么的话，可以说几近于无，而如果说从相反的"我是完全失败的"角度能学到什么的话，同样是极少的。可悲的是，越是自尊敏感的人，越是仅有这样的两个角度。劳拉正在不断表明，她有能力专注于自己，能够管理自己的脆弱，这是她具有学习潜力、能更充分地运用COS干预的好迹象。

第二阶段视频回顾

劳拉第二次视频回顾中的任务是面对她的大白鲨之音的过程，并认识到她是通过哪些细节将阿什莉教导成为回避型的。关键主题是帮助劳拉确切地看到自己如何强迫女儿远离她对安慰的需要，而仅仅依赖探索作为应对痛苦的方式。为了让她准备好参与这个关键问题，我们特意选择了几个片段用于第一阶段视频回顾中，提醒她孩子是多么需要她的安慰，以及她对女儿来说是多么珍贵。当劳拉看着阿什莉在她要离开房间时孤单地留在陌生情境中，她说："我原来只以为她就是需要干点什么。"阿什莉真正需要的是她，这对劳拉而言是非常重要的信息。当阿什莉处于圆环底部时，她表现得好像她需要支持探索一样，劳拉现在明白这是阿什莉向她发送假性信号的策略。

治疗师强调了劳拉对女儿做了很多非常好的事情，然后告诉她，阿什莉在圆环底部需要安慰似乎是她的盲区。治疗师说："当她在圆环底部需要你的时候，你们两个人就像已经形成了惯例，都转而进入到探索之中。"

第一次团聚的后半段是关键的部分，阿什莉一直在努力寻求与她的接触，劳拉不断地把她推出去探索。劳拉的第二次视频回顾是在第12周期间，到项目开展的这个时间点，她对观察和分析互动的能力有了显著的提高。劳拉知道COS词汇，她了解圆环的路线图，她在相当程度上信任治疗师和其他团体成员。当她看着剪辑的视频时，她的脸变得越来越阴沉和痛苦。当视频结束时，她淹没在对自己的消极情绪中，开始哭泣，并表示："我浪费了所有的时间把她推开，而她想要做的只是拥抱我。"经过漫长的一段时间，她退缩回她自己，低着头，试图控制她的眼泪，她说："我以为我一直想和她一起玩，跟她在一起。当她需要什么的时候，当她需要和我一起做某事时，我认为我从来没有对她说过不。我以为自己是一个会停下自己所做的一切的妈妈。而且我以为我一直是这样做的。我以为我真的很擅长这么做，而且我总是因为我丈夫不这么干而对他大喊大叫。我想我也没这么干。视频显示了她多少次站在那里说'我想和你一起玩'，我却没听她说话。"

一看到自己的挣扎，她便从一个全好的（完美的）母亲成为一个全坏的（失败的）——正如前面提到的，这是自尊敏感人群的核心矛盾。治疗师在随后的时刻里选择了在一起的道路。起初，当劳拉开始表达她的痛苦时，他只是坐在那里。他给了她机会和时间去感受它，而不是跳进去安慰她或转移她的注意力。他等待着，直到她很明显地要保护性地把她的痛苦专注在她是一个多么糟糕的母亲的方向上。然后，他集中精力试图帮助劳拉记住并知道她为女儿所做的一切美好的事情，同时公开确认——错误其实就是事物不断发展的一部分："就像我们每周都会在团体里说，欢迎来到俱乐部。你和每个人一样，都有一些大白鲨之音。我想你的大白鲨之音恰恰发生在这里，你看到阿什莉需要安慰，因为她开始感到难过，所以为了应对这一切，你鼓励她探索。我也认为你有权拥有这种大白鲨之音，因为我很确定，当你感到难过和孤独的时候，不曾有人给过你安慰。"劳拉承认这一点，慢慢地从她刚刚体验到的羞耻感的紧张中恢复了过来。她环顾房间，家长们都静静地近乎虔诚地坐着，有些家长早已热泪盈眶。

这项工作的目标不是剥夺家长的痛苦，而是要在安全和关怀的关系中帮助她体验自己的痛苦，这有助于增加与痛苦共存而不进行自我攻击的可能性。在劳拉的案例中，当她正在攻击自己时，她实际上体验到更少的痛苦，这样的痛苦难以确定是什么，但是这种痛苦能够保护她对抗那种孤独地处于圆环底部却得不到任何支持的更深的痛苦。正是这种潜在的痛苦驱使她采取回避的行为，对安慰的需要及对悲伤、恐惧和愤怒的调节需要置之不理，不论这种需要源于她自己还是女儿。自我攻击是一个程序性记忆，劳拉记得在她父亲身上看到过，也是她成长于一个几乎或根本不能提供支持的家庭中所发展出来的激励自己做得更好的方式。

"劳拉，"治疗师说，"我有一些好消息，也有一些坏消息。坏消息是你很早就学会了你的大白鲨之音，并且你已经开始教你的女儿了。好消息是，现在还不算太晚。事实上，对阿什莉的一生而言，学习一些你迄今还没有机会学习的东西，现在还是很早的。我有一些非常好的消息，如果你看看这个视频，你会看到阿什莉在寻求你时非常坚持。我已经观察这一点很长一段时间了，当我看到这部分时，我看到一个孩子期待你会做出回应——这个孩子没有以任何方式放弃她终将会得到它的希望。"治疗师进一步强调，"有时你回应她，有时候你没有。如果你根本不曾回应她，她早在很久以前就放弃努力了。你是不会不停地敲打一扇从来无人应答的门的。我想你的舒适区是鼓励探索，那么现在你看到，她想要的不是玩具——她真正想要的是你。"

自尊敏感的家长常常认为他们对孩子的价值在于他们所做的事情。让他们看到他们的孩子仅仅看重他们是谁，这对他们来说是新闻。当被问及谈论这部分是什么感觉，劳拉说："好可怕。我的意思是这很好，因为我想为她做这些事情，但我一直觉得我已经为她做了这些。在女儿生命的头两年，我和她一起待在家里，我所做的一切都是我认为她需要的。我成了一个不同的人，一个更好的人。我只是待在家里阅读并学习成为一个好妈妈，而不是整夜与乐队一起喝酒。我读了可以在网上找到的所有书，买了大量的书籍和杂志。我做了一切似乎正确的事情，我买了所有正确的玩具。阿什莉想要的一切只是坐在我的腿上，而我却把她推开了。我曾经努力做的一切都只是她所需要的东西，我甚至不曾看到她真正想要什么。"

治疗师回应说："有时候你这么做，有时候你不这么做，现在你知道这是你的分割边缘。虽然观看这部分非常痛苦，但了解这点将有助于你思考如何做出选择，以回应她对安慰的需要。给我留下深刻印象的是你多么想要做到这一点——你真的想这样做。你改变了自己的生活，你已经为她付出了很多，我们看到的正是你所付出的一部分，这是你的成长边缘（growing edge），而这是你从来没有得到过的。就像我几分钟前说的，你没有得到过这个。当你需要安慰的时候，没有人在那里。"劳拉看上去放松了下来，说："我知道。"重要的是，这里要注意，治疗师有意选择了"分割边缘"和"成长边缘"这两个术语，以这样的方式吸引劳拉自尊敏感的视角。这些词意味着成长和学习，因此可能使她更能接受这个信息。

最后的片段是阅读情节的一部分，阅读过程高度互动，并没有仅仅专注于完成任务。最后这个片段的重点是母女俩的联结能力，以及劳拉可以在这个活动中真正陪伴并回应阿什莉。她无法像在第一阶段视频回顾中欣赏她们的阅读那样享受这个片段，因为她还在受着她可能失败的感觉的影响。对她来说，她在阅读上的成功似乎太小了，无法弥补将阿什莉推开的更大的"错误"。她说："我当然可以阅读。"这次访谈在合理的可接受的基调中结束，很明显，劳拉是带着挣扎离开访谈的，她要在承认自己的大白鲨之音和核心挣扎的同时，努力保持对自己的积极感觉。

第三阶段视频回顾

在第二阶段视频回顾结束几周之后,劳拉和阿什莉参与制作了新的互动视频。拍摄开始时,两人一起吹泡泡,接着是修改后的陌生情境(没有陌生人)、一次分离/团聚、书本阅读和清理。拍摄的目的是让家长有机会使用他们的新知识,以便治疗师和团体可以庆祝每个家长的成功,并继续确认在最终的视频回顾中的挣扎。

劳拉和阿什莉开心地玩泡泡,劳拉因她而喜悦,几乎没有了以前的成就压力。在分离过程中,阿什莉显然很难受。团聚时,阿什莉的表现与她在第一部视频中的行为相似,通过表现得好像她需要的就是支持探索而歪曲她对安慰的需要。最大的不同在于,劳拉知道她的女儿处于圆环的底部,是需要安慰的。这对家长来说可能是一个尴尬的过程。现在,他们想安慰他们的孩子,但是孩子们仍然运用他们早已确立的假性信号模式。家长不能强迫孩子寻求安慰,但必须寻找机会来做出回应并传达出他们就在身边的信息。家长有时会试图拥抱孩子,而孩子会保持在他的防御模式中并试图离开。当这种情况发生时,家长可能会感到被拒绝,感到沮丧。在团聚期间,劳拉马上走向阿什莉,亲了亲她的脸颊,而阿什莉把头扭开了。然后劳拉坐在地板上,面对着阿什莉,回应了她对玩具的兴趣。当劳拉把玩一架假相机时,阿什莉向她要相机来拍照。当劳拉给她相机时,阿什莉滑倒了,膝盖撞到了玩具盒上。劳拉用这个机会亲吻她疼的地方。阿什莉接受了妈妈的吻,但似乎有点保留。然后劳拉邀请阿什莉坐在自己的腿上,她为了和妈妈一起假装拍照而欣然接受了邀请。阿什莉很快就想出去玩其他玩具。起初,联结的主动权来自妈妈。劳拉停止尝试之后,阿什莉开始主动寻求妈妈,阿什莉来到她身边,"玩"医生的工具箱。这当然令人联想起了第一部视频,但是这次劳拉始终保持回应,而不是强迫去获得成就,而且这个过程对他们来说都是愉快的。随着使用医生的工具,阿什莉能够触摸她的妈妈,并且靠近她。

在这最后一次视频回顾的开始,劳拉跟团体开玩笑,说起她在上一次视频回顾时全程是如何"哭泣"的。"当她想要我的时候，我太差劲了，我真可怕。"团体试图安慰她，而治疗师只是提醒她，所有的家长都会有挣扎，他很感激她愿意如此脆弱并看到发生在她与阿什莉关系中的挣扎。"一旦我们知道了我们的大白鲨之音，就会发生那么多以前不可能发生的事情。然后，我开始超越我自己。我想你会在几分钟内准确地看到我所说的话。"接着，视频回顾开始了。

第一个片段是他们两个玩泡泡，劳拉看到了喜悦。她表现出她感到多么脆弱，她说，如果她不能看到"因我而喜悦"的时刻，她将不得不把整个课程重新再来一遍。她表示她在等着看到一个让她像上次那样感觉糟糕的剪辑片段。

这次访谈大部分是在帮助她从积极的角度看自己，即使她不是完美的家长。看到团聚后，她能够看到阿什莉需要安慰和用探索发送假性信号。劳拉很欣慰地看到，当她来到女儿身边的时候，她没有把阿什莉推开，她知道不必再看到自己把女儿推开而能够放松下来。最后，她说这次回顾比上次好多了。

在最后一次团体访谈中，劳拉被问到："参与团体最有价值的和最困难的部分是什么？"劳拉认为最有价值的是知道阿什莉是多么需要她，即使她表现得那么独立。最困难的是看到自己在那些现在看来明显她被需要的时刻把阿什莉推开。

在干预后的陌生情境中，阿什莉被评定为安全型。

在玩耍阶段和所有过程中，劳拉都没有强迫阿什莉做得更多或更好。劳拉的确在阿什莉要求帮助的时候进行了一些教导。在团聚的时候，阿什莉会走近一点，但是劳拉在等待她过来的时候却对耐心等候充满挣扎，所以她会用亲吻或者拥抱来接近阿什莉，这对阿什莉来说有些太快了。慢慢地从回避转变为把妈妈作为安全港湾，阿什莉似乎还居于中间阶段。当劳拉靠近得太快时，阿什莉通过指着一个玩具并挪到一边去进行探索来向妈妈发送假性信号。劳拉正在努力做正确的事，当阿什莉没有回报时，劳拉将会留出空间，等待阿什莉进来。这是一个艰难的过渡时期，劳拉知道"应该"如何工作，但必须按照阿什莉的步伐做出足够的调整。总体上来说，阿什莉能够在感到沮丧的时候把母亲作为安全港湾，也能够把妈妈作为安全基地去进行探索，从而被评定为安全型。劳拉在她们母女的互动中表现出更多的喜悦，能够跟随阿什莉的兴趣，几乎不再带有要取得什么成就的压力。

干预后的安全感圆环访谈

在干预后的安全感圆环访谈中，劳拉表示，当她从单面镜后面观察阿什莉时，她可以看到女儿需要的是她和自己在一起。她可以看到阿什莉的痛苦和对妈妈的需要。当问及她是否认为阿什莉需要安慰时，她说："是的，这不过是因为我上过课而已。现在我能更好地读懂她的信号。之前，我只是以为她想玩，现在我知道她只是想让我和她在一起，稍微组织一下她的感受并与她一起待在那里。以前，我会以为我走了她是没有问题的。"

当被问到"你认为参与安全感圆环项目对你和你的孩子有怎样的影响，不论是以积极的还是消极的方式"时，劳拉说："我认为大部分是积极的，它帮助我读懂了她的一些假性信号，而她发出很多的假性信号。它也帮助我理解了一些事情，我为什么在有些时候会有那样的行为方式。这对我来说真的很难。我对自己很挑剔，当我从视频中看到那些不积极的内容时，我就变得很挑剔。我仍然在为此折磨自己，我还是很难处理这些事情……对我来说真的很难。但总的来说，这是一次非常积极的体验。"

第十四章

安娜与萨姆

　　安娜是一位单身母亲，工作时间长而工资很低。她3岁的儿子萨姆被诊断患有脑瘫，在运动技巧和言语方面都有重大问题。萨姆可以爬行，但没有协助就不能走路，语言技能非常有限。安娜加入COS计划是因为她对学习更多的育儿知识感兴趣。

摄入性访谈

　　在最初的访谈中，安娜说萨姆每周都参加物理治疗和语言治疗。他每天还参加启蒙项目。萨姆出生时是早产，出生后2个月一直在新生儿重症监护病房。在他生命的第一年里，他动了好几次手术，每次都需要长期留在医院里。安娜说，有很长一段时间，她不确定萨姆能活下来还是会死去。

　　萨姆的身体和情感需要对安娜来说非常苛刻。她非常乐于为孩子付出，决心照顾好萨姆的医疗需要，她设法让儿子按时参加每周多次的每一个预约而很少抱怨。

互动评估：陌生情境实验

　　安娜先进了房间，萨姆紧随其后爬进房间，迅速移动到地板中央的玩具箱那里。安娜把她的钱包和萨姆的夹克放在沙发上,坐在相邻的椅子上。萨姆径直走向夹克,把它从沙发上拿了下来。安娜用有点儿淡漠的语气问,他是不是想穿上他的夹克。萨姆看着他的母亲,说是的,安娜短促地转移开目光,说:"好的。"安娜一回头看向萨姆,他就很快扭头看别处。在评估如此早的阶段,还没有任何结论,但我们首先可以说这可能是母子俩避免目光接触的一种方式。

萨姆没有穿他的夹克,回到了玩具处。萨姆探索的时候,安娜似乎很留意,但只要他朝她的方向做手势,她总是以最少的回应保持一副情感匮乏的样子。她仿佛正在从一个有点隔离开的地方研究她的孩子,就好像她从单面玻璃后面看着他似的。当萨姆把所有的圆圈都从堆积环玩具上拿下来的时候,安娜用微弱的声音问他:"现在你打算怎么办?你认为你能把它们放回去吗?"萨姆这样做时,安娜数着圆圈。当萨姆完成后,她走向他,拍了拍他的手,说:"耶。"自从她走进房间后,她第一次笑了笑,和他拍了拍手。在整个第一阶段,他们一直共同专注于他的玩耍,结束时,萨姆从医生工具包中拿起一个玩具听诊器,并开始与他母亲的第一次身体接触。当他把听诊器放在她的心脏上时,萨姆和安娜第一次进行了热烈的交流,欢笑着分享喜悦的目光。评估只有3分钟,这对母子似乎混合了力量和挣扎:安娜对于情感可用性的舒适区似乎有限,而萨姆明显想接近他妈妈。同时,他们显然有能力彼此分享情感。

当安娜离开的时候,萨姆似乎接受了分离,没有抗议并继续探索,几乎就像他的母亲没有离开房间一样。他与陌生人短暂地交流了他正在玩的玩具,并没有发现任何可见的情绪困扰的迹象。考虑到萨姆每周接受专业人士帮助的次数,他很可能已经习惯了被留下与替代照料者在一起。

在团聚期间安娜问候萨姆,说"嗨",并给了他一个微笑。他很快地报以热情的微笑,然后说"嗨"作为回报。当安娜问他,她不在的时候是否玩得开心,萨姆没有回答,而是很快转过身去背对着她,专心地玩一盒玩具。他转身离开时,安娜似乎不高兴。萨姆随后把一个布娃娃放在一个较大的玩下，安娜问他对宝宝做了什么。当他们谈论娃娃时，萨姆话锋一转，指着自己的腿说"疼"。萨姆用手指点着痛处，安娜走近了去查看。安娜责备他说"别管它"，她的声音中透着些恼火。萨姆看着安娜，继续抓着他的腿。然后安娜对着萨姆弯下腰，亲吻了他的"疼"，问他现在是不是好些了。萨姆马上开始又点着痛处。安娜说："我想你应该别管它。"但萨姆继续戳弄。安娜脱口而出，"住手"，突然把他的手臂拽开，以便他不能继续在自己腿上戳来戳去。萨姆看着他的妈妈，又开始戳他的痛处。安娜又一次说，"住手"，把他的手从他的腿上拽开，萨姆直视着她，说："不。"安娜朝他微笑，萨姆叉起胳膊，然后安娜模仿他，开玩笑地也叉起胳膊。萨姆嘟囔了一句"不"，安娜也嘟囔了一句"不"。安娜问萨姆是不是疯了，萨姆说"不"，然后他又用手指戳他腿上的痛处。安娜又一次说："别动了。"而萨姆又戳了戳痛处，以此表示他不打算住手。然后安娜开玩笑地把手伸向他的肚子，挠他的痒痒，同时把他的注意力转移到另一个玩具上。

团聚以快速的问候而开始，萨姆没有寻求任何安慰，很快就转身背对着他的母亲并专注于探索。随后，他们的互动慢慢升级为一场挣扎，萨姆变得越来越对立，安娜对此似乎既不喜欢也不欢迎。团聚以一种玩笑的游戏而告终，他们在游戏中互相模仿对方说"不"，然后通过把注意力转移的方法，摆脱了挣扎的升级。

第二次分离非常像第一次，安娜离开时，萨姆接受了分离，没有说什么，也没有注视安娜。他继续他的探索，只是在大约独自待了2分钟后出现了这样的一个瞬间，他停止了玩耍，一遍遍地摸自己的头发，看着他母亲走出去的那扇门，目光中流露出痛苦和渴望。

当第二次团聚安娜进来时，萨姆用手和膝盖支撑着，望着窗外。安娜向萨姆走过去，站在他身后，问道："你在看什么？"他们谈论了一会儿萨姆在看什么，当萨姆转过身朝向房间时，安娜开始走开，有时会短促地转向他，他们有过几秒钟的目光接触。安娜坐在椅子上，问他是否玩得开心。萨姆说："不。"安娜问："你想做什么？"萨姆说"再见"，表示想要离开，安娜说："我们现在不再见。我想让你玩玩具。"萨姆又说:"不。"安娜笑了,萨姆又多次说"不"表示抗议。安娜用调侃的语气告诉他,他是个"骗子"。萨姆猛地冲向一个玩具,一边兴高采烈地玩那个玩具一边直视着安娜。萨姆的残疾使得他很难正确地使用那个玩具,他也努力地移动玩具上的运动部件。安娜在尝试帮助萨姆与用访谈早期呈现出的那种淡漠抽离的面部表情来观察他之间摇摆不定。当安娜为了让萨姆用起来更方便而转动玩具时,萨姆立即爬行并重新定位自己,这样一来,相对于安娜转动之前的玩具,他便处于和原来完全相同的位置,他这么做好像是说"我不需要你的帮助"。在这次互动中,萨姆任何时候都没有向安娜表示他想要她的帮助。

萨姆的依恋策略被评定为不安全型。

陌生情境在这一点上正式结束。我们所观察到的是,萨姆在分离时没有表现出明显的痛苦,只有他独自一人时的几个短暂的瞬间,他才允许足以被看到的痛苦出现。团聚的时候萨姆发送假性信号,专注于探索,尽管他的情感杯没有被填满,但他并没有去向安娜寻求安慰。当然,这与回避型依恋是一致的。令回避不寻常的是萨姆和妈妈的慢慢升级,他的依恋需要一度被激活,他变得有些对立,而安娜却微笑着逗他。还有一点非常突出,安娜看起来在情感上是那么疏离,表现得情感淡漠甚至不在场,而当萨姆似乎在努力使用玩具时又突然进行了干预。

关键挣扎是,当萨姆的依恋被激活时,他发出了假性信号,表现得好像所有他想要和需要做的就是探索。这又与回避型依恋一致。此外,萨姆最终表现出对立的行为,而安娜对他的对立发出了混乱的信息。萨姆的对立行为没有受到控制,安娜显然是要负责任的,所以他的模式不符合混乱型依恋的标准。同时,这种模式很令人困扰,有可能在他们的关系中造成距离和挣扎。

如第八章所述,COS 互动评估为 SSP 增加了阅读和清理的环节。当安娜问萨姆是否想让她坐在他身边读书时，萨姆很快说："是的。"他们离沙发大约有3米远，安娜主动提出帮萨姆走到沙发那里。他们两人站在一起，安娜握着萨姆的手，慢慢地，萨姆笨拙地蹒跚着穿过房间，几乎没有一步是协调的，而安娜一直温柔地握着他的手，鼓励他走路。这段互动里有一种脉脉的温情，非常引人注目，足以让团体里许多人都泪眼婆娑。当萨姆和安娜到了沙发上，安娜问她儿子是想坐在她身边还是愿意坐在她腿上，萨姆简单地回答说，"是啊"。萨姆坐在安娜身边，他们一起阅读《野生动物在哪里》，萨姆慢慢依偎进安娜的怀里。他们商议好，安娜负责阅读，萨姆负责翻页。有一次，萨姆翻得太快了，超过了安娜的阅读，安娜只好让他倒回去，更慢一点翻页。这一次没有升级或对立出现。在故事的结尾，他们带着显而易见的情感彼此注视，萨姆说，"都读完了。"安娜热情地回答说："是的，都读完了，结束了。"萨姆合上了书，微笑地看着安娜的脸："是的，结束了。"

在清理的环节，萨姆起初轻声说："不。"安娜负起了掌管的责任，经过一番斗争，萨姆转而与安娜合作，把玩具整理了起来。安娜表现得温和而坚定，并帮助萨姆努力把一些玩具重新拼在一起，然后才把它们放进玩具盒。

现在治疗师面临的挑战是弄明白这一切。安娜可以非常亲切和温暖，也可以很抽离，有些"不在场"。她能够用她的热情和权威负起责任，非常善于为萨姆的努力提供支持。她也很专注于萨姆在圆环顶部时是能干的，但似乎并没有为圆环底部提供任何明显的缓解。考虑到萨姆身体上的抗争，所有这一切都呈现出另一层复杂性。安娜身边围绕着许多专业人士，告诉她如何最好地帮助萨姆在精细动作、大运动技能以及语言和认知发展方面取得进步。有一个需要被问到的问题与以下几点有关：我们看到安娜在陌生情境中的表现有多少是安娜原本就有的，成为目前萨姆的内隐关系认知；他们共有的行为有多少是源自其他专业人士的教练作用。有一点可以肯定，萨姆没有伪装他的回避，他们之间的挣扎升级显然是他们目前所知道的调节亲密与自主之间紧张的一个方向。可以假设，如果目前这些模式继续下去，萨姆将无法把他的母亲当作情感的安全港湾，他会越来越不得不在母亲有限的帮助下去理解那些复杂情感。如果挣扎升级的模式持续作为调节联结的方式，这种共同的假性信号便很容易使萨姆在他与安娜的关系中发展得越来越对立。

家长知觉评估：安全感圆环访谈

安娜被问到，她在 SSP 中离开萨姆的时候，她认为他有什么感觉，她说："我认为他很好，我不想对此大惊小怪。他知道我马上就回来。"她停顿了一下，然后补充道，"我很惊讶他没有那么在意。"安娜似乎在说分离没什么大不了的，他很好，但她也透露了觉得自己不被需要的潜在的担心。尽管在任何意识水平上还没有清楚地认识到这一点，她是否在让我们知道，当她程序性地倾向于他在圆环顶部与她保持一定距离时，她自己在圆环底部未被关照过的需要也正在被触发？也就是说，她是否对此持有复杂的感情，既希望他能够独立，又觉得他的独立太过遥远，是他不在乎的标志？当被问到她离开时有什么感觉时，她说："不错……我喜欢看他做东西。"她站在单面镜后面观察萨姆时，我们问她认为他需要什么，安娜说："我认为他真的不需要什么。"除了对萨姆想要太疏远有过一些沉默的表示，安娜似乎没有看到他在圆环底部的需要，而声称最喜欢看他在圆环顶部的积极主动。

当安娜被问到萨姆需要安慰时她有什么感觉，她说："有时候我不知道——这可能是因为他有特殊的需要——有时候这对我很难，他因为那些他不能做的事情而需要安慰，比如跑步。他想去做，然后就会因为这样的事情觉得难过：他会站起来，试图抓住东西，步行和跌倒，这时他就需要安慰，就像他伤害自己的时候一样。不是长时间的摔倒，他需要安慰是因为他沮丧，因为他不能做这样的事情，他的感情有些受伤。只是我真的很难眼睁睁地看着他那么挣扎。不是因为他的残疾而去安慰他似乎更容易。围绕他的残疾问题，我真的没有什么可以做。想到有些东西本来能够有所不同却没有，很难，就像在他那么早产之前，有些事我本来能够做却没有做。我还有很多……我过得很难。"

涉及萨姆的残疾，安娜对于安慰他充满挣扎，因为她觉得无力做任何事情来帮助他，这激活了她未解决的罪恶感，她觉得可能是她自己怀孕期间的行为导致了萨姆的某些问题。后来，她被问及在与萨姆的关系里是什么让她最痛苦，她说："看着他比其他同龄的孩子更艰难。"她讲述了一个故事，就是带萨姆去一个其他孩子玩耍的公园。当萨姆和其他孩子玩的时候，他在爬，他们在跑，有些孩子对他那么慢感到不耐烦，因为他们在等着他完成，这样他们就可以轮流穿过一条大塑料隧道。当安娜还在试图决定让萨姆继续玩下去是否安全，她是否可以做点什么来帮助萨姆的时候，另一个家长走过来，告诉她萨姆太大了，不能再爬了。这使她很生气，但安娜更关注萨姆的安全，而不是对抗这个人的不敏感，她断定继续玩下去太危险。她试图让萨姆离开，萨姆变得非常沮丧。安娜觉得很糟糕，因为萨姆不明白为什么他不能玩，因为妈妈终止了他的乐趣而非常恼怒。"我再一次想到，他早产那么多，我本来可以做些不同的事情，我却没有。"安娜总结道。

可以理解，应对因为孩子的身体受限而萌生的情感，对于任何家长都是很艰难的。但是，当她源自他身体困境的情感与她对自己在他早产时可能的作用以及他的脑瘫是如何造成的这两个方面缺乏解决方案结合在一起时，她的艰难程度便增加了。不仅如此，她程序化的习得倾向使她在圆环底部避免安慰和亲密关系，她由于多种原因而选择对儿子保持某种水平的情感淡漠，这其中也隐藏着问题——这可以说是他们母子应对持续困境的秘诀。即使没有避免圆环底部需要的倾向，安娜也正在下列过程中不断挣扎和努力着，这对重大残疾儿童的家长而言是很难的：①哀悼本来可能会拥有的孩子的丧失。②接受孩子本来的样子。③适当地解决自责感或羞耻感。

随着COSI访谈的进行，我们可以确认，令安娜艰难挣扎的不仅仅是与萨姆残疾有关的未曾解决的情感。正如在整个SSP中显而易见的是，她关于圆环底部需要的内隐关系认知组织了她在世界上的存在方式，所以她强迫性地自给自足，不依靠别人的情感支持，而她现在正教她的孩子程序化地做同样的事情。

当被问到她小时候需要安慰的时候，她做了什么，她回忆了自己不曾被人安慰的成长史，在任何时候，只要她表现出需要安慰，那些她依赖的人都会变得疯狂。她的父亲虐待她。她的母亲在她 5 岁时离开了，她和父亲在一起住了几年，然后回到母亲身边，她母亲一心想着交男朋友，在情感上拒绝和完全不在场之间摇摆。安娜在很小的时候就学会了自给自足，包括在她 7 岁的时候打理家务和做饭。当她想引起关注而得不到的时候，她记得自己很愤怒。最终她学会了不再期待，甚至不再想要关注。她在 9 岁时进入寄养家庭，因为儿童保护服务部门认为她的母亲忽略她。她住过好几个寄养家庭，说她痛恨他们对待她的方式。她在 14 岁时逃离寄养家庭，和朋友们住在街上，一起"沙发漫游"，直到 17 岁的时候怀上了萨姆。

安娜的早期依恋经历要么是照顾者不在场，要么是照顾者很可怕，虐待她。同时，如同 SSP 已经证明的那样，安娜有能力在与萨姆的关系中始终担负责任，没有任何明显的角色倒置或扭曲的迹象，表明她发展出了足够的内部一致性，从而避免被认为是混乱型。要理解安娜依然在试图保持距离的主题和需要，识别她为了消除痛苦的童年而在生活中使用什么防御策略的特定主题，将是重要的一步。因此，确定她的核心敏感性是至关重要的。

在 SSP 中观察到的最明显的策略是她倾向于维持和支持高水平的自给自足。鉴于她童年依恋关系的性质，她显然已经学会了不期待情感并消除在圆环底部的需要。安娜的自给自足、避免依赖以及对分离显而易见的接受显然不是指向分离敏感的方向。对于不愿意为圆环底部的需要提供情感陪伴与回应的家长，更为常见的选项会是自尊敏感性或安全敏感性。

安娜在 COSI 期间没有花任何时间试图让访谈者留下深刻的印象，她也从来没有表现出对自己或她儿子的特殊性的关注。她没有表现出对萨姆拒绝她的警觉，并且考虑到她愿意在 COSI 公开坦露她作为家长的挣扎，她似乎并不关心成为完美的家长。当安娜和萨姆在 SSP 过程中意见不同时，她没有自我保护地贬低萨姆，在 COSI 中讨论她的家长而她显然很脆弱的那几个时刻，她也没有这样做。她似乎并不在意别人怎么看她——公园里的事件就是很好的例子——因此，自尊敏感性也被排除。

安全敏感性开始变得最有意义。她似乎符合这种特定的核心敏感性，譬如她的回避倾向、强迫性地自给自足，以及她在 SSP 期间情感上远离萨姆然后又重新融入的主要防御。此外，她在与萨姆分享和隐藏她的温暖之间交替的方式，呈现了亲密与距离之间的舞蹈，这对于安全敏感的人来说是常见的。此外，治疗师的反移情成为重要的线索：他不断注意到他在保护她的边界，对于是否对她有侵入性或"过分"很谨慎。一旦治疗师校准了他对每个核心敏感性的情绪反应，反移情可以成为核心敏感性的有力指标。关于侵入性和保护她免受过多紧张的主题符合安全敏感类型。

安娜的核心敏感性被评定为安全敏感性。

关键点

最重要的关键点是他们的回避型关系，以及萨姆是怎样不将安娜用作安全港湾的，而这是圆环底部那半部分的目标。关键点包括对立性的调侃/升级，我们认为这是安娜的一种保护性假性信号，用来代替直接联结，特别是在萨姆的依恋被激活并且他的情感杯不满的时候。为了达成这个目标，首先，安娜有必要领会她儿子在圆环底部对她的依恋需要的真正性质。其次，她需要对比她与萨姆在一起的两种方式以及对他的影响：当萨姆与他的残疾限制进行抗争的时候，当萨姆在分离之后对她有需要的时候，她表现出的温暖及情感的可用性与抽离。注意到她如何用混乱的信号回应他对她的需要，被认为是即将进行的干预的中心主题。

这些目标符合安娜安全敏感性的内部工作模型。当她具备实际执行功能的时候，她对亲密感到更为舒适，只要她不具备确定的功能，她就会回避亲密和情绪强烈的时刻。当萨姆在团聚后感到沮丧时，她无法做点什么来解决某个具体"问题"以消除萨姆的痛苦，这一点最显而易见。与萨姆的痛苦在一起，没有确定好的解决方案将安娜重新带入了她的大白鲨之音——那些当她需要安慰和保护时却缺乏养育者支持的回忆与感觉中。她学会强迫性地自给自足而不指望别人，才得以从她的童年活下来。当孩子们心烦意乱时，所有养育者都有无法使痛苦消失的时刻。在这样的时刻，养育者真正无助于解决问题，必须忍受某种情感上的无助，唯一的能力是在他/她的痛苦里与孩子在一起。管理脆弱与无助的情感是每一位家长工作描述的一部分。由于萨姆的残疾，安娜不得不要比许多家长处理更多这样的感觉。加之她充满了虐待和忽略的成长经历，可以理解的是，面对情绪上的需要，她不想回到无助的感觉。

安娜似乎对她的积极感觉也很谨慎。许多透过安全敏感的视角来看待关系的人感觉到，强烈情绪的表达与体验，特别是与亲密体验相关的表达和体验都"太过了"。因此，他们致力于评估任何潜在的亲密体验及与之相关的情感，通过保持身体或情感上的距离，管理所知觉到的被卷入的风险。半进半出的折中办法可以保护安娜不受困于其核心困境：亲密意味着太接近，会触发侵入、危险及被控制的记忆与感觉；离远则意味着太远，将唤醒包含着难以承受的孤独、毫无联结希望的成长经历。安娜真的希望与她的儿子有联结，不仅是为儿子的幸福，也是为她自己。她对联结的渴望是激励她成为家长的与生俱来的健康及积极意图的组成部分。但是，一如往常，大白鲨之音就是从我们成长过程的痛苦经历中演变而来的。

对于安娜而言，大白鲨之音是与亲密相关的风险的代名词，其中包括每当她处于圆环底部的时候，她的养育者回应其需要的方式是多么糟糕。对于施虐的父亲和依赖安娜、要求被照顾的母亲的记忆，构成了那个"太过"，这是安娜现在正与萨姆体验到的亲密中力求避免的。此外，当萨姆需要亲密感来调节他无助的体验时，安娜可能会被淹没在她已经遗忘的需要（和与之相关的渴望）中，所有这些在她的童年时期都不曾被满足过。因此，关键目标是鼓励安娜与萨姆在一起，不论在圆环底部处于积极还是消极的情绪状态（喜悦，安慰，整理感受），该目标将会挑战她隐含的关系史，要求她以新的方式理解并充满希望地应对她的大白鲨之音。

第一阶段视频回顾

安娜是该团体进行视频回顾的第二位家长,所以对此过程有一些熟悉。视频回顾开始呈现的是两人一起合作、享受阅读的片段。这个剪辑片段的结尾是他们望着彼此的眼睛,微笑着,萨姆说"结束了"。安娜的关注点在于她如何努力让萨姆参与合作并对阅读活动感兴趣。当治疗师指出他们共同的喜悦时,安娜变得忧郁,开始向内部世界退缩,明显有些若有所思。显然,强调她的温暖使她开始退却,几乎从谈话中抽离出去。考虑到在她的成长经历中,她侵入性的家长几乎不可能与安娜有过分享喜悦的时刻,在干预的早期阶段,不再进一步追究这一点才是恰当的。如果那么做显然是"太过"了,会触发安娜的进一步退缩。从视频回顾开始便引入共享的喜悦,同时读懂安娜"这个话题充满痛苦"的信号,具有双重的重要性。首先,它尊重安娜和萨姆共有的可爱天性,这是他们关系中心基本的共同喜悦。其次,它尊重家长给治疗师的信号。认识到这个主题很重要,同时也认识到安娜需要慢慢来是建立治疗联盟的一部分。

下一个剪辑片段呈现了安娜在团聚期间亲吻了萨姆的"疼"。这个吻被安娜解释为积极的参与,然后简单地探讨了随之而来的戳弄痛处的挣扎。安娜看到了萨姆的对立,并说她自己脾气不好,只要萨姆惹她生气,她就不得不走开让自己冷静下来。治疗师把萨姆的行为标识为"争强好胜",问安娜是否喜欢她的儿子争强好胜。她笑了起来,承认她是的。然后,她讲了还是个婴儿的萨姆为了在外科手术和残疾中活下来而战斗的故事。她的确需要一个迎难而上的儿子,没有意识到这已经明显地强化了萨姆在他们关系中的对立性。"萨姆一直是个战士,这帮助他活了下来。"安娜开始表现出反思能力。而且,她正在让治疗师了解,在她与萨姆的关系中,她与生俱来的同理心非常起作用。"我觉得他经常让我抓狂,但他并不是真坏。几乎好像是他想与我联结一样。"对通常被视为消极的行为进行积极正面的归因，是这位母亲与她儿子未来的另一个很好的迹象。在这一点上的关键问题是：当她探索他们关系中不安全的方面时，她是否也能够看到她自己的动机是积极的？

下一个片段显示的是安娜的参与和她的淡漠/抽离之间的对比，当时萨姆在跟其中一个玩具较劲。视频中萨姆搞不懂怎么使用那个玩具的某个片刻被强调了出来，安娜表示，每当看到这种情况发生，她真的很讨厌。"我讨厌看到他和他的残疾做抗争。"视频中萨姆看起来最挣扎的时候，是安娜最心不在焉的时刻。她的反应被认为是她看到萨姆艰难挣扎时管理自己痛苦的方式。她接受了这个解释，但并没有与治疗师或团体进行任何情感交流，而是明确地选择退出这个进一步探索她可能在生命的每一天都在感受着的痛苦的机会。在这一点上，她对她的行为进行了反思并在认知上参与，同时与治疗师以及视频所讲述的故事强度在情感上保持着距离。鉴于这是她第一次谈论她的体验，而她早已经在成长过程中学会了完全靠自己应对一切，所以，容许自己在别人面前展开这些画面，她承担了巨大的风险，并表现出了非凡的勇气。然而，我们再一次假设，她正在密切关注治疗师对推动她太快和太远的问题上所持有的敏感程度。他对她的安全敏感性的理解，对于与隐含的侵入感有关的一切都保持尊重，在评估干预措施如何展开方面是有益的保障。

最后一个剪辑片段是安娜帮助萨姆走到沙发上阅读。看完这段视频，她接着说："有时候他那么贴心。"始料未及，治疗师突然意识到自己已经热泪盈眶。安娜也在强忍泪水，同时允许自己在团体进程的这个时刻感受到更多的感觉。她转移了目光，治疗师担心，如果她朝他看过来，觉察到他们共有的悲伤，她会有何反应。他当时的困境是："如果她看到我的眼泪，对她来说，我可能太过了。可是，如果我转移目光，我可能会触发另外的关于有人不在情感上陪伴回应她以及不尊重她对安全联结的需要的记忆。"安娜通过与治疗师保持距离，不看他或其他任何人的方式解决了这个困境。可以假定，她正在程序化地实践她所学到的方法以处理痛苦："我只能靠自己，所以我需要离开，自己搞定。"

大约30秒钟后，治疗师打破了沉默，说："当你为你的儿子提供他所需要的支持，帮助他诸如走路这类事情时，我想你可能正在努力应对你自己的痛苦。"她的眼泪更多了。房间里很安静，直到过了一会儿她才开始说话："我花了好长时间才接受他的残疾。他可能不会走路，永远也不会跑。"她一边哭一边把头转过去，说她不想说这些。她抱着头，默默地哭了大约30秒。然后她抬起头，含着眼泪说："萨姆在那段视频里看起来那么快乐，但他的生命里却发生了这么可怕的事情。"安娜又转过身去背对大家，把脸埋着，哭了起来。等到她的眼泪消退后，治疗师说，很明显，她真地是在帮助她的儿子。安娜说她很幸运，萨姆像他一直以来那样表现得很好。然后她为她的眼泪向团体道歉，团体中立刻有几个人跳进来说："不要道歉。"其中一个明显是分离敏感的母亲立刻跳过去，紧紧拥抱了安娜。治疗师看不到安娜的脸，但是担心她的安全敏感性可能会影响她对这个拥抱的体验，如果不是被体验为一种其他家长需要提供拥抱的窒息感，就会被体验为侵入。拥抱结束后，安娜望向别处，没有对拥抱她的母亲说什么，然后从她的椅子上起身，走到房间的另一边去拿纸巾擦眼泪。毫不奇怪，当团体成员继续向她提供支持性意见时，她背对着大家。她回到椅子，边听边望着远方。可以理解的是，拥抱增强了她离开的需要，并没有帮助她感到安全和更加融入参与。

所有的家长都深深地感动于安娜对她儿子的付出以及她每天都要应对的痛苦。一位家长说，她真的很受触动，即使孩子正在遭受这样的困难，安娜也能看到她孩子的美好。这位妈妈接着说："我们对那么多事情都想当然。恰恰是当我们的孩子在努力应对那么艰难的事情时，我们很容易看到他们是坏的。当我女儿可能只是想弄明白什么东西的时候，我却认为她应该知道得更好，我为此感到很糟糕。"安娜默默地吸收了这些支持的意见。大家的支持引发了安娜的想法，她希望萨姆的父亲有更多的参与，可以用团体看待萨姆的方式看待他。"他大约每年只来一次。"

会谈结束后，治疗师确认说，安娜应对自己痛苦的能力以及她想方设法支持萨姆的努力是如此重要。安娜听着，眼睛看着别处，然后做深呼吸，叹了口气。时间已经到了，没有空间去探索安娜对这次会谈的体验如何，以及对如此敞开痛苦的感觉如何，很难了解更多的讨论会被认为是有益的还是太过了。

最后，安娜得到了一张照片，萨姆和她坐在一起读书的最后一刻，他们脸上带着微笑注视着对方。在视频回顾的最后提供照片是方案的一部分，旨在以这样的方式让家长带走一个意象，可以提醒他们治疗信息的精华所在，在本案例中是指情感互动有多么重要。安娜接受了礼物，但后来她并没有选择多待一会儿，而是迅速地离开了。

第二阶段视频回顾

第二阶段视频回顾开始于安娜和萨姆一起享受玩数字拼图的一段剪辑。那个时刻母子俩共同体验着积极的情绪，两个人在一起合作得很好。团体看到了萨姆在圆环上的需要，并将其标记为"和我一起享受"的时刻。当被问及是否记得当时的感觉是什么时，安娜说她对儿子做拼图的能力印象深刻。治疗师评论说，她在支持萨姆探索的时候看起来很舒服。安娜说，以这种方式帮助他很舒服。

下一段剪辑呈现的是分离，安娜说到的第一件事是萨姆不太在乎她已经走了。对于她儿子不在乎她是否离开的不正确解读是安娜的程序记忆的一部分，这与从来没有人关心她，没有人为她待在那里的数不清的经历有关。想办法把注意力集中在她对萨姆情绪状态的误解上，并提出谨慎而直接的挑战，这是现在的关键。从临床的角度来看，萨姆在分离时显然需要她。为了澄清这个需要，萨姆独自一人的整个3分钟的视频都是一刻一刻地进行播放和探索。重要的是，安娜通过玩玩具看到并开始辨别他潜在的困扰。她看着萨姆独自在房间里，观察到他不像她离开房间前一样玩得那么快乐或畅快。安娜最初以为他受挫了，也许有点紧张。治疗师请安娜对比一下她在与不在时萨姆的情绪基调。"安娜，问问自己这个问题：他正在因乐趣而探索，还是为了把自己从孤独感和没有你的感觉中解脱出来而探索？"

当萨姆看向单面镜时，视频被暂停了，安娜被问到在他脸上看到了什么。安娜说，他看起来很迷茫，她记起了当她站在玻璃后面而萨姆正在看着她的情景。她注意到萨姆正在摸自己的头发，认为这可能是他自我安抚的方式，甚至可能萨姆感到了痛苦。她评论说，他真的不在乎玩具，只是把玩具拿出来再一遍遍地放回去。停顿几秒后，治疗师补充说："我的想法是，萨姆正在找你。"有几个人说他们认为萨姆需要安娜的安慰。萨姆对她的需要被突出强调了，安娜保持沉默，似乎在思考。

接下来的片段是第二次团聚，他们简短地进行了眼神交流。刚看时，安娜再一次认为萨姆不在乎她回来了。通过反复看视频并观察他们的眼神交流，安娜能够看到有一个短暂的联结时刻。安娜说她实际上记得这一刻，当时她想要抱他，然后决定不抱，因为她不想"把他当成婴儿般对待"。当然，对于她的治疗工作而言，这是好消息。如果她认为萨姆不需要某种形式的安慰，她就不会产生抱他的冲动。因此，圆环底部所需的养育选择是在表面以下运行着的，但很快（而且是程序化地）被当作对萨姆有害而放弃了。这是 Masterson 所说的"三位一体"（Masterson & Lieberman，2004）的中心。体验到真正的需要的经验（以及代表这种需要的自我被激活）导致痛苦的回忆，这迅速唤醒了既定的防御模式。对于安娜而言，自我激活要求她参与满足萨姆在圆环底部的需要，要求她能够容忍那些与自己的亲密需要在其成长过程中从来不曾被满足过而且甚至充满危险的相关情感。就在她感到要尊重萨姆对于她积极照顾的需要的那个当下，她的大白鲨之音被激活了，她恢复到她已经确立良久的自我保护形式中——将她的意图看作对萨姆有害而放弃了。这总是被理解为是在家长的意识之外发生的。在治疗的情境中，逐步认识到这样一个三步骤的过程（确认需要，触发大白鲨之音，触发防御策略）渐渐变得可供家长们共同来反思。

这是整个干预的关键点，因为只要这个过程在她的意识之外，它将阻止安娜回应萨姆对安慰的需要，这被认为是她的回避的中心问题。这是她大白鲨之音的关键。治疗师请她重新思考她对于把儿子当成婴儿般对待的担忧，以及如果她跟随自己最初的本能可能会发生什么。然后安娜分享了她的另一个担忧："我担心拥抱萨姆对我而不是对萨姆而言可能有些太过了，我不想做这样的事情。"

当看到视频下面一部分时，安娜笑了起来，她问萨姆玩得开心吗，他说"不"，"我现在要再见"。整个团体都很开心萨姆直接说出他的感觉，安娜边笑边看，很喜欢他那么直接地表达自己的需要。但她也正在用新的眼光观看，这些新的眼光现在能够理解她的大白鲨之音。安娜看到了他的需要，其中包括直接说出不舒服的能力，安娜看到自己叫萨姆是"骗子"，此时，萨姆变得有些不高兴然后开始对立。关于"安全感圆环"的每个干预都是如此，基本假设是孩子们不是因为他们想而去制造困难的。他们变得"困难"，是因为他们在圆环上的真正需要没有被认识和回应。接着，治疗师说，"萨姆需要你，这种需要演变成了争强好胜的互动，你在欣赏他的争强好胜。他会满足于争强好胜，但是他正在用争强好胜向你发送假性信号，因为他真正从你这里需要的是安慰。"安娜突然陷入沉思，安静下来。她说她能看到有时会发生这种情况。然后，她转头看着别处，听起来若有所思，情绪上有所保留。

下一个片段在她第一阶段视频回顾中使用过，呈现的是第一次团聚中关于"疼"而发生的回避与对立。这次被用作萨姆在需要安慰时用争强好胜发送假性信号的另一个例子。安娜看到了，为没有安慰他而感觉糟糕，接着她开始回忆过去她可能给过他的每一次安慰。治疗师说："我想你对这一切都感到冲突。你不想令他窒息或者娇惯他，而同时你的本能告诉你'把他抱起来，拥抱他'。"

此时此刻，安娜有一种"啊哈"的感觉。她说她原来一直以为她比实际上要更会安慰人，她开始为此感到难过。意识到她有可能在自责中停滞，治疗师着重强调她关于萨姆的争强好胜的积极意图。"由于多种原因，譬如他的残疾，你对于这一切的挣扎，我想在圆环顶部时你会更舒服，从视频中那些萨姆在圆环底部需要安慰的时刻中，我们看到了这一点。你欣赏争强好胜，因为你想让萨姆成为一名战士。在探索中争强好胜将有助于他的生活,但是在他需要安慰的时候,鼓励他争强好胜并潜在地鼓励他对立,对他对你都是个问题。"安娜思考着回应说:"听起来很对,而且我过去真的以为我比较会安慰人。我想我和我爸爸就是这样。我们彼此捉弄,我说他胖,他说我长了个大鼻子,我们取笑对方,以此来建立联结,我们从来不直接表达情感。"带着潜在的情感开玩笑,对安全敏感的人来说是一种折中,带有让人可以参与进来的特点。这一次在治疗师和团体的支持下,安娜开始把另一个困惑联系起来,她渐渐开始明白她是如何与她爱的人保持一定距离的。

下一段剪辑播放的是陌生人进来时,萨姆明显地转向了安娜。当萨姆伸出手,安娜也伸出手,把自己的手给他,这给了萨姆联结感与安全感。这是COS方案的一部分,治疗师要力求找到能够突出未充分运用的力量的视频片段。在这个案例中,尽管安娜在圆环底部不舒服,但她作为家长的积极意向会暂时战胜她的大白鲨之音,她主动提供了安慰。当然,这是她在几次团聚中没有办法做到的,可能是因为在那些时刻情绪的强度要大得多。这段视频在这里不仅是用作积极的启示,说明安娜有能力提供安慰,而且也是一个挑战,暗示了她长久形成的回避与缺乏技能无关,因为她已经能够这样做了。因此,她之所以那么经常地阻止自己提供帮助,是因为这触发了她的大白鲨之音。为了防止情绪混乱,她不回应萨姆的需要,专注于圆环的顶部,以此保护自己免受痛苦。令人印象非常深刻的是,她承载着足够多的脆弱感,想起并分享了她们母子团聚时的眼神交流,并且有反思能力去探索她行为背后的意义。

最后一个片段关注的是清理,安娜以坚定而和善的态度负责掌控,而萨姆很合作。这个成功的片段是从萨姆需要帮助来组织他的行为和情感的视角进行探索的。

在会谈的最后,我们问安娜,她对用这样的方式学习和分享有什么感觉。她说:"糟糕。我想我正干着这些事儿。"治疗师说:"我可不希望你得出你对萨姆没有陪伴和回应的结论,然后带着这个结论回家。你的陪伴回应是很显著的，对于多大程度上陪伴回应他以及参与多少是安全的，你是有挣扎的。我想，你可能依赖探索，担心如果你过多地安慰萨姆会让他窒息。你有很好的本能，你能够感受到想要给予安慰，于是就引发了你内心的挣扎。但是你的本能完全正确。"安娜不知道跟随她的本能是否合适。治疗师说，如果她觉得萨姆感到难过，需要她的安慰或者拥抱，他相信这样的本能是好的。有一段时间，安娜走向了自己的内在世界，看着地板，若有所思的样子。在其他家长谈论了他们当天的体验后，团体就结束了。

第三阶段视频回顾

第三次视频回顾基于新拍摄的家长和孩子在修改的陌生情境中的互动，用吹泡泡作为第一个活动。拍摄这段视频的目的在于给家长们机会，看到他们自己对孩子在圆环上的需要的反应方式正在做出重要的改变。这段视频回顾有庆祝改变和承认困难还会继续的作用。

安娜在这段视频中看上去精力充沛、镇静自如。观看视频的时候，看到萨姆费劲地使用吹泡泡的棒棒，她的面部表情在喜悦和关心之间转换。在这段视频中，安娜是那么的生气勃勃，一点儿也不淡漠。安娜说这部分很好玩。萨姆玩串珠玩具时，她在这段视频中比在上一次视频中看起来表现出更多的陪伴与回应，治疗师探索地问她这是怎么回事。这提醒了她，我们曾经讨论过，她脸上淡漠的表情与她看到萨姆玩玩具时那么艰难的情感有关，她同意是这样。治疗师说："这个视频中，萨姆吹泡泡也遇到了一下麻烦，你看上去更加轻松，不论是帮助他还是让他自己努力。"安娜将这个变化归功于吹泡泡的活动更有趣。的确如此，这也掩盖了安娜用她积极的情感表现得更加活泼、更多陪伴回应的事实。

下一段视频是分离的片段，安娜走向门口，没有回头看。当安娜背对着萨姆离开的时候，萨姆表现出对安娜的需要，他慢慢转过身，看着安娜离开，表情很难过。在视频回顾中看到这里的时候，安娜说她当时认为萨姆并不在意她离开，她不知道他是这样的。她说，分离的时候没有回头看，因为"如果萨姆不在意，我会很苦恼，而如果他真的在意，我还是会苦恼，因为我不得不在他难过的时候离开"。这意味着通过保护她自己免受分离的痛苦，她同样没有看到萨姆对她的需要，继续不正确地认为萨姆不需要她，也认为自己是不被需要的。关于这些主题，治疗师什么也没说，而回想起来的时候，他希望自己说过。

分离后独自一人时，萨姆摇晃着自己，安娜能够看出来他是如何自我安抚的。因为视频是在启蒙项目那里拍摄的，房间里有一个摄影师。当他单独与那位男性摄影师在一起时，他叫他爸爸。安娜回到房间的时候，他提出要爸爸。观看这一部分时，安娜表示这是个痛苦的话题，萨姆生活中没有父亲的参与，她为此感到很糟糕。在这段剪辑中，萨姆变得有些对立时，安娜没有笑，看起来更严肃，没有让事情升级。安娜说她一直在努力为萨姆提供更坚定的支撑。

视频回顾的最后，她得到了一张他们一起快乐地吹泡泡的照片，她看着照片笑了。治疗师说，"你给了他很多。"安娜说，"我在努力。"治疗师说，"你在这次视频中有了更多的陪伴和回应。"安娜肯定地说的确如此，她提到自从看了以前的视频，她一直努力做到更多地陪伴回应孩子。

结论

最后的回顾过程，包括对过去几个月的团体学习的想法，对安娜来说很困难，因为它直接讨论关于萨姆在圆环底部的需要，她正在做什么以及还没有能力做什么。安娜曾以为，在萨姆需要的时候她一直是在的，比她的家长对待她强多了。她想，当萨姆需要她时，他可以来找她。"但我看着自己，他需要我时，我显得很冷漠。""我真的感到震惊和失望，我发现有很多次萨姆可能需要一个拥抱或需要安慰，我却没有那么做。我深深地感受到了那些……所以我已经做了很多努力，在很多天里，我感觉真的很糟糕，一直评估着我在做什么。我发现我还在做这些事情，但我真的在努力确保可以陪伴他回应他，确保我对他敞开，我以前不让自己对他生气，为他难过，也不让自己快乐，现在我让。"治疗师明确表示，她做出的新努力在视频中看得很清楚，看起来她已经决定要在孩子需要的时候更好地陪伴和回应他。她回答说，"我认为我更擅长实际的事情。我认为我是一个非常好的保护者和提供者，其他的部分都很难。"当被问及"安慰我"的部分时，安娜说是的，那很难。"对于日常的事情，'安慰我'对我来说很陌生，但如果他必须做手术，我就很厉害了，我会进入自动驾驶程序。我擅长照顾一切的技术性细节。"

安娜以一种非常有力量的基调结束了她的最后一次访谈，理解了她是如何生活在圆环顶部而回避底部，了解了她的强项是做需要做的事情却撇开了她自己和萨姆的情感需要。在幕后，她真的一直在努力改善这一切，直到最后一次视频回顾才分享了她强烈的挣扎。在前面的团体会谈中，有很多次她转过身去，似乎在思考，她的评论就是样本，说明她默默地应对了些什么。她与治疗师的关系镜映出她挣扎的性质，这在治疗关系中是常有的事。她既向治疗师伸出手来，又会在关系变得"太过"时通过进入自己的内心世界及独自处理痛苦的方式来创造距离。回顾视频时，她在整个过程中都表现出安全敏感的困境，一只脚在治疗关系内，一只脚在治疗关系外。对她而言，像她那样在团体中分享那么多，恰恰挑战了她程序性知识的本质。想想她是如何培养出如此强大的反思能力的，这也很有趣。她的勇气和承担是非凡的。另一方面，关于她实际上是多么了不起，她可能只是短暂地瞥见了一点点。

在干预后的 SSP 中，安娜没有在任何时候表现出淡漠和抽离。第一次分离，安娜转身，走到门口，她要离开时看着萨姆，萨姆问她是否会很快回来，以此来寻求安慰。安娜很确定地表示她会。在互动中，他们进行了眼神交流。在第一次团聚时，萨姆抬头看着安娜说："妈妈。"安娜微笑着与他眼神接触，并说："嗨，萨姆。"最初的问候过后，安娜同萨姆一起跪在地板上，他再次开始把玩具放进嘴里，吸引安娜的关注，安娜说："不要把它们放进嘴里。"萨姆还是把玩具放进嘴里，看着安娜，她再次说"不"。安娜试图在设限的时候更加严肃，但刚才的笑容还在。当萨姆的依恋需要被激活时，暗流涌动的对立情绪便如影随形，而依恋的需要很快在安娜的微笑里得到了满足。萨姆的对立情绪明显有所减缓，但仍然活跃。

在第二次分离时，安娜与萨姆商量要离开，当她离开时，在关门之前，他们眼神交汇。这次分离，萨姆对安娜的需要表现得更明显，他试图打开门，走出房间。第二次团聚时，萨姆就站在门口，安娜一打开门，萨姆就说"进来"，母子二人四目相望。萨姆伸出手来握安娜的手，安娜握住他的手，伸出手握住他另一只手，扶他站起来，然后把他抱起来，两人都微笑着。他们交谈，然后安娜和萨姆彼此拥抱，安娜坐下来，萨姆坐在她的腿上。过了大约一分钟，萨姆表示他想下来玩玩具。整个过程没有升级也没有对立，这便支持了我们的推测：萨姆的情感杯满着的时候，他不需要用那不怎么令人高兴的方法以及发送假性信号来参与。

尽管某些旧的挣扎依然存在，但变化是显著的，尤其是第二次团聚，其中萨姆寻求与母亲联结，维护并运用联结直到他的杯子被填满，便接着表示他已经准备好去探索。这些都是安全感的基本成分。

在干预后的陌生情境中，

萨姆被评定为安全型。

干预后的安全感圆环访谈

干预后 COSI 的最后一个问题是："你刚刚完成了为期 20 周的安全感圆环项目。关于你参与这个项目对你和你的孩子产生的影响，无论是正面的或负面的，你会怎么说？"

安娜的回答是：

"每次会谈后，我都会 24 小时地思来想去，我记得我觉得'自己是一个很好的家长'……然后我记得看的第一个视频，在第一视频中有很多次，我也许本该安慰萨姆或跟他说话，但我却没有。他玩那个串珠玩具时那么费劲，我要么大脑一片空白，要么生气，你可以看到这些，而我原本以为我比这好多了。后来我很生气，对自己很失望，不知道我是否想回到课堂上……然后，我接受了，对我们随后每天生活中的每一件小事进行评估，我发现自己一直在忽略他或生他气，没有听他在说什么。所有这些都是我不想做的事。然后我决定要改变，要更多地陪伴和回应他。在我们拍的下一个视频中，我改变了，我可以看到我更好了，我为自己的改变感到自豪。我知道我可能要努力很长一段时间，因为这些东西我一直担负到现在，它就像一个全然的变化。

"它帮助我知道我不是唯一有难处的家长，我们都在挣扎。我喜欢在我们的会谈中，我没有隐瞒什么，我什么都谈论，我想其他人也是这样。我的朋友也有孩子，我们交流孩子如何让我们抓狂、使我们高兴，以及他们今天做了什么，但这是如此不同……我们谈到了我们为人家长的长处和弱点。当萨姆必须做手术时，我就是一名骑兵。我处理所有的细节，我跟医生交流，我把一切安排得井井有条，我真的非常支持他，告诉他一切都会好的。我是一个很好的提供者和真正的保护者。我告诉他我爱他，并向他表示我爱他。我滋养所有的朋友，我滋养每一个人。但我和孩子太亲密，每当他受伤，我也感到特别受伤，那种感觉简直能杀死我，因此我觉得我之所以有些抽离，是因为我不想受伤，我也不想让他受伤。

"我原本以为我已经度过了我的童年，我是个不同的人，我不再生气，我的孩子很快乐，我正在做正确的事情。你永远不想去觉得你陷入相同的模式，我永远不想这样。我为此痛苦了好一阵子。其他一切都是积极的，了不起的。我现在倾听萨姆多一点了，可能多很多了……我认为退后一步，透过单面镜看一看，对所有的家长都是有益的。"

第十五章

谢利与雅各布

谢利是一位 22 岁的单身母亲，她的儿子雅各布 3 岁半，谢利经雅各布的托儿所负责人介绍参与到 COS 干预项目中。雅各布在教室里对其他孩子和几位老师表现得很有攻击性。当这件事引起关注时，谢利承认，他的愤怒和爆发在家里也是个问题。

摄入性访谈

在初始访谈中，谢利透露，雅各布的父亲在雅各布出生后就消失了，而且下落不明。谈到雅各布的行为问题，谢利表示自己感到很无助。她的行为举止以及她表现出的对雅各布的态度流露了她在家长这个角色里的无助感和无力感。"我想成为一个好妈妈，我很努力，但他就是那么难搞。他总是发脾气，简直就好像是他想把事情搞砸一样。"与此同时，有机会参加一个项目，可能会学到更多成为高效能家长的技能，让谢利既渴望又有点紧张。除此之外，她在短短 20 分钟的摄入访谈中表现出了引入注目的反思能力。"我知道我妈妈犯了一大堆错误，我只是不想重复这些错误，但我不知道该怎么办。我努力再努力，但我所做的一切好像都没有用。我愿意想这都是雅各布的错，但我知道这是不对的。"当她被告知她非常适合接下来 20 周的团体时，她很感兴趣。定期与其他五个家长见面讨论养育中的困难与可能的新选择，这种想法可能对她很适合。

互动评估：陌生情境实验

当谢利和雅各布走进房间时，雅各布立即朝中间的玩具箱走去。雅各布饶有兴趣地玩着一个橡皮恐龙，还不到10秒谢利就打断了他的玩耍，问他在干什么。雅各布似乎忽视了妈妈问他的问题，继续玩着。谢利看上去有点沮丧，等了10秒钟又把问题重复了一遍，这一次她很犹豫，"你想让我和你一起玩吗？"他毫不犹豫地说不，她对此的回应是低下头耸了耸肩，看上去快要哭了。过了一会儿，她用一种孩子般的语气小声说："好吧。"又过了5秒，她突然用一种过于欢快的语调插话，与她刚才表现出的沮丧难过完全相反，她说："我很好。也许你只是想让我坐在这里看你玩。"雅各布同意了，谢利说"好的"，态度与刚才一样过于欢快。6秒钟之内，她突然开口说："你想看书吗？"他再次说不，她也再次用过于欢快的语调回答说，"那我就让你玩吧"，显然是为了否认自己的痛苦。

然后雅各布开始了独白，描述着自己的玩耍。虽然雅各布很明显不是在跟谢利说话，但谢利把雅各布的讲述当作与他互动的机会，在20秒钟内她就已经和儿子一起坐在了地板上，并试图加入儿子的玩耍。当谢利追寻儿子时，雅各布的反应是转过身去背对着谢利。后面的互动似乎是母子俩之间的某种拉锯战，雅各布不断努力维护自己的独立，而谢利不断努力要参与。谢利会通过问雅各布问题来参与，他要么很快地嘟囔一声作为回应，要么在试图独自玩耍时完全忽略谢利。

当雅各布坚持独立探索时，谢利因为被排除在外，表情更不舒服了，并且会大声叹息，再次试图加入他的玩耍。偶尔雅各布会和她玩一会儿，但会很快再次忽略她，接着回到他自己的进程中。谢利显然并没有给雅各布在圆环顶端探索的机会。显而易见地，谢利明显地缺乏一种能力：为雅各布对自主的渴望提供支持，并且同时通过隔着一段距离享受雅各布的自主性并因之而感到喜悦来保持投入。谢利扫了一眼天花板，再看看雅各布，然后再看天花板，她游离不定的目光清楚地显示了她的苦恼。她的声音，在沮丧和某种奇怪的、欢快的语气之间交替，"不论你做什么，我都挺好的"，这也表明，她和儿子都有一定程度的沮丧需要去应对。十分明确的是，随后的干预需要解决的问题是，谢利在雅各布探索时追寻他，并在他拒绝自己请求时会表现出明显的失望。

当谢利在分离阶段离开房间时，雅各布似乎仍然完全沉浸在自己的玩耍中。同时，他会不时地迅速（半秒钟）瞟一眼妈妈走出去的门，然后迅速返回到玩具上。他显然在尽力维持假象，暗示他很好，忙着玩玩具。毫无疑问，他已经学会了尽量最少地表现出痛苦。还有一些微妙的变化：母亲在房间时他更生动活泼地玩耍，在妈妈离开后却变成了无精打采与神色黯然。他实际上因为妈妈的离开而感到很沮丧，这个事实通过一个短暂却意味深长的瞬间最明显地呈现了出来：他再次看向门口，然后开始搜寻他妈妈站在后面的单面玻璃。他脸上有一种悲伤、近乎渴望的表情。妈妈在房间时，他明显不知道该做什么。当妈妈走了，他就更不知道该怎么办了。

正如这本书前面所讲到的，父母和孩子在重聚前几分钟用言语和非言语进行"交际舞"的方式都揭示了他们的核心养育/依恋策略。第二次重聚中，当谢利回到房间时，她的第一句话是："你在干什么？"。雅各布一直背对着她，没有回答，直到她通过重复这个问题提示他时，他才耸耸肩说："没什么。"然后谢利坐在儿子旁边的地板上，带着明显的焦虑说："那是干什么的？给我看看。"然后摸了摸玩具。雅各布用严厉的表情说："不，停下。"谢利显得很害怕，立刻回答："好吧，我就看看。"可是过了几秒钟，她又想加入进来，问："我可以做这个吗？"雅各布再次告诉她"不！"她说，"好的，我让你自己待着。"她的语调一直过于欢快，正如她假装接受儿子需要距离时那样。她一边说着，一边开始朝椅子走过去。

突然，雅各布指挥谢利，说："做这个吧。"谢利迅速地回到雅各布身边，听从他的指挥。当雅各布不和她玩时，她放弃了，回到椅子上坐下。几秒钟后，雅各布向她走近了一些。在距离约 1 米的地方，他在谢利脚边继续玩耍，一直背对着谢利。

在进行评估的时候，这对母子的依恋策略并不明确。在重聚期间，雅各布表现出了回避，表现得好像自己不需要母亲，也表现出了拒绝。他对妈妈的拒绝带有抵抗/矛盾的基调：既把她拉得更近，又把她推走。也有明显的角色倒置的迹象：有几次他开始指挥母亲，表现出控制和愤怒，最明显的是第二次重聚中。如果是在安全依恋背景下，这个时刻将意味着雅各布期待养育者帮助他处理分离造成的困扰。相反，谢利让雅各布掌控重聚过程，顺应了他愤怒的方向，适应了他的控制。在整个 SSP 中，特别是在分离后满载情感的重聚时刻，谢利表现得像个孩子，雅各布似乎才是掌控局面的人。

谢利的养育策略也是混乱的。她在圆环顶部和底部都表现出了明显的挣扎迹象。她既不能支持雅各布的自主玩耍（不断干扰），也不能在重聚中当雅各布表现出苦恼时提供安慰（问问题，几乎是乞求加入他的玩耍）。后面的这个主题是关键的数据，这说明关键问题是谢利的两只手都脱离了圆环。在重聚的时刻，当孩子需要养育者"更高大、更强壮、更智慧而且和善"时——主动胜任，掌控局面并提供关爱——谢利无法为儿子提供这个功能。相反，如上所述，是雅各布承担起了照顾母亲痛苦的角色——他通过混合使用保持距离的姿态和惩罚性的命令，来努力完成这个任务。

雅各布的依恋策略被评定为不安全—其他型。

没有任何一种单一模式占主导地位。雅各布表现出了回避、矛盾和控制惩罚的迹象，因此他被评定为不安全—其他型。在 Cassidy-Marvin 幼儿依恋的分类系统中，这个分类是矛盾、不规范依恋模式的混合体，为了研究目的，该类型被视为一种失常的模式，与混乱型依恋有着同样或更紊乱的发展轨迹。

家长知觉评估：安全感圆环访谈

在安全感圆环访谈中，谢利好像总是因问题而感到困惑，特别是那些关于她本身、关于她的思想与情感的问题，她经常回答说"我不知道"。她说她觉得雅各布在 SSP 中任何时刻都不需要她。在访谈中，她多次因为某个问题而不知所措，会请访谈者重复问题。直到后来，参与的治疗师才弄明白，这符合一种持久稳定的模式，即利用可感知到的无助感力求让另外的人负责。

谈到雅各布的潜在痛苦时，谢利说她被要求离开房间时一直很担心。她焦虑的来源是雅各布可能会难过："他可能会大发脾气。"显然，把注意力集中在雅各布的痛苦上会导致她痛苦，现在渐渐清晰的是，这位母亲没有能力对孩子的需要保持清醒的意识。

还有一次，她透露说雅各布最近告诉她，他爱她，当时"这极大地增强了我的信心。我觉得有人真的爱我"。这句话深刻地揭示了她在被爱方面存在严重的不安全感，她认为感情纽带是脆弱的，她赋予了孩子力量，让孩子充当自己情感支持系统的仲裁者。

有一个问题问的是在与雅各布的关系中，什么东西带给她的痛苦最多，谢利对这个问题的回答强化了这种心态。她说"管教"，然后描述了她不让雅各布早餐吃糖果时的感觉："我很生自己的气，因为我让儿子恨我了，因为我没有给他想要的东西。我知道事情将越来越糟。"对谢利而言，如果她的儿子不高兴或不赞成她，儿子对她的爱就岌岌可危，如果他不爱她，就会抛弃她。因此，雅各布的陪伴和关注是谢利感知到的情绪稳定性中的基本要素，这导致了母子关系倒置，既威胁着谢利的安全感，又威胁着雅各布的安全感。然而，谢利接下来所说的话表明，她至少有一定水平的反思功能："但后来我意识到，如果我给他他想要的一切，当他没有得到想要的东西时，他就会用行动来发泄。如果这样继续下去，谁知道他会做什么？"她有能力认识到自己的行为带来的潜在后果——给她儿子目前想要的东西，最终会伤害到他——这显然是一种隐藏的力量。这就是评估中能表明干预可能会对谢利和儿子卓有成效的时刻。

另一个让人充满希望的迹象是，尽管谢利目前还没有办法理解自己的大白鲨之音，但她已经认识到当她试图掌控局面时就会有焦虑的感觉。在当下看来，要管理这些痛苦的情感（和回忆），唯一一个看上去有意义的选择便是顺应儿子的指令。然而在短暂的观察中隐藏着的对另一种方式的觉察，以及找到它的渴望。即使短暂，这样反思和希望的迹象也为治疗联盟和成功的治疗计划奠定了基石。

虽然要通过整个COSI才能形成关于家长核心敏感性的假设，但上述信息足以形成初步的印象。安全敏感的人往往会让孩子远离关系，寻求促进自我充实，通常是鼓励孩子在圆环顶部保持兴趣。谢利显然不是这样的。安全敏感的父母不太可能不断要求参与到孩子的玩耍中。不会有把孩子拉向父母的明显的暗流，像这个案例中那样。最肯定的是，谢利的措辞和身体语言表明，她近乎绝望地想让她的儿子专注于她的需要，这一点在安全敏感的父母身上是不会被看到的。因此，安全敏感被排除。

我们还有其他两种选择：自尊敏感和分离敏感。在每个案例中，家长都有可能会专注于可辨识的联结感。分离敏感的父母在紧紧抓住孩子的问题上隐含着一种过分的亲密："我害怕被抛弃，我不想生活中没有你。"他们的重点是尽可能长时间地让孩子待在自己身边，并且保持相互依赖的错觉。

大多数自尊敏感的父母都会让孩子专注于圆环顶端，希望他们的孩子能够表现出或建立起能促使他们获得成就的技能。但是，自尊敏感的父母中，一部分人关注的是关系的特殊性，这意味着完美，这种完美可以体现在关系看上去"绝对亲密"（融合或一体感）的程度上（要注意"看上去"这个词，因为他人的看法对自尊敏感的人非常重要）。在这种情况下，自尊敏感围绕着与美妙关系中被爱着的孩子相关的知觉而建立，暗示着家长是完美的。

谢利虽然几乎完全专注于尽可能地亲近雅各布，但是似乎并不关心雅各布有多么出色或完美，也不关心他们的关系是多么特殊。最重要的是，她似乎想让雅各布靠近自己（不管他有多完美或多么不完美），这背后蕴含着的是一种希望：她不会被抛弃。

对于谢利的核心敏感性的最终结论是通过分析她在 COSI（见表 10.1）中的回答而得出的。除了上文所描述的问题，临床团队在观看视频时还自问了一些特定的鉴别问题。以下为附加问题：

- 当雅各布表现得好像不需要母亲时，为什么这对她会有那么大的情感冲击呢？
    - ☐ 这使她感到孤独、无助、恐慌和被遗弃吗（分离敏感）？
    - ☐ 这使她感到被拒绝，感到自己是一个失败的不完美的家长吗（自尊敏感）？
    - ☐ 注意：这里没有把安全敏感的父母列为必选。深深困扰于孩子的远离，随后不断提出要参与孩子的玩耍，这种行为对安全敏感的家长来说是非常罕见的。

- 谢利对儿子探索的干涉背后的意义是什么？
    - ☐ 她的干预是不是要教雅各布表现得更好，以便她凸显出和感觉到作为家长的成功？她是不是感到与雅各布那么相同（一体感），所以她无法区分他的兴趣与自己的兴趣的差别（自尊敏感）？
    - ☐ 她是不是在重演她曾经在自己的玩耍中体验过的干涉，一种她从自己的父母那里所了解到的"控制"（安全敏感）？
    - ☐ 她是不是受到了雅各布在圆环顶部的自主性的威胁，因为雅各布将不再需要她，她会感到痛苦、孤独以及不被需要（分离敏感）？

- 在重聚期间，她不提供圆环底部所需要的安慰，其意义是什么？
    - ☐ 她是否漠视对安慰的需要，认为这暴露了她不必要的脆弱性，而且这将阻止雅各布通往成功的道路？她回来之后是否想通过参与到雅各布的玩耍中来一起努力，重建他们共有的完美（自尊敏感）？

□ 她是否在默默感激孩子明显的独立性，并视之为可接受的距离，尤其是在有强烈需要的时候（安全敏感）？

□ 她是否通过在圆环底部不充分地填充他的杯子，来让他保持需要自己的状态，希望他不会离开（分离敏感）？

谢利的核心敏感性被认定为分离敏感。

对于谢利来说，雅各布开始的自主性被认为是他抛弃她的第一步，这种抛弃是可能的，几乎不可避免。谢利在 COSI 中讲述了她儿时的痛苦，她在情感上被忽视而且经常是孤独的，这位母亲生下雅各布，是希望能够体验到有一个人会无条件地爱她和保护她，使她不必重温过去的痛苦。当被问到她是否觉得雅各布进入她的生活是有原因的，她说，在怀孕之前，她一直很抑郁，不想再活下去，而雅各布给了她一个活下去的理由。后来，她说她从母亲那里没有学到任何想在雅各布身上重复的东西，因为她在童年的时候并不觉得"被关心或被需要"。

当谢利的儿子需要她掌控局面时，她对大白鲨之音的防御性管理导致了她"放弃"。

谢利没有意识到，她在雅各布的愤怒和对她的排斥中所扮演的角色，再现的不被需要的痛苦触发了一种内在感觉：自己是一个不被需要、不被爱、不可爱的孩子。"如果我试图独立做什么事，她会生我的气，除非我按她说的做。"谢利对于圆环的体验并不正面，不论在顶部还是在底部。独立做事情，在圆环顶部的方向活动，意味着一定会失去联结。自做主张和自主性与被拒绝、被抛弃和被遗忘的痛苦感觉联系在一起。

因此，当谢利需要承担家长的角色，为儿子提供指导的时候，她体验到同样的恐惧。代表她行动或者代表雅各布行动将触发她的大白鲨之音以及痛苦的记忆和情绪，这些记忆和情绪与自主行动从来得不到母亲的支持有关。要想掌控局面，她不得不依靠自己的内部资源，这程序化地与被遗弃的感觉相关。当她还是个孩子的时候，她就学会了无助和崩溃实际上使她有了某种表面上的联结。她并不知道她正在痛苦地重复过去，谢利回到了无助和"放弃"的状态，通过让"他人"（原来是她的母亲，现在是她的儿子）介入并负责掌控，来管理对抛弃的恐惧。以大白鲨之音通常扭曲我们知觉的方式，谢利学会了用放弃家长的权威，黏乎她儿子并要求儿子照顾她的方式，来阻挡痛苦的情感。

当然，谢利没有意识到这是怎么回事。这项工作的魔力在于，一旦家长以某种方式看到痛苦的模式正在重演，大部分时间他们都会努力做出必要的改变。

关键点

相比于混乱型依恋的孩子家长，要帮助那些被归类为不安全—其他型的孩子的家长往往更具挑战性。由于他们使用了多种不安全模式，所以不能将某个单一的不安全模式选为干预的关键点。因此，必须要解决数个关键点，这就会使治疗更加复杂。然而，我们从谢利和雅各布的评估中所了解到的情况清楚地指出，关键点集中在谢利的掌控上，即圆环上的手。

在SSP中，当到了谢利要让雅各布去收拾玩具时，她先是小心翼翼地提出要求，当雅各布忽略她的请求时，谢利转而恳求雅各布。但是，有个关键的时刻与其他所有时刻形成了鲜明的对比。当谢利用坚定的成人语调告诉雅各布，让雅各布把玩具从嘴里拿出来时，雅各布立即照办了。这一刻彰显了我们所说的"未被充分运用的力量"。能这样完成一次的家长明显已经拥有再做一次的能力（尽管未被充分运用）和潜力。然而，养育者避免使用这个能力，是因为她不想再体验这种能力唤起的情感状态（大白鲨之音）。在这个案例中，这使得干预的重中之重——关键挣扎——帮助谢利重新评估了雅各布需要她掌控局面时自己的心理状态，了解自己是如何通过放弃家长的"掌控"角色来保护自己免受痛苦情绪的困扰。

第一阶段视频回顾

谢利的第一阶段视频回顾选取了以下几个目标：

- 帮助谢利意识到儿子在圆环上一直都需要她——不论探索的时候还是受伤和沮丧的时候。这种认识与谢利关于雅各布需要她的程序化信念背道而驰，她认为"他人"会不可避免地抛弃自己，这种信念从童年早期开始就一直缠绕着她。通过干预，她将受到挑战，重新评估她认为儿子不需要她的信念。了解到这一点会违背她的信念，她认为雅各布对她的需要是暂时的，认为儿子对她的需要取决于她是"好"（依赖于他的认可）还是"坏"（基于她的信念）。对谢利而言，知道她自己不可或缺，会挑战到她的内部工作模型，从而为她创造必要的情绪失衡状态。对她来说，这其实感觉上是个好消息，因为她感到雅各布与她的联结是有条件的，而且雅各布随时可能会离开她，而这可以让她摆脱这种感觉。
- 帮助谢利承认，被排除在雅各布的玩耍之外让她感到痛苦。讨论她的痛苦可以帮助她准备好迎接接下来更具挑战性的视频回顾，她将直面自己应对痛苦的混乱的方式，以及由此给她自己和儿子带来的越来越多的不安全感。
- 帮助谢利意识到自己其实可以负责掌控，这一点已经通过这样的时刻得到证明：她用直接、有力的声音跟儿子说话时表现出"更高大、更强壮、更智慧并且和善"的样子。当她坚持自己的家长角色时，儿子听从了她的领导。对她来说，看到这段视频剪辑会挑战她认为自己无能的错误想法，会证明她有未被充分运用的掌控局面的力量。她告诉儿子"把那个从嘴里拿出来"的关键时刻将成为基石，与她平常恳求儿子的方式形成鲜明对比。

当第一次视频回顾开始时，谢利看起来很紧张，但她已经看到团体其他成员完成了这个过程，并且互相支持。当她准备看自己的视频剪辑时，她分享了最近的一次经历，雅各布告诉她，他想她，这个回忆几乎让她泪湿眼眶。组里其他的父母强化了她对儿子的重要性。

第一组片段显示了雅各布成功利用母亲来探索环境的罕见瞬间，这表明即使在探索中雅各布也是需要她的。有趣的是，当谢利看到她和雅各布的互动时，谢利感到自己是有价值的。高危人群中的很多家长在自己的发展过程中不会感到自己有价值，所以他们经常把负面归因投射到孩子对需要的表达上（"他只想要关注"，"她不喜欢我"），最终会组织自己对孩子在圆环任何位置的需要的体验。谢利能看到并且接受儿子对她的需要，这是个好迹象。这意味着她对自己与雅各布的关系的积极转变持开放态度，她愿意有机会让自己对自身以及对与儿子之间的关系感觉良好。

下一个片段显示的是，雅各布想在圆环顶部玩耍时，谢利似乎很受伤。她显然把雅各布的这一信号体验为否定："我觉得他总是想在没有我的情况下做事情。"起初，团体中另一个家长请她谈一谈雅各布拒绝和她一起玩时她脸上出现的难过表情，她很防御。治疗师则评论道："我们无意中发现，你看起来像是感觉受伤了。"她缓和了下来，说："是啊，的确很伤人。"在确定了很多雅各布需要她的方式后，治疗师探索了她对排斥的感觉，并问她是否知道她对雅各布有多重要。谢利进一步缓和了下来，并承认，有时当雅各布想独自玩耍时，她会觉得自己对他不重要。谢利"不被需要"的脆弱感觉与儿子的探索有关，而她愿意谈论这种脆弱的感觉，又一次证明她有能力改变，有意愿与雅各布建立一种新关系。

最后回顾的片段是清理的时刻，谢利告诉儿子，让他把玩具从嘴里拿出来。起初，她很难看到自己的力量，但其他母亲都以积极的态度谈论着谢利的能力，于是，在第二次观看剪辑时谢利终于能够发现自己语气的差异。治疗师将这种坚定负责的语气命名为"超级巨声"*，谢利把这个当作一种比喻，

---

* 此名取自真人秀"美国之声"（The Voice）。——译者注

代表她对自己有信心，并且明白自己作为家长的重要性。这样的意识会帮助她，使她能够运用目前所拥有的完全没有被充分运用的力量。COS 方法与学习新的技能组合无关。事实上，只要她的心理状态告诉她，她是不被需要的，孩子总是处在抛弃她的边缘，那么就没有什么新学到的育儿技巧会带来改变。认识到自己在雅各布的生命中至关重要，认识到雅各布在等待更多的机会去体验妈妈"更高大、更强壮、更智慧而且和善"的存在，使她能够接近自己身为人母的积极意图，并且能够寻求新的可以使用"超级巨声"的地方。

在第一轮视频回顾结束时，谢利说，她从来没有想过雅各布的信号和假性信号影响了她，她喜欢这些发现——这是另一个指标，说明她愿意为儿子做出改变。由于特别选择的视频片段的冲击，谢利第一次开始看到自己的成长史是如何在她与儿子的关系中重复的。

在接下来的 6 周（第一阶段）里，谢利分享了关于使用"超级巨声"的"圆环故事"，她说有的时候有效，有的时候会失败。这使她在感到强大和感觉无助之间摇摆。

第二阶段视频回顾

谢利的第二次视频回顾的目的是聚焦于她儿子生气的那些时刻，她是如何在儿子恰恰需要她掌控局面时崩溃，并以此作为帮助儿子整理感受的方法。她描述了最近发生的一件事，在儿子生气时，她不知道如何管理他。治疗师说："由于某种原因，当你的儿子难过时，他不知道如何利用你让自己冷静下来。他生气时想把你推开，即使你想帮助他，你知道发生了什么吗？"谢利点头同意，显得有些受伤，她说："我和我妈妈在一起就是这样的。我失控的时候就会把她推开。"就像其他父母一样，谢利开始认识到代际联结，这种联结存在于她成长中所受到的养育和她目前在养育儿子时所做的努力之间。随着她的陈述，谢利扩展了她的反思能力，并开始了建立"选择点"的过程，有意识地决定先着眼于感受，然后再改变行为。在内隐的变成外显的，程序性记忆得以用语言表达之前,不安全互动的习惯性模式会一直隐藏着,始终流落在选择的王国之外。

谢利继续说:"这让我感觉很糟。当他要我离开的时候,我很伤心。我试着安慰他,他却说让我走开。他在说'我不想让你在这里'。"谢利说她想帮助雅各布平静下来,但雅各布不允许她这样做。这暴露了她的关键问题:让雅各布来掌控关系,以此避免自己会被他抛弃的恐惧。然而,与自主行使权利选择什么最好相关联的情感和记忆唤起了她的记忆,自己这样做总是会导致妈妈的冷漠。然后,谢利便阻塞了那条对自己和儿子来说最健康的道路,而她并没有意识到这一点。

治疗师感受到了谢利的焦虑,决定修改典型的 COS 方案,在观看视频之前,向谢利讲解视频回顾的核心信息。一旦她了解了会谈的进展情况,她或许能够平息自己被暴露为坏家长的恐慌,从而更容易接受这个学习过程。"我认为,当他需要你的时候,他就想控制。而当你允许自己被控制时,他就被吓坏了。"谢利哭了起来,闭上眼睛,试图控制自己的感情。在她克制住自己的感情之前,她一直没有说话。在那个情感强烈的瞬间,谢利已经向内退缩了,把自己隔离在房间中的所有关系之外,从而揭示出她的程序性记忆,即被情感淹没时不把手伸向他人。

谢　利:我知道他很能控制,每天都在变得越来越控制。

治疗师:这就是我想帮助你的。

谢　利:我知道我应该是那个掌控局面的人,但我不是。他是控制我的人……

治疗师:这个小家伙这么小却这么能控制,我想他是害怕的。他是真正感到害怕的人,而你是他需要的人。他需要你更高大、更强壮、更智慧并且和善,因为他是那个被吓坏的人。如果你能记住,我觉得可能会有很大帮助。

谢利的眼泪变少了,团体成员探讨了一个理念:孩子的愤怒控制行为背后原来是恐惧，以及对强有力的养育者的需要。谢利的挣扎触动了所有的父母，他们谈论了自己与孩子的挣扎。当观看她视频的时刻到来时，她表示自己准备好了。

这次会谈的最初目标是让谢利回顾自己对儿子是多么重要。所选的视频片段是为了帮助谢利看到儿子的信号及假性信号——她离开房间时雅各布的情感变化，最引人注目的是一帧经过创造性编辑的单一视频画面，那是雅各布的脸，雅各布带着渴望，凝视着妈妈走出去的那扇门。当这个画面投放到电视屏幕上时，治疗师问："这是在对你说什么？"谢利柔软了下来，说："我妈妈在哪里？"谢利看到了，更为重要的是，她承认了雅各布有需要的事实，以及自己对雅各布的重要性。

谢利现在陷入了一种情感困境：如果她接受了自己的重要性，她感到被需要、被爱，也就暴露在了痛苦的认知中，在她大部分的生命中，这种积极的感觉一直是罕见的、缺失的。对谢利来说，要承认自己对雅各布的重要性意味着她将不得不面对一些她一直在回避的痛苦。治疗师温和地挑战了她看待儿子的方式，一种受限的方式，团体成员加入进来，支持了她有价值以及雅各布需要她的观念。她能够洞察自己对雅各布的价值，伴随着自己脆弱的洞察力，她已经准备好去面对自己的大白鲨之音，就像她在这次会谈中可能已经做到的那样。

谢利的关键点片段是SSP中的第二次重聚，她一回来雅各布就背对着她。她试着和雅各布玩，雅各布拒绝了她好几次，告诉她该做什么，借此取得了控制权。当她退缩、开始走开时，雅各布把她叫回到自己的身边，发送信号告诉谢利自己真实的恐惧和需要，而接下来却再次用控制及告诉她做什么的方式发出了假性信号。

在她的第二阶段视频回顾中，谢利能够说出，当她回到房间，雅各布背对着自己是因为受伤了。这种对雅各布的新描述表明，她能够把雅各布看作幼小的受伤的形象，而不是原先那种更具防御性的、高大的、强有力的、拒绝的形象。治疗师说："当他需要你的时候，他用远离你来处理他的感受，变得拒绝和控制。"谢利回答说："那种感觉很令人痛苦，因为我想跟他玩。我想跟他玩，他不想让我跟他一起玩，所以我就放弃了。"在这句话中，谢利透露了她的关键问题。当她感到被拒绝和不需要的时候,她就放弃了,这使雅各布失去了可以为他提供照顾和稳定的母亲。当谢利崩溃时,雅各布吓坏了,他变得更加愤怒、更加控制,以此来处理自己的恐惧。雅各布的愤怒吓坏了谢利,她的特点是变得更加崩溃。治疗师说:"你如此受伤,不得不面对自己被拒绝的痛苦,这让你很难变得更高大、更强壮、更智慧而且和善。但雅各布需要你,在这个世界上,他最不想摆脱的人就是你。但他不能告诉你,他不能冒险。如果他这样做而你又崩溃了,那他会在哪里?所以当他最需要你的时候,他却表现得不需要你!他说他想念你,他不知道如何告诉你他的需要,所以他呈现给你的是他的控制。他就好像在说'这里必须有人来掌控局面'。"治疗师停顿了好一会儿,接着又说:"以这种方式去想雅各布是什么感觉?"谢利回答说:"这是一种解脱,他真正需要的是我。我没有给他他所需要的,但在某种程度上,我并不知道。不过现在我知道了。"

  谢利说话的时候,她的表情既透露了积极的感受,又透露出痛苦。会谈结束前,大家再一次观看了第一阶段视频回顾中"超级巨声"片段,借此提醒谢利,让她记起自己的能力。这个片段中呈现的挑战让谢利感觉受到了威胁,她表示自己试着去使用"超级巨声"但是无效。治疗师说,"虽然你在用'超级巨声'说话,但还是认为自己会被雅各布的拒绝所伤害,最后你仍然需要雅各布的接受,这使一切都发生了逆转。那时他比你更有力量,他有力量拒绝。但这是一种你不能给他的力量,因为这种力量会吓着他,会伤害到你们两个人。你对他意味着一切,这一点很重要,你一定要知道。"谢利说着"这很难",哭了起来。

  谢利哭的时候,治疗师问她是否需要什么。她捂着脸,情绪上很退缩。几分钟后,治疗师决定对谢利处理自己情绪的方式做出评论,治疗师说道:"我看得出,你习惯于独自解决问题,今天就是很重要的一步,因为你在和我们一起解决。"团体成员自发地给予她支持,并主动提出当谢利需要在团体活动外谈论自己的感受时可以找他们。

  在会谈结束时,谢利坦言,她仍然觉得是因为自己做错了什么才"惹得他那么生气"。如果这种觉得自己很糟糕的防御性模式继续下去，她的学习将会终止，所以治疗师在会谈结束时把重点放在帮助谢利思考上，让她知道她没有做错任何事，不应该受到指责，而事实上她是在支持自己，而且正通过在与儿子的关系里直接面对自己的大白鲨之音来做正确的事情。

由于时间快要到了，治疗师给她讲了一个别人告诉他的故事，以此简单地缓解一下她的自责。这个故事跟一个梦有关。在梦中，这个人因为自己一生中犯的错误而对自己很生气。当他抬起头来，他看到他的父亲站在他面前，他意识到这是他父亲的错，因为他的父亲在情感上一直忽略他、拒绝他，所以他开始对父亲大喊大叫。当他向父亲大喊大叫时，他朝父亲的肩膀看过去，看到祖父站在那里，他意识到他其实是对祖父很生气，因为是祖父把父亲教成这样的。他对祖父大发雷霆了一会儿后，越过祖父的肩膀，他看到了他的曾祖父和曾曾祖父，永远不停地延展下去。突然，他的怒气消失了，他明白他是几代人的产物。然后他明白了，他的愤怒和指责其实是在为那些自己需要却不曾得到的东西而悲伤。他也明白，现在到了为自己和家族后代学习些新东西的时候了。

治疗师接着说："我认为每个家长的目标都是从我们来的地方拿走那些好的东西，留下那些不起作用的东西，然后做一些更好的事情。谢利，我想问你的是，你现在这么努力地寻找与儿子在一起的新方式，你还'很糟糕'吗？"其他团体成员跳了进来，对谢利表达了支持。谢利有时在团体支持下温和地微笑，有时流露出忧郁和悲伤，随着谢利在这两种状态中摇摆，当天的团体结束了。

第三阶段视频回顾

用于最后一轮视频回顾的片段拍摄于方案的第15周，在好几个片段中，谢利都在管理雅各布方面表现出了进步。玩泡泡时，雅各布开始火急火燎地弹出泡泡，并疯狂地挥舞他的泡泡棒，谢利不得不设置限制。她能够掌控局面并帮助雅各布放慢速度，同时还能够让玩耍保持趣味盎然。到时间整理玩具了，她的做法从"你能帮我吗？"的恳求变成了"我们把玩具捡起来吧"的温和指令，并成功地以"把那个玩具放好"的掌控姿态结束了这一切。谢利同时展示了自己的新能力和她依然有着的冲突。在整个拍摄过程中，雅各布和谢利的合作更多了。

当谢利在分离期间离开雅各布时，雅各布表现出了痛苦，但接下来当谢利回来时却表现得好像只是需要她帮助处理一个玩具一样。运用所获得的新的洞察力，谢利甚至在雅各布看起来受挫时也能够保持情感上的回应而不是"放弃"。最后的视频回顾的重要目标是给予谢利支持，来保持已经见诸行动的变化。这是特别重要的，因为孩子们往往会经历一个过渡阶段，在这个阶段中孩子往往不会立即对家长的新方法提供强化。

在最后的视频回顾中，谢利显得不那么焦虑了，更多地陪伴和回应雅各布。回顾她回到房间而雅各布向她发送假性信号的片段时，她说她认为自己回来的时候，雅各布并不需要她———一时激动，她的大白鲨之音妨碍了她，使她无法认识到自己对儿子的价值。但当被提醒的时候，她现在能够因为她对雅各布很重要而感觉良好。同样，当她第一次看到玩具清理的部分时，她仍然无法发现自己对雅各布更加坚定了。即使在播放了两次视频并获得了团体的反馈后，她还是几乎没有看到自己正在掌控局面。尽管谢利已经开始有了不同的表现，但她仍然对于从新的积极角度看待自己感到很挣扎。然而，再次看到儿子的需要，看到自己的新能力，就意味着面临更多的痛苦。违背自己的成长史，冒险尝试另一条路径，将意味着通过鲨鱼出没的水域，即使鲨鱼只在她的记忆中。

在干预后的 SSP 中，谢利的行动不再那么犹豫，而且更加支持雅各布的探索。当雅各布表现出抗拒或控制时，也没有放弃。重聚时，雅各布寻求与母亲的联结，但还是发出了假性信号，对谢利的关心表现出抗拒。

在干预后的陌生情境中，

雅各布 被评定为安全型。

雅各布获得的评定在幼儿评分手册被描述为 B-4 类型，描述如下："该组孩子的行为一般是安全的，但还存在不成熟、依赖、矛盾或者抗拒的特点。"雅各布开始把他的母亲当作安全基地和安全港湾，这么做的同时表现出轻微的假性信号（抗拒）。在干预后的 SSP 中，谢利跟随了雅各布的探索，并没有打扰他的兴趣。谢利的侵入减少了，雅各布的攻击也减少了。重聚中，谢利显得更加自信，雅各布的控制少多了。当雅各布控制的时候，谢利保持了她"更高大、更强壮、更智慧，而且和善"的家长地位，而雅各布的控制行为看起来几乎是在假装。在第二次重聚最初的几分钟内，雅各布向谢利打招呼，并与她交谈，一直和她保持着眼神交流。在干预前的重聚中，雅各布几乎完全不看他的妈妈。现在他可以越来越多地求助于他的母亲，寻求情绪上的帮助以及母亲对他探索的支持。与母亲建立新的安全依恋后，他的预期发展轨迹实质上更加积极。

干预后的安全感圆环访谈

在干预后的 COSI 中，谢利表示，她理解当自己不在房间时雅各布是需要她的："当他一个人的时候，他到处找我"，而且"我回来他很兴奋……我知道他需要我，也想念我"。谢利还摇摆在认为自己"好"以及发现自己"坏"之间。因为她与自己的内化关系更为根深蒂固，这种关系代表一生的体验，所以这是可以理解的。每次她看到雅各布需要她管理时，她的内部工作模型就发生了危机。谢利会马上想起被拒绝和被抛弃的体验，并接着预期拒绝和抛弃。要发生持久的改变，关键是要持续解决她的内在冲突，这种冲突发生在感到积极以及受到儿子需要的威胁之间。

在随后的 COSI 中，当她被问及与雅各布的关系中最困难的部分时，谢利提到的问题与她在初始 COSI 中说的完全相同：管教。然后，她又讲了同样的故事，雅各布再次要求早餐吃糖果。这次她说："你得知道，你有朝一日是不能把糖果当早餐的……然后我们吃了鸡蛋。"我们问她在这个事件中雅各布是怎么看待她的，她回答说："他不喜欢我，因为我没有让他得到他想要的东西。"当被问到她在这件事中是怎么看待自己的时候，她回答说："我猜还不错。我没有让步，没让他吃糖果。"在初始访谈中描述这样的冲突时，她担心如果管教儿子的话，儿子会恨她。她重新获得了对自己抱有积极意象的能力，而且能恰如其分地对儿子进行管教，特别是在面对儿子的拒绝时，这被视为至关重要的进步。

在访谈结束时，她被问及参与该项目对她与儿子的关系产生了怎样的影响，她带着积极的情绪说："我走进房间，当他需要一个拥抱的时候，他会提示我……当我从日托中心接他时，他见到我很兴奋，他以前从来没有这样过……他很高兴见到我！"她的儿子如此公开地表达对她的需要，而以前从来不表达，这非常清楚地说明他变了，她也变了。他们未来安全的关键是以谢利为中心，她是否能坚持反思能力，是否能记住自己对雅各布的价值，并保持自己与团体形成的支持网络。继续冒险，更深入地探索她新获得的能力，她就很有可能给雅各布提供她自己未曾有过的安全感。

一年后，该团体的家长接受了采访，采访内容是他们参与 COS 的体验。这些家长的孩子在干预后继续参加了一年多的启蒙项目，而作为项目的一部分，这些家长一直保持着互动。在会谈期间，回顾他们的经历时，家长们彼此间非常支持，欢声笑语。有人说，谢利在项目开始时显得那么高冷。谢利回忆说，当她开始参与这个团体时，她非常害怕向不认识的人开放，随着时间的推移，"我绽放了"。整个团体都非常喜欢她的评论，大家一起笑了起来。有人问她是什么帮助她绽放了，她说是团体中每个人的支持和反馈。当她这么说的时候，其他的家长用非常积极的方式说，她和她儿子的关系现在已经不同于以前了。一位家长问，什么给她的帮助最大，她回忆说是她负起管理责任的视频片段，那让她了解到她拥有"妈妈的声音"。她说，在此之前，她常常乞求雅各布，这样雅各布就不会抓狂了，那时她更像是个朋友而不是妈妈。她现在感觉自己更像妈妈了。

参考文献

Aber, J. L., Slade, A., Berger, B., Bresgi, I., & Kaplan, M. (1985). *The Parent Development Interview*. Unpublished manuscript.

Ahnert, L., Lamb, M. E., & Seltenheim, K. (2000). Infant-care provider attachments in contrasting child care settings: Pt 1. Group-oriented care before German reunification. *Infant Behavior and Development, 23*, 197–209.

Ainsworth, M., Blehar, M., Waters, E., & Wall, S. (1978). *Patterns of attachment: A psychology study of the Strange Situation*. Hillsdale, NJ: Erlbaum.

Badenoch, B. (2011). *The brain-savvy therapist's workbook*. New York: Norton.

Bateson, G. (1972). *Steps to an ecology of mind: Collected essays in anthropology, psychiatry, evolution, and epistemology*. Northvale, NJ: Jason Aronson.

Baumrind, D. (1967). Child care practices anteceding three patterns of preschool behavior. *Genetic Psychology Monographs, 75*(1), 43–88.

Beebe, B., Jaffe, J., Markese, S., Buck, K., Chen, H., Cohen, P., et al. (2010). The origins of 12-month attachment: A microanalysis of 4-month mother–infant interaction. *Attachment and human development, 12*(1–2), 3–141.

Beebe, B., Knoblauch, S., Rustin, J., & Sorter, D. (2005). *Forms of intersubjectivity in infant research and adult treatment*. New York: Other Press.

Blum, D. (2002). *Love at goon park: Harry Harlow and the science of affection*. Cambridge, MA: Perseus.

Bollas, C. (1987). *The shadow of the object: Psychoanalysis of the unthought known*. New York: Columbia University Press.

Bowlby, J. (1944). Forty-four juvenile thieves: Their characters and home-life. *International Journal of Psycho-Analysis, 25*, 19–53.

Bowlby, J. (1988). *A secure base: Parent–child attachment and healthy human development*. London: Basic Books.

Bowlby, J., & Ainsworth, M. D. S. (1951). *Maternal care and mental health*. Geneva, Switzerland: World Health Organization.

Bretherton, I. (1992). The origins of attachment theory: John Bowlby and Mary Ainsworth. *Developmental Psychology, 28*, 759–775.

Britner, P. A., Marvin, R. S., & Pianta, R. C. (2005). Development and preliminary validation of the caregiving behavior system: Association with child attachment classification in the preschool strange situation. *Attachment and Human Development, 7*(1), 83–102.

Bromberg, P. M. (1998). *Standing in the spaces: Essays on clinical process, trauma, and dissociation.* London: Analytic Press.

Bronfenbrenner, U. (1977). Toward an experimental ecology of human development. *American Psychologist, 32*, 513–531.

Carlson, E. A., & Sroufe, L. A. (1995). Contributions of attachment theory to developmental psychopathology. In D. Cicchetti & D. J. Cohen (Eds.), *Developmental psychopathology* (Vol. 1, pp. 581–617). New York: Wiley.

Cassidy, J. (1994). Emotion regulation: Influences of attachment relationships. In N. Fox (Ed.), *The development of emotion regulation.* Monographs of the Society for Research in Child Development (Vol. 59).

Cassidy, J. (2008). The nature of the child's ties. In J. Cassidy & P. R. Shaver (Eds.), *Handbook of attachment: Theory, research, and clinical applications* (2nd ed., pp. 3–22). New York: Guilford Press.

Cassidy, J., & Berlin, L. (1994). The insecure/ambivalent pattern of attachment: Theory and research. *Child Development, 65*, 971–991.

Cassidy, J., & Marvin, B., with the MacArthur Attachment Working Group. (1992). *Attachment organization in preschool children: Coding guidelines* (4th ed.). Unpublished manuscript, University of Virginia.

Cassidy, J., & Mohr, J. (2001). Unsolvable fear, trauma, and psychopathology: Theory, research, and clinical considerations related to disorganized attachment across the life span. *Clinical Psychology: Science and Practice, 8*(3), 275–298.

Cassidy, J., & Shaver, P. R. (Eds.). (2008). *Handbook of attachment: Theory, research, and clinical applications* (2nd ed.). New York: Guilford Press.

Cassidy, J., Woodhouse, S., Sherman, L., Stupica, B., & Lejuez, C. (2011). Enhancing infant attachment security: An examination of treatment efficacy and differential susceptibility. *Journal of Development and Psychopathology, 23*, 131–148.

Cassidy, J., Ziv, Y., Stupica, B., Sherman, L. J., Butler, H., Karfgin, A., et al. (2010). Enhancing maternal sensitivity and attachment security in the infants of women in a jail-diversion program. In J. Cassidy, J. Poehlmann, & P. R. Shaver (Eds.), Incarcerated individuals and their children viewed from the perspective of attachment theory [Special issue]. *Attachment and Human Development, 12*, 333–353.

Cooper, G., Hoffman, K. T., & Powell, B. (2000). Marycliff Perinatal Circle of Security Protocol. Unpublished manuscript. Spokane, WA.

Cooper, G., Hoffman, K., Marvin, B., & Powell, B. (2000). Circle of Security Facilitator's Manual. Unpublished manuscript.

Cooper, G., Hoffman, K., & Powell, B. (2009a). *Circle of Security Parenting: A relationship based parenting program* (DVD). Information available at *http://circleofsecurity.net*.

Cooper, G., Hoffman, K., & Powell, B. (2009b). *Circle of Security Parenting Manual* (for use with COS-P DVD). Unpublished manuscript distributed as part of COS-P training.

Coulton, G. (Ed. & Trans.). (1906). On Frederick II. In *St. Francis to Dante.* London: David Nutt. Retrieved from *www.fordham.edu/halsall/source/salimbene.1.html*.

Emde, R. N. (1987). Foreword. In L. Fraiberg (Ed.), *Selected writings of Selma Fraiberg*. Columbus, OH: Ohio State University Press.

Fairbairn, W. R. D. (1952). *Psychoanalytic studies of the personality*. Tavistock Publications Limited in collaboration with Routledge & Kegan Paul, London.

Feldman, R., Greenbaum, C. W., & Yirmiya, N. (1999). Mother–infant affect synchrony as an antecedent of the emergence of self-control. *Developmental Psychology, 35*(1), 223–231.

Felitti, V. J., Anda, R. F., Nordenberg, D., Williamson, D. F., Spitz, A. M., Edwards, V., et al. (1998). Relationship of childhood abuse and household dysfunction to many of the leading causes of death in adults: The adverse childhood experiences (ACE) study. *American Journal of Preventive Medicine, 14*(4), 245–258.

Fonagy, P., & Bateman, A. W. (2007). Mentalizing and borderline personality disorder. *Journal of Mental Health, 16*(1), 83–101.

Fonagy, P., Gergely, G., Jurist, E., & Target, M. (Eds.). (2002). *Affect regulation, mentalization, and the development of the self*. New York: Other Press.

Fonagy, P., Steele, H., Moran, G., Steele, M., & Higgitt, A. (1991). The capacity for understanding mental states: The reflective self in parent and child and its significance for security of attachment. *Infant Mental Health Journal, 13*, 200–217.

Fonagy, P., Steele, H., & Steele, M. (1991). Maternal representations of attachment during pregnancy predict the organization of infant–mother attachment at one year of age. *Child Development, 62*, 891–905.

Fonagy, P., Steele, M., Steele, H., Higgitt, A., & Target, M. (1994). The Emmanuel Miller Memorial Lecture 1992: The theory and practice of resilience. *Journal of Child Psychology and Psychiatry and Allied Disciplines, 35*, 231–257.

Fonagy, P., Steele, M., Steele, H., & Target, M. (1997). *Reflective-functioning manual, version 4.1, for application to Adult Attachment Interviews*. Unpublished coding manual, University of London.

Fraiberg, S. (1980). *Clinical studies in infant mental health: The first year of life*. New York: Basic Books.

Fraiberg, S., Adelson, E., & Shapiro, V. (1975). Ghosts in the nursery: A psychoanalytic approach to the problems of impaired infant–mother relationships. *Journal of the American Academy of Child and Adolescent Psychiatry, 14*(3), 387–421.

George, C., Kaplan, N., & Main, M. (1984). *Adult Attachment Interview*. Unpublished document, Department of Psychology, University of California, Berkeley.

George, C., & Solomon, J. (2008). The caregiving system: A behavioral systems approach to parenting. In J. Cassidy & P. R. Shaver (Eds.), *The handbook of attachment: Theory, research, and clinical applications* (2nd ed., pp. 833–856). New York: Guilford Press.

Gillath, O., Selcuk, E., & Shaver, P. R. (2008). Moving toward a secure attachment style: Can repeated security priming help? *Social and Personality Psychology Compass, 2*(4), 1651–1666.

Goleman, D. (1995). *Emotional intelligence: Why it can matter more than IQ*. New York: Bantam Books.

Goleman, D. (2006). *Social intelligence: The new science of human relationships*. New

York: Bantam Books.

Greenberg, M. T., Speltz, M. L., & DeKlyen, M. (1993). The role of attachment in the early development of disruptive behavior problems. *Development and Psychopathology, 5,* 191–213.

Greenberg, M. T., Speltz, M. L., DeKlyen, M., & Jones, K. (2001). Correlates of clinic referral for early conduct problems: Variable- and person-oriented approaches. *Development and Psychopathology, 13,* 255–276.

Grice, H. P. (1975). Logic and conversation. In P. Cole & J. L. Morgan (Eds.), *Syntax and semantics: Speech acts* (Vol. 3, pp. 41–58). New York: Academic Press.

Guntrip, H. (1969). *Schizoid phenomena, object relations and the self.* New York: International Universities Press.

Hesse, E. (1999). The Adult Attachment Interview: Historical and current perspectives. In J. Cassidy & P. R. Shaver (Eds.), *Handbook of attachment: Theory, research, and clinical applications* (pp. 395–433). New York: Guilford Press.

Hoffman, K., Marvin, R., Cooper, G., & Powell, B. (2006). Changing toddlers' and preschoolers' attachment classifications: The Circle of Security Intervention. *Journal of Consulting and Clinical Psychology, 74,* 1017–1026.

Hoffman, K. (1997). *Seeing with Joey.* Unpublished Manuscript. Circle of Security International.

Holmes, J. (1999). Defensive and creative uses of narrative in psychotherapy: An attachment perspective. In G. Roberts & J. Holmes (Eds.), *Healing stories: Narrative in psychiatry and psychotherapy* (pp. 49–66). New York: Oxford University Press.

Huber, A. (2012, April). Understanding my own and my child's mind: Examining the role of caregiver reflective function in transforming relationships using Circle of Security. Symposium conducted at the meeting of the World Association for Infant Mental Health World Congress, Cape Town, South Africa.

Karen, R. (1990, February). Becoming attached. *The Atlantic.* Retrieved from www.theatlantic.com.

Karen, R. (1994). *Becoming attached: First relationships and how they shape our capacity to love.* New York: Oxford University Press.

Keller, T. E., Spieker, S. J., & Gilchrist, L. (2005). Patterns of risk and trajectories of preschool problem behaviors: A person-oriented analysis of attachment in context. *Development and Psychopathology, 17,* 349–384.

Kernberg, O. F. (1975). *Borderline conditions and pathological narcissism.* New York: Jason Aronson.

Kestenbaum, R., Farber, E. A., & Sroufe, L. A. (1989). Individual differences in empathy among preschoolers: Relation to attachment history. In N. Eisenberg (Ed.), *New directions for child and adolescent development: No. 44. Empathy and related emotional responses* (pp. 51–64). San Francisco, CA: Jossey-Bass.

Klein, M. (1948). *Contributions to psycho-analysis.* London: Hogarth Press.

Klein, R. (1995). The self in exile: A developmental, self, and object relations approach to the schizoid disorders of the self. In J. F. Masterson & R. Klein (Eds.), *Disorders of the self: New therapeutic horizons: The Masterson approach* (pp. 3–142). New York: Brunner/Mazel.

Kohut, H. (1977). *The restoration of the self.* New York: International Universities Press.

Korzybski, A. (1958). *Science and sanity: An introduction to non-Aristotelian systems and general semantics.* Forest Hills, NY: Institute of General Semantics.

Lichtenberg, J. D., & Slap, J. W. (1973). Notes on the concept of splitting and the defense mechanism of the splitting of representations. *Journal of the American Psychoanalytic Association, 21,* 772–787.

Lieberman, A. F., Padrón, E., Van Horn, P., & Harris, W. W. (2005). Angels in the nursery: The intergenerational transmission of benevolent parental influences. *Infant Mental Health Journal, 26*(6), 504–520.

Lieberman, M. D., Eisenberger, N. I., Crockett, M. J., Tom, S. M., Pfeifer, J. H., & Way, B. M. (2007). Putting feelings into words: Affect labeling disrupts amygdala activity in response to affective stimuli. *Psychological Science, 18*(5), 421–428.

Lyons-Ruth, K. (2007). The interface between attachment and intersubjectivity: Perspective from the longitudinal study of disorganized attachment. *Psychoanalytic Inquiry: A Topical Journal for Mental Health Professionals, 26*(4), 595–616.

Lyons-Ruth, K., the Process of Change Study Group. (1998). Implicit relational knowing: Its role in development and psychoanalytic treatment. *Infant Mental Health Journal, 19*(3), 282–289.

Main, M. (1981). Avoidance in the service of attachment: A working paper. In K. Immelman, G. Barlow, M. Main, & L. Petrinovitch (Eds.), *Behavioral development: The Bielefeld Interdisciplinary Project* (pp. 651–693). Cambridge, UK: Press Syndicate of the University of Cambridge.

Main, M., & Goldwyn, R. (1984). *Adult attachment scoring and classification system.* Unpublished manuscript, University of California, Berkeley.

Main, M., Goldwyn, R., & Hesse, E. (2003). *Adult attachment scoring and classification system.* Unpublished manuscript, University of California, Berkeley.

Main, M., & Hesse, E. (1990). Parents' unresolved traumatic experiences are related to infant disorganized attachment status: Is frightened and/or frightening parenting behavior the linking mechanism? In M. T. Greenberg, D. Cicchetti, & E. M. Cummings (Eds.), *Attachment in the preschool years* (pp. 161–182). Chicago: University of Chicago Press.

Main, M., Kaplan, N., & Cassidy, J. (1985). Security in infancy, childhood, and adulthood: A move to the level of representation. In I. Bretherton & E. Waters (Eds.), *Growing points of attachment theory and research* (pp. 66–104). Monographs of the Society for Research in Child Development, Vol. 50 (1–2, Serial No. 209). Chicago: University of Chicago Press.

Main, M., & Solomon, J. (1986). Discovery of an insecure-disorganized/disoriented attachment pattern. In *Affective development in infancy* (pp. 95–124). Westport, CT: Ablex.

Main, M., & Solomon, J. (1990). Procedures for identifying infants as disorganized/disoriented during the Ainsworth Strange Situation. In T. B. Brazelton & M. Yogman (Eds.), *Attachment in the preschool years: Theory, research, and interven-*

tion (pp. 121–160). Chicago: University of Chicago Press.

Masterson, J. F. (1976). *Psychotherapy of the borderline adult.* New York: Brunner/Mazel.

Masterson, J. F. (1985). *The real self: A developmental, self, and object relations approach.* New York: Brunner/Mazel.

Masterson, J. F. (1993). *The emerging self.* New York: Brunner/Mazel.

Masterson, J. F., & Klein, R. (Eds.). (1995). *Disorders of the self.* New York: Brunner/Mazel.

Masterson, J. F., & Lieberman, A. R. (2004). A therapist's guide to the personality disorders. Phoenix, AZ: Zeig, Tucker, & Theisen, Inc.

Meins, E., Fernyhough, C., Wainwright, R., Das Gupta, M., Fradley, E., & Tuckery, M. (2002). Maternal mind-mindedness and attachment security as predictors of theory of mind understanding. *Child Development, 73*(6), 1715-1726.

Miga, E. M., Hare, A., Allen, J. P., & Manning, N. (2010). The relation of insecure attachment states of mind and romantic attachment styles to adolescent aggression in romantic relationships. *Attachment and Human Development, 12*(5), 463–481.

Mikulincer, M., & Florian, V. (1998). The relationship between adult attachment styles and emotional and cognitive reactions to stressful events. In J. A. Simpson & W. S. Rholes (Eds.), *Attachment theory and close relationships* (pp. 143–165). New York: Guilford Press.

Minuchin, S. (1980). Philadelphia Child Guidance Clinic, summer practicum.

Oppenheim, D., & Goldsmith, D. F. (Eds.). (2011). *Attachment theory in clinical work with children: Bridging the gap between research and practice.* New York: Guilford Press.

Pawl, J. H., & St. John, M. (1998). *How you are is as important as what you do.* Washington, DC: Zero to Three.

Perry, B. D., Pollard, R. A., Blakley, T. L., Baker, W. L., & Vigilante, D. (1995). Childhood trauma, the neurobiology of adaptation and "use-dependent" development of the brain: How "states" become "traits." *Infant Mental Health Journal, 16,* 271–291.

Pessora, L. (2008). On the relationship between emotion and cognition. *Nature Reviews Neuroscience, 9*(2), 148–158.

Polan, H. J., & Hofer, M. A. (2008). Psychobiological orgins of infant attachment and its role in development. In J. Cassidy & P. R. Shaver (Eds.), *The handbook of attachment: Theory, research, and clinical applications* (2nd ed., pp. 158–172). New York: Guilford Press.

Premack, D., & Woodruff, G. (1978). Does the chimpanzee have a 'theory of mind'? *Behavioral and Brain Sciences, 4,* 515–526.

Ramachandran, V. S. (2009, November). TED talk. Retrieved from *www.youtube.com/watch?v=w7lXYwcRppI.*

Reid, C. (Ed.). (2008). *Letters of Ted Hughes.* New York: Farrar, Straus & Giroux.

Riem, M. M., Bakermans-Kranenburg, M. J., van IJzendoorn, M. H., Out, D., & Rombouts, S. A. (2012). Attachment in the brain: adult attachment representations predict amygdala and behavioral responses to infant crying. *Attachment &*

Human Development, 14(6), 533–551.

Roberts, D., & Roberts, D. A. (2007). *Another chance to be real: Attachment and object relations treatment of borderline personality disorder.* New York: Jason Aronson.

Rogers, C. R. (1957). The necessary and sufficient conditions of therapeutic personality change. *Journal of Consulting Psychology, 21*(2), 95–103.

Schore, A. N. (1996). The experience-dependent maturation of a regulatory system in the orbital prefrontal cortex and the origin of developmental psychopathology. *Development and Psychopathology, 8*(1), 59–87.

Schore, A. N. (2002). Dysregulation of the right brain: A fundamental mechanism of traumatic attachment and the psychopathogenesis of posttraumatic stress disorder. *Australian and New Zealand Journal of Psychiatry, 36*(1), 9–30.

Shanker, S. (2004). The roots of mindblindness. *Theory and Psychology, 14*(5), 685–703.

Shonkoff, J., Boyce, W., Cameron, J., Duncan, G., Fox, N., Gunnar, M., et al. (2005). *Excessive stress disrupts the architecture of the developing brain* (Working Paper No. 3, pp. 1–11). Cambridge, MA: National Scientific Council on the Developing Mind, Harvard University.

Shonkoff, J. P., Boyce, W. T., & McEwen, B. S. (2009). Neuroscience, molecular biology, and the childhood roots of health disparities. *Journal of the American Medical Association, 301*(21), 2252–2259.

Shonkoff, J. P., & Phillips, D. A. (Eds.). (2000). From neurons to neighborhoods: The science of early childhood development. Washington, DC: National Academy Press.

Siegel, D. (1999). *The developing mind: How relationships and the brain interact to shape who we are.* New York: Guilford Press.

Siegel, D., & Hartzell, M. (2004). *Parenting from the inside out: How a deeper self-understanding can help you raise children who thrive.* New York: Penguin.

Slade, A. (2008). The implications of attachment theory and research for adult psychotherapy: Research and clinical perspectives. In J. Cassidy & P. R. Shaver (Eds.), *The handbook of attachment: Theory, research, and clinical applications* (2nd ed., pp. 762–782). New York: Guilford Press.

Solomon, J., & George, C. (1999). The place of disorganization in attachment theory: Linking classic observations with contemporary findings. In J. Solomon & C. George (Eds.), *Attachment disorganization* (pp. 3–32). New York: Guilford Press.

Solomon, J., & George, C. (2008). The measurement of attachment security and related constructs in infancy and early childhood. In J. Cassidy & P. R. Shaver (Eds.), *Handbook of attachment: Theory, research, and clinical applications* (2nd ed., pp. 383–416). New York: Guilford Press.

Solomon, J., & George, C. (Eds.). (2011). *Disorganized attachment and caregiving.* New York: Guilford Press.

Sroufe, L. A. (1983). Infant–caregiver attachment and patterns of adaptation in preschool. In M. Perlmutter (Ed.), *Minnesota Symposia on Child Psychology: Vol.16. The roots of maladaptation and competence* (pp. 129–135). Hillsdale, NJ: Erlbaum.

Sroufe, L. A. (1995). *Emotional development: The organization of emotional life in the early years*. New York: Cambridge University Press.

Sroufe, L. A., Carlson, E., Levy, A. K., & Egeland, B. (1999). Implications of attachment theory for developmental psychopathology. *Development and Psychopathology, 11*, 1–13.

Sroufe, L. A., Egeland, B., Carlson, E. A., & Collins, A. W. (2005). *The development of the person: The Minnesota study of risk and adaptation from birth to adulthood*. New York: Guilford Press.

Sroufe, L. A., & Waters, E. (1977). Heart-rate as a convergent measure in clinical developmental research. *Merrill-Palmer Quarterly, 23*(1), 3–27.

Steele, H., & Steele, M. (2008). On the origins of reflective functioning. In F. Busch (Ed.), *Mentalization: Theoretical considerations, research findings, and clinical implications* (pp. 133–156). New York: Analytic Press.

Stern, D. (1985). *The interpersonal world of the infant: A view from psychoanalysis and developmental psychology*. New York: Basic Books.

Stern, D. (1995). *The motherhood constellation: A unified view of parent–infant psychotherapy*. New York: Basic Books.

van IJzendoorn, M. (1995). Adult attachment representation, parental responsiveness, and infant attachment: A meta-analysis on the predictive validity of the AAI. *Psychological Bulletin, 117*, 387–403.

van IJzendoorn, M., Schuengel, C., & Bakermans-Kranenburg, M. (1999). Disorganized attachment in early childhood: Meta-analysis of precursors, concomitants, and sequelae. *Development and Psychopathology, 11*, 225–249.

Viorst, J. (1986). *Necessary losses: The loves, illusions, dependencies, and impossible expectations that all of us have to give up in order to grow*. New York: Fireside.

Walker, A. (1990). *The temple of my familiar*. Boston: Mariner Books

Wallin, D. (2007). *Attachment in psychotherapy*. New York: Guilford Press.

Weininger, O. (1998). Time-in parenting strategies. Binghamton, NY: Esf Publishers.

Winnicott, D. W. (1965a). The capacity to be alone. In *The maturational processes and the facilitating environment* (pp. 29–36). New York: International Universities Press.

Winnicott, D. W. (1965b). The theory of the parent–infant relationship. In *The maturational processes and the facilitating environment* (pp. 37–55). New York: International Universities Press.

Winnicott, D. W. (1971). *Playing and reality*. London: Tavistock.

Winnicott, D. W. (1974). Fear of breakdown. *International Review of Psycho-Analysis, 1*, 103–107.

Winnicott, D. W. (1994). *Talking to parents*. New York: Da Capo Press.

Zeanah, C. H., Larrieu, J. A., Heller, S. S., & Valliere, J. (2000). Infant–parent relationship assessment. In C. H. Zeanah (Ed.), *Handbook of infant mental health* (2nd ed., pp. 222–235). New York: Guilford Press.